D2C
레볼루션

D2C

로런스 인그래시아 지음
안기순 옮김

스타트업부터 글로벌 기업까지, 마켓 체인저의 필수 전략

레볼루션

REVO

부·키

지은이 **로런스 인그래시아** Lawrence Ingrassia

일리노이대학교에서 언론학을 공부했다. 《월스트리트저널》에서 25년 동안 근무하면서 보스턴 지국 책임자, 런던 지국 책임자, 금융 및 투자 담당 편집자, 부편집장을 지냈다. 《뉴욕타임스》에서 비즈니스 및 경제 담당 편집자 겸 부편집장, 《로스앤젤레스타임스》에서 편집장을 역임했다. 아이슬란드 총리와 영국 총리를 인터뷰한 바 있으며, 국제 무역 협상의 긴박한 현장을 취재하며 유로화가 많은 도전에 직면하게 될 것을 예고했다. 이외에도 유럽의 동성 결혼 합법화, 미국 메인주 북부 숲의 소방 감시탑 프로파일링 등 다양한 방면에 대해 취재했다. 2001년 9월 11일에는 《월스트리트저널》의 사무실에서 맞은편에 보이는 트윈타워가 무너지는 것을 목격하기도 했다. 취재팀을 이끌며 국내보도, 국제보도, 해설보도, 논평 등의 부문에서 퓰리처상을 다섯 차례나 수상했고, 2008년 금융 시장 붕괴의 원인에 대한 보도를 지휘한 공로로 제럴드 로브상 Gerald Loeb Awards을, 심층보도에 대한 공로를 인정받아 조지 폴크상 George Polk Awards을 수상하기도 했다. 현재 로스앤젤레스에 거주 중이다.

옮긴이 **안기순**

이화여자대학교 영어영문학과를 졸업하고, 동 대학 교육대학원에서 영어교육을 전공했다. 미국 워싱턴대학교에서 사회사업학 석사학위를 취득했다. 시애틀 소재 아시안카운슬링앤드리퍼럴서비스 The Asian Counseling & Referral Services에서 카운슬러로 근무했으며 현재는 바른번역에서 전문 번역가로 활동하면서 독자의 눈과 귀에 즐거움을 안기는 섬세한 번역을 하려고 노력하고 있다. 주요 번역서로 《쇼터: 하루 4시간만 일하는 시대가 온다》《린 인》《돈으로 살 수 없는 것들》《로버트 라이시의 자본주의를 구하라》《알렉 로스의 미래 산업 보고서》《일론 머스크, 미래의 설계자》《마크 트웨인 자서전》 등 다수가 있다.

D2C 레볼루션

2021년 2월 26일 초판 1쇄 인쇄 | 2021년 3월 5일 초판 1쇄 발행

지은이 로런스 인그래시아 | 옮긴이 안기순 | 펴낸곳 부키(주) | 펴낸이 박윤우 | 등록일 2012년 9월 27일 | 등록번호 제312-2012-000045호 | 주소 03785 서울 서대문구 신촌로3길 15 산성빌딩 6층 | 전화 02) 325-0846 | 팩스 02) 3141-4066 | 홈페이지 www.bookie.co.kr | 이메일 webmaster@bookie.co.kr | 제작대행 올인피앤비 bobys1@nate.com | ISBN 978-89-6051-848-3 03320

늘 감사하며 비키에게 이 책을 드립니다.
당신은 나의 전부예요.

플랫폼은 위협받고 있다

영원할 것만 같았던 플랫폼의 헤게모니에 균열이 발생했다. 디지털 트랜스포메이션이 본격적으로 가속화된 지난 20여 년간 시장은 플랫폼 기업들을 중심으로 재편되어 왔다. 2000년대 전후 디지털 영토에 발을 디뎠던 구글, 페이스북, 아마존, 알리바바와 같은 기업들은 이제는 지구상의 거의 모든 사람이 아는 기업으로 성장했다. 여기서 멈추지 않고 이들은 끝없이 플랫폼의 영역을 확장하여 커머스, 소셜 네트워킹, 핀테크처럼 우리의 삶과 관련된 많은 영역을 집어삼키려 하고 있다.

그러나 최근 몇 년간은 반대로 정치, 사회, 경제, 문화 전반에서 기존의 연결 고리를 끊는 탈집중화 현상이 발생하고 있다. 이 책의 제목인 《D2C 레볼루션》 역시 대표적인 탈집중화의 흐름이다. D2CDirect to Consumer는 소비자에 직접 판매, 즉 제조업체가 아마존과 같은 기존의 유통 공룡을 패싱하고 고객과 직접적으로 연결을 만드는 것을 뜻한다. 미국에서 D2C는 2020년 기준 연간 20조 원 규모의 전자 상거래 시장으로 2010년대 후반 들어 시장 규모가 다섯 배가까이 급격하게 성장하였다. 현재는 와비파커, 달러쉐이브클럽과 같이 처음부터 D2C로 성장한 대표적인 기업 외에도 나이키, 에르메스와 같은 글로벌 1위 브랜드들 역시 이러한 흐름에 동참하며 자사몰을 강화하고 있다. 무엇보다 이러한 현상은 비단 소비재에 국한되지 않는다. 세계 최대의 전기차 회사인 테슬라는 자동차는 당연히 딜러십 네트워크를 통해 팔아야 한다는 상식을 깨 버리고, 고객이 1억 원이 넘는 고가의 자동차를 온라인에서 결제하게 만들고 있다. 포트나이트와 같은 대표작을 소유한 에픽게임즈는 수수료 문제로 자체 결제 시스템을 도입하겠다며 구글, 애플과 대립각을 세워 법적 분쟁을 벌인다.

이런 탈집중화의 원인은 현시대가 그 어느 때보다 소비자의 힘이 강해진 시대라는 데 있다. 과거 소품종 대량 생산의 시대에는 소비자에게 선택권이 많지 않았다. 말 그대로 깔아 놓으면 팔리는 시대였던 것이다. 그렇다 보니 기업 입장에서는 좋은 입지에 스토어를 열고, 스토어 내에서 좋은 선반에 제품을 위치시키는 것이 판매에 직결되었고 그동안 많은 제조 기업들은 소비자보다는 유통업체 및 대리점과의 관계를 기반으로 성장해 왔다. 그러나 점차 기술의 발전과 소비자 취향의 파편화로 다품종 소량 생산의 시대가 도래하였고 직접 소비자를 이해하고 맞춤형 제품과 서비스를 제공하지 못하는 기업들은 도태되고 있다. 그렇기 때문에 많은 기업들은 소비자와 소통을 하기 위해 SNS 채널을 열고, 자체 판매망을 강화하며 소비자 데이터를 모으는 등 소비자와의 직접적인 인터랙션을 강화하는 방향으로 전략을 세우고 있다.

《D2C 레볼루션》의 D2C들

이 책은 이러한 시대정신에 관한 이야기이다. 이에 있어 저자는 우리가 흔히 아는 성공 스토리만 겉핥기식으로 다루지 않는다. 단순히 와비파커와 달러쉐이브클럽이 성공한 장밋빛 이야기가 아니라 그들이 어떤 방식으로 고민해 왔고 성장해 왔는지에 관하여 어디서도 보기 힘든 이야기를 풀어놓는다. 성공적인 D2C 사업을 영위하는 데 있어 책에 서술된 몇 가지 사례와 이를 아우르는 전략을 간략하게 소개해 보면 아래와 같다.

❶ **고객은 좋은 제품으로 합리적인 소비를 하기 원한다:** 독점 기업들은 시장을 장악한 후 이윤을 늘리기 위하여 흔히 더 비싼 제품을 출시하는 트레이드업 전략을 사용한다. 성공적인 D2C 기업들은 이 틈을 파고든다. 대부분의 경우 많은 고객은 말도 안 되는 가격의 '최고급' 제품을 찾기보다는 본질에 충실한 적당한 제품을 합리적인 가격에 구매하길 원한다. 면도기 스타트업인 달러쉐이브클럽은 질레트 면도날

의 절반 가격으로 제품을 판매했고, 콘택트렌즈 스타트업인 허블은 실리콘하이드로겔 렌즈보다 저렴한 하이드로겔 렌즈에 집중했다. 품질이 엄청나게 개선되진 않더라도, 합리적인 대안을 제공하는 것만으로도 고객을 만족시킬 수 있다.

❷ **고객과 직접 관계를 맺고 강력한 유대를 만들어라**: 새로운 D2C의 물결은 소비자로부터 시작됐다. 유통상이 아니라 실제 소비자가 고객인 D2C 기업들에게 누구보다 이들을 이해하고 소통하려는 노력이 필수적이다. 글로시에는 인투더글로스라는 커뮤니티로부터 출발했으며 와비파커의 고객 경험 콜센터 팀은 고객에게 '놀라움과 기쁨을 안기자'는 일념하에 그 어느 부서보다 많은 인원이 배정되어 있고 엘리트 대학 졸업생들이 일을 시작하며 임원으로 성장하는 코스이다. 많은 D2C 스타트업이 디지털 네이티브 브랜드로 출발하지만, 지속적인 성장과 강력한 고객 유대를 얻기 위해서 오프라인에도 진출한다. 실제로 와비파커는 매장을 출점한 도시에서 온라인 수익이 줄어들기는커녕 오히려 여섯 배 더 높은 온라인 매출을 기록했다.

❸ **마케팅, 마케팅, 마케팅!**: 이 책의 거의 모든 사례에서 D2C 기업의 마케팅과 관련된 얘기를 찾아볼 수 있다. 그만큼 들어 보지 못한 회사의 제품을 고객이 선택하게 하려면 우수한 제품도 중요하지만 탁월한 마케팅 역시 한 축을 이루는 중요한 요소다. 무료 체험 시스

템과 무료 반품을 통해 고객의 허들을 낮추고, 끊임없는 A/B 테스트를 통해 모든 디지털 미디어 채널과 소재를 최적화해야 한다. 우수한 고객 경험에서 출발하는 입소문 마케팅을 기반으로 효율적인 퍼포먼스 마케팅, 탁월한 브랜딩을 통해 고객획득비용CAC: Customer Acquisition Cost 대비 높은 고객 생애 가치LTV: Lifetime value를 유지할 수 있는지 여부가 D2C 기업의 성패를 좌우한다.

❹ **데이터를 기반으로 고객의 니즈를 충족시켜라** : 대다수의 D2C 브랜드들은 기술적으로 차별화하기 어려운 소비재인 만큼 자사의 제품을 카피하는 카피캣 브랜드의 위협에 항상 노출되어 있다. 치열한 경쟁 속에서 차별화하기 위해서는 축적된 고객 데이터를 기반으로 진짜 고객의 니즈를 이해하고 이에 따라 브랜드만의 강점을 갖춰야 한다. 특히 성공적인 D2C 사업들은 기존에 시장을 장악한 기업들이 다수를 위해 맞춰 놓은 표준 속에서 만족되지 않는 소수 고객의 니즈에서 출발해 왔다. 브래지어 기업인 서드러브는 고객의 실제 데이터를 기반으로 기존에 존재하지 않았던 34B½과 34C½을 출시했다. 모발 염색약 기업인 이살롱닷컴은 고객을 향한 질문과 알고리즘에 기반하여 고객이 생각하는 자신의 모발보다 더 정확한 모발 염색약을 제공한다.

❺ **제품보다는 라이프 스타일 솔루션으로 브랜딩하라** : 브랜드 포지셔닝

을 좁게 가져갈수록 시장과 규제의 변화에 따라 사업의 위험은 커진다. 여행용 가방 브랜드인 블루스마트는 배터리를 장착한 스마트 여행 가방으로 포지셔닝해서 성공했으나, 항공사가 화재 위험으로 배터리가 장착된 기내 수화물을 금지하자 빠르게 쇠락할 수밖에 없었다. 반면, 같은 여행용 가방이지만 라이프 스타일 브랜드로 포지셔닝한 어웨이는 리스크에 적게 노출되었고, 민첩하게 제품을 재설계하여 위협을 최소화할 수 있었다. 매트리스 기업인 캐스퍼는 구매 빈도가 상대적으로 낮은 매트리스에 머물지 않고 '수면 분야의 나이키'로 포지셔닝하며 베개, 시트, 침대 프레임 등 다양한 수면 관련 사업으로 다각화하여 또 다른 성장의 벽을 넘었다.

이와 더불어 무엇보다 흥미로운 점은 이 책이 D2C 기업의 사례뿐 아니라 투자자, 광고 대행사, 부동산 중개업자, D2C에 대항하려는 기존 대기업처럼 D2C 흐름에 속한 전반적인 생태계와 관련된 이야기라는 점이다. 이 책에는 일찍이 기회를 포착하여 달러쉐이브클럽과 제트클럽의 투자에 성공하며 무명의 투자가에서 10년 만에 《타임》이 선정한 가장 영향력 있는 100인에 유일하게 벤처 투자가로 이름을 올린 포러너벤처스의 커스틴 그린의 일화가 소개된다. 반면, 이러한 흐름을 일시적인 것으로 치부하고 안일하게 시장에 대처했던 기존 대기업의 얘기도 나온다. 매트리스 대기업인 썰타시몬스베딩은 자회사를 통한 혁신에 실패해 시장 점유율만 잃고 결국 5억 달러 가까운 금액에 D2C 기업인 터프트앤니들을 매수하는 것으로 끝이 났다.

대한민국에 부는 D2C 바람

한국은 높은 인터넷 보급률, 집약적인 인프라 등을 통해 2020년 기준 150조 규모의 세계 5위 이커머스 시장이다. 특히 국내의 경우 아직 중국의 알리바바나 미국의 아마존처럼 독과점으로 시장을 점유한 전자 상거래 기업이 부재한 상황이다 보니, 네이버, 쿠팡, 이베이, SSG, 롯데 등 다양한 국내 커머스사뿐만 아니라 구글, 페이스북, 바이트댄스 등 해외 회사들까지 참전하여 치열한 가격 경쟁과 인프라 투자로 격전을 벌이고 있는 상황이다.

이러한 격전의 틈에서 국내 D2C는 차별적 고객 경험과 콘텐츠의 힘에 기반하여 패션이나 화장품 같은 버티컬 서비스를 중심으로 빠르게 자라나고 있다. 특히 이러한 버티컬에서 사업이 성장할 수 있는 토양은 인스타그램, 페이스북, 유튜브와 같은 SNS이다. 밀레니얼과 Z세대, 통칭 MZ세대는 대부분 한 브랜드에 충성하지 않는다. 역으로 말하면 자신의 가치와 부합하며 개성을 드러낼 수 있다고 생각하면 처음 들어 보는 브랜드라도 구매를 망설이지 않는다. 이들은 브랜드에 대한 정보를 SNS에서 처음 접하며 자신의 가치관에 비추어 평가하고 브랜드와 SNS에서 적극적으로 소통하기를 원한다.

밀레니얼 세대는 매장에서 보지도 않고도 30만 원이 넘는 고가의 옷을 인스타에서 보고 오르orr에서 구매한다. 국내 대표적인 미디어 커머스 기업 블랭크에서 운영하는 가방 브랜드인 투티에의 경우, 매진 행렬로 인해 가방을 사기 위한 사람들의 열망을 드러내는 투케팅(투티에 + 티켓팅)이라는 신조어까지 만들어냈다. 유튜브 크리에이터들은 단순한 굿즈나 IP 사업을 넘어 기획부터 참여하여 브랜드를 만들고 수십만 팬들의 구매력에 힘입어 연일 완판 행진을 이어간다.

해외 D2C의 성공 공식을 우리나라에 잘 적용한 성공 사례들도 나오고 있다. 면도기 구독 스타트업인 와이즐리는 달러쉐이브클럽을 벤치마킹해서 국내 면도기 시장을 흔들고 있고, 면도기 사업이 어느 정도 안착되자 성공 공식대로 남성 화장품 구독에도 진출했다. 와이즐리는 미래 성장 가능성을 긍정적으로 평가받아 2018년 알토스벤처스에서 시리즈A 규모의 투자 유치도 진행했다. 애슬레저 브랜드인 젝시믹스와 안다르는 성공적으로 여성 스포츠웨어 시장에 안착하며 나란히 1000억 이상의 기업 가치로 평가받아 국내에서 예비 유니콘으로 주목받고 있다. 100만 원에 가까운 매트리스임에도 전국에 단 일곱 개의 체험관만 운영하고 있는 매트리스 기업인 삼분의일은 자사몰을 통해 150억에 가까운 매출을 기록했다.

이렇듯 국내에서도 많은 성공 사례를 발견할 수 있는 이유는 시대적인 변화와 더불어 누구나 반짝이는 아이디어만 있으면 쉽게 D2C 사업을 시작할 수 있는 제반 시스템이 잘 갖춰져 있기 때문이다. 국내 쇼핑몰 제작 서비스인 카페24, 메이크샵은 캐나다의 전자상거래 플랫폼인 쇼피파이보다 6년 먼저 사업을 시작했다. 단 하루면 자사몰에 PG 결제창을 달 수 있을 정도로 시스템 구축도 간단하다. 즉, 빠르면 하루 안에도 나만의 쇼핑몰 제작이 가능하다. 이뿐만이 아니다. 국내 택배사들은 이미 세계 어느 나라와 견주어도 가장 빠르면서 저렴한 비용에 제3자 물류를 제공하고 있다. 여기서 멈추지 않고 택배사들은 수조 원을 투자하며 중소 규모 온라인 판매자의 부담을 덜기 위한 e풀필먼트 시스템을 적극적으로 도입하고 있다. 제품을 홍보하기도 상대적으로 어렵지 않다. 개인도 구글, 페이스북, 네이버, 카카오 등 다양한 디지털 마케팅 채널에서 소액으로도 손쉽게 광고를 시작할 수 있으며 투자금이 없다면 와디즈, 카카오 메이커스 등 펀딩을 받아 시작할 수 있는 플랫폼들도 있다.

이렇듯 누구나 쉽게 자신의 쇼핑몰을 만들 수 있는 세상에 코로나19로 인한 자영업의 위기가 겹치며 2020년에만 10만 개가 넘는 새로운 통신 판매업이 창업되었고 사상 최초로 국내 통신 판매업자 수가 30만을 돌파했다. 이러한 폭발적인 공급의 증가세 속에서 고객의 선택을 받을 수 있는지가 장기적인 생존 여부를 결정할 것이고, 수많은 신생 브랜드 사이에서 옥석 가르기가 진행될 것이다. 저품질, 베끼기 상품을 과장 광고를 통해 판매하는 것은 잠시 동안은 고객의 눈길을 받을 수 있겠지만, 결국에는 고객과의 신뢰를 바탕으로 롱런하는 브랜드로 자라나는 길을 막는 행위다. 2015년 무렵 페이스북 같은 SNS에서 바이럴 영상을 통해 폭발적으로 유행했던 국내 미디어 커머스 중 지금까지 브랜드를 꾸준히 성장시켜 온 곳들을 찾기 어려운 것처럼 말이다.

그렇다면 신생 온라인 브랜드는 앞으로 어떻게 고객과의 관계를 쌓아 나가야 할까? 우리는 고객에게 집중하는 D2C 모델에서 그 힌트를 찾을 수 있다. 다시 한번 강조하자면 D2C 모델은 많은 사람들이 생각하는 것처럼 단순한 유통업체 패싱만을 의미하지 않는다. 유통업체를 패싱하는 것은 고객의 파워가 강해진 시대 속에서 고객과의 직접적인 접점을 강화하기 위한 전략의 하나일 뿐이며, 무엇보다 중요한 것은 고객을 직접 만나고, 고객을 분석하고, 고객을 위한 제품을 만들고, 고객의 신뢰를 받는 것에 있다는 점이다.

지금까지 미디어 커머스 중심의 D2C가 고객에게 자신의 새로운 제품을 푸시push해 왔다면, 지속 가능한 브랜드는 고객의 피드백을 받아 제품을 개선하고, 고객과 함께 제품과 브랜드를 만들어 나가는 풀pull 전략도 함께 갖춰야 한다. 앞에 소개했던 것처럼 국내에도 이러한 D2C의 문법을 이해하고 사업에 적용하고 있는 많은 새로운 브랜드가 탄생하고 있다. 2020년 푸드 미디어 기업인 쿠캣은 전년 대비 두 배 가까이 증가한 400억 원의 매출을 올렸다. 많은 이들이 쿠캣의 강점은 3000만에 달하는 팔로워 수에서 온다고 생각한다. 그러나 쿠캣의 진정한 차별점은 단순히 팔로워 수만 아니라 고객 인터랙션을 고도화하고 반응을 데이터화해서 고객의 사랑을 받을 수 있는

PB 제품을 만드는 모습을 보여 주고 있다는 데 있다. 뒤늦은 유행의 팔로워가 될 것인가, 유행을 창조하는 브랜드가 될 것인가는 여러분의 손에 달렸다.

맺음말

본문에 소개될 D2C 생태계의 성장 스토리와 브랜드 오너들의 철학, 그리고 D2C 브랜드의 메시지에 고객들이 얼마나 열광하는지를 보게 되면 D2C는 유행이 아니라 시장과 유통 구조의 근본적인 변화임을 체감하게 될 것이다. 지금까지 한국의 D2C가 미국에서 성공했던 아이템과 성공 방식을 가져오고 있는 단계였다면, 이 다음은 소비자에 더 맞는 아이템, 스토리텔링, 고객 감동을 선사하는 방향으로 진화할 것으로 보인다. 즉, 우리나라의 D2C 생태계는 더욱 크고 다양해질 것이고, 그만큼 굉장한 기회가 기다리고 있다.

이런 환경에서 《D2C 레볼루션》만큼 D2C를 깊이 있게 파고든 책은 없다. D2C가 왜 떠오르는지, 왜 중요한지에 대한 아티클들은 많이 있지만, D2C 생태계 안에 있는 각 플레이어가 어떤 생각을 했고, 어떤 전략을 세웠고, 어떤 결과가 나왔는지에 대해 이만큼 상세하게 보여 주고 있는 책은 한국 시장에서 《D2C 레볼루션》이 최초이다.

새로운 D2C 브랜드를 기획하는 사람이라면, 지금까지 여러 번 들었던 성공한 D2C의 공식만이 아니라 실패한 D2C의 디테일들도 얼어 갈 수 있을 것이다. 물론 이 책은 D2C 브랜드 오너들만을 위한 책이 아니다. 대기업의 프로덕트 오너라면, D2C라는 야만인들이 성문을 두드리기 전에 고객 경험을 어떻게 재설계할 것인지 이미 공격받은 대기업들의 사례를 보면서 답을 떠올릴 수 있을 것이다. 새롭게 확장되고 있는 시장에서, 자신의 기술을 D2C와 연결할 새로운 기회가 IT, 물류, CS는 물론이고 수많은 분야에 열려 있다는 사실도 이 책에서 확인할 수 있을 것이다.

허재원, 구글 그로스 매니저

달러쉐이브클럽, 와비파커, 캐스퍼, 해리스, 글로시에, 서드러브. 이 브랜드들의 공통점은 무엇일까? 한 가지 제품에 집중해 온라인 기반으로 고객에게 직접 제품을 판매하여 성공한 D2C 브랜드라는 것이다. D2C 브랜드들은 기존 대기업이 장악한 불합리한 시장 구조를 혁신하여 고객에게 새로운 가치와 경험을 제공하면서 디지털 네이티브 세대들이 열광하는 브랜드로 성장하고 있다.

거대 기업의 불합리한 시장 구조와 일상 생활에서 느꼈던 불편함을 개선하기 위해 무모한 아이디어 하나만 믿고 D2C 브랜드를 창업했던 이들은 어떻게 기존 대기업과의 경쟁 속에서 성공할 수 있었을까? 이 책은 성공한 D2C 브랜드의 성공 방정식을 낱낱이 파헤쳐 놓고 있다.

초기 사업 아이디어 구상부터 투자를 받아 공급업체를 선정하여 제품을 제조하고, 고객을 모으고 제품을 판매하기 위해 끊임없이 새로운 시도와 다양한 혁신을 진행한 과정을 드라마틱하게 보여 주고 있다. 책을 읽다 보면 마치 내가 사업 파트너로서 결정적인 순간마다 함께 현장에 있는 것 같은 느낌을 받는 것은 무엇보다 퓰리처상 5회 수상에 빛나는 로런스 인그래시아의 발로 뛴 노력의 결과 덕분이다. 200명이 넘는 D2C 브랜드 관련 업계 사람들의 인터뷰를 통해 초기 창업 과정에서 겪었던 성공과 실패의 경험을 그들의 목소리에 담아 현장감 있게 얘기해 주고 있다.

더불어 이 책은 D2C 브랜드의 성공 스토리뿐 아니라 D2C 브랜드가 성공하기 위해 필요한 다양한 이해 관계자의 역할도 함께 분석하고 있다. 아이디어를 사업화할 자금을 제공하는 벤처 캐피털, 브랜드를 알리고 고객을 확보할 수 있도록 하는 마케팅, 고객에게 개인화되고 차별화된 경험을 제공해 주는 알고리즘, 물류 기반을 구축하여 고객에게 빠르게 제품을 제공하는 배송 등 성공적인 D2C 브랜드 구축을 위해서는 이들과의 관계 설정이 무엇보다 중요함을 깨닫게 해 준다.

디지털이 가져온 변화에 어떻게 대응하느냐에 따라 누군가에게는 기회가 될 수 있고 누군가에게는 위협이 될 수 있다. 특히 코로나 19 이후 기존 제조와 리테일의 판매 방식이 D2C로 빠르게 재편되고 있는 지금, 이 책이 스타트업에게는 새로운 기회를 만들어 나갈 아이디어를 제공해 주고, 전통 기업에게는 경쟁에서 도태되지 않고 기존 방식을 혁신할 수 있는 전략을 찾아 나가는 데 도움이 될 것이라 생각한다.

김형택, 디지털 이니셔티브 그룹 대표

모두가 아마존 이야기를 한다. 아마존의 혁신과 실험은 경쟁 상대를 허락하지 않는다. 아마존이 휩쓸고 지나가면, 도산과 파산이 잇따른다는 말까지 있다. 이제는 거대한 공룡이 되어 버린 아마존은 플랫폼 기업의 강력한 위상을 자랑한다. 이러한 아마존에 반기를 든, 신생 브랜드의 참신한 시도와 실험이 있다. 아마존에 맞서는 그들의 무기는 바로 D2C 모델이다. D2C 모델은 고객과의 관계를 형성하고, 고객 중심적인 사고에서 제품을 기획, 제작, 판매하는 사업 모델이다. 스타트업을 중심으로 시작한 이 모델은 이제 글로벌, 국내 대기업들도 적극적으로 활용하는 전략이 되었다. 이 책은 이러한 모델의 우수성, 시대적인 의미를 소개한다.

'디지털 전환'이라는 시대적인 흐름도 이 책의 의미를 더욱 강조한다. 많은 기업이 현재 '온라인 중심'으로 체질 개선 중이다. 동시에 플랫폼 기업의 위협도 극복해야 한다. 이처럼 이중고를 겪고 있는 업계 종사자들에게, 이 책은 명쾌한 혜안을 제시한다. 게다가 코로나19 이후 비대면은 '뉴 노멀'이 됐다. 이 책은 이러한 뉴 노멀에 대응하는 행동 강령이기도 하다. 저자는 구체적이며 실질적인 사례를 언급하며, '진짜' 우리 고객은 누구이고, 어디에 있는지, 그리고 그들을 우리 고객으로 얻기까지의 과정을 설명한다. 비대면 시대, D2C 모델은 선택이 아닌 필수다. 저자가 언급하는 다양한 브랜드의 사례는 사업을 준비하고 고민하는 많은 사람에게 현실적인 조언이자 지침이 되리라 확신한다.

이 책은 독자들에게 희망과 용기를 준다. 저자는 가능성이 없다고 천대받았던 아이디어들이 결국 어떻게 '대세 아이템'이 되었는지 서술한다. 저널리스트 출신답게, 그 과정을 빠르고 흥미롭게 담는다. 마치 독자를 그 당시, 그 현장으로 안내하는 느낌이다. 사업 초기의 회의적인 시선이 점차 사라지고, 어떻게 그들이 원하던 성과를 얻었는지 면밀하게 추적한다. 이러한 전복의 드라마는 읽는 이에게 쾌감을 준다. 책을 읽으면서, 독자는 작은 희망과 용기도 얻는다. 그들도 했으니 어쩌면 우리도 할 수 있다. D2C 모델과 함께라면 말이다.

정연욱, 연세대학교 경영연구소 연구원

달러쉐이브클럽의 마이클 더빈이 만난 투자자들은 너나 할 것 없이 고개를 가로저었다. 질레트라는 골리앗 기업이 시장을 장악한 마당에, 실리콘밸리의 혁신적인 기술도 아닌 면도기를 팔겠다는 생각이 무모한 도전으로 보였다. 하지만 당시 33세의 이 청년은 결국 자신이 옳았음을 증명했다. 질레트의 자존심에 큰 상처를 입혔고, 10억 달러의 기업 가치를 창출해 냈다. 그리고 이 모든 것은 1분 33초짜리 짧은 영상에서 시작되었다.

와비파커의 소비자들은 더 이상 안경점을 찾지 않는다. 몇 번의 클릭으로 자신에게 꼭 맞는 안경테를 집으로 배송받을 수 있기 때문이다. 글로시에의 소비자들은 자신의 일상 메이크업을 SNS에 공유한다. 이 과정에서 노출되는 화장품과 라이프 스타일은 순식간에 전 세계적 팬덤을 형성한다. 와비파커의 소비자들은 어떻게 발품 팔지 않고 정확히 자신이 원하는 디자인의 안경을 구매할 수 있을까? 글로시에의 소비자들은 왜 아무런 대가 없이 기업의 홍보에 자발적으로 참여하는 것일까?

터프트앤니들은 매트리스가 첨단 기술이 필요한 사업이 아니라고 생각했다. 설타시몬스는 스프링 대신 메모리 폼을 사용한 터프트앤니들의 매트리스를 쓰레기라 폄하했다. 하지만 소비자들은 비싸고 무겁고 선택 사항이 거의 없는 기존의 매트리스 대신, 합리적인 가격에다 상자에 담겨 집 앞까지 배송되고 혼자서도 다룰 수 있는 폼 매트리스에 열광했다. 뒤늦게 위기감을 느낀 설타시몬스의 선택은 무엇이었을까? 그들은 과연 터프트앤니들의 위협을 성공적으로 방어할 수 있었을까?

이어고는 획기적인 보청기 만들었다. 겉으로 보이지 않을 만큼 크기를 줄이고, 배터리를 스마트폰처럼 충전할 수 있도록 했으며, 무료 체험 서비스를 제공하고, 가격 경쟁력까지 갖췄다. 하지만 일반적인 D2C 스타트업들이 출범한 지 몇 년 안에 전체 시장의 15~20퍼센트를 장악하는 반면 보청기 스타트업들은 5퍼센트 미만에 머물 뿐이다. 이런 수치는 무엇을 의미할까? 모든 D2C 스타트업의 목표가 10억 달러의 가치일까? 기업의 성공과 실패를 가르는 척도는 무엇일까?

여러 스타트업이 내장형 배터리를 활용해 다양한 기능을 선보이는 스마트 여행 가방 사업에 뛰어들었다. 승승장구하던 그들은 갑작스럽게 변경된 항공사 방침으로 인해 커다란 위기에 봉착했다. 도산하는 회사가 생겨났고, 선두를 달리던 기업마저 사업을 포기했다. 하지만 어웨이는 예외였다. 사업이 번창해 나갔고 여전히 밀레니얼 세대의 선택을 받았다. 비슷한 기능과 가격의 제품을 판매하던 어웨이가 살아남을 수 있었던 이유는 과연 무엇일까?

1장

스타트업이 골리앗 기업을 굴복시키는 방법

DOLLAR SHAVE CLUB

2012년 3월 6일 화요일 오전 6시 15분. 잠에서 깬 마이클 더빈Michael Dubin은 컴퓨터부터 켰다. 눈앞에 보이는 광경, 아니 아무것도 보이지 않는 광경에 몹시 당황했다. 지난밤 잠자리에 들기 전 자신이 운영하는 스타트업, 사실상 무명에 가까운 회사의 소개 영상을 분명 업로드했었다.

그런데 다음 날 아침 홈페이지가 작동하지 않았던 것이다. 전날 밤에는 아무 문제가 없었지만 어느 시점부터인가 홈페이지는 먹통이 되었고 지금은 까만 화면만 보였다. 더빈은 상황을 파악하기 위해 대충 씻고 창업을 준비하는 다른 사업가들과 공유하는 사무실로 발걸음을 재촉했다.

당시 33세인 더빈은 성공하지 못한, 아니 실패한 사업가였다. 몇 년 전 금융 시장이 붕괴한 직후 타임Time Inc.의 《스포츠일러스트레이티드키즈Sports Illustrated Kids》디지털 마케팅 부서에서 근무하다가 해고당했고, 이후 MBA를 따기 위해 콜롬비아대학교, 뉴욕대학교, UCLA 등의 경영대학원 몇 군데에 지원했지만 모두 불합격했다.[1] 실의에 빠진 더빈은 뉴욕을 떠나 로스앤젤레스로 이사했고, 일단 사촌이 사는 아파트에 얹혀 지내면서 앞으로 무슨 일을 할지 고민했다.

키가 크고 편안한 미소가 돋보이며 매력적인 성격을 지닌 더빈은 8년 동안 여러 사업에 손을 대며 이따금씩 뉴욕시 소재 업라이트시티즌스브리게이드Upright Citizens Brigade 극장에서 즉흥 연기를 연습했다. 마크 저커버그Mark Zukerberg가 페이스북을 창업한 지 얼마 지나지 않은 2006년에는 여행객용 소셜 미디어 네트워크를 부업으로 시작했지만 사업은 조금도 진척을 보이지 않았다. 나중에 더빈의 어머니는 기자에게 이렇게 말했다. "나는 우리 집 지하실 한구석을 '실패한 사업 공간'이라고 부릅니다. 우리가 그동안 구매하거나 투자한 물건이 잔뜩 쌓여 있거든요. 아들은 크게 성공할 사업이라 생각하면 기어이 나를 투자에 끌어들였어요. 결국 모조리 실패하고 말았죠."[2]

타임을 떠난 후 더빈은 자신의 마케팅 기술을 활용해 크리스마스 장식 사업을 하는 친구들에게 자문해 주는 일을 했다. 그러다가 로스앤젤레스 소재 디지털 마케팅 회사에 근무하면서 포드 같은 기업들의 온라인 홍보용 영상을 개발하고 게시하는 업무를 담당했다. 하지만 회사 전략을 놓고 상사와 의견이 맞지 않아 입사한 지 1년을 넘기지 못하고 사직서를 썼다.

친구들은 과연 더빈이 잘하는 동시에 좋아하는 일을 찾을 수 있을지 미심쩍어 했다.

당시 더빈은 가장 야심 찬 아이디어를 실현하기 위해 움직이고 있었다. 친구들이 보기에는 지나치게 거창한 계획이었다. 아니 돈키호테 같은 계획이라고 말하는 편이 더 적절했다. 더빈이 창업한 달러쉐이브클럽Dollar Shave Club은 질레트Gillette라는 골리앗에 돌팔매로 맞서는 다윗 같았다. 더빈은 이미 1년 넘게 시간을 쏟아붓고 있었지만 예상했던 대로 사업은 지지부진했다.

하지만 3월 6일 아침이면 자신이 창업한 스타트업을 소개하는 1분 33초짜리 영상이 공개되면서 업계의 판도를 뒤집을 터였다. 더빈은 차고를 개조한 숙소에서 나와 근처 캘리포니아주 샌타모니카에 있는 사무실로 가는 동안 그나마 위안이 되는 소식을 들었다. 영상이 입소문을 타고 퍼지며 상당히 많은 사람이 그 영상을 시청했다는 것이다. 하지만 도중에 홈페이지 서버가 멈췄고, 가동하더라도 속도가 느렸다.

달러쉐이브클럽의 홈페이지를 관리하는 기술 업체가 문제를 해결하기 위해 전문가를 세 차례 투입했지만 속수무책이었다. 그날 오전 10시 30분 해당 기술 업체의 책임자가 더빈과 그의 동료들에게 우려 섞인 말투로 이메일을 보냈다. '홈페이지를 안전하게 가동시키려고 이미 세 시간째 작업하고 있는데 시간이 더 필요합니다.' 몇 시간이 지났는데도 홈페이지는 여전히 먹통이었다. 더빈의 동료 하나가 화를 내며 해당 기술 업체에 항의 이메일을 보냈다. '지금 당장 우리 사무실로 오시죠. 지금이 대체 몇 시인지 아세요? 오후 2시입니다. 오후 2시라고요. 그런데 홈페이지는 여전히 먹통이에요. 용납할 수가 없습니다.'[3]

더빈은 극도로 불안했다. 자신이 배포하려는 영상이 많은 트래픽을 만들어 내리라 예상했으므로 그는 이미 일주일 전 기술자에게 비상사태에 대비해 달라고 신신당부했었다. 그런데 이러한 사태를 맞다니! 홈페이지가 간헐적으로 열리긴 했지만 영상을 볼 수 있는 사람은 거의 없었고 제품을 주문하기도 힘들었다. 날벼락이 따로 없었다. 초반 여러 차례의 실패 끝에 잡은 절호의 기회가 날아갈 판이었다.

하지만 더빈은 물론 당시 그 누구도 짐작하지 못했다. 몇 달 동안 고통스럽게 공들여 각본을 쓰고 다시 쓰기를 거듭해 마침내 4500달러라는 빠듯한 예산으로 하루 만에 속성으로 촬영한 영상이 미국 비즈니스 역사에서 가장 지배적이고 유명한 소비자 기업 중 하나를 꺾으리라는 사실을.

온갖 어려움을 극복한 끝에 달러쉐이브클럽은 거대 경쟁사의 시장 점유율을 크게 잠식하고, 거대 경쟁사로 하여금 사상 최초로 제품 가격을 인하하도록 압박할 만큼 맹렬한 기세로 성장했다. 여기에 그치지 않고 더빈은 자사를 성장시키는 과정에서 21세기를 무대로 활동하는 사업가들이 과거 난공불락이었던 소비자 브랜드에 맞붙기 위해 혁신적인 사업 모델을 발표하도록 도왔다.

달러쉐이브클럽을 창업한 마이클 더빈은 한 세기가 넘는 긴 역사를 자랑하는 질레트의 창업자 킹 캠프 질레트King Camp Gillette와 대부분의 면에서 달라도 너무 달랐다. 하지만 두 사람은 변화하는 본질에 충실한 혁신, 소비자 브랜드의 생성 방식, 소비자 브랜드의 판매 방식과 장소, 심지어 부의 창출 방식까지 당대의 자본주의 시대정신을 상징하는 인물들이었다.

당대 많은 사업가가 그랬듯 킹 질레트는 발명가였다. 20세기로 진입하는 전환기는 미국의 산업 역량이 부상하면서 소비재에 대한 초기 중산층의 증가하는 욕구를 채우려는 마케팅과 결합하는 시기였다. 더욱 좋은 제품을 만들면 부를 축적할 수 있었다. 수십 년 전 리바이스Levi's가 이 점을 충분히 입증해 보였다. 1870년대 리바이스는 찢어지기 쉬운 천 부위에 구리 리벳을 달아 내구성을 강화하면 어떻겠냐는 고객의 혁신적인 제안을 받아들여 데님 바지를 제작하기 시작했다.

이와 마찬가지로, 가죽 끈으로 날을 갈아야 하는 일자형 면도칼을 안전면도기로 대체하는 아이디어를 맨 처음 떠올린 것은 질레트가 아니었다. 하지만 몇 년 동안 아이디어에 대해 이리저리 궁리하다가 면도기 성능을 극적으로 향상시킬 수 있는 방법을 생각해 냈다. 마침내 1901년 12월 3일 얇은 일회용 강철 2중 날을 장착하고 손잡이를 붙인 면도기와 정교한 도면의 특허를 승인받았다.[4] 2중 날이어서 면도날의 수명을 두 배로 늘릴 수 있고 면도하는 동안 얼굴을 베지 않도록 피부에 밀착하게 고안한 것이 핵심 기술이었다. 소비자가 면도날을 사용한 후 버리고 쉽게 대체할 수 있으므로 면도날을 갈 필요가 없는 데다가 질레트 입장에서는 새로운 면도날을 판매할 수 있는 장점도 있었다.

질레트는 1903년 면도기를 생산하기 시작하면서 면도기 51개와 면도날 168개를 팔았다.[5] 다음 해에는 제품 성능이 좋다는 입소문을 타면서 면도기 9만 개와 면도날 1500만 개를 팔았다. 이러한 과정을 거치면서 질레트 면도기는 브랜드 역사상 가장 지속적이고 상징적인 제품의 하나로 부상했다.

반면에 마이클 더빈은 발명가도 아니고 특허권도 소유하지 않았다. 하지만 킹 질레트와 마찬가지로 변혁을 일으키는 아이디어를 떠올렸다. 즉, 물리적 제품의 세계를 바꾸고 브랜드 창조 방식을 바꾸는 잠재력이 기술에 있다고 생각했다. 기술과 세계화 덕택에 상상 가능한 온갖 방식으로 경쟁의 장이 평준화되고 있다는 점을 인식했다. 소비자의 관심을 끌고 기존 경쟁사에 대항하기 위해 막대한 광고 예산을 세우면서 기업을 시작할 필요가 없었다. 돈이 많이 들어가는 제조 공장을 갖출 필요도 없었다. 연구와 개발에 수백만 달러를 투입할 필요도 없었다. 제품을 판매하기 위해 소매업체를 확보할 필요도 없었다.

올바른 전략, 메시지, 제품 가치로 무장한 영리한 스타트업은 높은 가격, 불편함, 고리타분한 이미지로 대표되는 거대 기업의 약점을 공격하면서 실제로 순식간에 신규 브랜드를 만들어 낼 수 있었다. 경쟁 조건이 뒤바뀌면서 소비자 시장에 새로 진입한 기업들이 시장을 잠식할 수 있게 되었다. 이 모든 현상은 구매력을 소유한 20, 30대 소비자가 증가하는 시기에 일어났다. 그들은 부모와 달리 오랫동안 소비자의 사랑을 받아 온 브랜드에 얽매이지 않았다. 디지털 생활을 하면서 제품을 온라인으로 구매하는 것에 익숙했다. 어떤 제품이든 온라인에서 더욱 쉽게 구매할 수 있고, 구매한 제품의 배송 속도가 더욱 빨라진 것도 이러한 현상을 부채질했다.

처음에 면도기와 면도날을 인터넷에서 판매하겠다는 아이디어를 떠올렸을 당시에는 생각하지 못했지만 어쨌거나 마이클 더빈은 소비자 직접 판매, 즉 D2C 혁명의 선두에 섰다.

1분 33초짜리 영상으로 투자받는 방법

2010년 12월 베벌리힐스에 사는 친구가 초대한 명절 파티에 참석했을 당시 실업자였던 더빈은 다음에 시도할 사업 거리를 찾고 있었다.[6] 그러다가 파티에서 친구의 아버지인 마크 레빈Mark Levine과 이야기를 나누기 시작했다. 당시 56세였던 레빈은 케이크 절단기, 저가 브랜드의 면도기와 면도날(2중 날 카트리지 25만 개)을 포함해 다양한 종류의 소비재를 한참 전에 다량으로 구매해 놓고 처리하지 못해 고충을 겪고 있었다. 물건들을 근처 창고에 보관하느라 창고 보관료를 계속 지불해야 했지만 더빈을 만난 자리에서는 굳이 밝히지 않았다.

레빈이 더빈에게 물었다. "자네가 인터넷을 잘 알고 있다던데, 물건을 팔 수 있도록 도와줄 수 있겠나?"

"케이크 절단기는 말고 면도기는 좀 팔아 볼 수 있을 것 같아요." 더빈이 대답했다.

레빈과 대화하고 나서 더빈은 곰곰이 생각에 잠겼다. 자신만 해도 상점에 가서 면도기를 사기가 싫었다. 질레트에서 판매하는 최고급 면도날 카트리지의 가격은 5달러로 턱없이 비쌌다. 게다가 상점 진열대에서 면도날을 직접 살 수 있는 경우가 다반사여서 더욱 화가 났다. 크기가 작다 보니 도난당하기 쉬우므로 계산대 뒤에 쌓아 두거나 상자에 넣어 자물쇠를 채워 두는 상점이 많았기 때문이다. 그러다 보니 면도날을 사려면 마치 밀수품을 거래하듯 점원에게 매번 부탁해야 했다. 정말 귀찮기 짝이 없었다. 더빈은 자신 말고도 그렇게 느끼는 사람이 많다는 사실을 알고 있었다.

두 사람이 만나고 몇 주가 지난 후에 더빈은 레빈이 보관하고 있는 면도날을 온라인으로 판매할 수 있겠다고 판단하고 그동안 저축해 온 2만 5000달러를 투자해 레빈과 사업을 시작하기로 결정했다.[7] 더빈이 계산한 대로라면 면도날을 개당 1달러에 파는 경우 상당히 괜찮은 이익을 챙길 뿐 아니라 사업거리도 될 수 있을 터였다. 달러쉐이브클럽은 이렇게 탄생했다.

더빈은 2011년 중반까지 베타 버전의 홈페이지를 운영했고, 면도날을 손에 넣느라 보관 연체료 800달러를 지불해야 했지만 그 후 몇 달 동안 계속 면도날을 판매했다.[8]

하지만 고객의 반응은 신통치 않았다. 얼마간 면도날이 팔렸지만 대부분 소비자들은 홈페이지에 들러 제품을 한번 구매하고는 그뿐이었다. 더빈은 재구매를 장려하기 위해 월 구독 모델을 시험해 보기로 했다. 이것은 매우 중요한 사업 모델이었다. 고객 유치 비용CAC: customer acquisition cost, 즉 고객을 끌어들이기 위해 기업이 마케팅과 광고에 지출하는 비용을 고객이 시간을 두고 제품을 거듭 구매하는 금액으로 상쇄해야 하기 때문이다.

약 1000명이 회원으로 가입하자 더빈은 온라인에서 면도날을 판매할 수 있겠다는 확신이 들었다. 그렇더라도 성공할 기회를 잡으려면 훨씬 많은 잠재 고객의 관심을 끌어야 했다. 자신과 같은 젊은이들은 값비싼 면도날을 구매할 돈이 없을뿐더러 좀 더 나이 든 남성들처럼 질레트를 고집하지도 않았다.

더빈은 광고에 쓸 돈이 거의 없었으므로 직접 영상을 만들어 온라인에 올리기로 마음먹었다. 그래서 각본을 쓴 다음에 뉴욕에서 즉흥 연기를 함께 공부했던 친구이자 당시 로스앤젤레스에서 감독으로 활동하고 있던 루시아 애니엘로Lucia Aniello에게 연락했다.

2011년 10월 어느 토요일 아침 7시 30분 더빈은 영상에 출연해 달라고 부탁한 두 친구와 로스앤젤레스 국제 공항 근처 가데나Gardena 소재의 칙칙한 산업 단지 내 창고에 모였다. 창고에는 아직 팔지 못한 면도날 상자가 쌓여 있었다. 영상 촬영은 그날 오후 4시에 끝났다.

영상은 즉흥극처럼 격식을 차리지 않고 심지어 대충 촬영한 듯 보였다. 하지만 그 분위기도 실제로는 효과를 노려 조성한 것이었다. 모든 장면과 대사는 가격, 품질, 편리성이라는 특정 메시지를 전달하려는 목적에 맞춰 구성했다. 영상은 친구들과 돌려 보고 싶을 정도로 불손하면서도 재밌어야 했다. 처음에 각본은 약 4페이지 분량이었지만 애니엘로에게 도움을 받아 반으로 줄였다. 시청자들이 시청을 중단할 빌미를 주는 표현을 쓰고 싶지 않았기 때문이다.

주연을 맡은 더빈은 영상에서 이렇게 말했다. "면도기 사업은 묘하게 감정에 얽혀 있습니다. 나는 사람들이 '일전에 우리가 면도기 가격이 너무 비싸다고 말했던 것 기억하나요? 이 영상 좀 보세요. 정말 웃겨요'라고 대화하기를 바랍니다."

하지만 잠재 고객이 면도날의 질에 의문을 품는 것이 문제였다. 누구나 저렴한 비용으로 면도를 하고 싶어 하지만 그렇다고 얼굴 피부를 이리저리 베이고 싶어 하지는 않는다. 그래서 더빈은 의문을 피하지 않고 유머를 사용해 정면 돌파하기로 결정했다. 영상은 더빈이 자신과 회사를 소개하는 장면으로 시작했다. "달러쉐이브클럽닷컴이 무엇이냐고요? 한 달에 1달러만 내면 품질 좋은 면도기를 문 앞까지 배달받을 수 있습니다. 그래요! 1달러라니까요!"

영상을 시작한 지 15초가량 지났을 때 더빈은 시청자들이 물을 법한 질문을 던졌다. "좋은 면도날이냐고요? 아뇨." 더빈은 잠시 뜸을 들였다가 핵심을 찔러 말했다. "우리 면도날은 끝내주게 좋습니다!" 그러면서 형광 주황색 포스터에 적힌 흰색 글씨를 가리켰다. 영상에서 더빈은 내내 무표정을 유지했다.

시청자의 관심을 사로잡을 아이디어를 짜내려고 고민할 때 애니엘로가 제안한 대사였다. 애니엘로는 이렇게 회상했다. "내가 이 대사를 생각해 내고 처음 말했을 때 마이클의 표정이 지금도 기억납니다. 아주 잠깐 걱정하는 듯싶더니 '이걸로 갑시다'라고 말하더군요."[9]

더빈은 이름을 꼭 짚어 언급하지는 않았지만 영상이 돌아가는 내내 질레트를 무차별 공격했다. 질레트 제품이 매우 비싸다는 사실을 널리 알리고 싶었던 것이다. "유명 상표를 부착한 면도날을 사용하느라 매달 20달러를 쓰고 싶으신가요? 그중 19달러는 로저 페더러Roger Federer에게 갑니다." 더빈은 질레트의 비싼 광고 모델을 가리키며 언급했다. "당신이 쓰는 면도기에 진동 손잡이, 전등, 트리머, 10중 날이 필요하다고 생각하세요? 옛날 잘생긴 할아버지는 면도날 하나를 주구장창 썼어요. 그러다가 소아마비에 걸렸죠." 더빈은 이렇게 영상을 끝맺었다. "매달 면도날을 사야 한다는 생각은 그만 버리고, 우리가 절약해 주는 돈을 어디에 쌓아 둘지나 생각하시죠."

영상은 단순하고 기억에 남을 인상적인 표어로 끝났다. "면도하는 시간도 아끼고 돈도 절약합시다Shave time. Shave money."

더빈은 영상을 이용해 소비자에게 자사 제품을 인식시켰다고 확신했지만 사업을 성공시키려면 여전히 운영 자금을 모아야 했다. 영상을 저비용으로 제작했지만 사업을 추진하려면 현금이 필요했다. 그래서 친구에게 부탁해 샌타모니카 소재 벤처 캐피털 인큐베이터 기업인 사이언스Science Inc.의 공동 창업자 마이클 존스Michael Jones를 만났다. 존스 자신도 사업을 시작해 성공한 적이 있고 최근 들어서는 마이스페이스Myspace의 최고 경영자로 활동하다가 자기 지식을 활용해 초기 단계에 있는 스타트업을 지원하기로 결정했다. 존스가 사업 아이디어가 좋다고 판단하면 사이언스는 공유 가능한 사무실 공간(실제로는 책상 하나와 인터넷 연결 정도이다)과 자문을 제공하고 작은 지분을 받고 종잣돈을 투자한다. 또 존스는 인맥을 활용해 더빈 같은 사업가들이 사업을 운영하며 직면하는 다양한 문제들을 해결하는 데 도움을 줄 관리자를 추천해 준다.

2011년 가을 더빈의 전화를 받았을 때만 해도 존스는 별반 관심을 보이지 않았다. 면도날이라고? 존스는 이렇게 회상했다. "나는 회의적이었습니다. 내 파트너들도 마찬가지였고요. 면도기 시장에 균열을 일으키는 건 힘든 일이거든요. 거대하고 지배적인 경쟁사가 존재하니까요. 게다가 마이클은 실제로 제품을 제조하는 것도 아니고 다른 기업에서 만든 면도날을 팔고 있었죠."

처음에는 존스가 구체적인 문제들을 제기하면서 더빈에게 호되게 질문 공세를 퍼부었으므로 회의는 순조롭게 진행되지 않았다. 물론 면도날은 질레트보다 저렴할 것이고, 구독 모델도 설득력 있게 들렸다. 하지만 달러쉐이브클럽의 홈페이지는 누가 봐도 아마추어 같았다. 존스는 이렇게 말했다. "나는 홈페이지에 있는 버튼과 색깔에 소비자들이 어떻게 반응하는지 잘 알고 있었습니다. 그런데 달러쉐이브클럽의 홈페이지는 정말 형편없었어요."

존스가 "미안하지만 별로 내키지 않습니다"라며 거절하려는 순간 더빈은 자신이 마케팅 영상을 찍었는데 길이도 짧으니 한번 봐 줄 수 있겠냐고 부탁했다.

존스는 이렇게 회상했다. "영상을 보고 크게 충격을 받았어요. 유튜브를 뚫어 소비자와 연결할 수 있겠다는 생각이 들었습니다. 그래서 결국 더빈과 손을 잡기로 했어요. 정말 멋진 경험이었습니다."

사이언스는 이내 달러쉐이브클럽에 10만 달러를 투자하기로 했다. 더빈은 사이언스의 최고 재무 책임자 톰 데어Tom Dare가 써 준 수표를 들고 벅찬 가슴을 안고 근처 은행으로 달려갔다. 은행에 도착하고 나서야 수표에 금액이 100달러로 잘못 적혀 있다는 사실을 깨달았다. 데어는 곧 수표를 다시 써 주었고, 당시에 "더빈이 얼굴을 붉히며 사무실로 돌아와" 당황하기도 했고 둘이서 한바탕 웃음을 터뜨렸었다고 회상했다.[10]

하지만 10만 달러라는 돈은 작게나마 팀을 꾸릴 직원을 채용하고 홈페이지도 리뉴얼하기엔 부족한 돈이었다. 다음 단계는 사업을 지속적으로 운영하고 새 면도날을 구매할 만큼 자금을 추가로 모집하는 것이었다. 존스와 사이언스를 공동 창업한 피터 팸Peter Pham은 더빈과 함께 실리콘밸리로 출장을 가서 벤처 투자자들과의 만남을 주선했다.

투자자들은 처음에는 너나 할 것 없이 회의적인 반응을 보였다. '면도날이요?'

팸은 스타트업 수십 군데를 후원하기 위해 자금을 모으는 일을 하고 있었지만 달러쉐이브클럽은 투자자들을 설득하기 힘든 종류의 기업이었다. 당시는 소매업체를 우회해 인터넷에서 소비자에게 직접 판매하는 디지털 네이티브 기업이 막 생겨나기 시작한 시기였다. 5년 전에 창업한 남성 의류 기업 보노보스Bonobos와 2010년 출범한 안경 스타트업 와비파커Warby Parker 외에는 딱히 없었다.

팸은 2012년 1월부터 벤처 캐피털 기업 70여 군데를 접촉했고, 더빈과 함께 10여 차례 샌프란시스코에 가면서 경비를 절약하기 위해 호텔에 머물지 않고 에어비앤비를 주로 이용했다. 두 사람이 직면한 문제들 가운데 하나는 이랬다. 실리콘밸리 소재 벤처 캐피털 기업들이 혁신을 생각할 때 떠올리는 기업은 페이스북, 구글, 트위터, 유튜브, 인스타그램, 스냅챗 등이었다. 의류, 안경, 면도기 같은 물리적인 제품은 거의 고려 대상이 아니었다. 주로 거대 다국적 기업이 장악하고 있는 제품군이라 생각했기 때문이다. 팸은 이렇게 회상했다. "달러쉐이브클럽은 기술 기업이 아니었어요. 아니, 당시에는 그렇게 여기지 않았죠. 그런데 우리가 만난 사람들은 죄다 기술 투자자들이었어요."

가까스로 미팅 약속을 잡았다 하더라도 대부분의 투자자들은 달러쉐이브클럽의 사업 개념을 이해하지 못했다. 팸은 이렇게 설명했다. "벤처 투자자들은 부자들입니다. 그러니 면도기에 쓰는 돈을 아껴야 하는 이유를 이해하지 못했어요. 게다가 출근할 땐 반드시 면도를 해야 한다거나, 군대나 직장에서 턱수염을 기른 사람들을 보고 눈살을 찌푸린다거나, 한 달에 30달러를 써서 질레트 면도기를 사용할 수 있을 만큼 경제적 여유가 있는 사람이 많지 않다는 사실을 받아들이지 못했습니다."

게다가 질레트를 공격할 수 있다는 생각을 전혀 하지 못하는 투자자가 많았다고 설명했다. "투자자들은 이렇게 묻더군요. '만약 질레트가 같은 사업 방식을 채택해 온라인 구독을 시작하고 제품 가격을 낮추면 어떻게 할 작정인가요?' 나는 이렇게 대답했어요. '질레트는 절대 그렇게 하지 않을 겁니다. 지금까지 고수해 온 사업 방식을 죽어도 버리지 못할 테니까요. 다음 분기에 수익을 내야 한다는 압박을 받기 때문에 가격을 낮출 수도 없어요. 게다가 온라인으로 무대를 옮겨 여태껏 소매업체와 쌓아 올린 관계를 망치고 싶어 하지도 않을 겁니다."

대부분의 벤처 투자자들은 단번에 거절했다. 하지만 마이클 존스 같은 소수 투자자들은 더빈이 만든 재미있는 영상을 보고 놀라워하며 흥미를 보였다. 한 투자자가 25만 달러를 투자하겠다고 했다. 하지만 대부분의 기업은 모험이 따르는 사업이라고 여겼기 때문에 5만 달러, 심지어 2만 5000달러처럼 자사 기준에서 쥐꼬리만 한 돈을 내놓았다. 팸과 더빈은 거의 7주 동안이나 애원하고 회유한 끝에 가까스로 투자금 95만 달러를 모을 수 있었다. 애당초 목표로 세웠던 100만 달러에는 미치지 못했지만 달러쉐이크클럽을 다시 출범시킬 수 있을 정도는 됐다.[11]

더빈은 팸과 손을 잡고 사업 자금을 유치하기 위해 뛰어다니는 동안에도 더욱 개선된 품질의 면도기와 면도날을 구하기 위해 방법을 모색했다. 동업자인 마크 레빈이 구매해 창고에 쌓아 둔 초기 제품들은 구식 2중 날 면도기였으므로 재구매 고객의 관심을 끌기에 부족할 공산이 컸다. 구매자가 면도날을 사용해 보고 만족하지 않으면 구독을 취소하고 다시는 돌아오지 않을 터였다. 따라서 달러쉐이브클럽 상표를 붙여 판매할 만한 최신 기술의 4중 날과 6중 날 면도기를 공급해 줄 우수한 제조업체를 찾아야 했다.

이때 레빈의 지인이 외국 제조업체와 연줄이 닿아서 업체 두 곳을 소개해 주었다. 일본 면도기 제조사 카이Kai와 샌디에이고에 미국 법인이 있는 한국 제조사 도루코였다. 더빈은 로스앤젤레스에서 가까운 샌디에이고로 가서 켄 힐Ken Hill을 만났다. 면도기 사업의 전문가인 힐은 1년 전부터 도루코의 미국 사업 담당 사장으로 일하고 있었다.

힐은 오랜 친구에게 부탁을 받고 더빈을 만나겠다고 수락했지만, 실리콘밸리의 벤처 투자자들과 마찬가지로 더빈이나 그의 사업 아이디어에 그다지 구미가 당기지 않았다. "마이클은 흰색 바지를 입고 흰색 운동화를 신고 나타났습니다. 막 잠자리에서 일어난 사람처럼 부스스했어요." 힐이 회상했다. "나는 면도기 사업에 오랫동안 종사해 왔습니다. 구독 아이디어가 소비자에게 어떻게 통할 수 있을지 의구심이 들었습니다." 하지만 무슨 영문인지 힐은 더빈의 사업 아이디어를 이해했다. "좋습니다, 마이클. 그렇게 합시다. 행운을 빌어요. 당신이 제품 대금을 선불로 완납하기만 한다면 물량을 원하는 만큼 얼마든지 공급하겠습니다."

이렇게 해서 달러쉐이브클럽은 본격적으로 사업을 시작할 조건을 갖췄다.

더빈이 스타트업을 가동하기 위해 벤처 투자자들에게 유치한 자금은 지나치게 적어서 그다지 언론의 주목을 받지 못했다. 그래서 좀 더 큰 관심을 끌어내기 위해 투자 유치 소식을 발표하는 시기를 늦췄다가 영상과 함께 발표하기로 했다. 또 홍보 기업을 고용해 기술 매체 몇 군데에 영상을 깜짝 공개하기로 했다. 발표 날짜는 텍사스주 오스틴에서 사우스바이사우스웨스트SXSW : South by Southwest 디지털 미디어 연례 회의가 열리는 3월 6일로 결정했다. 그곳에 참석한 사람들이 영상을 좋아하면 온라인에서 반응을 일으켜 다른 곳으로 확장시킬 수 있을 터였다.

전략은 성공했다. 영상이 게시된 날 아침 트위터에는 해당 영상을 꼭 보라는 추천 글이 수백 건 올라왔다.

면도를 자주하는 편은 아니지만 그래야 한다면 이 고약한 영상 때문에라도 달러쉐이브클럽을 이용할 거야.[12]

끝내주는데! 면도 한번 하려다가 팔다리가 잘릴 일은 이제 없겠네.

이거 꼭 봐! 스타트업 @DollarShaveClub이 만든 건데 장난 아냐.

달러쉐이브클럽 광고 진짜 꿀잼임!

하지만 달러쉐이브클럽과 사이언스 내부에는 불안감이 돌았다. 홈페이지를 관리하기 위해 몇 주 전에 고용한 샌타모니카 소재 중소기업 툴라코TulaCo에 불똥이 떨어졌다. 앞서 툴라코의 공동 창업자인 스티브 랙큰비Steve Lackenby는 더빈에게 달러쉐이브클럽 사이트가 많은 트래픽을 지원할 수 있을 만큼 충분한 컴퓨터 서버를 갖추지 못한 상태로 투박한 플랫폼 위에 구축되어 있다고 경고했었다. 하지만 사이트의 성능을 개선하기 위해 몇 가지 수정 작업을 거쳤으므로 랙큰비는 걱정하지 않고 그날 아침을 맞았다. "100개 기업 중 99개에서는 아무 문제도 일어나지 않았을 겁니다. 웹 사이트를 끼고 살다 보면 그 정도는 귀뚜라미 소리죠." 상황이 잠잠해지고 나서 랙큰비는 당시에 주변에서 들었던 비판을 언급하며 이렇게 농담했다. 랙큰비가 만나 본 사업가들 중에는 자사에 쏟아질 관심을 대단히 낙관하는 사람이 많았다. "사업가들이 자사 홈페이지에 수십만 명이 몰릴 거라 말하더라도 나는 속으로 '그럼 오죽이나 좋겠어요'라고 생각합니다."

하지만 랙큰비의 예상은 빗나가도 한참 빗나갔다. 트래픽이 증가하면서 홈페이지가 마비되자 툴라코 팀은 밤새 정신없이 작업해서 가까스로 사이트를 안정시키고 엄청난 접속률을 처리할 수 있었다.

영상을 발표하고 48시간이 채 지나기도 전에 달러쉐이브클럽은 예상을 훨씬 뛰어 넘어 구독자 1만 2000명을 확보했다. 아직 자동화 장비를 갖추지 못했으므로 더빈과 직원 여섯 명이 밤늦게까지 송장을 일일이 수작업으로 부착했다. 게다가 배송해야 하는 면도날이 동나는 바람에 고객에게 기다려 달라고 부탁하는 이메일을 보내야 했다.

주목받지 못한 열풍

보스턴에 있는 질레트 본사는 담담했다. 더빈이 만든 영상이 재밌기는 했다. 하지만 면도날의 질은 어떤가?

"그들의 면도날은 끝내주게 좋은 게 아니었어요."[13] 과거 질레트의 고위 임원은 당시를 이렇게 회상했다. "질레트의 고객들은 우리 제품을 좋아합니다. 그러니 이 고물 같은 제품으로 바꿀 턱이 없어요. 두 기업의 제품을 시험해 보더라도 품질이 상대가 되지 않아요." 다른 전직 임원도 거만한 태도로 강조했다. "달러쉐이브클럽 면도기는 손잡이조차 투박해요!"

실제로 질레트 연구자들은 달러쉐이브클럽이 판매한 면도날을 이미 시험했다. 질레트는 금속 공학자, 피부과 전문의, 화학자, 인체 공학 전문가 등 과학자 수백 명을 채용해 수준 높은 개발 연구소를 운영하고 있다. 그러면서 연간 수백만 달러를 투자해 자사 면도날의 질을 점검하고(면도날이 얼마나 날카로운지, 어느 정도 시간이 흐른 후에 무뎌지기 시작하는지, 어느 시점에 피부에 찰과상을 내기 시작하는지 등) 경쟁사가 판매하는 면도날의 질도 추적 조사한다.

질레트가 면도기와 면도날에 관한 모든 사항을 계속 감시하며 파악하는 동안 달러쉐이브클럽은 자체적으로 면도날을 제작하지 않고 도루코에서 면도날을 구입해 상표만 붙여 판매했다.

도루코는 1955년 칼 제조사로 출발해서 1962년부터 면도기와 면도날을 제작했다.[14] 1980년대 말까지 한국 국내 시장에는 수입 제품이 대부분 진입할 수 없었으므로 도루코는 질레트와 경쟁할 필요가 없었다. 도루코는 판매량의 약 40퍼센트를 국내에서 소화해 한국에서 가장 잘 팔리는 브랜드지만 아시아와 세계 다른 국가에서는 질레트에 밀린다.

도루코는 달러쉐이브클럽과 협약을 맺기 수십 년 전부터 미국에서 면도날을 판매하기 시작했지만 대부분 자사 상표를 붙이지 못했다. 대신 케이마트, 세븐일레븐, 알디Aldi와 같은 소매업체와 계약을 맺고 값싼 위탁 브랜드를 판매하는 데 그쳤다. 달러쉐이브클럽이 제안해 오기 전에 도루코의 미국 시장 점유율은 1퍼센트에 불과했다.[15]

"질레트는 도루코 면도날에 대해 마이클 더빈보다 더 많이 알고 있었습니다." 전직 질레트 임원인 마이크 노턴Mike Norton이 말했다. "두 회사 제품을 나란히 놓고 시험해 보면 어떤 질레트 면도날이라도 달러쉐이브클럽 것보다 낫다고 판가름 났을 겁니다." 그러면서 1998년 출시한 질레트 마하3도 여기에 포함된다고 덧붙였다.

질레트는 품질과 관련해서라면 아주 미세한 부분까지 강박적으로 신경을 썼으므로 판매 기간이나 양에서 질레트만큼 소비재를 장악한 기업은 거의 찾아볼 수 없다. 질레트는 20세기 초 획기적인 일회용 2중 면도날을 개발해 시장을 강타하는 데 성공했고 부분적으로 미국 정부가 당사의 면도기와 면도날을 선택하면서 뿌리를 내렸다. 미국 정부는 제1차 세계 대전 동안 군인들이 사용할 면도기 350만 개와 면도날 3600만 개를 주문했다. 군대에서 사용하던 질레트 면도기를 가지고 집에 돌아온 군인들은 대부분 자연스럽게 질레트 면도날을 구입했다.

질레트는 제품을 혁신적이고 효율적으로 제조하는 데만 능숙한 것이 아니었다. 마케팅에도 탁월한 역량을 발휘해 소비자 브랜드로는 최초로 스포츠 마케팅의 잠재력을 활용했다. 1939년 수십 년간 지속적으로 후원해 온 월드시리즈의 라디오 방송 광고권을 사들이자 매출이 급증했다.[16] 몇 년 후 '카발케이드오브스포츠Cavalcade of Sports' 프로그램을 후원하기 시작하면서 스포츠 마케팅 전략을 굳혔다. 질레트가 만든 광고 카피 중에서는 1989년 슈퍼볼 시즌에 선보인 '남자가 손에 쥘 수 있는 최고의 제품'이 아마 가장 유명할 것이다.

경쟁사들이 이따금씩 등장했지만 질레트의 사업에는 거의 영향을 미치지 못했다. 1960년대 초 영국의 윌킨슨소드Wilkinson Sword Co.는 부식에 강하고 날카로움을 더 오래 유지하는 스테인리스강 면도날을 출시하며 질레트를 앞질렀다. 1970년대 중반 빅Bic이 등장해 일회용 면도날 부문을 선도했다. 하지만 질레트는 소속 과학자들이 특허 수천 건을 보유하며 면도 분야에서 대부분의 혁신을 달성함으로써 얼마 되지 않은 시장 점유율 손실을 즉시 회복했다.

질레트가 수십 년 동안 소비재 세계에서 유례없고 사실상 독점에 가까운 시장 점유율 70퍼센트를 기록한 것은 별로 놀랍지 않다.[17] 질레트는 전 세계에 면도기와 면도날을 판매해서 연매출 40억 달러를 기록하고 전통적으로 약 50~60퍼센트에 이르는 풍부한 이윤을 남기는 등 난공불락이었다. 소비재 대기업인 프록터앤갬블Procter & Gamble은 이 점을 높이 평가하고 2005년 질레트를 550억 달러에 인수했다.

미국 시장에서 실적이 1위보다 한참 뒤떨어진 2위였던 쉬크Schick도 달러쉐이브클럽의 영상에 비슷한 반응을 보였다. 당시 쉬크에서 마케팅 책임자로 근무한 브래드 해리슨Brad Harrison은 이렇게 회상했다. "영상이 출시되자 나를 포함해 쉬크 팀은 누군가가 그 영상을 보내 줄 때마다 술을 한 잔씩 마시는 내기를 하겠다고 농담처럼 말했습니다. 그런데 친구와 가족을 포함해 지인 모두가 내게 영상을 보내 주더군요. 족히 쉰 명은 됐을 겁니다."

더빈의 광고가 매우 재밌다는 사실은 누구나 인정했다. "우리는 온라인에 접속해 달러쉐이브클럽이 판매하는 면도날을 종류별로 구매했습니다." 해리슨이 말했다. "그리고 연구실로 보내 실험을 해 보고는 이렇게 말했죠. '와우, 정말 형편없는 제품이네. 오래 가지 못하겠어. 영상 덕택에 많은 사람이 사서 써 보기는 하겠지만 재구매하려는 고객은 없겠는데.' '엿 같다'는 표현까지는 쓸 수 없겠지만 어쨌거나 쉬크나 질레트가 만드는 어떤 제품에도 견줄 수 없었어요. 달레쉐이브클럽이 일으킨 열풍은 결국 지나가리라 생각합니다."

아이디어 하나로 10억 달러의 가치를 만들다

데이비드 팩맨David Pakman은 매우 다른 반응을 보였다. "나는 트위터를 끼고 살아요. 뉴욕에 있는 사무실 책상에 앉아 이 영상에 대한 온갖 메시지가 입소문을 타고 퍼지는 걸 실시간으로 보았죠."

팩맨은 벤처 캐피털 기업인 벤록어소시에이츠Venrock Associates에서 파트너로 활동했다. 미드타운 맨해튼 5번가가 내려다보이는 22층 사무실에 앉아 달러쉐이브클럽 사이트가 정말 느리다는 것에 답답해하며 하던 일을 모두 멈추고 영상을 여섯 번이나 보았다. "계속 클릭해 돌려 보면서 껄껄 웃으며 '이 사람 정말 웃기고 대단한데'라고 감탄했습니다."

질레트에서 일하는 사람들과 마찬가지로 팩맨도 달러쉐이브클럽 면도날의 품질을 알고 싶어서 온라인으로 제품을 주문했다. 집에서 제품을 써 보고 질레트의 면도날이 더 우수하다고 인정했다. "달러쉐이브클럽이 판매하는 면도날을 사용해 보고 나서 꽤 괜찮은 편이지만 정말 좋다고는 생각하지 않았어요."

하지만 팩맨은 꽤 괜찮은 품질이라면 실제로 대부분의 남성에게 충분히 좋은 제품일 수 있으리라 짐작했다. 달러쉐이브클럽 면도날의 가격이 질레트 면도날의 절반가량인 것을 감안하면 특히 그랬다. (달러쉐이브클럽은 최저 품질의 구식 2중 날 카트리지 다섯 개를 4달러에 판매하거나 개당 불과 80센트에 판매했고, 품질이 좀 더 나은 면도날은 개당 1달러 이상으로 판매했다. 회사 이름이 달러쉐이브클럽이기는 했지만 4중 날 면도날 카트리지 네 개는 6달러, 6중 날 카트리지 네 개는 9달러에 판매했다.) 게다가 매장에 가서 직원이 계산대 뒤에 있는 캐비닛의 자물쇠를 열고 제품을 가져다줄 때까지 기다릴 필요가 없었다. 달러쉐이브클럽은 면도날을 매달 소비자에게 직접 배송해 주기 때문이다.

가격과 편리성에 영리한 마케팅을 결합하자 젊은 소비자들이 관심을 보였다. 팩맨은 더빈이 대박을 터뜨릴 것 같다고 예감했다.

팩맨은 1990년대 후반 시작한 음악 다운로드 서비스 기업 몇 군데에서 일하는 등 인터넷 사업가로 활동했다. 사무실 벽에는 과거에 운영했던 이뮤직eMusic을 다룬 《포천》과 《USA투데이》의 기사를 넣은 액자가 걸려 있다. 이뮤직은 애플이 아이튠스iTunes를 출시하기 전에 인디 음악의 온라인 판매를 주도한 소매 기업이었다.

달러쉐이브클럽 영상이 팩맨의 눈길을 끈 것은 단순히 재밌기 때문만은 아니었다. 때마침 팩맨은 자신의 아이디어를 시험할 수 있는 기업을 찾고 있었다. "내게는 구체적인 투자 철학이 있습니다. 겉으로 잘 드러나지 않아 기존 기업들이 가치를 제대로 인식하지 못하는 곳에 혁신이 존재하고 최고의 사업 기회가 있다는 거죠. 혁신의 물결이 충분히 크면 스타트업은 파도를 탈 수 있습니다. 기존 기업이 커다란 도전에 직면했다는 사실을 자각하고 위협에 적응하려면 시간이 걸리기 때문이죠."

그렇다. 달러쉐이브클럽에는 혁신적인 제품이 없었지만 혁신적인 아이디어가 있었다. 팩맨은 질레트가 시장을 지배하고 있지만 취약하다는 사실을 간파했다. 사실 정확히 말하면 매우 오랫동안 시장을 지배해 왔기 때문에 취약했다. 질레트의 강점은 약점도 될 수 있었다. 크게 성공한 탓에 스타트업이 '충분히 좋은' 제품으로 무장하고 인터넷을 이용해 경기장을 평준화하여 게임의 법칙을 바꾸고 혁신을 일으킬 수 있다는 점을 제대로 인식할 수 없었다.

팩맨이 생각하기에는 질레트가 최고 품질의 면도 경험을 제공할 수 있을지 모르지만 달러쉐이브클럽은 최고의 가치를 제공했다. 하지만 질레트는 그런 생각을 하지 못했다. 너무 자신만만하고 오만하기까지 했으며, 지나치게 민감하거나 빨리 반응하는 경우에는 수익이 감소할 수 있었기 때문이다. 게다가 고위 임원들은 프록터앤갬블에 있는 상사들에게 설명해야 할 사항이 많았다. 그곳 상사들은 수백

억 달러를 쏟아부어 질레트를 인수한 행위를 정당화하기 위해 수익을 계속 늘려야 했기 때문이다.

팩맨의 본능은 옳았다. 질레트의 몇몇 내부자들도 더빈이 대박을 터뜨릴 수 있겠다고 생각했다. 당시 질레트의 임원이었던 데이비드 실비아David Sylvia는 이렇게 회상했다. "대사를 모조리 외울 정도로 그 영상에 빠져들었습니다. 일부 임원들은 자기 사무실에서 시청했죠." 하지만 대부분의 임원들은 면도기와 면도날을 팔아서 채우는 돼지 저금통을 지키는 데만 혈안이 되었다. 웃기는 영상을 발표하며 시장에 새로 진입한 작은 경쟁사에 대해 의논하기 위해 회의를 열었지만 달러쉐이브클럽을 초반에 억누르기 위한 진지한 대책이나 가격 인하 등은 전혀 거론하지 않았다. 한 질레트 임원은 회의에서 다음과 같은 말이 오갔다고 회상했다. "그들은 시장에서 그냥 축출당할 겁니다. 그러니 그저 무시하면 돼요. 게다가 그들은 자금도 넉넉하지 않잖아요."[18]

이러한 추세는 팩맨 때문에 곧 바뀌었다. 팩맨은 영상을 보고 며칠 지나지 않아서 더빈과 사이언스의 피터 팸에게 연락했다. 6월에 몇 번 만나고 나서 더빈의 아이디어가 성공할 수 있겠다는 확신을 더욱 굳혔고, 달러쉐이브클럽이 마케팅에 비용을 더 쓰고 초반에 소비자에게 얻은 관심을 적극 활용할 수 있도록 돈을 투자하고 싶어 했다. 팩맨은 구독 모델이 마음에 들었고 구독 사업의 초기 고객 유지율이 높은 것에도 구미가 당겼다. 영리한 마케팅 전략을 구사해 밀레니얼 세대를 겨냥한 라이프 스타일 브랜드를 구축하겠다는 더빈의 비전도 마음에 들었다.

팩맨의 최대 걱정거리는 질레트와 경쟁하는 것이 아니었다. 오히려 실리콘밸리의 벤처 캐피털 기업들인 클라이너퍼킨스Kleiner Perkins와 배터리벤처스Battery Ventures를 포함해 달러쉐이브클럽을 후원한 초기 거물급 투자자들이 투자를 늘리기로 결정하고 자사인 벤록어소시에이츠를 밀어넣을까 봐 걱정했다.

결국 달러쉐이브클럽은 존스나 팸조차 예상치 못했을 정도로 좋은 실적을 냈다. 영상의 누적 조회수는 유튜브에 발표한 지 3개월 만에 475만 회를 기록했다. 팸은 이렇게 언급했다. "우리는 2012년 말까지 50만 달러의 수익을 거두리라 예측했습니다. 그런데 한 분기 만에 예상치를 달성했어요." 2012년 총 매출은 400만 달러에 이르렀다.

하지만 팩맨의 예상과 달리 일부 초기 벤처 투자자들은 돈을 더 투입하고 싶어 하지 않았다. 팩맨은 포기하지 않고 벤록어소시에이츠를 투자에 참여시켰고, 초기 투자자에 속했던 벤처 캐피털 기업 네 곳이 돈을 더 투자하고, 피터 팸에게 설득당한 일부 기업들이 투자에 가세하면서 달러쉐이브클럽은 2012년 11월 980만 달러를 추가로 유치할 수 있었다.[19] 투자자들 중에는 초기 모금에 최대 투자자로 참여했던 사이언스와 포러너Forerunner도 있었다. 포러너를 창업한 커스틴 그린Kirsten Green은 소매업을 운영한 경험이 있으므로 전자 상거래가 브랜드를 창출하는 새로운 방식이라는 사실을 감지하고 달러쉐이브클럽 이사진에 합류했다. 나중에 벤처 캐피털 자금 유치를 주도한 팩맨도 이사로 취임했다. 마케팅과 채용을 지원할 용도로 여섯 차례에 걸쳐 모금된 전체 투자액은 약 1억 6300만 달러에 이르렀다.[20] 달러쉐이브클럽은 매출 증가 덕택에 좀 더 수월하게 자금을 모을 수 있었지만 팩맨의 설명에 따르면 여전히 "거절당하는 누적 건수가 수백 건이었다." 심지어 2014년 초기 벤처 캐피털 투자자 중 일부는 "우리가 보유한 지분을 사겠어요? 우리는 이 회사가 장기적으로 성장하리라 확신할 수 없습니다"라고 말하면서 초기 투자 지분을 벤록에 되팔고 발을 뺐다.[21]

팸의 투자 제안을 거절한 잠재적 투자자로는 질레트도 있었다.[22] 팸은 동맹 관계를 맺는 것이 두 기업에 좋을 수 있겠다고 판단하고 더빈의 경쟁사인 질레트에 접근했다. "질레트에는 투자를 담당하는 벤처 부서가 있습니다. 나는 투자에 대해 의논하기 위해 질레트의 기업 개발 담당자에게 전화했어요. 담당자는 관심이 없다고 대답하더군요. 질레트는 지나치게 자신만만했어요. 담당자는 '어째서 우리한테 동맹이 필요하죠? 우리가 시장을 지배하고 있는 데 말입니다'라고 대꾸했어요."

일찍이 달러쉐이브클럽과 도루코의 관계에도 긴장감이 돌았다. 도루코는 새로 확보한 사업 거리에 만족했다. 이제 빠르게 늘어나는 달러쉐이브클럽의 주문량에 맞추려면 돈을 더 투자해 생산을 늘려야 했다. 그래서 2012년 가을 도루코는 미국 책임자인 켄 힐의 제안

을 받아들여 달러쉐이브클럽의 주식을 요구했다.[23]

힐은 이렇게 회상했다. "우리에게는 차입자본이 많았지만 마이클 더빈에게는 선택지가 많지 않았습니다. 더빈은 우리한테 구입한 면도날을 가지고 초기 고객층을 확보했으므로 시기적으로도 다른 기업과 손을 잡기 힘들었어요." 도루코 사주들은 확보할 주식이 많지 않으리라 생각했으므로 힐에게 협상을 일임했다. 힐은 5~8퍼센트 정도라고 언급할 뿐 도루코가 정확히 몇 퍼센트의 지분을 받았는지 밝히지 않을 것이다. 그렇다면 얼마를 지불했을까? 한 푼도 지불하지 않았다. 도루코는 계약 조건에 따라 2019년까지 달러쉐이브클럽에 면도기와 면도날을 공급한다는 장기 협약을 맺었다.

더빈은 마지못해 협약에 동의하고 회사 지분 일부를 도루코에 줄 수밖에 없었다. "공급망의 중요성을 이해하고 그만큼 거래하기를 원했다는 정도로 말할 수 있겠습니다."

질레트와 쉬크는 여전히 달러쉐이브클럽의 초기 성공에 그다지 주의를 기울이지 않았던 반면에 다른 기업들은 달랐다. 온라인 안경 기업인 와비파커의 공동 창업자 4명 중 한 명인 제프리 레이더Jeffrey Raider는 모방 경쟁사인 해리스Harry's의 창업을 도왔다. 해리스는 2013년 독일 제조업체가 만든 면도기와 면도날을 구매해 판매하기 시작했고, 달러쉐이브클럽이 도루코와 맺은 공급자 관계와 다른 전략을 취했다.

면도기 전쟁이 뜨거워지고 있었다. 달러쉐이브클럽은 최초의

D2C 면도기 브랜드라는 이점을 강화하기 위해 뒤이은 투자 설명회에서 유치한 수백만 달러와 함께 회사 수익의 많은 부분을 마케팅에 쏟아부었다. 2013년 들어서는 소셜 미디어 광고의 힘을 최초로 알아본 소비재 기업으로 부상하면서 샌프란시스코 소재 디지털 마케팅 스타트업 기업인 앰푸시Ampush를 고용했다. 앰푸시는 달러쉐이브클럽의 잠재 고객을 인구 통계학적으로 공략하기 위해 페이스북을 심층 분석했다. 이 분석 방법은 실질적으로 다른 디지털 네이티브 브랜드 모두가 앞으로 곧 사용할 전술이었다.

2015년까지 온라인에 영상을 올려 입소문을 일으키고 페이스북 마케팅을 구사하는 기업으로 유명세를 구축한 달러쉐이브클럽은 질레트의 시장을 더욱 잠식하기 위해 텔레비전 광고에 매달 수백만 달러를 쏟아부었다. 첫 영상은 현재까지 유튜브 조회수 2600만 건을 돌파했고 그 후에 제작한 어떤 영상보다도 뜨거운 반응을 불러 일으켰다.[24] 대부분의 영상은 더빈의 광고 공식을 고수해서, 건방지고 경쾌한 유머를 구사하는 동시에 질레트를 포함한 다른 기업들이 판매하는 면도날이 얼마나 비싼지, 그 면도날들을 상점에서 구매하는 절차가 얼마나 번거로운지 격렬하게 공격했다. 한 광고에서는 점원이 근엄한 표정을 지으며 경비원 복장을 입고 앉아 있다가 자물쇠로 잠겨 있는 상자에서 면도날 몇 개를 "꺼내고" 싶다고 말하는 손님을 전기충격 총을 발사해 쓰러뜨렸다. 더빈은 많은 광고에 카메오로 출연함으로써 "우리 면도날은 끝내주게 좋아요!" 영상을 올린 회사라는 점을 시각적으로 상기시켰다.

달러쉐이브클럽이 달성한 연간 매출은 2년 전 불과 2000만 달러였지만 2015년이 되자 1억 5300만 달러까지 증가했다.[25] 시장에 진입한 지 불과 몇 년 지나지 않은 2016년에는 미국 달러로 환산해서 면도기와 면도날 시장의 약 8퍼센트를 점유했다. (더빈은 면도날 가격이 더 싸기 때문에 단위 부피를 따졌을 때 시장 점유율은 그 두 배라고 주장했다.) 같은 기간 동안 질레트의 시장 점유율은 67퍼센트에서 약 54퍼센트로 급락했다.[26]

달러쉐이브클럽은 사세 확장을 뽐내기 시작했다. 이제 더 이상 유명 기업을 동경하는 소기업이 아니라는 사실을 부각시키기 위해 2016년 슈퍼볼 기간에 200만 달러를 써서 30초짜리 광고를 내보냈다. 많은 이사진이 돈 낭비라고 반대했지만 더빈은 뜻을 굽히지 않고 "광고 세계에서 슈퍼볼은 어른의 게임입니다. 따라서 소비자들이 우리를 훨씬 진지한 기업으로 인정할 것입니다"라며 고집했다.

질레트는 자사의 시장 점유율이 계속 떨어지는 데도 미온적으로 대응했다. 자체적으로 페이스북 영상 광고를 내보내며 맞대응을 시도했지만 달러쉐이브클럽 광고에 대한 구차한 대응이라는 비웃음을 받았다. 2014년 들어서면서 달러쉐이브클럽을 모방해 "아워쉐이브클럽Our Shave Club"을 출시했지만 자사 면도날을 판매하는 매장들의 분노를 사지 않으려고 처음에 구독할 때는 질레트에 직접 신청하지 않고 "우대 소매업체"를 통해 신청하게 했다. 전직 질레트 임원인 미이크 노턴Mike Norton은 이렇게 설명했다. "우리는 월마트에 불려 가서 '이게 무슨 소리입니까, 소비자에게 직접 면도날을 팔겠다고요? 우리 매장을 통해 판매하지 않으면 당신 회사 면도기를 우리 매장에서 빼겠습니다'라는 엄포를 듣는 상황을 절대적으로 피하고 싶었습니다. 그러한 위험을 감수할 만큼 보상이 크지 않았거든요." 더빈이 가해 오는 위협에 대응할 때 질레트가 직면할 딜레마에 대해 2012년 피터 팸이 예측한 것을 반영한 설명이었다.

질레트는 가격 인하를 여전히 완강하게 거부했다. 그러면서 한 광고에서 자사 면도날 가격이 "다른 면도 클럽"보다 50퍼센트까지 싸다고 주장했다.[27] 어떻게 그럴 수 있을까? 경쟁사 제품을 1주일 동안 쓰는 비용과 질레트 면도날을 한 달 동안 쓰는 비용을 비교했기 때문이었다.

달러쉐이브클럽은 질레트 면도기의 비싼 가격과 온갖 사양을 내세우면서 "소비자에게 불필요한 면도기 기술"을 쉴 새 없이 집중적으로 공격했다. 한 광고에서는 3중 날 카트리지 4개 묶음을 찍은 사진을 나란히 배치하고 "우리 가격은 6달러, 그들 가격은 18달러"라는 자막만 내보냈다. 또 구독자에게 우편으로 배달하는 소포에는 명쾌하고 유머러스한 문구를 적어 넣었다. "'나는 무딘 면도날로 면도하는 것을 좋아해요.' 이러면 절대 안 됩니다. 면도날을 매주 바꾸세요."

한편 질레트의 임원들은 "하지만 우리 면도날이 더 나아!"라는 밋

밋하고 평범한 전통적인 표어만 되풀이했다. 프록터앤갬블의 최고재무책임자인 존 뮬러Jon R. Moeller는 2015년 10월 월스트리트 투자자들에게 이렇게 강조했다. "질레트 제품은 어떤 경쟁사보다 소비자 선호도 측면에서 탁월하고, 친밀성, 부드러움, 편안함에서 앞서고, 전반적으로 더 나은 면도 경험을 포함한 열여덟가지 속성에 대해 시험을 거쳤습니다."[28]

컨슈머리포트Consumer Reports처럼 독립적인 시험 기관을 포함해 거의 모두가 질레트 제품이 더 우수하다고 생각한다는 주장이 나왔지만, 250만 명이 넘는 달러쉐이브클럽 구독자들은 흔들리지 않았다.[29]

사기가 떨어진 질레트는 2015년 달러쉐이브클럽을 상대로 특허 침해 소송을 제기했다. 팩맨은 이것을 질레트의 걱정이 커지고 있다는 신호로 판단했다.[30] 문제가 되는 특허는 면도날을 오랫동안 부식하지 않은 상태로 날카롭게 유지시키려고 면도날 가장자리에 바르는 보호 코팅이었다. 소송은 협상 조건을 외부에 공개하지 않고 해결되었다. 팩맨이 생각할 때 질레트는 유리한 고지를 차지하고 있는 거대 기업이 취하는 표준 전략에 따라 움직였다. "투자할 때 우리는 현저하게 예측 가능한 전략에 의존합니다."

과거 임원진은 질레트가 누에고치 안을 벗어나지 못했다고 인정했다. 불과 몇 년 전만 해도 면도기와 면도날 사업에 대해 전혀 몰랐던 더빈이 수십 년 간 해당 사업에 몸담아 온 임원들보다 뛰어난 책략과 마케팅 활동을 지속적으로 펼쳤다. 질레트 임원진은 제품의 질을 꾸준히 향상시키는 데 주력했지만, 도루코를 포함해 다른 면도날의 질이 상당히 많이 향상되었으므로 대부분의 소비자들은 질레트 면도날의 사소한 질적 개선을 더 이상 두드러진 차이로 생각하지 않았다. 일부 임원은 특히 질레트가 과거에 카트리지 가격을 5달러까지 인상했던 결정이 달러쉐이브클럽에 시장의 문을 열어 준 "뼈아픈 지점"이었다고 언급했다. 전직 질레트 임원인 데이비드 실비아David Sylvia는 이렇게 설명했다. "최고의 품질은 소비자들에게 어느 정도로 중요할까요? 모든 소비자가 최고의 제품을 찾는 것은 아닙니다."

2016년 달러쉐이브클럽의 매출이 연 2억 4000만 달러를 기록하자[31] 더빈은 인수를 희망하는 기업들과 협상하기 시작했다.[32] 여기에는 쉬크도 있고, 투자자였던 콜게이트-팔몰리브Colgate-Palmolive도 있었다. 하지만 세제를 포함한 많은 소비재 분야에서 프록터앤갬블과 경쟁하던 유니레버Unilever가 2016년 7월 현금 10억 달러를 제시하며 모든 경쟁사를 눌렀다. 당시 달러쉐이브클럽의 구독자는 300만 명을 넘어섰다. 달러쉐이브클럽은 더빈의 비전을 계속 추진하는 동시에 새 사주를 위해 지속적으로 성장하기 위해 헤어젤, 칫솔과 치약, 샴푸, 세안제, 향수, 입술 보호제, 심지어 핀셋과 손톱깎이 세트 등 다른 미용 제품으로 사업을 확장했다. 매우 많은 신제품을 추가하면서 마케팅 자료에는 "아마도 클럽 이름을 바꿔야 할까 봐요"라는 문구를 넣었다.

유니레버가 인수 비용을 지나치게 많이 지불하지는 않았는지 의혹을 제기하는 사람들이 있다. 하지만 달러쉐이브클럽보다 시장 점유율이 낮은 해리스가 면도기 브랜드인 쉬크와 윌킨슨소드의 모기업인 엣지웰퍼스널케어Edgewell Personal Care Co.에 13억 7000만 달러를 받고 매각하기로 합의했다고 2019년 5월 발표했다.[33] 달러쉐이브클럽보다 높은 가격에 매각하기는 했지만 해리스의 투자자들은 더 낮은 수익률을 기록했다. 해리스의 매각 대금은 전체 투자액 3억 7500만 달러의 3.7배였지만, 달러쉐이브클럽의 매각 대금은 전체 투자액의 6배 이상이었기 때문이다.[34] 어쨌거나 두 기업의 초기 투자자들은 원금의 여러 배를 벌었다.

여러 차례에 걸쳐 벤처 캐피털 자금을 유치했으므로 지분은 줄어들었지만 더빈은 여전히 회사 전체 지분에서 9~10퍼센트인 9억~10억 달러를 보유하면서 앞으로 몇 년 동안 회사의 성장에 비례해 추가로 이익금을 지급 받을 가능성이 있었다.[35] 투자에 일찍 참여한 사이언스는 구체적인 금액을 밝히기는 거부했지만 수천만 달러의 수익을 거뒀다.[36] 초기 주요 투자자인 포러너벤처스와 벤록도 큰 수익을 챙겼다. 도루코도 더빈에게 받은 지분을 처분해 수천만 달러를 벌었다. 게다가 달러쉐이브클럽에 면도날을 납품한 덕택에 전 세계적으로 시장 점유율이 단위 부피 기준으로 과거 5퍼센트 미만에서 약 16퍼센트까지 세 배 이상 증가하면서 수익이 급증했다.[37] 더빈과 달러쉐이브클럽을 공동 창업한 마크 레빈은 사업 초반에 맡았던 능동

적인 역할에서 물러나면서 자신이 보유한 지분을 넘겨 수백만 달러를 챙겼다.[38]

2017년 봄 결국 질레트는 전직 임원인 마이크 노턴의 말대로 "핵 단추nuclear button"를 누를 수밖에 없었다. 다시 말해 사업 실적이 잠식되고 있다는 사실을 뼈아프게 인정하면서 제품 가격을 평균 12퍼센트 인하했다.[39] 또 고객을 되찾기 위해《뉴욕타임스》와《월스트리트저널》에 전면 광고를 실었다. "더 낮은 가격으로 최고의 면도를 하고 싶다고 하셨나요? 이제 그럴 수 있습니다." 마케팅으로 허세를 부리던 태도를 버리고 웹 사이트에서 솔직하고 겸손하게 진실을 받아들였다. "소비자가 우리에게 면도날이 지나치게 비싼 것 아니냐고 말했고 우리는 귀를 기울였습니다."

질레트는 불과 몇 년 전만 하더라도 수백만 달러만 지불하면 신생 기업인 달러쉐이브클럽의 지분을 상당량 살 수 있었다. 하지만 이제는 시장 점유율이 축소되고 고객들이 달러쉐이브클럽 제품으로 눈을 돌리면서 이미 연 수억 달러에 이르는 매출 손실을 겪을 뿐 아니라 제품 가격을 인하하면서 연 1억 달러 이상의 매출 감소를 감당해야 했다.

마이클 더빈은 질레트의 광고를 보고 회심의 미소를 지었다.

2장

디지털 세계엔
물리적
진입 장벽이
없다

Glossier.

사업가들은 투자를 유치하기 위해 준비한 자료를 대개 이메일로 보낸다. 그런가하면 우편을 이용하기도 하고, 특히나 열의에 넘치는 젊은 사업가들은 성공하기 위해서라면 무엇이든 하겠다는 열정을 드러내고 싶어서 퀵 서비스를 활용하기도 한다.

사업가들이 자료를 보내는 도착지는 샌프란시스코 미션 스트리트 1161번지 300호이다. 이곳이 들어서 있는 건물은 위워크WeWork 사무실들도 입주해 있기는 하지만, 사방이 유리로 둘러싸여 있고 더 크거나 멋진 공간을 마련할 경제적 여유가 없는 많은 위워크 세입자들이 책상 몇 개와 컴퓨터 몇 대를 빽빽이 들여놓은 닭장 같은 비좁은 공간이 아니다. 해당 사무실은 사업을 성공시키기 위해 분투하고 있는 스타트업들과 입구를 따로 사용하면서 세련되고 현대적인 사무용 가구, 차분한 벽면 장식, 널찍하고 편리하게 꾸민 회의실을 갖추고 활기찬 분위기를 자랑한다.

이곳은 바로 커스틴 그린이 이끄는 벤처 캐피털 기업 포러너벤처스이다.

온갖 형태의 투자 유치용 자료가 끊임없이 도착하는데 매년 약 2500건에 달한다. 2018년 7월도 여느 달과 마찬가지로 사업 제안서 198개가 도착했다. 여기에는 새 온라인 브랜드(화장품, 신발, 세면도구, 의류 등)를 출시하려는 제안서 67건, "플랫폼"(대개 모바일 기기에서 상품을 판매한다)을 홍보하는 제안서 64건, 새로운 소매 개념을 소개하는 제안서 16건, 전자 상거래 시장 관련 제안서 18건이 포함됐다. 그린과 동료 여섯 명으로 구성된 팀은 모든 제안서를 샅샅이 검토한다. 이 중에서 10건 중 1건 꼴로 따라서 연간 200~250건의 제안서를 채택해 그린 앞에서 아이디어를 발표할 수 있는 기회를 제공한다. 사업가들은 마치 메카로 향하는 순례자들처럼 노숙자들을 지나치면서 샌프란시스코 텐더로인Tenderloin 지역 도심의 바로 남쪽에 있는 포러너벤처스 사무실을 찾는다.

투자 가치를 입증하기 위해 초대를 받은 예비 사업가들은 할당받은 시간 안에 제품의 경쟁적 전망, 전략적 비전, 재정적 잠재력 등 온갖 사항에 대해 그린과 그녀가 이끄는 팀에게 집중적으로 질문 세례를 받는다.

큰 포부를 품고 있지 않은 사업가는 구태여 이곳에 올 필요가 없다. 포러너는 자사의 사명에서 도전 의식을 강조한다. "우리는 산업

규범에 도전하는 기업, 산업의 전체 범주를 뒤흔드는 기업과 협력한다." 유명한 레러히포Lerer Hippeau를 비롯해 뉴욕 실리콘 앨리Silicon Alley에서 활동하는 벤처 캐피털 기업들은 포러너와 마찬가지로 스타트업을 포함해 다수의 디지털 우선 소비자 브랜드에 많은 지분을 보유하고 있다. 하지만 포러너는 거의 전자 상거래 분야에만 투자하는 것으로 잘 알려져 있고, 벤처 캐피털 세계와 그 너머에서 그린은 한 분야에 집중 투자하는 것으로 유명해졌다.

유행에 민감하고 사진발이 잘 받으며 환한 미소가 돋보이는 그린은 벤처 투자자로는 유일하게 2017년 타임이 선정한 가장 영향력 있는 100인과[1] 《배니티페어Vanity Fair》가 선정한 세계 베스트 드레서 명단에[2] 동시에 올랐다. (《배니티페어》에 실린 사진에서 그린은 바닥까지 닿는 흑백의 클로에Chloé 드레스를 입고 빨간 샤넬 클러치 지갑을 들었다.)

그린이 D2C 브랜드 범주에서 업계를 뒤흔든 것은 하룻밤 사이에 이룬 성과가 아니었다. 10년 전만 해도 그린은 사실상 무명이었다. 1993년 경영학 학위를 받고 나서 처음에는 대형 회계 기업에 취업해 몇 년 동안 열심히 일했다. 한 인터뷰에서는 "대체 회계 감사 일을 하고 싶은 사람이 누가 있겠어요?"라고 말하기도 했다.[3] 그러다가 우연히 세이프웨이의 식료품 냉동고에서 재고를 집계하는 업무를 맡았다.[4]

그 후 소매업계를 떠난 그린은 월스트리트 분석가로 10년 가까이 거의 무명으로 일하다가 전자 상거래가 소매 세계를 바꾸리라는 흐름을 감지하고 퇴사한 후에 컨설턴트로 일하면서 스타트업에 투자해 보기 시작했다.

하지만 벤처 캐피털 세계에서 아무 실적이 없었던 탓에 사업거리를 찾아 다니며 사업을 개척해야 했다. 그러다가 달러쉐이브클럽의 초기 최대 투자자였고, 보노보스와 와비파커 같은 신규 온라인 브랜드에도 투자했다는 소문이 2012~2013년에 퍼지면서 서서히 사업가들의 투자 유치용 자료를 받기 시작했다.

2016년 여름 벤처 캐피털 세계에 그린의 이름이 마침내 등장하기 시작했다. 그린이 초기에 투자한 기업 두 곳이 기업 가치 10억 달러이상을 달성한 스타트업을 일컫는 유니콘 기업의 반열에 몇 주 간격으로 연달아 올랐기 때문이다. 즉, 달러쉐이브클럽이 10억 달러를 받고 유니레버에 매각되었고, 온라인 할인 소매 기업 제트닷컴Jet.com이 33억 달러를 받고 월마트에 매각되었던 것이다. 그린은 이렇게 설명했다. "사람들이 투자 유치용 자료를 들고 사무실을 직접 찾아왔기 때문에 우리는 한 동안 웹 사이트에서 주소를 지워야 했습니다."

이 무렵 실리콘 밸리의 감정가들은 스타트업을 겨냥한 포러너의 투자에 점수를 주었다. 달러쉐이브클럽의 초기 직원이었던 리즈 라이프스나이더Liz Reifsnyder는 D2C 여성용 비타민 스타트업 리추얼Ritual이 공식적으로 출범하기 전인 2016년 창업자와 만나 고위 임원직을 제의받았을 당시를 회상했다. "나는 이렇게 말했어요. '당신이 사업 자금을 모으는 중이라면 커스틴 그린을 만나 봐야 합니다. 그녀가 투자를 쥐락펴락하거든요." 포러너가 이미 주요 투자자가 되기로 동의했다는 말을 들은 라이프스나이더는 주저 없이 대답했다. "그렇다면 나도 합류하겠습니다."

혁명이 흔히 그렇듯 D2C 브랜드가 일으킨 혁명은 서서히 힘을 발휘하면서 기존 기업들을 깜짝 놀라게 했다. 주요 투자자들이 간과하고 있던 기회를 감지한 포러너 같은 신규이거나 지명도가 떨어지는 벤처 캐피털 기업의 투자자들과 사업가들이 느슨하지만 시간을 두고 서로 얽힌 관계를 형성한 것이 D2C 브랜드의 흐름을 주도하는 원동력으로 작용했다. 또 온라인 소비자를 표적으로 삼기 위해 자료를 사용하는 방법을 연구하고, 실패와 이따금씩 거둔 성공에서 경험을 습득하고, 1세대 디지털 소매 기업에서 교훈을 배운 것도 유용하게 작용했다. 컴퓨터에 장치를 설치하는 즉시 실행할 수 있는 기술을 저렴한 비용으로 활용한 덕택에 사회 기반 시설이 급속하게 발전하면서 거의 누구라도 깜짝 놀랄 만큼 적은 자금으로 신제품을 출시할 수 있게 되었다. 온라인 쇼핑객에게는 거의 알려지지 않았지만 쇼피파이Shopify는 기존 시장을 뒤흔든 혁신적인 기업이었다. 2004년 창업해 홈페이지 구축, 주문, 결제, 재고 추적, 배송 관리를 포함해, 스타트업이 온라인 매장을 세우는 데 필요한 모든 사항을 관리하는 전자 상거래 소프트웨어 플랫폼을 개발했다. 더욱이 플랫폼의 초기 사용 비용은 월 29달러에 불과해 오프라인 매장에서 사용하는 금전 등록기 한 대 값보다 적었다.[5]

대부분 이러한 현상이 즉시 두드러지게 눈에 띄지는 않았다. 적어도 미래를 내다볼 수 있다고 자부하는 대부분의 벤처 투자자에게는 그랬다. 얼마 전까지만 해도 어떤 사업가가 신규 소비재를 출시할 아이디어를 제안했다면 벤처 캐피털 기업들은 거의 예외 없이 한 목소리로 이렇게 반응했을 것이다. "뭐라고 하셨어요?" "설마 진심은 아니시죠?" "그만 가 보세요. 더 이상 할 말이 없습니다." 그만큼 신규 소비자 브랜드를 만드는 비용은 비쌌고 성공 가능성도 희박했다.

"25년 전만하더라고 품질을 획기적으로 개선한 치약을 제조할 아이디어를 떠올려도 실제로 할 수 있는 일이 전혀 없었어요." 미국 인터넷광고협의회Interactive Advertising Bureau의 대표 이사인 랜덜 로덴버그Randall Rothenberg가 설명했다. "어디 가면 원료를 구할 수 있는지 알더라도 소량이 아니라 톤 단위로만 구매할 수 있었기 때문에 전혀 소용이 없었죠. 요행히 치약을 만드는 업체를 찾더라도 대규모 생산업체가 아니면 고객 취급을 받지 못했죠. 설사 치약을 제조해 줄 업체를 찾더라도 판매해 줄 소매업체를 구하지 못하는 것은 물론이고요. 게다가 전국적인 미디어 광고가 수요를 좌우하기 때문에 소비자의 수요를 촉진할 방법이 없었어요. 요행을 바랄 수 없었죠."

이와는 대조적으로 수십 년에 걸쳐 업계에 뿌리를 내린 기존 브랜드는 엄청난 이익을 거둬들였다. 브랜드들이 매디슨애비뉴에 입주해 있는 광고 대행사의 도움을 받아 확보한 고객들은 대부분 지속적으로 제품을 구매했다. 결과적으로 지배적인 브랜드들은 큰 폭의 이윤을 누리는 경우가 많았다. 고객들은 제품 가격이 비싸다고 불평하더라도 소수 기업들이 장악하고 있는 제품 범주에서 실질적인 선택권을 거의 행사하지 못했다.

브랜드를 창출하고 유지하는 기존의 사업 모델은 브랜드 제품의 제조, 광고, 판매 사이에 공생 관계를 형성한 덕택에 수십 년 동안 지속되었다. 또 상당히 높은 진입 장벽을 구축했으므로 이렇듯 질서 정연한 우주에 속해 있으면 누구나 혜택을 입었다.

20세기 전반부에 1~2위를 기록했던 브랜드 수십 개가 20세기 말에도 여전히 순위를 유지한 것은 전혀 의외가 아니라고 로덴버그는 강조했다. "질레트가 6년 안에 대개 달러쉐이브클럽에게 심지어 해리스에게 16퍼센트의 시장 점유율을 빼앗길 수 있다는 주장은 믿기 힘듭니다."

진입 장벽을 낮춰서 이렇듯 질서 정연한 세계를 뒤흔들 수 있는 잠재력이 기술에 있다는 사실을 대부분의 벤처 캐피털 기업이 인식하지 못하고 있었으므로 커스틴 그린은 상대적으로 유리한 위치에 섰다. 혁명을 선도하는 사람이 대부분 그렇듯 그린은 기술의 힘을 인식한 아웃사이더였다.

그린은 몽고메리증권Montgomery Securities에서 분석가로 근무하는 동안 쇼핑몰 열풍을 연구했고, 특히 10대를 겨냥한 전문 소매점과 전통적인 체인점 사이에서 생겨난 성장 현상을 추적했다. "나는 쇼핑몰을 토대로 수많은 회사가 설립되는 광경을 지켜보았습니다. 10

대들이 촉발한 소비가 대단히 큰 자극제로 작용했어요. 10대들이 뒷주머니에 20달러를 찔러 넣고 쇼핑몰에 모습을 드러내면서 소비가 크게 부양되었습니다. 10대가 바람을 일으키고 쇼핑몰이 그 바람을 부채질하면서 사업이 순항했습니다."

하지만 그린은 전자 상거래가 부상하면서 이러한 광경이 바뀌리라 믿었다. 기술이 발전하면서 온갖 종류의 제품을 판매할 수 있도록 새 바람을 일으키고 있었고, 아마존과 이베이는 사업의 규칙을 다시 쓰는 초기 단계에 있었다. 그린은 분명히 오프라인 매장 멀리서 변화가 일어나리라고 생각했다. 이렇게 생각한 사람은 그린만이 아니었다. 하지만 그린은 행동했다. 혁명이 일어날 것이라면 가만히 있지 말고 움직여야 하지 않을까?

2002년 말 월스트리트의 소매 분석가 직업을 그만둔 그린은 소매업과 소비자 브랜드에 대한 지식을 사용해 사모펀드 기업을 대상으로 컨설팅 프로젝트를 추진하기 시작했다. 그러다가 진심으로 투자자가 되고 싶다는 욕구를 깨달았다. 그래서 컨설팅 업무를 계속 수행하는 동안에도 브랜드를 만들고 소비자들에게 판매하는 유망한 사업 모델을 갖춘 스타트업을 발굴했다.

그린은 호기심을 자극하는 아이디어를 발견한 경우에는 예전 동료들이나 예전부터 알고 지낸 부유한 "앤젤 투자자"들을 모아서 각자 약 2만 5000달러씩 투자하도록 설득해 자금을 모았다.

2007년 그린은 나우Nau라는 상대적으로 신생인 스타트업을 조사하다가 특히나 흥미로운 사실을 발견했다. 그동안 관심을 갖고 곰곰이 생각해 온 새로운 소매업 세계에 대한 많은 아이디어가 나우의 사업 모델에 집결되어 있었던 것이다. 파타고니아Patagonia와 나이키에 몸담았던 전직 임원들이 창업한 나우는 소비자들이 낮에 일할 때 입고 있다가 저녁에는 콘서트나 술집이나 저녁 식사 자리에도 입고 갈 수 있는 캐주얼하면서도 유행에 뒤떨어지지 않는 옷 브랜드를 만들고자 했다. 또 밀레니얼 세대들을 겨냥해 친환경 방식으로 제품을 생산했는데, 그린은 이러한 초기 트렌드가 곧 주류로 부상하리라고 어렴풋이 감지하고 있었다. 그린은 이렇게 강조했다. "나우는 사람들의 생활방식이 바뀌고 있다고 주장했습니다. 9시부터 5시까지 직장에서 일하고 곧장 귀가한다는 개념이 바뀌고 있습니다."

그린의 관심을 자극했듯 나우는 옷을 판매하기 위한 기술 사용 방식을 다시 생각하고 있었다. 나우의 사업 모델은 디지털 전용이 아니라 디지털 중심이었다. 자사 제품을 다른 소매업체가 아니라 자체 부티크 매장(일반적으로 면적이 190제곱미터 이하)에서만 판매하되 사이즈와 색깔별로 몇 가지 품목만 세련되게 진열한 쇼룸에 가깝게 매장을 꾸몄다.

나우 매장은 당시로는 참신한 사양인 터치스크린 컴퓨터 단말기를 갖췄다. 고객은 단말기를 사용해 나우의 웹 사이트를 검색하고, 매장에 머무는 동안 온라인으로 제품을 주문하면 10퍼센트 할인을 받았다. 나우의 공동 창업자이자 마케팅 부사장이었던 이언 욜레스

Ian Yolles는 이렇게 설명했다. "우리는 그곳을 매장이 아니라 '웹프론트webfront'라고 불렀습니다. 심지어 그 명칭을 상표 등록까지 했어요."

그린은 나우에 대해 깊이 조사하고 나서 욜레스에게 연락했다. 욜레스는 이렇게 회상했다. "그린은 전적으로 도매 사업 모델을 따르는 업계에서 나우가 구조적으로 소비자에게 제품을 직접 판매하는 사업을 수행하고 있다는 점에 흥미를 보였습니다." 나우가 중요한 사업을 추진하고 있으며 시대를 앞서가고 있다고 확신한 그린은 저명한 헤지 펀드 기업인 튜더인베스트먼트Tudor Investment를 설득해 나우에 1000만 달러를 투자하게 하고, 튜더를 대표해 나우의 이사진에 합류했다.

나중에 드러난 사실이지만 나우는 시대를 지나치게 앞서갔다. 당시에는 개조하지 않고 그대로 쓸 수 있는 기술이 적었으므로 우아하고 쉽게 탐색할 수 있는 웹 사이트를 구축하는 비용이 비쌌다. 나우는 "웹프론트" 매장을 갖춘 5개 도시에서 매우 충성스러운 팔로잉을 구축했지만 초기에 모금한 자본으로 충당할 수 있는 수준은 거기까지였다. 텔레비전 광고 캠페인을 펼칠 만한 자금이 없었고, 당시에는 온라인 판매를 늘릴 만큼 널리 입소문을 퍼뜨릴 수 있는 소셜 미디어도 존재하지 않았다. 페이스북은 걸음마 단계에 있었고 인스타그램은 아직 등장하지 않았다. 현금이 바닥나기 시작하자 추가로 자금을 조달할 방법을 모색했지만 당시는 2008년 봄이어서 금융 시장이 붕괴하기 시작하고 얼마 지나지 않아 금융 위기가 몰아쳤다. 추가 운영 자금을 모을 수 없었던 나우는 출혈 자산 인수 기업에 넘어갔고 당시 받은 매각 금액은 채무를 청산하기에도 부족했으므로 투자자들에게는 한 푼도 돌아가지 않았다. 나우는 가까스로 사업을 유지했지만 창업자가 품었던 야심찬 비전을 잃고 작은 브랜드로 남았다. 욜레스와 그린이 생각하기에 나우가 세웠던 원대한 계획은 몇 년 후 창업했더라면 그래서 다음 세대의 디지털 우선 브랜드가 구사한 도구를 사용할 수 있었다면 성공했을지 모른다.

창업자들은 물론이고 그린도 충격을 받았다. 그린은 "당시 사건 때문에 상심한 사람들이 많았습니다"라고 언급했다.

그린을 위로했던 욜레스는 여전히 그린이 신규 브랜드가 생겨나고 소매업에 불가피한 변화가 찾아오리라고 확고하게 믿고 있어서 매우 깊은 인상을 받았었다고 회상했다. "그린은 자신이 감지한 경향이 도래하리라 믿었습니다. 일하다가 충격적인 경험을 했다고 해서 자신이 갖고 있는 근본적인 투자관을 포기하지 않았어요."

나우에 투자해 실패했지만 그린은 단념하지 않았다. "나는 타인과 다른 관점에서 생각하고, 반대자가 되려고 노력하는 것이야말로 돈을 버는 방법이라는 사실을 일찌감치 깨달았습니다."

그린은 나우에서 실패를 맛본 지 몇 달 후에 인맥을 사용해 온라인 남성복 스타트업인 보노보스와 접촉했다. 기술을 사용해 신규 브랜드를 만들겠다는 아이디어의 가치를 굳게 믿고 여전히 강한 관심을 갖고 있었으므로 2008년 개인적으로 보노보스에 투자하면서 초기 후원자이자 고문이 되었다. 보노보스의 공동 창업자인 앤디 던Andy Dunn은 이렇게 설명했다. "투자를 유치하기 위해 벤처 투자자 50명 이상을 찾아가 설득했지만 아무 성과도 거두지 못했습니다. 하지만 그린은 소매업에서 발생할 현상을 누구보다 먼저 인지했습니다. 이러한 현상을 감지한 사람이 벤처 투자자가 아니라 그린 같은 소매업 전공자였다는 사실은 전혀 놀랄 일이 아니죠."

그린은 컨설팅 일을 계속하는 동안에도 투자할 만한 신규 브랜드를 꾸준히 찾아다녔다. "몇 년 동안 '돈은 전혀 없지만 투자에 정말 관심이 많은 사람이 샌프란시스코에 있다'는 소문이 파다하게 퍼졌어요. 2010년 당시에는 아무도 D2C 브랜드에 관심을 기울이지 않았습니다. 개념조차 아는 사람이 없었죠." 그린은 소매업과 소비자 브랜드를 엮은 연결망 덕택에 실리콘 밸리에서 멀리 떨어진 지역에서 마침내 자신이 원하는 브랜드를 찾을 수 있었다.

안경테를 집으로 배송해 드립니다

2008년 가을 펜실베이니아대학교에 다니는 대학원생 네 명이 대화하는 자리에서 데이비드 길보아David Gilboa가 700달러짜리 안경을 비행기 좌석 주머니에 놔두고 내렸다며 속상해했다.[6] (달리 전해지는 이야기에 따르면 제프리 레이더는 500달러짜리 안경을 깨뜨리고 나서 다시 그 정도 돈을 써서 안경을 새로 맞추고 싶지 않았다.[7] 아마도 두 사람 모두 안경을 조심스럽게 다루지 않았을 것이다.)

대화하는 자리에 있었던 닐 블루멘탈Neil Blumenthal은 이렇게 대꾸했다. "이봐, 안경을 만드는 비용은 그렇게 비싸지 않아. 내가 공장에 가 봐서 사정을 알아." 블루멘탈은 개발 도상국에서 시력 검사와 저가 처방 안경을 제공하는 비영리 단체 비전스프링VisionSpring을 몇 년 동안 운영했었다. "우리는 그곳에서 하루 생활비가 4달러도 되지 않는 사람들에게 제공하기 위해 안경을 만들었어. 그런데 그 생산 라인에서 3미터도 떨어지지 않은 곳에서는 뉴욕 5번가에서나 볼 수 있는 패션계 거물 브랜드들의 안경이 생산되고 있지. 그렇게 두 세계가 단절되어 있어."

당시 블루멘탈은 소수의 대기업이 안경 사업을 장악하고 있다는 사실을 깨달았다. 안경 사업을 주도하고 있는 이탈리아 다국적 기업 룩소티카Luxottica가 조르지오 아르마니, 레이밴, 랄프 로렌, 프라다, 베르사체를 포함해 많은 인기 브랜드를 소유하거나 라이선스 생산하면서 렌즈크래프터스LensCrafters, 펄비전Pearle Vision, 선글라스헛Sunglass Hut 같은 소매 체인을 운영했다.[8]

와튼 경영대학원생 네 명은 아마존이 일찍이 서적 분야에서 성공한 데 뒤이어 신발 분야의 재포스닷컴Zappos.com과 다이어퍼스닷컴Diapers.com 등 새로 출현한 수직형 소매 기업(중개인이나 도매업체를 사용하지 않고 자체적으로 제품을 설계, 생산, 판매하는 기업 – 옮긴이)이 온라인으로 제품을 성공적으로 판매하고 있다는 사실을 알고 있었다. 해당 기업들은 자체적으로 만든 신규 브랜드가 아니라 다른 회사 제품을 인터넷에서 판매하는 기본적으로 신세대 소매 기업들이었다. 블루멘탈은 이렇게 설명했다. "이러한 현상을 목격하면서 우리는 모든 범주의 제품 심지어 소비자에게 물리적으로 제시하지 않고서는 판매하기가 매우 힘들다고 생각했던 제품까지도 온라인에서 판매할 수 있다는 사실을 깨달았습니다."

그래서 공동 창업자 네 명은 자신들이 떠올린 아이디어를 사업화할 방법을 연구하기 시작했다. "소비자들은 안경을 사고 싶은 마음에 들떠서 안경점에 들어가지만 막상 나올 때는 바가지를 쓴 것 같은 기분을 떨치기 힘들어요. 우리는 이 문제를 해결하고 싶었습니다. 그러려면 중간 유통 단계를 없애야 했어요." 블루멘탈은 창업자들이 무슨 생각을 했는지 설명했다. "만약 우리가 좋아하는 안경테를 디자인해서 소비자에게 직접 판매하면 높은 이윤을 남기면서 도매가로 판매할 수 있을 터였습니다. 이것이 바로 인터넷이라는 마법을 사용해 우리가 추진하려는 사업 아이디어였어요." 대학원생들은 창업 자금을 마련하기 위해 처음에는 각각 2만 5000달러씩 투자하고 필요한 경우에 5000달러를 더 투입하기로 뜻을 모았다.

와튼 경영대학원은 공동 창업자들에게 사업 아이디어를 구체화할 수 있는 이상적인 공간을 제공했다. 그들은 사업 계획 개발이 유일한 요건인 수업에 등록했다. 최소한 학위를 받는 데 필요한 학점을 딸 수 있고 교수들에게 조언을 구할 수 있기 때문이었다.

처음에는 안경테와 처방 렌즈를 포함해 안경 하나 가격을 45달러로 책정하고 사업 계획을 세웠다. 그런 다음 한 교수를 찾아갔다가 가격을 퇴짜맞았다. 블루멘탈은 이렇게 회상했다. "교수님은 우리가 작성한 파워포인트 자료를 밀어내며 이렇게 말했습니다. '아니, 이 계획은 먹히지 않을 걸세. 제품 가격을 시중 가격의 10분의 1로 낮춰서는 소비자의 신뢰를 얻을 수 없어.'"

조언을 듣고 풀이 죽은 공동 창업자들은 온라인 설문조사를 실시하고, 50달러부터 500달러까지 다양한 가격대를 제시하면서 안경 값이 얼마면 온라인으로 구매할 의향이 있는지 물었다. 아니나 다를까 교수의 말이 맞았다. 소비자가 구매하고 싶다고 말한 가격은 100달러까지 올랐다가 떨어졌다. 그래서 그들은 제품 가격을 95달러로 결정했다. 블루멘탈은 이렇게 회상했다. "그것은 중요한 순간이었습니다. 제품 가격을 45달러로 책정했다면 어느 누구도 제품 품질이 좋으리라 믿지 않았을 거예요. 게다가 사업을 운영하고 소비자에게 마케팅할 수 있을 만한 이윤을 거두지 못했을 테고요."

잠재 고객을 대상으로 더 많은 조사를 실시하기 시작하자 훨씬 까다로운 문제가 수면으로 떠올랐다. 많은 동급생들과 친구들은 품질이 좋은 저가 안경을 판매한다는 아이디어에는 마음이 끌리지만 막상 직접 눈으로 볼 수 없는 상태에서 안경을 구매하려면 망설일 것이라고 털어놓았다. 와비파커의 공동 창업자 네 명은 디지털 마케팅을 전공하고 당시 와튼 경영대학원 교수로 재직하면서 나중에 고문으로 적극적으로 활동한 던 데이비드 벨David R. Bell을 찾아가 자신들의 사업 계획을 의논했다. 벨은 다음과 같은 반응을 보였다. "다소 황당한 아이디어군. 어떻게 사업이 가능하겠나? 내 말뜻은 말일세, 안경을 쓰는 사람이라면 구매하기 전에 많은 안경을 써 보고 싶지 않을까? 그 문제는 어떻게 해결할 셈인가?"[9]

창업자들은 처음에는 자체적으로 개발 중인 웹 사이트에 가상 착용 기능을 탑재해 문제를 해결하려고 노력했다. 고객이 올린 얼굴 사진 위에 다양한 형태의 안경테를 겹치는 것이다. 하지만 당시에는 해당 기술의 품질이 그다지 좋지 않았다. 이미지를 적절하게 잡기가 어려워서 안경테가 자주 일그러져 보였다. 창업자들은 해당 기능을 당분간 웹 사이트에 그대로 두기로 결정했지만 단점이 부각되었으므로 신속하게 대안을 찾기 시작했다.

블루멘탈은 이렇게 설명했다. "우리는 원점으로 돌아가 다시 생각하기 시작했고 마침내 자택 체험Home Try-On 아이디어를 떠올렸습니다." 와비파커가 안경테 다섯 개를 집으로 배송하면 고객은 5일 동안 안경테를 직접 써 보고 나서 다시 와비파커에 보내고, 가장 마음에 들었던 제품을 온라인으로 주문하는 것이다. 이때 마음에 드는 제품이 없으면 주문하지 않아도 된다.

배송은 양방향 모두 무료이므로 고객은 마음 편하게 안경테를 써 볼 수 있다. 와비파커 창업자들은 가뜩이나 빠듯한 이윤을 배송 비용 때문에 잠식당하지 않도록 하려고 소포 무게를 450그램(1파운드) 이하로 줄이는 방법을 강구해야 했다. 소포 무게가 450그램을 넘으면 미국 우체국에서 부과하는 요금이 급격히 비싸지기 때문이었다. "아폴로 13호가 맞이했던 것과 같은 순간이 있었어요. 영화를 보면 무게를 줄이려고 물건을 모두 버리잖아요." 블루멘탈은 동료들과 함께 튼튼한 판지 상자를 없애고, 철침을 빼고, 안경테를 보호하기 위해 더욱 가벼운 플라스틱을 추가하는 등 여기저기서 조금씩 무게를 줄였다.

또 창업자들은 와튼 경영대학원에서 개최하는 "스타트업 도전" 경쟁에 자신들의 아이디어인 원비전One Vision을 출품해 준결승까지 진출했지만 여덟 건을 뽑는 결승 후보에는 오르지 못했다.[10] 결과에 실망한 제프리 레이더는 동료들에게 "이것이 좋은 아이디어인지 모르겠어"라고 말했다.[11] 이때 블루멘탈은 "이 아이디어를 반드시 실현시켜서 그 동안 반대했던 사람들에게 그들의 생각이 틀렸다는 것을 입증해 보이자"고 사기를 북돋웠다.

2010년 2월 중순 와비파커의 웹 사이트가 가동 준비를 마쳤다. 창업자들은 광고비로 쓸 자금이 많지 않았으므로 한 홍보 회사를 고용해 자사의 저렴하지만 유행을 따르는 안경에 관해 기사를 써 달라고 《GQ》와 《보그Vogue》를 설득했다. 재고가 한정되어 있었으므로 가장 인기 있는 안경테는 금세 매진되었다. 창업자들은 경영 자금을 대기 위해 소액의 은행 대출을 받았고, 그 후에는 대부분 친구들과 가족에게서 55만 달러를 모았다. 또 초기 후원자인 뉴욕 소재 벤처 캐피털 기업 레러히포에게 벤처 캐피털 기업의 투자 기준으로는 적은 금액 이지만 850만 달러를 받았다.[12]

"나는 안경 산업이 엉망진창이라는 창업자들의 주장에 동의했습니다." 레러히포의 경영 파트너인 벤 레러가 말했다. "창업자들은 소비자에게 판매하는 제품에 혁신이 필요한 것은 아니라는 사실을 보여주었어요. 판매 방식을 혁신하면 성공할 수 있습니다. 전통적인 공급망을 활용해 제품을 소비자에게 직접 판매하는 것이죠. 도매 경로를 선택함으로써 돈을 절약한 만큼 소비자에게 전달하는 것입니다."

와비파커의 초기 투자자 중에는 창업자들이 다녔던 와튼 경영대학원의 교수 데이비드 벨이 있었다. 벨은 온라인에서 안경을 판매하는 개념을 듣고 초반에 품었던 회의를 떨쳐 버렸다. 키가 크고 머리 카락을 헝클어뜨린 뉴질랜드인 벨은 1990년대 미국으로 건너와 스탠퍼드대학교 대학원에서 소매가격 정책 전략을 주제로 논문을 써서 박사학위를 받았다. 1988년 와튼 경영대학원 교수가 되었고 성장하는 전자 상거래 분야에 특별히 관심을 갖고 판매 데이터 분석을 중점적으로 연구했다. "개념적인 관점에서 특히 흥미를 느꼈던 점은 물리적인 소매 세계와 디지털 소매 세계의 대조였습니다. 물리적인 매장은 거래 구역이 미리 정해져 있습니다. 하지만 디지털 소매업체를 끼고 있으면 전국에 제품을 팔 수 있어요."

커스틴 그린과 마찬가지로 벨은 전자 상거래가 소매업 세계와 브랜드 세계에 구조적인 변화를 일으키기 시작한 현실을 인식했다. 특히 선도적인 브랜드들이 높은 가격, 거의 무의미한 혁신, 불량한 고객 경험을 드러내는 범주에 관심을 쏟았다.

또 벨은 2005년 한 와튼 경영대학원 졸업생이 공동 창업한 다이퍼스닷컴에 고문이자 투자자로 참여해 현장 지식을 갖추면서 학문적 성과를 거뒀다. 다이퍼스닷컴은 자체적으로 기저귀를 생산하지 않고 팸퍼스와 하기스 같은 기존 브랜드를 판매했다. 대부분의 소매점보다 약간 낮은 가격에 판매하면서 더욱 중요하게는 좋은 고객 경험 즉, 어린 아이를 양육하느라 고된 부모들에게 편리성을 제공했다.

심지어 페이스북이 거대 소셜 미디어 기업으로 성장하기 전부터 다이퍼스닷컴은 소셜 마케팅(다이퍼스닷컴의 경우에는 디지털 입소문)이 가장 효과적인 마케팅 방식인 동시에 D2C 브랜드를 구성하는 주요 요소가 되리라 인식했다. 입소문이 새로 등장한 마케팅 방식은 아니지만 벨이 분석한 자료에 따르면 인터넷를 사용해 효과를 증폭시킬 수 있었다. 다이퍼스닷컴 고객의 약 10퍼센트는 다른 구매자들에게 추천을 받는데, 당시 추천 비율은 상점에서 제품을 구매한 소비자보다 몇 배 높았다. 더욱이 상위 고객 100명은 자신의 대가족과 친구들에게 제품을 소개해 약 1만 5000명의 고객을 끌어들였다. 벨은 인터넷을 통로로 소비자 사이에 공동체 의식을 형성하고 심지어 북돋워서 매우 열렬한 고객을 자사 판매 조직을 보조하는 세력으로 전환할 수 있다고 생각했다.

벨의 통찰이 번뜩인 것은 이뿐이 아니었다. 온라인 판매 기업이 데이터를 사용해 최대 잠재 고객을 식별하고 겨냥하는 방식으로 판매를 급속히 증가시킬 수 있다고 판단했다. 다이퍼스닷컴은 잠재 고객 집단이 거주하는 특정한 지리적 지역을 공략하기로 했다. 따라서 우편 번호를 중심으로 인구 통계 측면에서 비슷한 지역을 묶어 온라인 광고 공세를 펼쳤다.

"매출을 따져 보면 처음에는 뉴욕, 보스턴, 샌프란시스코, 필라델피아, 로스앤젤레스, 시카고 등 대형 도시가 예외 없이 두각을 나타냅니다."[13] 벨은 자신의 연구 결과를 근거로 와튼스쿨의 한 마케팅 팟캐스트에서 이렇게 설명했다. "하지만 기업들이 실제로 살아남고 번성하려면 더욱 외딴 지역 다시 말해 일종의 '꼬리' 지역에서도 고객을 확보해야 합니다. '꼬리' 지역은 지리적으로 멀리 떨어져 있지만 사회인구학 측면에서 비슷한 경향을 보입니다. 따라서 네브래스카 어딘가에 있는 것과 크게 다르지 않은 지역 사회가 텍사스에도 있을 수 있죠. 이때 이러한 지역 사회를 식별해 내는 작업이 매우 중요해집니다."

오늘날 기준으로 판단하면 이러한 표적화가 초보 단계로 보일 수 있지만 새로운 디지털 네이티브 브랜드가 데이터 중심의 로드맵을 작성하는 데 유용하게 작용했다. 기업은 온라인 판매를 통해 모든 고객의 선호도, 욕구, 관심사, 성별, 나이, 거주지에 관해 많은 데이터를 수집할 수 있다. 소비자들이 클릭할 때마다 데이터를 추적하고 저장하고 분석할 수 있기 때문이다. 또 제품을 개선하거나 신제품을 소개할 목적으로 고객과의 "채팅"을 통해 고객의 생각을 파악하고 발 빠르게 변화할 수 있다. 신규 브랜드들은 같은 고객에게 오랫동안 제품을 판매해 온 대형 브랜드들보다 실제로 고객을 더욱 잘 파악했다. 기존 브랜드들은 상점에 들어가 진열대에서 제품을 선택하는 개별 고객의 정체를 알지 못하고 알 수도 없기 때문이다. 이 점이 브랜드 창출 방식에 중대한 변화를 몰고 왔다고 벨은 결론을 내렸다.

벨은 예전에 다이퍼스닷컴과 보노보스에 제공한 컨설팅 내용을 토대로 와비파커의 잠재적인 소비자 집단을 세분하고 표적으로 삼았다.

와비파커가 출범했을 당시에 벨이 새로 강의하기 시작한 '디지털 마케팅과 전자 상거래'는 곧 와튼스쿨에서 가장 인기 있는 강좌의 반열에 올랐고, 벨이 매년 가르쳤던 세 과목도 모두 마감되었다. 벨이 디지털 마케팅과 전자 상거래 운동에 관한 지적인 대가로 자리매김하면서 와튼스쿨은 디지털 네이티브 브랜드의 중심으로 떠올랐다. 학생들은 창업 아이디어에 관한 조언을 구하기 위해 벨의 연구실을 찾기 시작했다. 와튼스쿨 졸업생들은 속옷, 운동화, 아웃도어 장비, 탐폰, 유모차 등의 부문에서 온라인 브랜드를 출시하고 있다. 다수는 자신이 창업한 기업을 "○○ 분야의 와비파커"라고 공공연하게 홍보하면서 좋은 가치, 향상된 고객 경험, 기술과 데이터의 적극적 활용, 젊고 도시적인 고객에게 설득력 있는 메시지를 전달하는 브랜드라는 와비파커의 전략을 거침없이 모방했다. 와비파커는 비트 제너레이션Beat Generation 작가 잭 케루악Jack Kerouac이 쓴 글에 등장하는 두 인물에서 따온 사명까지도 현대적인 분위기를 풍겼다.

투자자의 마음을 얻어라

2010년 와비파커에 돈을 넣은 주로 가족과 친구로 구성된 투자자들 중에는 포러너벤처스의 커스틴 그린도 있었다. 창업자 네 명은 그린을 만나보라는 조언을 들었다. 그린이 월스트리트 분석가로 일할 당시부터 업계 거대 기업인 룩소티카를 잘 알고 있었기 때문이다. "여느 투자자가 그렇듯 내가 하는 일은 회의적인 태도를 취하는 것입니다." 그린이 회상했다. "나는 제품을 집에서 체험하는 방식이 어떻게 가동할지 확신할 수 없었습니다. 하지만 와비파커 창업자들이 해당 방식을 구매에 따른 마찰을 완화하는 수단으로 생각한다는 점이 흥미롭다고 판단했고, 안경 범주에 관한 그들의 논리를 듣고 납득했습니다."

2년 후인 2012년 초 그린은 포러너의 최초 벤처 캐피털 자금을 조성하기 위해 더 큰 규모로 자금을 모금하는 중이었다. 성공한다면 지속적으로 사업을 구축할 수 있으므로 변화를 겪고 있는 온라인 소매업 환경에 대한 자신의 투자 논리를 시험하기 위해 더욱 크게 베팅할 수 있을 터였다. 2월 25일 그린은 샌프란시스코 노스비치North

Beach 인근에 있는 파크테이번Park Tavern의 식당에서 열리는 만찬에 참석했다. 주최 측인 알파클럽Alpha Club은 기술 산업 분야에서 아이디어를 찾는 투자자들과 자금을 구하려는 창업자들을 한 자리에 초대해 모으는 배타적인 네트워킹 클럽이었다.[14] 만찬을 며칠 앞두고 투자 아이디어에 대해 함께 대화하던 한 투자자가 그린에게 물었다. "달러쉐이브클럽에 대해 들어 봤나요?"

"아뇨, 그게 뭔데요?" 이렇게 되물은 그린은 남성용 면도기 스타트업이라는 말을 듣고 속으로 생각했다. '맙소사, 질레트라는 크고 위협적인 기업이 있지 않은가! 질레트는 막대한 시장 점유율을 자랑하고 엄청난 존재감을 발휘하는 데다가 소비자의 인지도도 엄청나게 높다. 어디 그뿐인가, 소비자의 충성이 믿기지 않을 정도로 대단하고, 이를 방어할 예산도 빵빵하다. 내가 투자할 수 있는 건수라야 한 해에 기껏해야 몇 건뿐이다. 그런데 여기에 투자를 해야 할까?'

그린은 투자자를 찾기 위해 로스앤젤레스에서 알파 클럽의 만찬에 참석한 마이클 더빈과 피터 팸과 우연히 같은 테이블에 앉게 되었다.[15] 팸에게 소개를 받은 더빈은 자신의 비전을 설명했다.

몇 년이 지났지만 그린은 당시 상황을 여전히 생생하게 기억했다. "확실히 느낌이 왔어요. 이 남자에게 투자해야한다는 생각이 계속 머릿속을 맴돌았죠." 그래서 달러쉐이브클럽의 장래성에 대한 의구심을 재빨리 거두고 놀라움을 갖추지 못하는 목소리로 말했다고 했다. "나는 영상을 보지 못한 것은 물론 아무 정보도 갖고 있지 않았습니다. 게다가 '나는 면도기를 팔 것입니다'라는 말을 처음에 들었을 때도 별로 감흥을 느끼지 못했어요. 면도기를 주제로 고도로 집중하며 대화한 기억도 나지 않아요. 그냥 더빈이 남성 소비자를 '꽉 잡았다고' 느꼈어요. 우리가 대화한 주제는 훨씬 광범위했습니다. 더빈은 아침에 잠자리에서 일어나 자신의 건강과 웰니스에 신경을 쓰고, 집 약장에 무엇을 넣어둘지 결정하고, 여자 친구의 캐비닛을 열어서 무엇이 들어 있는지 관찰한다는 등의 이야기를 했어요. 당시 나는 D2C 전략을 쫓겠다고 이미 다짐을 했던 참이었습니다. 그런데 바로 그 점을 족집게처럼 짚어 강조하는 더빈의 말을 들으면서 '이 사람이 제대로 맥을 짚고 있군'이라고 생각했어요."

하지만 한 가지 문제가 있었다. 그린은 여전히 투자 자금을 유치하기 위해 노력하는 중이었으므로 달러쉐이브클럽에 투자할 자금이 없었다. 하지만 달러쉐이브클럽은 창업하기 위해 자금이 당장 필요했다. 그린이 투자를 하고 싶다면 자신에게 돈을 빌려줄 사람을 발빠르게 찾아야 했다.

그린이 연락할 사람의 명단 맨 위에 샌디 콜렌Sandy Colen이 있었다. 샌프란시스코 소재 헤지 펀드 기업의 임원인 콜렌은 여러 해 동안 그린을 지지한 최대 재정 후원자였다. 콜렌은 1990년대 중반부터 그린을 알고 지내다가 그녀에게 일자리도 제안한 적이 있었다. 그린이 제안을 거절한 후에도 두 사람은 계속 연락하고 지냈다. 둘 다 전자 상거래가 어떻게 소매업을 변화시킬 지에 관심을 쏟았고, 기술 진보와 소비자 행동 변화가 업계를 뒤흔드는 혁신을 일으키리라 생각했다.

콜렌은 "아무도 그러한 기회를 잡으려는 열정을 보이지 않는다는 사실에 그린은 당혹스러워했죠"라고 회상했다. 콜렌은 그린이 초기에 시도한 일회성 투자에 몇 차례 돈을 넣었고, 2010년에는 포러너가 조성한 "앤젤" 펀드에 단독 투자자 신분으로 500만 달러를 투자하면서 그린이 운용하는 자금의 주요 공급처가 되었다. 콜렌은 뿌듯한 표정을 지으며 말했다. "내가 1번 투자자였죠."

콜렌은 2011년 한 투자 회의에 참석해 와비파커 창업자들의 강연을 듣고 나서 그린의 투자관에 대한 믿음을 굳힐 수 있었다고 말했다. "커스틴은 이미 초기에 와비파커에 투자했습니다. 나는 회의장에서 창업자들을 보고 나서 사업 성공을 100퍼센트 확신했어요. 여태껏 많은 혁신가들의 발표를 들었지만 단연코 최고였죠."

그래서 그린이 전화를 걸어 달러쉐이브클럽에 투자하라고 요청했을 때 콜렌은 조금도 주저하지 않았다. 콜렌은 새로 조성하고 있는 포러너 펀드에 편입할 자금을 다른 투자자들에게 받으면 상환한다는 조건을 달아 25만 달러를 대출해 주었다.[16] 콜렌은 그린의 직감을 신뢰했고 면도기가 고수익 사업거리라는 사실을 파악하고 있었다. 비록 자신은 달러쉐이브클럽 면도기를 써 보고 나서 더 이상 쓰지 않았지만 시장에 새로 뛰어든 달러쉐이브클럽이 성공 기회를 잡을 수 있겠다고 판단했다. "나는 구독 신청을 하고 나서 면도기를 여러 차례 써 봤어요. 그리고 커스틴에게 전화해서 회사를 좋아하기는 하지만 면도날은 그렇지 않다고 말했어요."

2012년 그린은 달러쉐이브클럽에 첫 투자를 한 지 얼마 지나지 않아 대학 기부금 등 기관 투자자들에게 4000만 달러를 힘들게 모으고 여기서 일부를 떼어 콜렌에게 대출받은 돈을 갚았다. 당시를 돌이켜 생각하면서 콜렌은 "커스틴이 당시 자금을 모으지 못했더라면 내가 훨씬 많은 돈을 벌었을 텐데요!"라며 안타까워했다.

그린은 스타트업에 투자하며 체결한 협약의 일환으로 달러쉐이브클럽 이사진에 합류했다. "다른 사람들은 몰라도 나는 확신했습니다. 앉으나 서나 이러한 종류의 기업들에 대해 생각했기 때문이죠. 이것이 내가 열정을 쏟고 싶은 일이었고, 달러쉐이브클럽에 투자한 것이 좋은 예였습니다."

매출이 증가하면서 달러쉐이브클럽이 후속 투자 설명회를 열어 벤처 캐피털 자금을 추가로 모을 때 그린은 더 많은 돈을 투자했다. 그리고 불과 4년 후인 2016년 유니레버가 달러쉐이브클럽을 인수하면서 그린의 직감이 옳았다는 사실이 입증되었고, 매매를 계기로 포러너는 투자 금액의 몇 배를 벌었다.[17]

이렇게 그린은 유명세를 타면서 스타트업에 투자할 자금을 더 많이 모을 수 있었다. 2014년 2차 포러너 펀드에 7500만 달러, 3차 펀드에 1억 2200만 달러, 2018년에는 다른 펀드에 3억 6000만 달러를 거뒀다.

벤처 캐피털 업계의 기준으로 판단할 때 포러너의 초기 투자 펀드 규모는 크지 않지만 커스틴 그린은 D2C 스타트업으로 최대 포트폴리오를 구성해 2019년 중반까지 전자 상거래 기업 거의 90곳에 투자했다.[18] 포러너가 투자한 사업을 나열하면 아동용 의류(와비파커의 공동 창업자인 닐Neil의 아내 레이첼 블루멘탈Rachel Blumenthal이 창업한 로켓오브어썸Rockets of Awesome), 내장 충전기를 탑재한 "스마트" 여행 가방(와비파커의 전직 임원 2명이 공동 창업한 어웨이Away), 화장품(글로시에Glossier), 남성용 탈모(와튼스쿨 졸업생이 창업한 힘스Hims), 여성용 "스타일이 있는 슬리퍼"(버디즈Birdies), 아웃도어 장비(다른 와튼스쿨 졸업생이 창업한 코토팍시Cotopaxi), 여성용 의류(리포메이션Reformation], 이탈리아 수제화(엠제미M.Gemi), 사람도 먹을 수 있는 최상 등급을 뜻하는 "휴먼 그레이드"의 애완동물 먹이(파머스독Farmer's Dog), 스포츠웨어(아웃도어보이스Outdoor Voices), 가정용 제품과 의류(여배우 리즈 위더스푼Reese Witherspoon이 창업한 드레이퍼제임스Draper James), 여성용 비타민(리추얼Ritual), 주문형 샴푸(프로즈Prose), 주문형 여드름 치료(큐롤로지Curology) 등이다. 또 골드러시 기간 동안 곡괭이와 선광 접시를 조달한 업체와 마찬가지로 루미Lumi(포장), 리텐션사이언스Retention Science(마케팅 소프트웨어), 패키지드Packaged(모바일 쇼핑 앱)을 포함해 제품을 판매하도록 D2C 기업이 지원하는 사업도 있다.

그린은 기술과 온라인 마케팅에 뛰어난 기업을 찾는 만큼이나 소비자와 직접 연결하는 등 혁신 전략을 구사하는 사업가도 찾는다. 단순히 제품을 판매하는 데 그치지 않고 진정성을 전달하는 브랜드는 헌신적인 커뮤니티를 형성하고, 본질적으로 소비자를 식별하는 데 어려움을 겪는 대형 대중 시장 브랜드에게서 사업을 빼앗을 수 있기 때문이다. 예를 들어 달러쉐이브클럽 고객은 마이클 더빈의 무례하고 반항하는(예를 들어 질레트에 반항하는) 태도를 좋아했다.

그린은 더빈에게서 목격한 것과 같은 자질을 글로시에의 창업자 에밀리 바이스Emily Weiss에게서 보았다. 2010년 20대 중반이었던 바이스는《보그》에 근무하는 동안 부업으로 시작한 블로그 '인투더글로스Into the Gloss'로 엄청난 인기를 끌었다. 몇 년 후 창업 자금을 마련하려고 많은 벤처 캐피털 기업에 접근했지만 행운은 거의 따르지 않았다. 그러다가 마침내 포러너를 만났다.[19] 면도기 분야에서는 지배적인 한 기업이 높은 가격을 부과한 반면에 화장품 분야는 광범위한 가격대에 걸쳐 더욱 많은 기업으로 북적였다. 그런데도 그린은 바이스를 만나고 나서 "고객이 자신을 이해하기 사흘 전에 고객의 욕구를 이해하는" 자질을 볼 수 있었다고 회상했다. 그래서 바이스를 도와 보습제와 아이라이너를 포함해 저렴한 가격대의 기본 화장품 라인에 집중하는 방향으로 사업 계획을 세우고, 포러너가 주도해서 글로시에를 위한 첫 "종자" 투자 설명회를 열었다.

4년 동안 글로시에에서 사장으로 일하다가 퇴사하고 D2C 스타트업을 시작한 헨리 데이비스Henry Davis에 따르면, 바이스의 비전을 간파한 그린의 직관은 바이스와 팀이 다른 벤처 캐피털 기업에게 받은 반응과 극명하게 달랐다. "몇몇 기업에서는 엄청난 홀대를 받았습니다. 여성이니까 미용을 이해할 것이라고 말하면서 회의실에 비서를 들여보냈어요. 일부 벤처 캐피털 기업 인사들은 '내 아내에게 줘서 써 보게 하고 반응을 살펴보겠습니다'라고 말하기도 했고요. 그런 말을 듣고 나는 그냥 자리를 박차고 회의실을 나왔습니다."

바이스가 디지털 기술을 뛰어나게 구사하는 덕택에 글로시에는 자신이 좋아하는 제품의 사진을 사이트에 자주 올리는 밀레니얼 세대를 겨냥한 소셜 미디어 앱인 인스타그램에서 순식간에 엄청난 팔로어 층을 구축했다. 포러너는 달러쉐이브클럽과 마찬가지로 글로시에에 투자해서 크게 성공했다.[20] 그린은 그 후 글로시에가 개최한 몇 차례의 투자 유치 때도 참여했다. 글로시에의 연매출은 1억 달러를 넘어섰고, 2019년 봄에는 12억 달러의 기업 가치를 기록하면서 유니콘 기업의 대열에 합류했다.

모든 벤처 캐피털 투자자가 그렇듯 그린은 돌이켜 생각했을 때 나중에 크게 성공했을 사업 아이디어 몇 가지를 놓쳤다고 털어놓았다. 온라인 매트리스 스타트업인 캐스퍼Casper가 한 가지 예이다. "내가 세운 몇 가지 판단 기준의 하나는 반복적인 사업 기회를 지닌 기업을 찾는 것입니다." 그린이 설명했다. "캐스퍼 매트리스를 보면서 '품질이 좋은가?'라고 자문했습니다. 그랬어요. 제품을 온라인에서 구매해 배송 받는 구매 경험이 매장을 직접 찾아가 사는 것보다 좋은가? 역시 그랬죠. 하지만 소비자들이 매트리스를 얼마나 자주 살까? 10년에 한 번? 당시에는 침대가 4~6개씩 있는 집이 많다는 생각을 하지 못했어요. 게다가 캐스퍼가 나중에 베개와 침대보 같은 제품을 판매할 수 있겠다는 생각도 하지 못했죠. 다른 제품들도 매트리스와 마찬가지로 수익률이 높아서 회사를 운영할 때 상당한 융통성을 제공해 줄 수 있는 데 말입니다." 그렇다면 그린은 무엇을 깨달았을까? "투자 대상을 결정하기 위해 일련의 기준을 따르는 태도와 그 기준에 지나치게 얽매이는 태도 사이에는 미묘한 차이가 있습니다."

일찌감치 달러쉐이브클럽에 투자한 벤록의 파트너 데이비드 팩맨도 캐스퍼에 투자할 기회를 거절했다. "나는 모방 기업들이 시장에 진출하지 않을까 우려했는데 결국 그 생각이 옳았습니다. 폼 매트리스는 제조하기가 상당히 쉬워서 많은 경쟁사가 시장에 뛰어들었어요." 하지만 자신이 좀 더 큰 그림을 그리지 못하고 잘못 판단했다고 인정했다. "매트리스는 수익률이 좋은 아주 큰 시장이지만 투자를 하다보면 성공하지 못할 때도 있기 마련이거든요."

팩맨은 달러쉐이브클럽에 제대로 투자하기는 했지만 D2C 브랜드에 투자할 때는 그린보다 훨씬 까다로운 기준을 내세운다. 쉽게 또는 빨리 복제할 수 없는 제품이나 사업 모델을 찾을 뿐 아니라 지배적인 기업이 대개 소매업체를 통해 판매하고 방송 광고에 의존해서 고객과 직접 관계를 맺지 않는 범주를 찾는다. 또 시장 리더가 자사 사업을 희생시키면서까지 스타트업을 누르지 않을 가능성이 크면서 수익률이 좋은 제품을 찾는다. 이상적으로는 한 기업의 제품을 구매하는 고객이 경쟁사 제품을 구매하지 않는 "제로섬" 시장에서 판매되는 제품을 찾는다.

벤록은 투자 대상 소비재 스타트업으로는 처음으로 네스트랩스Nest Labs를 선택하는 것으로 자신의 투자 철학을 펼쳤다.[21] 가정용 자동 온도 조절기는 평범한 제품처럼 들릴 수 있지만 허니웰Honeywell이 오랫동안 지배해 온 연간 수십 억 달러짜리 사업이다. 벤록이 개입할 당시 해당 분야에서는 혁신을 찾아볼 수 없었다. 허니웰은 주택 소유자들이 사전에 설정해 놓은 시간에 맞추어 냉난방 장치의 온도를 자동으로 조절하도록 프로그래밍할 수 있는 자동 온도 조절기의 개발을 선도했었다. 2011년 출시된 네스트 자동 온도 조절기는 기술적 도약의 결과물이었다. 인터넷에 연결되고 소프트웨어를 사용해 사용자의 습관을 감지하거나 "학습"해서 일상 생활리듬에 따라 실내 온도를 올리거나 낮췄다. 사용자는 집을 비우더라도 스마트폰을 사용해 온도조절기 설정을 모니터링하고 바꿀 수 있었다.

"업계에 있는 어느 누구도 이러한 아이디어가 성공하리라고 생각하지 않았습니다." 팩맨이 회상했다. "벽에 붙은 자동 온도 조절기에 연결된 많은 센서가 기계 학습을 사용해 온도를 조절한다고요? 게다가 가격이 허니웰 제품보다 몇 배나 비싼 250달러라고 했나요? 누가 그런 제품을 사겠어요? 어림도 없죠." 질레트가 그랬듯 허니웰은 정확히 팩맨이 예상한대로 처음에는 아무 조치도 취하지 않았다. 팩맨은 "기존 기업들이 기술 혁신의 가치를 신속하게 인식하지 못하는 분야에 최고의 사업 기회가 있는 법입니다"라고 강조했다. 벤록과 기타 투자자들도 마침내 허니웰이 위기를 인식했을 때는 이미 시기적으로 늦고 복제 "스마트" 자동 온도 조절기를 개발하고 판매하려면 그 후로도 몇 년이 걸리리라 예상했다. "허니웰은 훌륭한 기술 기업이지만 소프트웨어 기업은 아니에요. 네스트가 그토록 크게 성장할 수 있었던 것은 하드웨어와 소프트웨어를 통합한 덕택이었죠. 하지만 허니웰에는 그 과정을 더욱 신속하게 추진할만한 소프트웨어 엔지니어링 인재가 없었습니다."

당시 네스트는 크게 성공해 2014년 32억 달러를 받고 자사를 구글에 매각할 수 있었다.[22] 하지만 팩맨이 소비재에 시도한 투자가 모두 성공한 것은 아니었다. 달러쉐이브클럽과 네스트랩스에 투자해 성공을 거두자 흥분한 벤록은 2016년 6월 벤처 캐피털 기업 몇 군데와 손을 잡고 그룹을 형성해 전직 애플 임원 몇 명이 창업한 펄오토메이션Pearl Automation에 5000만 달러를 투자했다.[23] 펄오토메이션의 사업 모델은 구형 모델의 자동차에 첨단 액세서리를 추가로 장착하는 것이었다. 첫 제품은 후면 번호판에 눈에 띄지 않게 부착할 수 있도록 설계한 무선 후방 카메라였고, 스마트폰을 디스플레이 장치로 사용해 운전자가 후진하는 동안 자동차 후방을 볼 수 있게 했다(신형 자동차와 달리 구형 자동차에는 흔하지 않은 기술이었다).

팩맨은 네스트가 자동 온도 조절기 분야에서 성공했듯 펄오토메이션도 자동차 분야에서 성공할 수 있으리라 판단했다. 하지만 펄오토메이션은 500달러짜리 카메라를 찾는 수요를 충분히 확보하지 못한 탓에 창업한 지 1년 만에 사업을 접었다. 팩맨은 이렇게 말했다. "펄오토메이션의 카메라는 네스트의 제품과 마찬가지로 고급스럽고 우아했습니다. 내가 세운 투자 기준에 모두 부합했죠. 특정 제품이 좋은 실적을 거두리라 꿈을 꿀 수는 있지만, 정작 잘 팔리지 않으면 아무 소용없습니다. 펄오토메이션은 제품을 출시하기까지 시간을 너무 오래 끌었고 돈도 너무 많이 썼습니다."

그 후로 D2C 브랜드를 새로 창업하고 사업 자금을 구하려는 많은 사업가들이 찾아왔지만 팩맨은 모두 거절했다. 시장에 진입하는 신규 기업의 수만 보더라도 새 브랜드가 두각을 나타내기가 더욱 어려워졌다고 생각했기 때문이다. 팩맨은 자신이 퇴짜 놓았던 일부 스타트업들이 기존 브랜드들을 뒤흔들고 크게 성장했다고 인정했다. 하지만 막대한 양의 벤처 캐피털 자금이 스타트업에 투입되고 있다는 사실은 사업에 따르는 위험성을 감안할 때 팩맨이 기대하는 자금 회수가 불가능해질 가능성이 그만큼 높다는 뜻이기도 하다.

실제로 2012년 이전에는 물리적 브랜드를 새로 만들고 싶어 하는 사업가들과 회의조차 하지 않으려 했던 벤처 캐피털 투자자들이 범주를 뒤흔들고 재창조하려는 스타트업 브랜드에 수십억 달러를 쏟아 붓기 시작했다.

D2C를 지향하는 유기농 탐폰 스타트업이 한 곳도 아니고 세 곳이 생겨났다. 온라인 브래지어 제조사 약 여섯 곳, 비타민 기업 몇

곳, 매트리스 제조사 수십 곳, 남성용 탈모 스타트업 세 곳, 충전기를 내장한 "스마트" 여행 가방의 제조사 몇 곳, 전기 칫솔 스타트업 여섯 곳 이상, 속옷, 양말, 벨트 등 온갖 제품을 전문으로 판매하는 의류 기업 다수가 등장했다. 메리노 양모 신발, 수제 이탈리아 신발, 플라스틱 직조 신발 등을 판매하는 신발 기업이 생겨났고, 이밖에도 소파, 그림 액자, 자전거, 세탁 세제, 가정용 청소 제품, 치아 교정기 등을 판매하는 기업이 출현했다.

"이러한 기업들이 대부분 실패하는 것은 아닙니다." 팩맨이 설명했다. "현실을 보면 온라인에서 브랜드를 만들어 2000만 달러 이상 매출을 거두는 것이 그다지 어렵지 않다는 걸 확인할 수 있습니다. 하지만 달러쉐이브클럽처럼 10억 달러에 매각할 수 있을 정도로 몸집이 커질 수 있는 기업이 몇이나 될지는 의문입니다."

3장

가장 완벽한
형태가
아니어도
좋다

HUBBLE

공부벌레인 젊은 아이비리그 졸업생 벤 코건Ben Cogan과 제시 호르
비츠Jesse Horwitz는 소프트 콘택트렌즈의 제조 공정에 관해 거의 알지
못했다. 해당 공정은 눈 깜짝할 사이에 진행되고 고도의 자동화와 높
은 기술 수준이 필요하다. 착용자의 눈을 오염시킬 위험성을 철저하
게 배제하기 위해 극도로 청결한 공장 환경에서 정밀한 장비를 가동
해야 한다.

코건은 이렇게 털어놓았다. "우리는 렌즈가 어떻게 만들어지는지
거의 모르다시피 했습니다. 그러니 뜬구름 잡는 사업으로 전락할 수
도 있었어요." 2015년 7월 당시 20대 중반이었던 두 친구는 렌즈 제
조에 관한 지식이 철저하게 부족한데도 맨해튼의 어퍼웨스트사이드
Upper West Side의 중국 레스토랑에서 저녁 식사를 하며 콘택트렌즈 기
업을 창업할 계획을 세웠다. 프린스턴대학교에서 철학을 공부한 코

건은 와튼경영대학원 과정에 합격한 적이 있고 당시에는 면도기 스타트업인 해리스에 근무하고 있었다. 콜롬비아대학교에서 경제학과 수학을 전공한 호르비츠는 대학 기부금의 투자 분석가로 일하고 있었다. 두 사람 모두 업종을 불문하고 공장이라는 공간에 발을 들여본 적이 없었다.

창업을 하기로 굳게 마음을 먹은 두 사람은 먼저 자신들처럼 사업 실적이 전혀 없으면서 창업을 하고 싶어 하는 사업가에게 렌즈를 온라인으로 낮은 가격에 제공해 줄 제조업체를 물색했다. 호르비츠는 이렇게 설명했다. "좋은 공급업체와 계약을 맺는 것이 급선무였습니다. 그렇게 하지 못하면 나머지 과정을 아무리 잘 밟더라도 소용없거든요." 두 사람은 불과 몇 년 전 학기말 보고서를 쓸 때처럼 열심히 후보 공급업체를 조사하기 시작했다.

1년이 조금 지나서 두 사람은 사업을 가동했다. 온라인 스타트업인 허블Hubble을 창업해 일회용 렌즈 한 달 분량을 33달러에 판매하기 시작했다. 33달러는 업계 거물인 바슈롬Bausch & Lomb, 존슨앤드존슨Johnson & Johnson, 쿠퍼비전CooperVision이 판매하는 가격의 약 절반에 불과했다. 창업한 지 2년 차인 2018년에는 고객 약 40만 명을 확보했고, 연간 약 7000만 달러까지 매출을 증가시켰다.[1] 호르비츠는 가장 단순한 형식의 처방전이 필요한 단초점 일회용 렌즈의 미국 시장 점유율을 약 8퍼센트로 추정하고, 캐나다와 유럽 28개국으로 사업을 확장하고 있다.

허블은 제조나 연구 개발 분야에서 근무한 경험이 전혀 없는 직원 약 스무 명만으로 사업을 꾸렸을 뿐 아니라 건물을 짓고 나서 가동하기까지 수백만 달러를 투입해야 하는 공장도 갖추지 않았다. 그 대신 코건과 호르비츠는 잠재적인 제조업체 수십 군데를 골라 조사하고 결국 무명의 대만 기업인 세인트샤인옵티컬St.Shine Optical에서 렌즈를 구매하기로 결정했다. 세인트샤인옵티컬은 미국에 콘택트렌즈를 판매하기 위해 오래전에 식품의약국의 승인을 받아 놓은 터였다.

코건과 호르비츠는 2016년 봄 타이베이로 출장을 갈 때까지도 세인트샤인옵티컬에 대해 잘 몰랐다. 세인트샤인옵티컬의 임원들도 두 창업자를 당연히 몰랐기 때문에 실제로 만났을 때 양측의 분위기는 다소 당황스러웠다. 세이트샤인옵티컬의 국제 사업 책임자인 제이슨 옹Jason Ong은 이렇게 언급했다. "우리는 두 창업자가 매우 젊어서 놀랐습니다. 게다가 우리는 스타트업과 거래해 본 적이 없었어요. 하지만 아직 미국 시장에 진출하지 못했으니 이번 기회에 시도해 보지 않을 이유가 없다고 생각했죠. 잃을 것이 전혀 없었으니까요." 허블 덕택에 현재 세인트샤인옵티컬은 자사 전체 매출 대비 1퍼센트 미만이던 미국 시장에서의 매출을 10퍼센트까지 끌어올릴 수 있었고, 증가하는 허블 고객의 수요를 충족하기 위해 생산량을 늘리고 있다.[2]

세계 공급망 시장에서 제조업 관련 전문 지식은 그저 하나의 판매용 도구일 뿐이다. 사업가들은 세계화와 기술 진보 덕택에 거의 모든 범주에서 새로운 브랜드를 만들어 놀랍게 빠른 속도로 시장에 진출할 수 있었다. 매우 적은 투자액으로 신규 소비자 브랜드를 만들거나 물리적인 제품을 생산하는 것이 어느 때보다 쉬워졌다. 따라서 오랫동안 사업가들에게 장애물로 작용하고, 자체적으로 공장을 건설하고 박식한 전문가 집단을 채용해 연구 개발 팀을 가동하고 이를 통해 기존 기업들을 보호해 온 주요 진입 장벽 하나가 극적으로 낮아졌다.

수십 년 동안 기업들은 제품을 외부에 위탁해 생산해 왔지만 최근 들어 세계 공급망은 어느 때보다 다양하고 정교해졌다. 세계의 작업장인 아시아로 시야를 넓히면 초과 설비를 갖춘 잠재적 제조 협력사들을 많이 찾을 수 있다. 따라서 잠재적인 공급업체 수십 곳을 조사해 적절한 곳을 고르는 것이 무엇보다 큰 과제로 부상했다.

이처럼 온갖 종류의 제품을 취급하는 세계 시장은 D2C 스타트업이 사업할 수 있는 문을 여는 데 결정적인 역할을 한다. 코건과 호르비츠처럼 다수의 스타트업 창업자들은 판매를 계획하고 있는 제품에 대한 배경 지식을 거의 또는 전혀 갖추지 못했다. 하지만 이것은 자주 단점이 아니라 장점으로 작용한다. 업계 외부에서 진입한 사업가들은 과거의 사업 운영 방식을 잘 알지 못하므로 오히려 여기에 얽매이지 않기 때문에 두려워하지 않고 규칙을 다시 세우기 때문이다. 면도기 분야에서는 문제가 되지 않을 수 있지만 허블이 사용한 접근법은 안경업계에 논란을 일으켰다. 일부 검안사들은 매출을 늘리기 위해 규제를 회피한다며 허블을 비난하고, 코건과 호르비츠는 새 경쟁사를 방해하려는 시도라며 비난을 일축하고 있다.

하지만 해당 논쟁은 시장에 등장한 새로운 현실을 분명히 보여준다. 모든 상상 가능한 소비재를 만들려는 공급업체가 여느 때보다 많을 뿐 아니라 더욱 정교한 기술을 갖춘 경우도 많다. 2000년대 초반 많은 아시아 아웃소싱 기업들은 제품을 효율적으로 생산하는 방법을 파악했고, 회사의 필요에 맞춰 거의 대부분의 소비재를 만들어낼 수 있었다. 하지만 제품의 질을 개선하는 데는 거의 기여하지 못했고, 자사 공장을 경제적으로 운영할 수 있는 유일한 길이었기 때문에 대량 주문을 받기를 기대했다.

무역 열풍이 불고 거의 모든 산업에서 경쟁자들이 늘어나 제품을 판매하기 시작하자, 야심찬 공급업체들이 두각을 나타낼 방법을 모색했다. 요즈음 제품을 디자인하는 데 도움을 받고 싶다면 아시아 소재 공장들로 눈을 돌릴 수 있다. 최고의 해외 아웃소싱 기업들은 여러 해 동안 매우 많은 제품을 이따금씩 대형 브랜드와 계약을 맺고 생산해왔으므로 재료와 부품에 대한 지식을 축적했을 뿐 아니라 장치의 품질을 구분하는 법도 익혀 왔다. 또 엔지니어링 지식을 발전시켜왔고, 제품의 디자인을 개선하는 아이디어를 제안할 수도 있다. 그래야 더 많은 비용을 청구하거나 더 많은 거래를 이끌어 낼 수 있기 때문이다.

많은 공급업체들은 공장 자동화를 통해 생산 라인을 훨씬 신속하게 가동, 정지시킴으로써 가동 휴지기를 줄이는 린 생산 기술lean manufacturing techniques를 실시하고 있다. 그러면 더욱 적은 양을 생산하더라도 수익을 거두며 공장을 운영할 수 있다. 따라서 높은 효율성을 발휘하며 공장을 운영해 더욱 적은 주문량이라도 기꺼이 소화할 수 있다. 많은 아시아 제조사들이 과거에는 주문량이 적어도 2만 개는 넘어야 공장을 가동할 수 있다고 주장하기도 했지만 요즘에는 초기 주문이 겨우 몇 천개라도 생산에 들어갈 것이다.

무역 정보 제공업체 판지바Panjiva에서 분석가로 활동하는 크리스토퍼 로저스Christopher Rogers는 이렇게 설명했다. "최소한 사업 초기 단계에서 한정된 자본을 가지고 혁신적인 기업을 신속하게 설립하는 것이 어느 때보다 쉬워졌습니다." 판지바는 수입 데이터를 추적하고, 제품을 대규모로 공급할 수 있는 업체를 식별하도록 지원하고, 온라인에 정보를 올린다. 2005년 설립된 판지바는 전 세계 제품 공급망에 있는 기업들을 연결한 복잡한 네트워크의 일부이다. 과거에는 접근하기도 판독하기도 힘들었던 통관 수입 관련 미처리 데이터에 묻혀 있어서 대기업만 입수할 수 있었던 공급업체 관련 정보가 지금은 민주화되고 있다. 로저스는 이렇게 덧붙였다. "과거 중소기업들은 시장 정보를 보유하지 못했지만 이제는 그렇지 않습니다."

발품을 팔고 공급업체를 찾아라

과거 대형 상점가에는 제품을 진열하는 물리적인 매장 수백 곳이 들어서 있었다. 하지만 현재 세계적인 상점가는 사업가들이 온라인으로 방문할 수 있는 디지털 매장 수만 군데를 갖추고 있다. 그 규모가 매우 방대하기 때문에 계속 확장해 가는 디지털 도매 시장의 세계를 항해할 수 있도록 사용자들을 지원하는 자문 업계가 성장세를 보이고 있다. 그중에서 최대 규모를 자랑하는 것은 1999년 중국에서 설립된 거대 전자 상거래 기업 알리바바Alibaba이다.

산악자전거를 팔고 싶다고 치자. 알리바바닷컴에 들어가 산악과 자전거라는 검색어를 입력하면 가격대가 27.99달러(값싼 합금강 프레임)부터 988달러(고품질의 탄소 섬유 프레임)까지 다양한 종류의 산악자전거를 판매하는 제조업체 수백 군데가 나온다. 일부 제조업체는 한 대도 주문을 받지만 대부분 50대 이상 주문하라고 요구한다. 그렇더라도 대부분의 제조업체가 수십만 대나 수천 대를 최소 주문량으로 요구했던 10~20년 전과 비교하면 여전히 소량이다.

충전식 전동 칫솔은 어떤가? 알리바바는 사양에 따라 칫솔 가격을 개당 6.30~40달러로 책정하고 일반적으로 약 200개를 최소 주문량으로 요구하면서 공급업체 수백 군데와 거래한다. 많은 공급업체가 품질을 비교하고 싶은 소비자에게 무료 샘플을 제공한다. 또 알리바바 사이트는 최근 6개월 동안 문의를 가장 많이 받은 기업, 알리바바를 통한 거래 건수, 매출 발생액도 게재한다.

심지어 알리바바는 바이어가 검색할 제품 목록 범위를 좁힐 수 있도록 지원한다. 바이어가 색상, 크기, 소재 등 자신이 원하는 사양을 포함시켜 "견적 요청서"를 작성하면 바이어의 요구에 가장 적합한 공급업체를 무료로 연결해 준다. 급행료 10달러를 내면 거의 하루 만에 가격 견적을 포함해 신속하게 답변을 받을 수 있다.

2014년 알리바바가 주식 수십 억 달러어치를 발행하면서 기업을 공개했을 당시 《블룸버그 뉴스Bloomberg News》의 기자인 샘 그로바트 Sam Grobart는 알리바바 사이트를 사용해 얼마나 쉽게 제품을 공급받을 수 있는지 조사해 보았다.[3] 우선 다양한 크기와 색상(주황, 보라, 노랑, 초록)의 데님 바지 280벌을 구매하고 싶다는 입찰 요청서를 제출했다. 하루 만에 중국, 인도, 파키스탄, 체코 소재 제조업체들로부터 답변을 받았다. 그중에서 "골드스타Gold Star" 기업들을 추려 냈다. 골드스타 기업은 바이어에게 대금을 지급받지만 사기 기업이 아니라는 사실을 보증하기 위해 알리바바의 뒷조사를 거친 기업들이다. 그로바트는 가격, 배송 시간, 성실한 답변 여부, 제품 사진 첨부 여부를 근거로 반응을 판단한 후에 한 파키스탄 공급업체를 선택했다. 그는 "절차가 온라인 데이트 서비스와 약간 비슷했습니다"라고 설명했다. 해당 파키스탄 공급업체는 바지 한 벌에 9달러씩 모두 2520달러를 청구했다. 여기에 뉴욕까지 항공편으로 제품을 배송하는 비용 1983달러를 추가 했다. 바이어는 자신이 주문한 제품에 만족한 이후에 제조사에 돈을 보내는 에스크로 서비스인 알리페이Alipay를 통해 제품 가격을 지불할 수 있다. 그로바트가 구매 절차를 밟기 시작한 지 25일 만에 요구 사양에 맞추어 제작되고 뒤쪽에 블룸버그 라벨을 부착한 제품이 도착했다.

물론 요즈음 제품을 만드는 공급업체를 찾는 것이 어느 때보다 수월해지기는 했지만 벤 코건과 제시 호르비츠가 허블을 창업하며 깨달았듯 적절한 공급업체를 찾으려면 여전히 발품을 팔아야 한다.

허블의 전략

코건과 호르비츠는 몇 년 전 헤지 펀드 기업인 브리지워터어소시에이츠Bridgewater Associates에서 여름 동안 인턴으로 일하며 친해졌고 맨해튼에서 거리 하나를 사이에 두고 마주보는 아파트에 살았다. 2015년 여름 저녁 식사를 함께하기 얼마 전에 코건은 소프트 콘택트렌즈를 새로 구입하려는데 가격이 인상됐다는 사실을 알고 생각에 잠겼다. 콘택트렌즈는 가격이 비싸고 소수의 대기업이 업계를 장악하고 있다는 점에서 달러쉐이브클럽과 해리스가 뒤흔들려고 시도한 면도기 사업과 비슷했다. 코건은 콘택트렌즈 사업의 판도를 뒤흔들고 혁신한다는 아이디어에 흥미를 느꼈다. 당시 콘택트렌즈를 전문으로 취급하는 온라인 소매업체들이 있기는 했지만 모두 기존 브랜드들을 재판매하는 방식이었다. 기존 브랜드들은 검안사를 통해 렌즈를 구매하는 것보다 할인된 가격을 제시했지만 이윤폭은 여전히 컸다.

코건에게 아이디어를 들은 호르비츠는 시도해 볼 만한 가치가 있는 사업이라고 판단했지만 두 사람은 사업 계획을 추진하는 동안에도 당분간 직장에 다니기로 의견을 모았다. 먼저 콘택트렌즈 시장에서 수십억 달러짜리 가치가 있는 부문이면서 가장 빠른 성장세를 보이는 일회용 콘택트렌즈에 초점을 맞췄다. 조사해 본 결과 미국에서 판매되는 일회용 콘택트렌즈의 가격이 해외보다 20~50퍼센트 비쌌다.[4] 따라서 스타트업 온라인 브랜드가 렌즈를 도매가격으로 공급해 줄 제조사를 찾을 수만 있다면 기존 업체보다 가격을 낮출 여지가 있었다.

코건은 이렇게 설명했다. "좋은 공급업체를 찾는 것이 관건이었습니다. 그럴 수만 있다면 경쟁 우위를 갖출 수 있으리라 생각했기 때문입니다." 하지만 신발, 속옷, 칫솔을 포함한 많은 소비재 부문과 달리 두 사람이 선택할 만한 콘택트렌즈 제조업체의 수는 많지 않았다. 게다가 콘택트렌즈는 의료 제품이어서 미국 국내에서 판매할 수 있으려면 식품의약국FDA: Food and Drug Administration의 승인을 받아야 했다.

그래서 코건은 FDA의 승인을 받은 제조업체에 관한 온라인 데이터를 샅샅이 뒤지기 시작했다. "내가 아는 사람들이 모두 바닷가를 찾는 여름 휴가철 내내 FDA의 데이터베이스에 들어가 모든 제조사들을 낱낱이 조사했어요. 정말 고된 작업이었습니다."

그렇게 조사한 결과 FDA 승인을 받은 제품에 자사 상표를 부착해 생산하는 잠재 협력업체 수십 군데를 찾아냈다. 2015년 가을 코건과 호르비츠는 어떤 업체가 자신들에게 렌즈를 공급해 주는 데 관심을 보일지 모르는 상태에서 잠재 기업 전부에 이메일을 보냈다. 깊은 인상을 심어 주기 위해 호르비츠가 하버드대학교 법학대학원에 다녔었다는 말도 덧붙였다(변호사가 되고 싶지 않다는 사실을 깨닫고 자퇴했다는 사실은 적지 않았다).

이메일을 받은 기업들의 반응은 어땠을까? 쥐죽은 듯 조용했다. 호르비츠는 현실을 받아들였다. "그들은 우리가 어떤 기업인지 모르겠죠. 이메일을 받은 후에도 침묵으로 일관했습니다. 사실 내가 그들 입장이라도 그렇게 했을 겁니다."

두 사람은 콘택트렌즈 사업에 정통하면서 시장의 문을 여는 데 기여할 수 있는 평판을 지닌 인물을 영입해야 한다는 결론을 내렸다. 그래서 찾은 사람이 컨설턴트인 브렛 안드레Bret Andre였다. 안드레는 미국에서 렌즈를 판매하려는 외국 기업이 FDA 승인을 받을 수 있도록 돕는 일을 하고 있었다. 코건은 규제 관련 서류를 검토하면서 안드레의 이름을 많이 보았다. 한 벤처 투자자에게 전직 바슈롬Bausch & Lomb 의료 총책임자인 브라이언 레비Brian Levy도 소개받았다.[5] 10여 년 전에 은퇴한 레비는 의료 중소기업에 자문을 제공하고 경영을 지원하는 일을 하고 있었다. 레비는 렌즈 업계에 종사하는 사람들을 훤히 꿰고 있었으며 렌즈 제조에 관해 깊은 지식을 소유했다.

안드레와 레비가 보인 첫 반응은 달러쉐이브클럽의 창업자 마이클 더빈이 접근했을 때 다수의 초기 투자자들이 보인 반응과 같았다. 안드레는 대형 콘택트렌즈 제조사를 언급하면서 이렇게 조언했다. "내 아버지가 쿠퍼비전에서 일하십니다. 나라면 절대 그들을 상대로 싸움을 벌이지 않을 겁니다."

하지만 안드레는 허블의 사업 계획을 듣고 나서 고문 자리를 수락했다. 레비는 "설득하는 말을 계속 들을 필요가 없었어요"라고 회상했다. 코건과 호르비츠의 사업 아이디어가 매우 마음에 들어서 고문 자리를 수락하는 것은 물론 투자를 하기로 결정했다. "달러쉐이브클럽과 해리스가 면도날 분야를 뒤흔들 수 있었다면 콘택트렌즈 분야에서도 당연히 가능하지 않을까요? 제품은 다르지만 사업 모델은 같으니까요."

레비는 전체 콘택트렌즈 사용자 중에서 일회용 렌즈 사용자가 유럽은 약 60퍼센트, 일본은 약 90퍼센트인 반면에 미국은 4분의 1에서 3분의 1에 불과하다는 이야기를 듣고 의아했다.[6] 말이 되지 않았다. 바슈롬에 근무하면서 쌓은 지식대로라면 대부분의 렌즈 사용자는 일회용 렌즈가 한 달용 렌즈보다 착용하기 편안하고 안전하다고 생각한다. 일회용 렌즈는 손가락으로 꺼내 밤새 세척액에 담가 두었다가 다음날 다시 끼는 한 달용 렌즈보다 오염이 발생할 가능성과 눈에 감염을 일으킬 가능성이 낮았다.

코건과 호르비츠는 허블의 전신인 클래리티콘택트Clarity Contacts
를 통해 미국에서 판매할 일회용 소프트렌즈를 구매하기 위해 여러
공급업체에 이메일을 보냈다. 이때 레비와 안드레의 이름을 적어서
보내자 더욱 반응이 좋았다.[7] 두 사람은 일단 잠재적인 공급업체들
의 목록을 작성한 후에 몇 가지 기준을 세워 후보군을 축소했다. 한
가지 기준인 렌즈의 품질과 착용감을 시험하기 위해 샘플을 요청하
고 도와줄 친구들을 모아 실제로 착용하게 했다. 다음 기준은 도매가
격이었다. 렌즈 판매가는 기성 브랜드의 약 절반 가격이면서도 이익
을 남길 수 있어야 했다. 끝으로 제조사가 생산 능력을 충분히 갖추
고 있어야 했다. 코건은 "우리 사업이 제대로 가동하려면 생산 규모
를 늘릴 수 있는 것이 중요하기 때문입니다"라고 설명했다.

코건과 호르비츠가 일찌감치 레비와 함께 제기한 문제가 있었다.
연구를 실시한 결과 최저 가격으로 제품을 공급받으려면 좀 더 새롭
고 약간 더 비싼 재료인 실리콘 하이드로겔보다 하이드로겔을 사용
하는 제조사에서 제품을 구입할 필요가 있었다. 두 재료는 유연하고
작은 구멍이 많아서 수분을 흡수하고 눈동자 모양에 잘 맞출 수 있다
는 면에서 비슷했지만 새로운 재료의 경우에는 산소 투과율이 더 높
다. 렌즈를 착용하는 사람들에게 산소 투과율이 얼마나 중요한지는
여전히 논쟁거리이다. 콘택트렌즈 산업은 강한 규제 대상이어서 FDA
승인을 받으려면 렌즈의 안정성을 입증하고, 생산하는 동안 오염을
방지할 수 있는 품질 관리 기능을 갖췄다는 사실을 입증해야 한다.

실리콘 하이드로겔로 만든 렌즈의 착용감이 더 좋다고 보고하는 소비자도 있지만 2018년 실시한 한 연구에 따르면 재료의 차이는 개인적 선호의 문제일 뿐 측정 가능한 차이는 전혀 없다.[8] 일부 검안사들은 실리콘 하이드로겔 소재가 눈 건강에 더 좋다고 주장해서 소비자들이 하이드로겔 렌즈를 외면하게 만든다.

하지만 레비는 오랜 기간 사용해 온 하이드로겔이 여전히 일반적으로 사용되고 있으며 완벽하게 안전하다고 코건과 호르비츠에게 말했다. "당연히 대기업들은 새로운 소재가 좋다고 말하겠죠. 그렇다고 오래 사용해 온 하이드로겔을 포기할까요? 절대 그렇게 하지 않습니다. 렌즈는 FDA 승인을 받아야 하고, 착용감이 좋아야 하고, 저렴한 비용으로 만들 수 있어야 한다는 점만 기억하면 됩니다." 달러쉐이브클럽의 면도날이 그렇듯 하이드로겔 렌즈도 가장 진보한 형태의 제품은 아닐 수 있다. 하지만 업계에 오래 종사해 온 레비는 하이드로겔 렌즈도 충분히 좋다고 확신했다.

레비와 안드레와 함께 공급업체를 찾기 시작한 코건과 호르비츠는 일명 수요 실험을 동시에 실시해서 잠재 고객에게 자신들의 사업 개념을 시험하기로 결정했다. 전통적으로 대형 소비재 기업들은 신제품을 출시하기 전에 복잡한 단계를 거친다. 우선 시장 조사를 시작하고 표적 소비자로 구성된 포커스 그룹들과 심도 있게 회의한다. 신제품에 대한 관심이 충분하다고 판단한 경우에는 수요를 결정하기 위해 실제 제품을 몇 개 도시에 소개한다. 그러고 나서야 비로소 제품을 전국적으로 출시한다.

이러한 경로를 따르려면 수십만 달러 내지는 수백만 달러의 비용이 들어갈 수 있다. 하지만 새로 등장한 디지털 우선 브랜드의 세계에서는 거의 비용을 들이지 않고 온라인 수요 실험을 실시할 수 있다. 간단한 웹 사이트를 만들어 제품에 대한 아이디어를 설명하고(허블의 경우에는 월 구독 방식으로 콘택트렌즈를 판매하는 아이디어), 사이트 방문자에게 이메일 주소를 달라고 요청한다.

2016년 2월 코건과 호르비츠는 웹사이트를 만들고 나서 소비자들에게 확실히 노출시키기 위해 친구 수십 명의 페이스북 페이지에 올렸다. 며칠 사이에 해당 친구들 중 많은 수가 가입했고, 그중 많은 수가 지인들에게 알리기 위해 링크를 거는 과정이 반복되며 퍼져 나갔다. 코건과 호르비츠는 웹 사이트를 내릴 무렵 약 2000명의 이메일 주소를 제공받았고, 적절한 공급업체만 찾을 수 있으면 사업을 성공시킬 수 있겠다는 확신을 얻었다.

선호하는 공급업체를 모두 대만에 있는 네 곳으로 좁히고 나서 2016년 5월 브라이언 레비와 함께 타이베이로 건너가 브렛 안드레와 합류했다. 코건과 호르비츠가 가격을 포함한 여러 조건을 놓고 협상하는 데 주력하는 동안 레비와 안드레는 후보 기업들의 공장이 첨단 생산 방식으로 가동하고 FDA 규제 사항을 잘 지킬 수 있는지를 집중적으로 점검했다.

이 과정에서는 레비와 안드레가 보유한 업계 지식이 결정적으로 중요하게 작용했다. 그렇지 않았다면 출장은 크게 실패했을 수 있었다. 코건과 호르비츠가 최종 후보 기업 네 곳 중에서 가장 선호했던 곳을 방문해 CEO와 최종 가격을 조율하고 있을 때 안드레가 두 사람을 회의실 밖으로 불러냈다. "문제가 있어요."

안드레와 레비는 해당 제조업체에 관련한 규제 서류를 면밀히 검토하다가 코건과 호르비츠가 알아차리지 못했을 문제를 발견했다. 해당 제조업체가 자사 렌즈의 품질을 보장하기 위해 사용한 시험 절차에 대해 FDA가 문제를 제기한 적이 있었던 것이다. 안드레는 경고했다. "이것은 잠재적인 지뢰예요. 이 문제가 해결되지 않으면 FDA가 화물 통관을 보류시킬 수 있고, 그러면 고객에게 렌즈를 제때 공급하지 못할 겁니다."

코건과 호르비츠는 급히 회의를 끝냈다. 당시 상황을 두고 코건은 총알을 피했다고 언급했다. 이미 일정이 잡혀 있었으므로 그날 회사 임원들과 함께 저녁 식사를 하기는 했지만 협상이 결렬되리라는 사실을 모두 알고 있었으므로 3시간 동안 서로 어색한 상태로 앉아 있어야 했다.

다른 제조업체 세 곳을 찾아갔지만 성과를 거두지 못했다. 생산능력이 비교적 작았으므로(공장에 직접 가 보기 전에는 알아낼 방법이 없었다) 허블의 매출이 희망대로 신속하게 증가하면 곧 문제가 발생할 수 있었다. 다섯 번째 후보 기업인 세인트샤인을 방문하려는 계획은 원래 없었다. 일전에 만난 미국인 중개인에게 전해들은 말에 따르면,

세인트샤인이 도매가격을 지나치게 높게 제시했으므로 코건과 호르비츠가 원하는 대로 대형 경쟁사가 판매하는 소매가격의 50퍼센트에 렌즈를 제공받을 수 없었기 때문이다. 일행은 아무 소득 없이 대만을 떠날 각오를 하고 세인트샤인에 문의나 해 보자는 심정으로 막판에 결정했다.

다행히도 세인트샤인이 관심을 보였다. 세인트샤인은 일본 시장 점유율이 20퍼센트였지만 미국에서는 거의 사업을 하지 않으면서 바슈롬을 포함한 대기업에 대항하는 대안으로 저가 브랜드를 판매하고 싶어 하는 소수의 검안사들에게 제품을 제공하고 있었다. 호르비츠는 세인트샤인 임원진에게 이렇게 말했다고 회상했다. "우리는 사업 모델을 홍보하며 설득했습니다. '당신들은 미국에서 15년 동안 제품을 판매하고 있지만 시장 점유율은 미미하고, 여전히 대중 판매 시장을 뚫지 못하고 있습니다. 그러니 우리에게 기회를 주시죠.'"

협상할 때는 핵심 하나를 강조했다. 미국에서 세인트샤인 제품의 온라인 D2C를 독점하고 싶다고 말했다. 이것은 코건과 호르비츠가 제품을 출시하고 1년이 지났을 때 특정 매출 수준을 달성하지 못하면 잃게 되는 지위였다. 하지만 사업에 성공하는 경우에 대비해서 자사를 모방하는 기업이 등장해 세인트샤인의 렌즈를 판매하는 불상사를 막고 싶었다.

코건과 호르비츠는 세인트샤인의 제이슨 옹에게 설득력 있는 사례를 제시했다. 옹은 이렇게 반응했다. "그들은 우리가 이미 만들어

놓은 제품을 판매하겠다고 했고, 선금까지 지불했으므로 우리 입장에서는 손해 볼 것이 없었습니다." 하지만 코건과 호르비츠가 창업한 스타트업에 투자하라는 제안은 거절했다. "그러한 위험은 감수하고 싶지 않았어요."

가격을 놓고 실랑이를 벌인 끝에 양측은 거래에 동의했다.[9] 세인트샤인은 약 24센트 비용으로 렌즈 한 쌍을 만들어 코건과 호르비츠에게 약 38센트, 30일 분을 묶어 11.40달러에 팔았다. 따라서 두 사업가에게는 마케팅을 포함한 기타 비용을 감안해 고객에게 33달러에 판매하고 배송비 3달러를 따로 청구하면서 이윤을 챙길 여지가 생겼다. 다른 브랜드들은 제조사가 어디인지에 따르거나 온라인 할인점을 통해 구매했는지에 따라 일반적으로 30일 분에 45~70달러를 청구했다. 하지만 책정 가격과 상관없이 대형 콘택트렌즈 제조사들은 훨씬 높은 이윤을 거둬들였다. 코건과 호르비츠의 추산에 따르면 생산 능력이 규모의 효율성을 갖춘 바슈롬이 소프트렌즈 한 쌍을 만드는 데 쓰는 비용은 코건과 호르비츠가 세인트샤인에 지불하는 금액의 3분의 1인 12센트에 불과했기 때문이다.

창업자들이 대만에서 돌아오면서 상황은 급물살을 탔다. 콘택트렌즈를 확실하게 공급받을 수 있게 되자 벤처 캐피털 기업들에게 350만 달러를 투자받기로 최종 결정하고, 자신들이 창업한 스타트업을 경영하는 데 본격적으로 전념하기 위해 직장을 그만두었다. 코건은 MBA 학위를 따려던 계획을 그만두고 와튼 경영대학원에 지불한 등록금을 포기했다.

인구 통계로 볼 때 저가 콘택트렌즈를 사용할 가능성이 가장 큰 밀레니얼 세대를 겨냥할 목적으로 코건과 호르비츠는 자사 렌즈를 의료 제품이 아닌 라이프 스타일 브랜드로 의도적으로 포지셔닝했다. 사명을 아이리스Iris로 바꾸고 싶었지만 나중에 상표 분쟁이 일어날 수 있다고 판단해서 클래리티에서 외우기 쉬운 허블(우주망원경의 이름을 땄다)로 바꿨다. 창업을 지원하는 임무를 수행하기 위해 채용된 브랜드 정체성 컨설턴트 맬컴 뷰익Malcolm Buick은 이렇게 회상했다. "'허블'이라는 사명을 쏠 수 있다니 믿을 수가 없었어요. 우리가 초기에 작성한 후보군에 허블이 들어 있기는 했지만 그때까지 남아 있을 리가 없다고 생각했거든요." 몇 가지 시험을 거치고 나서 주요 포장지 색상은 베이비 블루로 결정했다. "베이비 블루는 브랜드 정체성의 핵심이에요. 멋져 보이죠? 약장에서 꺼내 커피 테이블 위에 올려놓아도 어울리겠죠?"

콘택트렌즈가 규제 대상에 속하는 의료 제품이기 때문에 렌즈 판매를 시작하기 전에 고객이 검안사나 안과의사에게 처방전을 받았는지 확인하는 절차를 마련해야 했다. 그래서 웹 페이지를 만들어 고객이 처방전과 의사 이름을 입력할 수 있게 했다. 처방전을 검증한 후에는 세인트샤인이 생산한 여러 종류의 표준 단초점 렌즈 가운데 골라서 배송했다.

2016년 11월 허블은 출범한 날 "콘택트렌즈 분야의 와비파커"라는 제목으로 뉴스 기사에 실리면서 밀레니얼 세대 소비자들 사이에서 인기를 끌었다. 초기 투자자인 와일드캣 캐피털 매니지먼트Wildcat Capital Management의 드류 타를로Drew Tarlow는 과연 소비자들이 여태껏 한 번도 들어 보지 못한 새 브랜드의 콘택트렌즈를 눈에 넣을지 크게 우려했다. "허블이 출범한 첫 주에 코건과 호르비츠는 주문이 들어올 때마다 소리가 울리도록 휴대전화에 알람을 설정해 놓았어요. 첫날과 이튿날 동안 알람이 울릴 때마다 모든 직원이 환호했던 기억이 나네요. 그러다가 한 두 주가 지나자 알람을 해제하더군요. 주문이 정말 많이 들어왔거든요. 그래서 수요는 문제가 되지 않으리라 판단했습니다."

달러쉐이브클럽과 마찬가지로 허블은 "더욱 저렴한 일회용 콘택트렌즈"라고 홍보하면서 가격과 편리성을 결합했다. 이미 주요 브랜드에서 판매하는 값비싼 일회용 렌즈를 구매하고 있는 고객의 관심을 끌 뿐만 아니라 한 달용 렌즈에서 허블의 일회용 렌즈로 전환하는 고객을 확보해 자사를 성장시키는 원동력으로 삼겠다는 목표를 세웠다. "일회용 렌즈보다 비용이 적게 든다는 이유로 한 달용 렌즈를 착용하는 사람이 많습니다." 코건이 설명했다. "만약 한 달용 렌즈를 사용하느라 연간 300달러를 쓰는 사람이라면 일회용 렌즈를 사용하느라 연간 600달러 이상(주요 브랜드가 일반적으로 청구하는 금액이다)을 쓰고 싶지 않을 겁니다. 하지만 허블의 일회용 렌즈를 사용하면서 연간 350~400달러는 기꺼이 지불할 수도 있을 거예요. 따라서 더 많은 소비자를 일회용 렌즈를 사용하도록 끌어들이면 시장을 엄청나게 키울 수 있습니다."

허블이 창업한 지 일주년이 다가오는 시점에서, 여전히 셔츠를 청바지 밖으로 빼 입은 단정한 대학생처럼 보이는 두 창업자는 2017년 월드시리즈 2차전 동안 내보낼 15초짜리 광고를 찍었다.[10] 그러면서 경기가 연장전에 돌입할 경우에만 광고를 내보내기로 예약하고 원래 광고비의 절반만 지불했다. 다행히 2차전이 11회까지 연장되는 바람에 많은 시청자들이 광고를 보았다. 승부가 박빙이었고 흥미진진했으므로 많은 관중과 시청자들이 경기에서 눈을 떼지 못했다. 광고에서 코건은 "콘택트렌즈 가격이 너무 비싸서 허블을 만들었습니다"라고 강조했다. 광고 효과가 나타나기 시작하면서 허블의 웹 사이트를 찾는 방문자가 즉시 급증했다.

허블이 빠질 수 있는 잠재적인 위험도 존재했다. 주요 브랜드가 자사 제품의 가격을 인하하는 것이었는데, 그러면서도 여전히 높은 수익을 올릴 수 있는 것이 문제였다. 하지만 HSBC 은행 편인 한 월스트리트 분석가는 투자자들에게 제출한 보고서에서 이렇게 결론을 내렸다. "콘택트렌즈 사업의 높은 수익성을 고려할 때 허블이 훨씬 크게 성장하지 않는 한 4대 대기업은 가격 인하에 관심이 없는 것으로 판단된다."[11]

유명 브랜드의 콘택트렌즈를 환자들에게 판매해 돈을 버는 검안사를 포함한 비판자들은 허블이 오래전에 개발된 하이드로겔 소재

렌즈를 여전히 판매하고, 규정대로 엄격하게 처방전을 검증하지 않아서 규제의 경계를 무너뜨리고 있다면서 끊임없이 공격한다. 허블이 렌즈를 판매하기 시작한 지 1년가량 지났을 시점에서 업계 뉴스 웹 사이트인 '쿼츠Quartz'는 허블이 가상의 검안사에게 렌즈 처방전을 받았다고 폭로했다. 기사가 나가고 나서 허블은 주문 내역을 좀더 면밀하게 검토하고 같은 불상사가 발생하지 않도록 검토 단계를 추가했다고 발표했다.[12] 뒤이어 《뉴욕타임스》는 검안사가 처방한 것과 다른 재료로 제작한 다른 브랜드로 제품을 대체하지 못하도록 금지한 규칙을 온라인 콘택트렌즈 판매 기업들이 이따금씩 어기고 있으며, 규제 기관들이 이러한 현실을 우려하고 있다고 보도했다.[13] 콘택트렌즈 판매를 감독하는 연방거래위원회FTC: Federal Trade Commission는 2019년 들어 더욱 엄격하게 규칙을 강화하라고 지시했다.[14] FTC는 허블을 언급하지 않았지만 "종종 페이스북을 통해 소비자에게 직접 광고하고 (……) 자사 렌즈를 구독 서비스를 통해 판매하는" 기업을 예로 들었다.

시간이 흐르면서 비난과 규제가 어느 정도로 허블의 목을 조일지는 지켜보아야 한다. 창업 초기에 많은 고객이나 투자자는 이러한 장애물을 별로 개의치 않았던 것 같다. 2018년 중순 허블은 벤처 캐피털 기업들에게서 7400만 달러 가까이 유치함으로써 마케팅에 더 많은 돈을 투자하고 시장을 해외로 확장하며 성장을 가속화할 수 있었다.[15] 최근 허블의 최대 금융 지원사의 하나인 소비재 대기업 콜게이트-팔몰리브는 유니레버에 인수되기 전에 달러쉐이브클럽에 투자해 이익을 챙겼다. 허블도 2019년 초 사업 확장의 일환으로 1800콘택츠닷컴1800contacts.com 같은 웹 사이트와 매우 흡사하게 바슈롬과 존슨앤존슨 등 경쟁사가 만든 브랜드를 재판매하는 관련 기업인 택츠카트ContactsCart를 시작했다.

2018년에는 증가하는 해외 수요를 따라잡고 공급원을 다각화할 목적으로 중국에 본사를 둔 제2의 제조업체 징코 인터내셔널Ginko International과 렌즈 구매 계약을 체결했다. 코건과 호르비츠는 이번에는 세인트샤인에 접근할 때와 달리 자사가 어떤 회사인지 설명할 필요가 없었다. 호르비츠는 당시 이야기를 하면서 "거래하기가 훨씬 쉬워졌습니다"라는 절제된 표현을 사용했다.

4장

전혀 다른 전략을 사용한 D2C 기업

THIRDLOVE

공급망 자체가 그렇듯 D2C 스타트업이 시도하는 대외 구매의 범위도 상당히 다양하다. 허블이 콘택트렌즈를 판매하고, 달러쉐이브클럽이 면도날을 판매할 때 적용하는 사업 모델은 가장 단순한 형태이다. 공급업체가 이미 생산하고 있는 제품을 구입해 자사 상표를 붙이고, 여기에 특별한 마케팅 요소를 추가하고, 기존 기업의 약점인 가격, 편리성, 이미지 등을 공략한다.

와비파커의 사업 모델도 공식은 약간 다르지만 비교적 단순했다. 와비파커는 안경 제조업체가 이미 생산하고 있는 안경테를 구매해서 회사 이름을 붙이는 방식을 사용하지 않고, 제품에 대표적인 특징을 부여하기 위해 안경테를 자체 디자인했다. 사업 초기에 제품 가격을 낮추기 위해 내구성이 좋고 가볍고 신축성 있는 재료인 셀룰로스 아세테이트를 사용해 20여 가지 스타일의 플라스틱 안경테를 제공했다. 그 덕택에 제조 공장과 생산 장비에 자본을 투자하거나 연구와 개발에 돈을 쓰지 않고서도 독특한 모양의 제품을 구비할 수 있었다.

그 후 와비파커는 안경테의 종류를 확대해서 아세테이트뿐 아니라 티타늄으로 만든 남녀 공용 안경테 각각 100개 이상을 갖추면서 여전히 사내에서 디자인을 담당하고 있다. 현재 안경테를 외부에 외주를 주어 제작하기는 하지만 광학 연구소를 운영해 자사의 일부 렌즈는 내부에서 가공하고 있다.

결국 와비파커, 달러쉐이브클럽, 허블 등 D2C 스타트업들이 혁신을 달성하는 방식은 근본적으로 다르거나 개선된 제품을 출시하는 것이 아니라 가격을 더욱 낮추고, 가치와 경험과 고객 서비스를 더욱 개선하는 것이다.

이것이 새롭게 등장한 많은 D2C 스타트업이 따르는 경로이기는 하지만, 일부 스타트업은 다른 전략을 구사해서 프리미엄 제품을 갖추려고 노력한다. 이 전략은 수행 난이도가 더 높기 때문에 사업에 미치는 위험성이 더 클 수 있다.

마이클 더빈이 상징적 브랜드인 질레트에 대항했듯, 30대 부부인 하이디 잭Heidi Zak과 데이비드 스펙터David Spector는 온라인으로 브래지어를 팔기 위해 서드러브ThirdLove를 창업하면서 상징적 브랜드인 빅토리아시크릿Vitoria's Secret에 도전장을 내밀었다. 빅토리아시크릿은 미국 시장의 약 33퍼센트를 점유하고, 1100곳 이상의 매장을 운영하며, 매년 텔레비전 패션쇼를 열어 시청자 수백만 명의 시선을 모

으면서 다른 란제리 제조사들을 제치고 선두를 달렸다.[1]

하지만 잭과 스펙터는 단순히 세계 의료 제조업체 수십 군데가 이미 출시하고 있는 표준 브래지어를 판매하는 것이 아니라 자체적으로 브래지어를 디자인하고, 30개가 넘는 부분에 고급 재료를 사용해 브래지어를 제작하기로 했다. 두 사람은 소비자의 몸에 더욱 잘 맞는 브래지어를 제작하고, 할인하지 않는 것은 물론 빅토리아시크릿을 포함해 인기 있는 브랜드의 브래지어보다 높은 가격에 판매하는 방식으로 업계를 뒤흔들겠다는 전략을 세웠다.

잭과 스펙터는 MIT 경영대학원에서 만나 1학년 2학기부터 데이트를 하기 시작했다. 스펙터는 재학 중에 소프트웨어를 사용해 깊이, 시간, 위치를 포함해 사용자의 다이빙 관련 데이터를 기록하고 공유할 수 있도록 지원하는 스쿠버트랙Scuba-Track을 공동 창업했다. 그의 표현을 빌리자면 "수많은 이유"로 사업이 망하자 구글에 입사해 구글체크아웃앤쇼핑Google Checkout and Shopping 등 상거래 기획을 담당하다가 실리콘 밸리의 저명한 벤처 캐피털 기업인 세쿼이어캐피털Sequoia Capital에 합류했다.[2] 한편 잭은 의류 소매업체인 에어로포스테일Aéropostale의 전략 기획 팀에서 근무하다가 구글로 자리를 옮겨 기업 간 광고 사이트의 마케팅을 감독했다.

세쿼이어에서 근무하는 동안 스펙터는 최근에 와비파커를 창업하고 운영 자금을 모으고 있는 와튼 경영대학원생 네 명을 만났다. 세쿼이어는 기업이 지나치게 젊다는 이유를 들어 투자를 거절했지만 스펙터는 회의를 하는 동안 젊은이들에게 깊은 인상을 받았다. "나는 창업자들이 D2C 브랜드를 구축하고, 침체되어 있는 진부한 사업 범주에 초점을 맞추고, 디지털 방식으로 소매업에 접근하는 방법이 독특하다고 생각했습니다. 그 회의를 계기로 브랜드에 흥미를 느끼기 시작했어요."

2011년 직장 생활에 지친 잭과 스펙터는 전자 상거래 사업을 시작하면 어떨지 의논하기 시작했다. 하지만 어떤 사업 범주를 표적으로 삼을지 확신하지 못했다. 이 무렵 잭은 마음에 드는 브래지어를 찾느라 속옷 서랍을 뒤지면서 답답해하는 자기 모습을 발견했다. 이를 계기로 생각에 잠겼다. 브래지어를 십여 개 가지고 있었지만 대부분 불편하고 몸에 아주 잘 맞지는 않았다. 게다가 브래지어를 구매하는 경험이 즐겁지 않았다. 나중에 잭은 텔레비전 인터뷰에서 이렇게 말했다. "브래지어 쇼핑을 좋아하는 여성은 없습니다. 할 일 목록 20여 가지에서 우선순위가 가장 밀리죠.[3] 개인적으로 나는 브래지어를 사러 가느니 차라리 설거지를 하는 편이 낫습니다. 하지만 온라인을 이용하면 브래지어를 훨씬 쉽고 편리하게 구매할 수 있어요. 쇼핑을 밤에 할 수도 있고, 주말에 할 수도 있죠. 구태여 매장에 갈 필요가 없습니다."

잭과 스펙터는 둘 다 제조업이나 브래지어에 대해 많이 알지 못했지만 디자인 감성과 기술을 결합해 더욱 나은 브래지어를 만들 수 있다고 생각했다. 부부는 2012년 중반에 직장을 그만두고 10만 달러를 투자해 기업을 세우고 미커머스MeCommerce Inc.라는 사명을 붙였다. 나중에 브래지어 이외에 다른 제품을 다룰 의도를 품었고 사명 자체가 개인화 상거래를 암시한다고 생각했기 때문이다. 두 사람은 여성이 브래지어에 대해 "사랑love"하고 싶어 하는 세 가지 속성 즉 스타일, 느낌, 맞음새를 전달한다는 뜻으로 브래지어 사업을 서드러브ThirdLove로 불렀다. (대부분의 브랜드는 패션이나 편안한 착용감을 제공했고, 둘 다 제공하는 경우는 거의 드물었으며, 셋 모두 제공하는 경우는 훨씬 희박했다.)

부부가 채용한 첫 직원은 라엘 코헨Ra'el Cohen이었다. 코헨은 몇몇 패션 소매업체에 근무했고, 성공하지는 못했지만 자신만의 고급 브래지어 기업을 창업하기도 했다. 잭과 스펙터가 몸에 더욱 잘 맞는 브래지어를 만들기 위해 다음으로 채용한 직원은 카메라를 사용해 디지털 이미지를 수집하고 분석하는 컴퓨터 비전 기술에 능숙한 나사 출신 엔지니어였다.

스펙터가 벤처 캐피털 세계에서 활동한 적은 있지만 자금을 유치하는 일은 쉽지 않았다. 당시는 D2C 브랜드가 등장하기 시작한 초기 단계였기 때문에 더욱 그랬다. 잭의 회상에 따르면 벤처 캐피털 기업 50군데 이상을 돌아다니며 사업 계획을 설명하다 보면 여성에게 몸에 더 잘 맞는 브래지어가 필요한 이유를 이해하지 못하는 남성들이 회의실에 가득 앉아 있는 경우가 태반이었다. 우여곡절 끝에 두 사람은 2013년 초까지 560만 달러를 투자 받기로 했다.[4]

운영 자금을 마련하기 위해 투자 설명회를 여는 동안에도 잭과 스펙터는 소규모 팀을 꾸려 프리미엄 브래지어를 만들 재료의 공급원을 찾고, 아이폰앱을 개발하기 위해 노력했다. 이러한 노력에는 기술을 사용해서 여성들이 매장보다 집에서 몸에 훨씬 잘 맞는 제품을 구매할 수 있게 하겠다는 의도가 깔려 있었다. 여성들은 앱에서 가동하는 음성 자동응답기의 지시에 따라 브래지어나 몸에 붙는 상의를 입고 거울 앞에 서서 휴대전화 카메라로 상반신을 촬영한다. 사생활을 침해하지 않도록 사진 자체가 아니라 사진의 디지털 데이터가 회사로 전송되면, 알고리즘이 가동하면서 2차원 영상 데이터를 3차원 측정치로 변환해 적절한 브래지어 사이즈를 추천한다.

서드러브는 브래지어 앱(나중에 특허를 두 개 받은 컴퓨터 시각 영상 기술을 담았다)이 시험 단계에 들어간 2013년 초 대부분의 광고를 무료로 게시할 수 있는 크레이그리스트Craigslist에 광고를 올리고, 최고의 브래지어를 착용해 보라고 권하면서 샌프란시스코 소재 작은 사무실로 여성들을 초대했다.[5] 100여 명이 찾아와서 앱을 사용하고 나서 잭과 코헨이 업계에서 사용하는 표준 사이즈에 따라 만든 시제품 브래지어를 입어 보았다.

이러한 노력 덕택에 서드러브는 방문한 소비자들이 무엇을 원했는지 확인할 수 있었다. 사진을 찍을 때 거울을 똑바로 세워야 하고, 휴대전화의 카메라를 특정 위치에 맞춰야 하는 등 앱은 사용하기 까다로울 수 있었지만 제대로 가동하면 정확한 측정치를 제공했다. 게다가 앱 덕택에 예상하지 못했던 중요한 정보를 얻을 수 있었다. 앱을 시험하고 시도하는 여성의 수가 증가하면서 서드러브는 더 많은 데이터를 수집했고, 결과적으로 앱을 통해 적절한 사이즈를 제대로 추천받지 못하는 여성이 전체 사용자의 30퍼센트에 해당한다는 사실을 발견했다. 스펙터는 당시 상황을 이렇게 설명했다. "해당 여성들의 실제 브래지어 사이즈는 34B도 34C도 아니었으므로 어떻게 해야 좋을지 난감했습니다. 이러한 패턴이 계속 나타났어요."

그러면서 아이디어가 떠올랐다. 크기와 모양이 다른 가슴에 더 잘 맞추기 위해 신발처럼 중간 사이즈를 제작하기로 한 것이다. 코헨은 즉시 새로운 사이즈를 만들기 시작했다. 34B와 34C 사이에 34B 1/2을 만들고, 34C와 35D 사이에 34C 1/2을 만들었다. 기존 사이즈와 중간 사이즈의 차이는 작은 것 같지만 맞음새와 착용감에서 차이를 느끼기에 충분했다. 코헨은 "브래지어의 경우에는 1/4인치 차이도 중요합니다"라고 설명했다.

중간 사이즈의 브래지어를 만드는 아이디어를 생각해 낸 브래지어 제조사는 서드러브가 처음이 아니었다. 2004년 플레이텍스Playtex는 거의 A, 거의 B처럼 '거의Nearly' 사이즈의 브래지어를 판매했지만 수요가 미미했으므로 몇 년 지나 판매를 중단했다.[6] 하지만 서드러브는 달랐다. 앱을 사용하는 여성들의 치수를 수집한 많은 실제 데이터에 근거해 중간 사이즈를 산출했기 때문이다. 게다가 중간 사이즈 제품을 판매하는 기업이 없었기 때문에 경쟁이 치열한 시장에서 자사를 차별화하는 마케팅 효과를 기대할 수 있었다.

스펙터는 이렇게 언급했다. "브래지어 업계에서 20년 동안 활동해 온 라엘조차도 중간 사이즈에 관한 데이터를 한 번도 본 적이 없고, 어떤 기업도 보유하고 있지 않다고 말했습니다." 서드러브는 중간 사이즈를 추가해 최종적으로 빅토리아시크릿의 약 두 배인 거의 80개에 달하는 사이즈를 제공하기로 했다.[7] 대형 사이즈를 전문으로 판매하는 레인브라이언트Lane Bryant 등 일부 의류 업체가 서드러브와 같거나 그 이상의 브래지어 사이즈를 제공하고 있기는 하지만 비용이 많이 들기 때문에 그렇게 하지 못하는 기업이 많다. 모든 스타일과 색상으로 더욱 다양한 사이즈를 제공하려면 재고가 더 많이 필요하다. 소비자들이 쇼핑하는 동안 제품을 입어 보고 구매할 수 있으려면 제품을 매장에 진열해야 하고 이면 공간에 재고를 쌓아 놓아야 하므로 소매 공간도 더 필요하다. 하지만 서드러브 같은 온라인 소매업체는 제품을 진열하고 재고를 보관할 공간을 확보하지 않아도 되므로 사이즈 수에 제약을 받지 않는다.

중간 사이즈의 브래지어를 제공하기로 결정하고 나서 잭과 스펙터는 앱을 완성하느라 어려움을 겪었다. 그래서 2013년 중반 옷을 몸에 맞게 조절하는 용도로 사용할 수 있는 디지털 기술을 개발하고 있는 기업을 인수했다. 이렇게 브래지어의 디자인과 사이즈를 포함해 사업에 필요한 사항을 세밀하게 조정하면서 제조업체를 물색했다. 2012년 알리바바, 구글, 링크트인에게서 잠재적인 중국 협력업체

목록을 받았지만 선정 과정은 기대한 만큼 순탄하지 않았다. 잭은 이렇게 설명했다. "여전히 우리에게는 브랜드도, 웹 사이트도, 고객도 없었습니다. 아이디어가 있기는 했지만 그 정도로는 중국에서 그다지 영향력을 발휘할 수 없죠."

한 가지 요인도 제조사를 결정하는 과정을 복잡하게 만들었다. 표준 재료, 모양, 사이즈가 아니라 자사가 선택한 재료를 사용해 자사의 사양에 맞춰 브래지어를 생산해 줄 공급업체를 원했던 것이다. 또 재고 관련 비용을 낮추기 위해, 다시 말해 많은 브래지어를 만들어 놓고 팔릴 때까지 쌓아 두어야 하는 상황을 피하기 위해 고객이 주문했을 때 브래지어를 제작해 줄 수 있는 제조업체를 원했다.

새로 디자인한 브래지어를 제작하는 경우에 중국 제조업체들은 색상, 스타일, 사이즈별로 최소 주문량을 3600개 이상으로 요구했다. 의류 주문에서는 특별히 많은 물량은 아니었지만 잭과 스펙터는 브래지어를 판매하기도 전에 그만큼을 구매하겠다고 선뜻 나설 수 없었다. 잭은 이렇게 설명했다. "표준 제품을 구매한다면 최소 주문량이 더 적었겠죠. 하지만 우리는 제조업체의 기존 컵 모양과 재료를 사용하고 싶지 않았습니다. 우리 사업의 핵심은 더욱 나은 제품을 만드는 것이었으니까요."

그래서 잭과 스펙터는 멕시코로 눈을 돌렸다. 지리적으로 미국에서 더욱 가깝기 때문에 자신들이 원하는 대로 생산 일정을 더욱 신속하고 면밀하게 관리할 수 있다는 이점이 있다고 생각했다. 부부는 여러 차례 출장을 다니면서 마침내 멕시칼리Mexicali에 있는 제조업체를 찾아냈다. 애리조나주 유마Yuma에서 자동차로 한 시간 거리에 있고, 가격과 품질이 떨어지기는 하지만 이미 브래지어를 제조하고 있었다. 잭과 스펙터는 컵, 내부 고무줄, 컵 밑을 받치는 철사인 언더와이어, 와이어가 통과하는 통로, 어깨끈, 앞 마감, 후크, 라벨 등 브래지어 제작에 들어가는 부품들의 대외 구매를 관리하면 최종 품질을 개선하고 몸에 더욱 잘 맞는 모양을 확보할 수 있고, 원래 계획한 대로 브래지어를 45~68달러에 판매하더라도 프리미엄을 붙인 가격을 정당화할 수 있겠다고 판단했다.

하지만 2013년 8월 서드러브가 브래지어를 생산하고 판매하기 시작하자마자 상황은 급속도로 빗나가기 시작했다. 잭은 이렇게 회상했다. "와이어가 컵에 맞지 않는 브래지어의 생산을 중단해야 했습니다. 실밥이 터져 나왔고, 양쪽 컵의 위치가 대칭이 되지 않고 약간 어긋났습니다. 바느질 선이 완벽하게 곧아야 하는데 그렇지 못했고요." 제품에 불만을 품은 고객들의 반품이 이어졌다.

부분적으로는 작업자들의 재봉 실력이 고품질의 브래지어를 생산하기에 미숙했기 때문이다. 잭과 스펙터는 지나치게 복잡한 생산 공정을 실시한 것이 실수라는 사실을 깨달았다. 대부분의 조립 라인에서는 작업자들이 같은 작업을 반복 수행하는 방식으로 작업의 질과 속도를 개선한다. 하지만 서드러브의 주문형 생산 시스템은 그런 방식으로 가동되지 않았다. 잭은 이렇게 설명했다. "작업자가 작업하는 컵, 밴드, 색상이 매번 달랐습니다. 우리가 매우 실리콘밸리다운 방식으로 브래지어를 제작해 달라고 요청했던 거죠. 이러한 방식은 서류로 볼 때는 말이 되지만 현실에서는 그렇지 못했어요."

여러 문제가 불거져 나왔지만 결국 소비자들은 서드러브가 제대로 제작한 브래지어를 좋아했다. 초창기에 만든 여섯 가지 종류의 브래지어 스타일 중에서 한 가지 모델이 특히 인기를 끌자 서드러브는 지속적으로 높은 품질을 유지할 수 있으면 기업의 전망을 낙관할 수 있겠다고 한단했다. "우리가 판매하는 기본 브래지어의 반품 비율과 교환 비율은 한 자리 수였어요." 코헨이 회상했다. "내가 이전에 근무했던 어떤 기업에서도 이처럼 낮은 비율은 본 적이 없습니다. 브래지어 업계에서 볼 수 있는 전형적인 반품 비율과 교환 비율은 20퍼센트에 가깝거든요."

그렇지만 생산 과정에서 혼란이 발생하면서 재료를 버려야 했으므로 서드러브는 수십만 달러에 달하는 손해를 입었다. 이 손해액은 초창기에 투자자들에게서 거둔 자금을 생각할 때 상당히 컸다. 스펙터는 이렇게 회상했다. "우리는 돈이 별로 남아 있지 않은 상태로 멕시코에서 막다른 골목까지 몰렸습니다."

잭과 스펙터는 제조사를 바꿔야 한다는 결론을 내리고, 멕시코 공장보다 숙련된 재봉 기술자들을 보유한 중국 기업으로 방향을 틀었다. 처음에 원했던 것보다 많은 최소 주문량에 동의하고 주문량이 부족할 때는 위약금을 지불하겠다는 조건을 받아들여야 했다. 또 원래 사업 모델의 일부였던 복잡한 수요 맞춤형 생산 방식을 폐기했다. 하지만 운 좋게도 중국 제조업체 소속 연구 개발 팀이 서드러브와 협력해 가볍고 부드러운 메모리폼을 만들면서 여성의 가슴 모양에 더욱 잘 맞는 컵을 완성했다. 다른 전문 공장에서 서드러브의 사양에 맞춘 재료와 조각을 만들고, 중국 제조업체가 조각을 재봉하는 동시에 생산 요건을 충족하는 데 필요한 구성 요소의 공급과 배송을 관리하기로 했다. 이것은 멕시코 제조업체를 통해 제품을 만들 때 서드러브가 담당해 온 작업이었다.

제조업체를 교체하느라 몇 달이 걸렸지만 2014년 중반 최종적으로 제조업체를 멕시코에서 중국으로 옮겼다. 초기에 제조상 결함이 발생해 서드러브가 죽음의 문턱까지 갔던 상황을 상기하며 스펙터는 이렇게 설명했다. "우리는 하지 말아야 할 사항에 대해 많이 배웠고, 부품별로 브래지어를 제조하는 방식을 익힌 덕택에 아시아로 선회할 수 있었습니다. 우리는 무엇이 잘못될 수 있는지, 정말 좋은 브래지어를 만들려면 제조업체와 어떻게 협력하는지 학습했습니다. 또 자사에서 가장 잘 팔리게 되며 24/7로 개명한 브래지어에 더욱 초점을 맞춰야 한다는 사실도 깨달았습니다."

잭과 스펙터는 첫해 매출이 매우 작았던 덕택에 창업 초반에 품질 문제를 겪었는데도 회사의 평판이 영구적으로 손상되지 않은 것은 그마나 다행이었다고 말했다. 두 사람은 제조상의 문제를 해결한 후에는 판매를 촉진하는 작업이 당연히 쉬워지리라 판단했다.

하지만 판매 촉진은 두 사람이 다음으로 돌파해야 할 난관이었다.

가슴 셀카를 찍어 보세요

2015년 3월 잭과 스펙터는 샌프란시스코 시내에서 남쪽으로 약 3킬로미터 떨어진 고급 주택지 도그패치Dogpatch에 있는 회사 사무실에 고위 관리자 십여 명을 소집했다. 참석자들은 회사의 운영 자금이 바닥날 위기에 처해 있으므로 매출을 증가시킬 방법을 찾아야 한다고 말했다.

서드러브는 제조상 문제 때문에 이미 죽음의 문턱까지 갔다가 기사회생했지만 다시 위기를 맞았다. 서드러브의 브래지어를 구매한 여성의 대부분은 제품에 만족했지만 재구매할 만큼 좋아하지는 않았다. 잭은 동료들에게 선언했다. "앞으로 6개월에서 1년 사이에 브래지어 판매량을 늘려서 여성들이 착용하게 만드는 방법을 찾지 못하면 우리는 살아남을 수 없습니다. 정말로 끝장이에요."

서드러브가 사업에 성공하는 것이 예상보다 어려운 일로 드러났다. 하지만 잭은 이렇게 회상했죠. "나는 속으로 생각했죠. '대체 힘들면 얼마나 힘들겠어? 우리는 기필코 방법을 알아낼 거야. 우리는 현명한데다 열심히 일할 거잖아.' 그러다가 어느 순간 주방 식탁에 앉아 서로 뚫어져라 쳐다보는 우리 모습을 발견했어요. 그때 깨달았죠. '맙소사, 우리가 대체 무슨 짓을 한 거지?'"

엎친 데 덮친 격으로 온라인 브래지어 사업을 시작하겠다는 아이디어를 떠올린 사람은 잭과 스펙터만이 아니었다. 서드러브는 벤처 투자자의 지원을 받는 경쟁사 여섯 곳의 도전에 맞닥뜨리면서 위기를 극복하고 일어서기가 한층 어려워졌다.

몸에 더욱 잘 맞는 브래지어를 판매하기 위해 설계한 측정앱이 소비자들에게 엄청난 인기를 얻고 있는데도 서드러브는 고전했다. 잭과 스펙터는 《패스트컴퍼니Fast Company》《포브스》《Inc.》와 인터뷰했고, 앱은 인스타일InStyle, 헬로뷰티플HelloBeautiful 같은 패션 사이트에 소개되었다. ("가슴 셀카 맞춤 앱을 시도해 보시겠어요?")[8] 이러한 움직임은 스타트업들이 꿈꾸지만 거의 손에 쥐지 못하는 엄청나게 긍정적인 무료 홍보였다. 하지만 서드러브의 사업은 창업자들이 기대했던 만큼 활성화되지 못했고, 연간 매출도 여전히 100만 달러를 훨씬 밑돌았다.

눈에 띄게 판매를 호전시킬 방법이 없어 보였다. 잭은 회의실에 모인 고위 관리자들에게 말했다. "주문이 들어오지 않고 있습니다. 웹 사이트를 새로 정비하고 있지만 관심을 갖는 사람이 없어요. 아무도 우리 주장에 귀를 기울이지 않습니다." 과거에 다른 기업들이 여성들의 몸에 더 잘 맞는 브래지어를 만들었다고 홍보했지만 모두 사실이 아니었다. 서드러브는 바로 이 문제를 해결해야 했다. 스펙터는 이렇게 설명했다. "여성들은 브래지어에 대해 늘 회의를 품었고, 온라인으로만 제품을 판매하는 서드러브에 대해서는 특히나 회의적인 태도를 보였습니다. 이처럼 신뢰를 가로막는 장벽이 존재하고, 여성들은 수십 년 동안 자신들의 기대가 외면당해 왔다고 느낍니다. 우리는 그러한 장벽을 낮추기 위해 조치를 취해야 합니다."

그때 누구인지를 기억하는 사람은 없지만 참석자 한 사람이 아이디어를 내놨다. "제품을 30일 동안 무료로 체험하게 하면 어떨까요? 착용한 상태로 직장에도 출근해 보고 제품에 만족하면 결제하라고 말하면요?" 참석자들은 이런저런 위험성을 거론했다. 스펙터는 이렇게 언급했다. "들어오는 돈은 없는데 외부에 재고가 많이 풀릴 수 있어요. 30일이 지나기 전까지는 매출이 전혀 발생하지 않겠죠." 반품률이 높으면 어떡할까? 다른 사람이 방금 착용해 본 것도 아니고 몇 주 동안 착용했던 브래지어는 반품된 와비파커 안경테와 같지 않았다. 사용된 브래지어는 다른 사람에게 판매할 수 없으므로 세탁한 후에 체험용으로 다른 고객에게 발송할 수 있을 것이다.

회의 참석자들은 서드러브가 과감한 행보를 보여야 한다면서 체험 아이디어에 동의했다. 무료 체험을 실시하면, 자사가 현재 판매하는 브래지어가 과거에 판매한 브래지어보다 몸에 더 잘 맞을 거라고 확신한다는 메시지를 잠재 고객에게 전달할 수 있다.

2015년 5월 서드러브는 마침내 "무료 체험 프로그램"을 홍보하는 광고 캠페인을 시작했다(나중에 캠페인 명칭을 '구입 전 체험Try Before Buying'으로 바꿨다). 광고는 빅토리아시크릿을 포함한 브래지어 기업들이 전통적으로 공략하는 텔레비전, 신문, 여성 잡지가 아니라 주로 페이스북에 게재했다. 대부분의 D2C 스타트업이 그렇듯 서드러브는 수백만 달러짜리 광고 캠페인을 벌일 만한 재정적 여유가 없었다.

광고는 단순하고 직설적이어서 페이스북에서 스크롤하며 읽을 때 여성의 시선을 끌기에 더 적합했다. 그리고 서드러브 브래지어를 찍은 사진과 직설적인 메시지를 담았다. "30일 동안 위험 부담 없이 체험해 보세요. 당신이 여태껏 입어 본 것들 중에서 가장 편안한 브래지어가 아니라면 무료로 반납하시면 됩니다." (소비자가 핵심을 놓치지 않게 하려고 무료라는 단어를 진하게 처리했다.) 아니면 "세상에서 가장 편안한 브래지어입니다. 30일 동안 무료로 착용해 보세요. 중간 사이즈가 있다는 것이 특징입니다. 무료로 체험해 보세요"라고 광고했다(마지막 문구는 보라색 네모에 넣어 강조했다). 종종 기존 고객의 추천도 추가했다. 무료 체험을 신청한 고객에게는 처음에 배송비 1달러를 신용카드로 청구하고, 한 달 안에 반품하지 않는 경우에 한해 브래지어 값으로 64달러를 청구했다.

서드러브는 페이스북의 "유사 타겟팅look-alike targeting" 기능을 활용해 최대 잠재 고객, 즉 인구 통계를 기반으로 더욱 비싼 브래지어를 구매할 경제력이 있거나 브래지어를 포함해 속옷을 구매하려고 온라인을 검색해 온 25~65세 여성에게 광고를 노출시켰다. 서드러브가 자금을 아껴야 했던 점을 감안하면 타겟팅은 마케팅 비용을 낮추는 데 매우 유용하게 작용했다.

서드러브는 브래지어를 주문한 여성의 상당수가 반품하는 사태에 대비해야 했으므로 조심스럽게 출발했다. 그러한 사태가 발생한다면 회사로서는 커다란 재앙이 아닐 수 없었다. 실제로 일부 직원들은 프로그램의 출범을 불안하게 지켜보았다. 갭Gap에서 근무하다가 '구입 전 체험' 캠페인이 출범한 지 얼마 지나지 않아 서드러브에 합류한 운영 전략 부사장 베로니크 파웰Veronique Powell은 이렇게 회상했다. "회의실에 걸어 들어갔을 때가 기억납니다. 참석자들이 프로그램에 대해 논의하고 있었죠. 정신이 아찔하더군요. 프로그램이 성공할 리가 없다고 생각했어요."

프로그램을 시행한 초반에 불안했던 순간들이 있었다. 주문의 약 10퍼센트가 잘못되었다. 경우에 따라서는 구매자가 사용한 신용카드가 처음에 주문을 하고 30일이 끝나기 전에 만료되거나 분실되었다. 직불카드나 선불카드로 결제를 받았지만 잔고가 충분하지 않아 브래지어 값을 회수할 수 없는 일도 생겨났다. 따라서 판매 대금을 상각 처리하거나, 구매자에게 연락해 반품되지 않는 브래지어의 대금을 회수해야 했다. 파웰은 일부 구매자들이 시스템을 농락한 방식들을 떠올리면서 기가 막혔다는 듯 고개를 설레설레 흔들었다. 예를 들어 한 여성은 6개월에 걸쳐 브래지어 6개를 구입한 후에 30일 동안 착용하고 나서 하나씩 차례로 반품했다가 결국 꼬리를 밟혀 무료 체험 프로그램에서 차단당했다.

무료 체험 프로그램을 가동하고 나서 매출이 즉시 증가하기 시작했다. 잭은 판매 증가보다 훨씬 좋은 현상이 발생했다고 설명했다.

유지율keep rate, 즉 브래지어를 좋아해서 무료 체험 기간이 끝났을 때 제품 대금을 지불한 소비자의 비율이 약 70~75퍼센트로 높았던 것이다. 2016년 1월에 접어들면서 '구입 전 체험' 캠페인이 순조롭게 가동하고, 결제 과정에서 발생한 문제들을 해결했다고 확신한 서드러브가 페이스북 광고에 지출하는 예산을 약 10만 달러까지 늘리자 판매는 매달 3000개까지 증가했다. 다음 해 1월에 접어들면서 서드러브가 페이스북에 지출하는 광고 비용을 200만 달러까지 늘리자 매달 브래지어 판매량은 3만 8000개까지 증가했다.

서드러브는 페이스북에서 즉각적인 호응을 얻으면서 밀려드는 주문 덕택에 더 많은 수익을 거두었고 '자택 체험Home Try-On' 프로그램을 다시 광고할 수 있었다. 데이터를 분석하자 하루나 일주일 가운데 광고비를 최소로 쓰면서 매출을 최대로 끌어올리기에 가장 효율적인 시간대와 요일을 알 수 있었다. 또 광고를 보고 클릭해서 자사 웹 사이트를 방문한 소비자들의 비율을 파악하고, 실제로 브래지어를 주문한 소비자의 수를 파악했다.

이것은 서드러브가 클릭과 판매 각각에 소비하는 광고비를 정확하게 추적할 수 있다는 뜻이었다. 무료 체험 프로그램을 가동하기 전에 서드러브는 브래지어 한 개 당 광고비를 수백 달러 지출했다. 하지만 새 광고 캠페인을 시작하면서 고객 유치 비용이 약 40~50달러로 급격히 감소했다. 잭은 "우리는 으레 광고에 많은 돈을 쏟아 부었습니다"라고 말했다. 2016년과 2017년 거의 소셜 미디어에서만 무료 체험 캠페인을 펼치면서 회사 매출의 80퍼센트를 창출했다. 이러한 매출 실적은 2015년 약 100만 달러에서 이듬해 약 2000만 달러로 증가했고, 2017년에는 약 7500만 달러로 크게 뛰었으며, 2018년에 들어서면서 1억 3000만 달러 이상으로 늘어났다.[9]

소셜 미디어에 광고를 게재함으로써 서드러브는 텔레비전 광고나 인쇄 광고에 필요한 금액의 아주 작은 일부만 써서 가까스로 광고 혼잡을 뚫고 두각을 나타낼 수 있었다. 2016년 들어서는 스마트폰 치수 측정 앱 대신에 온라인 "핏 파인더Fit Finder" 설문을 활용하면서 매출을 끌어올리고 있다. 기존 앱은 사용하기 까다로운 데다가 아이폰 소지자만 활용할 수 있었다. 그래서 수석 디자이너인 라엘 코헨은 데이터 팀과 협력해 앱만큼 정확하게 고객의 사이즈를 결정할 수 있도록 상세한 설문지를 개발했다. 이렇게 탄생한 핏 파인더 서비스는 웹 사이트 방문자들에게 현재 착용 중인 브래지어에 대해 일련의 질문을 던진다. 즉, 제조사, 사이즈, 컵의 맞음새(가슴 전체를 감싸는 컵, 가슴 위쪽 부분이 많이 드러나는 컵, 가슴 위쪽 부분을 잡아주는 컵 등), 밴드, 끈에 관해 묻는다. 또 다양한 가슴 모양을 그린 그림들 중에서 자신과 가장 닮은 가슴 모양을 선택하라고 요청한다. 아홉 가지 가슴 모양으로는 비대칭(한쪽 가슴이 반대쪽 가슴보다 크다), 종형Bell(가슴 위쪽은 더 가늘고 아래쪽에 살이 더 많다), 동서형East West(젖꼭지가 바깥을 향해 서로 반대 방향을 가리킨다) 등이 있다.

2018년까지 여성 1100만 명이 핏 파인더 설문에 대답했고 서드러브는 '구입 전 체험' 프로그램을 종료했다. 잭은 이렇게 언급했다. "이제 소비자들이 우리 브랜드와 제품에 대해 알고 있습니다. 또 우리 제품을 착용해 본 친구들이 주위에 있으므로 굳이 '구입 전 체험' 프로그램을 가동할 필요가 없습니다. 하지만 해당 프로그램 덕택에 사업 방향을 바꿀 수 있었어요. 그렇지 않았다면 솔직히 말해 지금 자리에 오르지 못했을 겁니다." 2019년 서드러브는 전략이 적중하면서 실패의 늪에 빠질 위기에서 벗어나 과거에 모금한 벤처 캐피털 자금의 약 열 배인 7억 5000만 달러 이상의 가치로 평가받는 기업으로 급성장할 수 있었다.[10]

5장

마케팅이
성패를 좌우한다

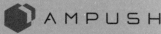

많은 D2C 스타트업이 그렇듯 서드러브 성공의 일등 공신은 소셜 미디어였다. "페이스북은 비슷한 소비자를 표적으로 삼고, 최근에 자사 제품을 구매한 적이 있는 고객과 비슷한 성향을 지닌 소비자에게 신속하게 다가가는 영향력을 발휘합니다. 그 덕택에 우리는 커다란 성장 동력을 얻었습니다." 하이디 잭이 설명했다. "그 영향력을 시험해 볼 수 있는 정도는 무한합니다. 효과적인 이미지, 그래픽, 단어를 알아내고 이것들을 섞어서 최고의 조합을 찾을 수 있어요. 영상 광고를 올린다고 생각해 보죠. 우리는 클릭해서 영상을 시청하는 사람의 수, 영상을 시청하는 기간, 영상을 끝까지 시청하는 사람의 수, 우리 웹사이트에 들어오기까지 필요한 클릭 수를 파악할 수 있습니다."

1990년대에는 뉴욕 매디슨애비뉴Madison Avenue에 들어서 있는 대형 광고 대행사들이 광고를 장악했다. 시장이 빚는 불협화음을 뛰어

넘어서 전국적인 브랜드로 성장하고 싶은 기업은 광고 대행사를 고용해 인상적인 텔레비전 광고를 제작하고 엄청난 돈을 써서 방송에 내보냈다. 심지어 당시에도 광고의 50퍼센트만 효과가 있다는 주장이 널리 퍼지면서 자사 광고의 효과 유무를 파악할 수 없었고, 광고비가 제대로 쓰였는지도 확인할 수 없었으며 단기로는 특히 그랬다. 하지만 사실상 대안이 전무했기 때문에 소비자에게 신규 브랜드를 인식시켜야 하는 스타트업들은 불리할 수밖에 없었다.

2000년대에 들어서며 실리콘 밸리가 광고계를 지배하기 시작했다. 변화를 선도한 것은 구글이었다. 구글은 검색엔진 알고리즘을 갖추고 누구라도, 심지어 스타트업이라도 인기 검색어를 입찰하고 후원 링크를 게시함으로써 잠재 고객을 많으면 많은 대로 적으면 적은 대로 찾고 싶은 만큼 광고비를 쓸 수 있게 했다.

소셜 미디어가 부상하면서 같은 생각을 지닌 소비자들의 네트워크에 브랜드가 직접 접속할 수 있으므로 선택 사항이 훨씬 많아졌다. 달러쉐이브클럽의 면도날, 와비파커의 안경, 허블의 콘택트렌즈, 글로시에의 화장품 등 제품을 써 보고 만족한 고객들이 제품을 사용하는 자신의 사진을 소셜 미디어에 올리고 무료로 추천하면서 이러한 프로모션 형태가 유기적으로 성장했다. 소셜 미디어에서 팔로워가 많은 "인플루언서influencer"를 모집해 보수를 지불하는 기업들도 생겨났다.

하지만 기업은 우선적으로 소비자의 관심과 판매를 이끌어 내야 했고, 페이스북과 2012년 페이스북이 인수한 인스타그램은 서드러브를 포함해 D2C 신규 브랜드 수백 개를 보유한 기업들에게 더욱 공평한 경쟁의 장을 제공하는 수단으로 떠올랐다. 따라서 스타트업은 하루에 몇 백 달러만 쓰고서 소셜 미디어 플랫폼에 광고 공간을 살 수 있었다. 광고는 화려할 필요가 없었으므로 소액으로도 제작할 수 있었고, 실제로 단순함이 진정성을 전달했다.

페이스북이 언제나 광고계의 거물이었던 것은 아니다. 정교한 알고리즘을 사용해 매년 수백억 달러의 수익을 거둬들이기 전에 사용한 초기 마케팅 방식은 상당히 초보적인 단계에 머물렀다. 초기에는 기업들이 설치한 페이스북 페이지 등에 아이콘을 만들어 사용자들이 "좋아요"를 선택할 수 있게 하고, 기업들은 "좋아요"를 근거로 사용자들에게 광고를 할 수 있었다. 페이스북 초반에 광고주는 대부분 대기업이었고, 텔레비전과 매우 비슷하게 브랜드 인식을 증가시키기 위한 단순한 광고 채널의 하나로 플랫폼을 다루었다. 따라서 "퍼포먼스 마케팅performance marketing", 즉 새로운 고객을 집중시키고 판매 성장을 주도하는 마케팅의 이상적인 장으로 인정받지 못했다. 하지만 그러고 나서 페이스북은 아직 고객은 아니지만 인구 통계에 따라 잠재 고객의 특징에 적합한 사람들을 광고주가 쉽게 식별할 수 있게 하려고 일련의 기능을 도입하기 시작했다.

페이스북은 광고 사업을 구축하기 위해 대부분 스타트업인 디지털 마케팅 기업들과 제휴를 맺기 시작했다. 2009년 페이스북이 구글과 경쟁하기 위한 최상의 방법을 모색하던 시기에 합류한 퍼트리샤 라이Patricia Lai는 이렇게 회상했다. "구글이 디지털 광고 공간에서 검색을 장악하고 있었으므로 우리는 차별화 방법을 찾아내려고 애썼습니다."

그래서 페이스북은 사이트에 광고 지출을 늘리고 있는 광고주들의 명단을 작성한 다음에 그들이 어떤 일을 하는지 파악하고, 그들을 포함한 잠재적 광고주들을 부추겨 광고에 훨씬 많은 비용을 지출하게 할 방법을 찾기 시작했다. 펩시, 삼성, 켈로그 등 친숙한 이름이 포함된 100대 광고주 중에서 페이스북 직원 어느 누구도 들어 본 적이 없는 디지털 마케팅 기업 앰푸시가 거론되었다.

라이는 앰푸시가 대체 어떤 기업인지 궁금했다.

앰푸시는 와튼에서 학부 과정에 있던 친구 세 명이 2009년 가을 창업했다. 세 사람은 졸업한 후에 대형 컨설팅 기업이나 월스트리트 기업에서 일하면서 수십만 달러의 연봉을 받고 있었다.[1] 하지만 몇 년 동안 직장 생활을 하다가 싫증이 나자 사업을 시작해 보기로 결정했다. 우선 제시 푸지Jesse Pujji는 생활비를 아끼기 위해 애니켓 닉 샤Aniket Nick Shah와 함께 샌디에이고를 떠나 자신이 어린 시절을 보낸 집으로 돌아가 부모님 집으로 들어갔다. 사업을 하는 동안 크리스 아모스Chris Amos는 계속 직장에 다니면서 운영 자금을 지원했다. 새로 창업한 기업의 이름은 세 사람의 성에서 첫 두 글자를 따서 앰푸시Ampush: Amos, Pujji, Shah로 지었다.

푸지는 이렇게 회상했다. "아버지는 내가 골드만삭스Goldman Sachs
를 그만두는 것을 탐탁지 않게 생각했습니다. 그러면서 '네가 아이비
리그 대학을 다닐 수 있도록 학비를 댄 것은 바로 나다'라고 말씀하
셨죠." 푸지의 아버지는 그 말이 당시 느꼈던 자신의 심정을 잘 표현
한다고 수긍했다. "아들이 그 사업을 시작하는 것이 현명하지 않다
고 생각했습니다. 처음에는 코딱지만 한 사무실에서 일하고, 생활비
를 아끼겠다며 우리 부부가 사는 집으로 들어오더니, 어떻게 사업을
추진해야 할지 갈피를 잡지 못하는 것 같았거든요."[2]

실제로 세 청년에게는 구체적인 사업 계획이 없었다. 하지만 디
지털 기술을 능숙하게 다뤘고 데이터가 점점 중요해진다는 사실을
인식했으므로 온라인 광고 분야를 탐색해 볼 만하다고 판단했다. 푸
지는 이렇게 설명했다. "디지털 미디어와 온라인 마케팅은 인터넷의
핵심이었습니다. '샌드박스 사업가 정신sandbox entrepreneurship'으로
사업을 시작한 거죠. 모래 상자 안에서 놀다 보면 좋은 아이디어가
떠오르니까요."

세 사람은 창업한 지 1년이 조금 안 됐을 무렵 회사를 샌프란시스
코로 옮겼다. 샌디에이고와 달리 샌프란시스코는 디지털 기술의 중
심지였기 때문이다. 그리고 교육 시장을 집중적으로 공략하기로 결
정했다. 영리 목적 대학교는 학생들을 끌어들이려는 무한한 욕구를
지니면서 연간 수십 억 달러의 매출을 올리는 사업이다. 따라서 학
생들을 찾기 위해 광고 대행사에 돈을 지불하고 잠재 고객을 끌어들

여 기회를 창출한다. 관심을 보이는 사람의 일정 비율을 학교에 등록 시킬 수 있으리라고 생각하기 때문이다. 2010년 2월 라스베이거스에 서 열리는 회의에 참석한 앰푸시의 아모스, 피지, 샤는 카플란대학교 Kaplan University와 피닉스대학교University of Phoenix를 포함한 영리 목적 대학교 여섯 군데를 설득해 계약을 맺고 잠재적 학생들을 유치해 주 기로 했다.

하지만 일을 추진하면서 자신들이 인터넷 광고에 대해 얼마나 아 는 것이 없는지 이내 깨달았다.

세 사람은 웹 사이트 디그리아메리카닷컴DegreeAmerica.com을 만 들고 구글 검색어 경매에 입찰하기 시작했다. 자신들이 올린 광고를 클릭한 사용자를 웹 사이트로 끌어들여 이메일 주소를 입력하게 한 다음 자사와 계약을 맺은 교육 기관에 전달한다. 그러면 교육 기관은 사용자들에게 연락해 학교에 등록하라고 설득한다. 이처럼 "새로운 기회 창출lead-generation" 사업을 전문적으로 실시하는 다른 광고주 들과 마찬가지로 앰푸시는 수집하고 전송해 주는 이메일 주소 하나 당 약 50달러를 받았다.

시작 단계에서 사업 실적은 참담했다. 앰푸시는 한 번의 기회를 얻기 위해 구글 광고에 800~1000달러를 썼으므로 잠재 학생 한 명 당 수백 달러의 손실이 발생했다. 푸지는 이렇게 회상했다. "신용카 드 빚이 10만 달러까지 늘어났습니다. 영업 기회 하나를 만들어 내 느라 드는 비용은 예상보다 컸고, 또 학교에서 지불받는 금액보다도

컸습니다."

시행착오를 거친 끝에 세 창업자는 클릭을 통해 사이트를 방문한 사람들에게 이메일 주소를 제공받는 비율을 훨씬 높이는 방향으로 광고를 제작하는 방법을 터득했고, 그 덕택에 몇 개월 후부터 약간의 흑자를 낼 수 있었다. 하지만 새로 진입한 시장에는 많은 온라인 광고 대행사들이 잠재 학생들을 확보하느라 여전히 치열하게 경쟁했다.

비용을 낮추면서도 두각을 나타낼 수 있고 더 많은 잠재 학생을 발견하는 방법을 궁리하면서 세 창업자는 구글을 대체할 방법을 모색하기 시작했다. 닉 샤는 이렇게 회상했다. "우리는 인턴에게 페이스북을 어떻게 활용할 수 있을지 궁리해 보라고 지시했습니다. 해당 인턴은 고민을 거듭한 끝에 페이스북 활용 방법을 담은 플레이북을 만들었어요." 앰푸시는 이 개념이 페이스북 플랫폼에서 적절한 규모로 가동할 수 있도록 시간을 두고 소프트웨어를 개발해야 했다.

구글에서든 페이스북에서든 광고주가 키워드를 사용하려면 경매에 입찰해야 한다. 낙찰가는 입찰 금액과 사용자가 광고를 클릭할 확률을 포함한 공식에 따라 결정된다. 샤의 설명에 따르면 광고할 때 구글은 인텐트intent(의도) 플랫폼인 반면에 페이스북은 오디언스audience(청중) 플랫폼인 것이 결정적으로 중요한 차이다. 그래서 구글은 검색어를 입력하는 사람, 즉 어떤 대상에 대해 적극적으로 의도나 관심을 표현하는 사람을 식별하는 데 더욱 탁월하게 기능한다. 반면에 페이스북은 어떤 대상에 관심을 둘 가능성이 있으나 아직 온라인에서 관심을 표현하지 않은 사람을 식별하는 데 더욱 능숙하게 작동한다.

샤는 이렇게 설명했다. "구글을 사용하면 요즈음 교수학 석사학위에 관한 정보를 뒤지고 있는 1000명을 찾을 수 있습니다. 하지만 페이스북을 사용하면 자기 프로필에 대체 교사라고 기입하고 앞으로 석사학위를 따겠다고 생각하고 있을 수 있지만 아직까지 검색을 시도하지 않은 수만 명을 찾을 수 있습니다. 여기에 통찰이 존재하는 겁니다. 적합한 사람을 표적으로 삼아 그들의 눈길을 끌어 등록시킬 수 있습니다."

이것은 세 창업자들이 깨달음을 얻는 계기가 되었다. 2010년 페이스북은 10년 전 구글과 같아서 광고 플랫폼으로 행사하는 영향력의 가치를 온전히 평가받지 못했다. 푸지는 "우리는 소셜 미디어 마케팅을 구사하는 대표적인 기업이 되고 싶었습니다"라고 언급했다.

자사의 사업 아이디어를 시험하기 위해 앰푸시는 프로필에 대체 교사라고 기입한 페이스북 사용자들에게 광고를 보내기 시작했다. 광고 문구는 직설적이었다. "대체 교사로 일하기 싫증나나요? 학교로 돌아가세요." 광고는 기대 이상으로 좋은 효과를 거뒀다. 푸지는 광고를 보고 클릭해서 이메일 주소를 제공한 사람들을 언급하면서 클릭률이 놀랍도록 높았다고 전했다.

당시 페이스북에는 광고주가 지금보다 적었으므로 광고를 둘러싼 경쟁도 그만큼 약했다. 따라서 사업의 성격을 잘 파악하고 있다면 구글보다 페이스북에서 적은 금액을 가지고 광고 경매에 입찰할 수 있었으므로 그만큼 기회를 더 많이 창출해 낼 수 있었다. 당시 상황은 월스트리트와 약간 비슷했다. 앰푸시의 공동 창업자들은 똑똑한 차익 거래를 활용해 돈을 벌 수 있다는 사실을 이미 터득했던 것이다. 즉, 비슷한 자산, 예를 들어 디지털 광고에 사용하는 키워드라는 자산에 서로 다른 가격이 붙은 현상을 활용했다. "우리는 구글에 광고를 싣는 헛된 짓을 하고 있었던 거죠. 페이스북에 광고하는 비용이 훨씬 저렴했어요. 클릭 한 번당 가격을 비교하면 60~80퍼센트 쌌습니다."

앰푸시는 페이스북 광고를 점차 늘리기 위해 페이스북 사이트의 광고 플랫폼에 연결할 수 있는 소프트웨어를 만들었다. 해당 소프트웨어는 페이스북에 광고를 게재하고 경매에 입찰하는 방식을 자동화함으로써 잠재 고객 집단을 표적으로 삼고 입찰하는 과정을 가능한 한 최저 비용을 들이면서 더욱 쉽게 만들었다. 앰푸시가 만든 소프트웨어에 대해 푸지는 이렇게 설명했다. "페이스북에 게재하는 광고를 신속하게 맞춤화하고 개인화할 수 있습니다. 서로 다른 도시, 선호 대상, 관심사, 나이 등 변수들을 자동적으로 겨냥해서 광고 수천 개를 제칠 수 있어요. 그런 다음에는 성과를 근거로 광고의 입찰가를 역동적으로 바꾸는 겁니다." 이렇게 결정한 덕택에 앰푸시는 소셜 미디어 광고 분야를 선도하는 기업으로 우뚝 설 수 있었다.

2011년 3월 페이스북의 퍼트리샤 라이가 푸지에게 연락했을 당시에 앰푸시는 페이스북에 게재하는 광고의 결과를 최적화하기 위해 자사 기술을 개선하는 과정을 밟고 있었다. 앰푸시가 페이스북 최대 광고주의 하나로 부상하고 나서 라이는 6개월 전쯤 앰푸시의 창업자들에게 연락해 협력하라는 임무를 맡았다. 그래서 푸지와 몇몇 동료들을 페이스북으로 초대해 자신의 상사들과 만나는 자리를 마련했다. 라이는 일부 영리 목적 대학교들이 판매를 강요한다는 불미스러운 평판을 감지했다고 언급하며 앰푸시가 시도하고 있는 광고 유형에 대해 이렇게 덧붙였다. "페이스북이 평판을 쌓고 싶어 하는 모델이 아니었습니다. 하지만 우리는 앰푸시의 사업 모델을 이해하려고 노력하고 있었죠."

푸지와 소수 동료들은 차 두 대에 나눠 타고 실리콘 밸리에 있는 페이스북 본사로 향했다. 푸지는 웃으며 이렇게 회상했다. "페이스북 임원들은 펜실베이니아대학교 졸업생과 골드만삭스에서 근무했던 사람들이 나타나리라고는 예상하지 못했을 겁니다. 기껏해야 온라인에서 허풍이나 떠는 작자들이 오려니 예상했겠죠."

회의를 하는 동안 페이스북 임원들은 앰푸시가 페이스북에 광고를 내기 위해 개발한 소프트웨어 도구에 대해 물었다. 라이는 이렇게 회상했다. "앰푸시 관계자들은 페이스북 알고리즘에 대해 정말 잘 알고 있었어요. 그들은 같은 경매 입찰에서 자신들끼리 경쟁하지 않고, 두 가지 이상의 광고 시안 중에서 사용자의 선호도가 높은 것을 결정하기 위해 A/B 테스트를 실시하는 등 입찰을 최적화하기 위한 일들을 했습니다. 그래서 광고비를 지출해 투자 수익을 최대로 거두는 방법을 터득한 것이죠." 이러한 통찰은 앰푸시뿐 아니라 페이스북에게도 이익을 안겼다. 페이스북에 더욱 효과적이고 수월하게 광고할 수 있으면 다른 기업들도 광고를 내기 위해 페이스북을 찾을 것이기 때문이다. 페이스북은 마이크로소프트의 전략을 따랐다. 수십 년 전 마이크로소프트는 소프트웨어 개발자들에게 자사 운영체제를 위한 워드프로세싱, 스프레드시트, 기타 프로그램을 작성하라고 격려함으로써 자사 제품을 더욱 유용하게 만들고 궁극적으로는 PC에 필수적인 구성요소로 만들어서 업계를 지배하는 위치로 올라섰다.

회의를 마치고 얼마 지나지 않아 페이스북은 앰푸시를 "우선 마케팅 개발자Preferred Marketing Developers"로 선정했다. 이것은 점점 더 정교해지는 소프트웨어를 작성할 수 있도록 마케터들에게 페이스북 플랫폼에 접근할 수 있는 권한을 주어서 광고주들이 특정 오디언스를 더욱 쉽게 겨냥하게 지원하는 프로그램이다. 여기서 규모가 작은 기업에 속했던 앰푸시는 자사의 가치를 인정받자 지평을 넓히기로 결정하고 영리 목적 대학교를 대상으로 잠재 고객을 발굴하는 것에서 벗어나 새로운 광고 고객을 찾기 시작했다. 2013년 들어서는 훨씬 독점적인 "전략적 우선 마케팅 개발자Strategic Preferred Marketing Developer"로 선정되어 페이스북의 광고 플랫폼 변화에 접근할 수 있는 권한을 부여받았다.

그해 초 어느 날 오후 앰푸시 임원들은 잠재적인 광고 고객 명단을 논의하는 자리에서 마이클 더빈이 달러쉐이브클럽의 두 번째 제품인 물휴지 '원와이프찰리One Wipe Charlie'를 광고하려고 출시한 새 영상을 보았다. 새 사업을 키우기 위해 앰푸시가 그해 2월 영업 사원으로 고용한 데이비드 호킨스David Hawkins는 임원들이 영상을 보고 흡족해하면서 그 자리에서 "이 사람들 정말 재미있군요. 함께 일합시다"라고 뜻을 모았다고 회상했다.

당시 달러쉐이브클럽의 규모는 여전히 작았다. 2012년 매출이 400만 달러에 그쳤으므로 광고 예산도 아직 많지 않았다. 하지만 더빈이 그해 가을 벤처 캐피털 자금 1200만 달러를 모으고 있다는 소식이 들렸다. 앰푸시 창업자들은 고문인 사이언스의 피터 팸(팸은 앰푸시에 약간의 지분을 보유하고 있었다)에게 소개를 받아 더빈을 만난 자리에서 성장을 가속화하기 위해 페이스북 광고를 늘리라고 제안했다.[3]

사업 자금을 추가로 확보한 달러쉐이브클럽은 그 아이디어를 시험하기로 하고 앰푸시를 고용했다. 광고는 페이스북이 수집한 정보를 근거로 몇 개의 사용자 집단을 표적으로 삼았다. 첫째 집단인 "고래whales"는 최고 가치를 보유한 고객으로 구성되며 면도날은 물론 면도 크림과 물휴지를 구매했다. 둘째 집단인 "임원executives"은 달러쉐이브클럽에서 가장 비싼 6중 면도날을 구독했다. 셋째 집단인 "팬fans"은 달러쉐이브클럽의 페이스북 페이지에 "좋아요"를 눌렀지만 아직 제품을 구독하지는 않았다.

앰푸시는 각 표적 집단에 속한 소비자들이 얼마나 오랫동안 구독자로 남아 있을지, 어떤 제품들을 어떤 조합으로 구매할지 계산해서 산출한 예상 생애 가치에 따라 페이스북 광고 경매에 입찰하는 금액을 높이거나 낮췄다. 푸지는 이렇게 회상했다. "당시 추산에 따르면 평생 동안 150달러어치를 구매할 고객을 확보하기 위해 기업이 페이스북 광고에 지출하는 비용은 고객 한 명당 25~40달러에 불과합니다." 돌아오는 보상이 워낙 컸으므로 달러쉐이브클럽이 페이스북 광고에 지출하는 금액은 약 2000달러에서 1만 달러로 다시 5만 달러 이상으로 급증했다.[4]

달러쉐이브클럽은 그 후 소셜 미디어 마케팅에서 표준으로 등장한 관행을 따르고 어느 광고가 최고 반응을 끌어낼지 확인하기 위해 서로 다른 광고 메시지 50개를 가지고 실험했다. 전통적인 텔레비전 광고나 인쇄물 광고에 비해 페이스북 광고는 더 짧고 대체로 세련도가 떨어지기 때문에 실험하기가 쉽다.

새로 면도날을 배송받은 고객들이 찍은 사진을 담은 광고가 가장 효과적인 방식의 하나였다. "우리 면도기가 저렴하다보니 '면도기의 질이 과연 좋을까?'라는 회의적인 반응이 많았습니다." 달러쉐이브클럽에서 고객 유치를 담당한 존 브라이언 킴John Brian Kim이 회상했다. "소비자는 스스로 얻는 만큼 돈을 지불하는 것 아닐까요? 실제 구독자들이 배송받은 상자를 보여 주면서 우리 면도기가 얼마나 멋지고 품질이 좋은지 말하는 장면을 광고에 싣자 많은 소비자들이 우리 제품을 써 보기 시작했어요." 또 질레트와 자사의 제품 가격을 적나라하게 비교한 광고도 구독자를 많이 끌어모았다. 다음 광고는 여성을 겨냥해 제작했다. 킴은 이렇게 덧붙였다. "여성용 면도기가 남성용 면도기보다 비싸다는 점을 강조하기 위해 '핑크 면도기 세금pink razor tax'이라는 용어를 만들어 썼습니다."

2014년 중반까지 달러쉐이브클럽이 매달 모집한 새 구독자 수는 페이스북만 따져 보더라도 광고 캠페인 초반에 달성한 기록의 두 배가 넘는 5만 5000명이었다.[5] 그해 매출은 전년도의 세 배인 6500만 달러까지 증가했다.[6] 앰푸시의 공이 컸다고 킴은 전했다. "우리는 앰푸시와 협력하면서 페이스북의 생태계를 더욱 잘 이해할 수 있었습니다."

해당 캠페인의 성공은 달러쉐이브클럽만큼 앰푸시에도 이로웠다. 앰푸시는 2015년 《Inc.》가 성장률을 근거로 선정한 가장 빠르게 성장하는 사기업 5000위 중 61위에 올랐다.[7] 이제 더 이상 자사를 홍보하기 위해 기업들을 찾아다닐 필요가 없었다. 영업 사원인 데이비드 호킨스는 이렇게 회상했다. "달러쉐이브클럽과 함께 일하면서 부수적으로 좋은 일이 많이 일어났습니다. 우리가 달러쉐이크클럽의 광고를 맡아 성공하자 업계가 들썩였어요. 스타트업 커뮤니티에서 많이 회자되었죠." 앰푸시는 계속 성장해서 두발 염색약 판매 기업인 매디슨리드Madison Reed와 허블 같은 D2C 신규 기업뿐 아니라 우버나 스텁허브StubHub 같은 좀 더 큰 기업을 고객으로 확보할 수 있었다. 2015년에는 규모가 훨씬 큰 디지털 마케팅 기업인 레드벤처스Red Ventures가 1500만 달러를 지불하고 앰푸시의 지분 20퍼센트를 사들였다.[8]

앰푸시의 성공은 D2C 스타트업들에게 분명한 신호를 주었다. 달러쉐이브클럽에서 마이클 더빈이 했듯 누구나 온라인에서 입소문을 불러일으키는 영상을 개발할 수 있는 것은 아니다. 하지만 누구라도 소셜 미디어를 사용해 최대 잠재 고객을 표적으로 삼고, 효과 유무를 나타내는 데이터를 활용해 광고를 지속적으로 시험하고 반복하는 페이스북 전략을 모방할 수 있었다.

시간이 경과하면서 페이스북의 광고 표적화는 훨씬 더 정교해질 것이다. 활동 중인 사용자 수가 수천만 명에서 10억 명 이상으로 늘어나면서 페이스북이 수집하는 사용자 한 명당 데이터양은 더욱 증가했다. 또 페이스북은 광고 메시지에 반응할 가능성이 가장 큰 소비자를 가려내기 위해 "블랙박스" 알고리즘을 구축했다. 수많은 데이터를 수집한 후에 선택 집단에서 처음에는 다른 사람과 비슷해 보이지 않더라도 "유형이 비슷한 오디언스"를 식별해 내기 위해서다.

페이스북은 웹 사이트에 기본적인 지침을 게시하고 광고주 편에 서서 할 수 있는 일을 제시했다. "유형이 비슷한 오디언스를 유치하려 할 때 광고주는 출처 오디언스를 선택한다. (……) 그러면 우리는 거기에 속한 사람들의 공통 특징을 식별한다. 예를 들어 인구 통계상 정보나 관심사를 찾아낸다.[9] 다음에는 그들과 비슷한 유형의 사람들을 찾는다." 또 페이스북은 서로 다른 표적 오디언스를 선택하도록 돕고, 최고의 결과를 얻기 위해 각 메시지에 대해 전형적으로 수천에서 수십만 개까지 최적의 오디언스 크기를 광고주에게 조언했다.

페이스북과 인스타그램에서 시간을 보내는 사람들이라면 거의 누구나 신규 브랜드를 홍보하는 광고가 꾸준히 올라온다는 사실을 당연히 인식한다. 사촌이 갓 태어난 아기를 안고 찍은 사진, 친구가 히말라야를 등반하며 찍은 사진, 러시아 공작원들이 올린 가짜 뉴스들이 등장하는 틈새로 어웨이Away의 트렁크, 허블의 콘택트렌즈, 쿱Quip의 전동 칫솔, 글로시에의 화장품, 올버즈Allbirds나 로시Rothy의 신발, 프로즈의 샴푸, 매디슨리드의 두발 염색제, 달러쉐이브클럽의 면도기, MVMT의 시계, 브룩린넨Brooklinen의 침대 시트, 퍼플Purple의 매트리스, 브랜들리스Brandless의 식료품, 서드러브의 브래지어를 선전하는 광고가 섞여 나온다.

소비자가 원하는 것을 정확히 파악하라

서드러브가 2018년 가을 두 주 동안 페이스북과 인스타그램에 올린 광고 14편은 얼핏 보면 상당히 비슷했다. 모두 몸에 잘 맞지 않는 브래지어를 착용한 여성들이 등장해 서드러브 브래지어를 사면 이러한 문제가 없으리라는 마케팅 메시지를 강조했다.

하지만 영상에 뜨는 자막은 조금씩 달랐다.

가슴과 컵 사이가 뜨거나 쿡쿡 찌르거나 간지러운 브래지어와 작별하세요. 서드러브 브래지어는 메모리폼 컵, 흘러내리지 않는 끈, 상표가 달려 있지 않은 밴드로 제작됩니다. 핏 파인더 설문에 대답하고 60초 안에 자신에게 완벽하게 맞는 사이즈를 찾으세요. 사이즈와 모양을 추천해 드립니다!

이제 정말 몸에 맞는 브래지어를 착용할 때입니다. 가슴과 컵 사이가 뜨거나 쿡쿡 찌르거나 형태가 무너지는 브래지어와 작별하고, 고급스럽고 섬세한 사양을 갖춘 브래지어를 입어 보세요.

가슴과 컵 사이가 뜨거나 쿡쿡 찌르거나 끈이 흘러내리는 브래지어와 작별하세요. 서드러브는 60일 동안 맞음새를 보장합니다. 입어 보고 세탁도 해 보세요. 어떤 이유에서든 만족하지 못하면 반품해 드리겠습니다.

광고 영상들마다 조금씩 다르다. 한 여성은 가슴에 비해 컵이 약간 커서 가슴과 컵 사이가 뜨는 브래지어를 입고 있다. 어깨에서 흘러내리는 끈을 연신 끌어 올리는 여성도 있다. 등 위쪽으로 자꾸 기어올라가는 밴드를 내리느라 애를 먹는 여성도 있다. 광고 시간은 15초이다. 하지만 일부 광고는 앞에서 열거한 문제들 중 두 가지를 조합해 20초 동안 돌아가거나, 세 가지를 조합해 30초 동안 돌아간다.

이 사소한 차이가 중요할까? 데이터를 살펴보면 그렇다.

광고가 텔레비전에서 어떤 효과를 내는지 정확하게 측정하는 것은 특히 단기로는 어려울 수 있다. 하지만 페이스북에서는 매우 쉽고 정확하게 측정할 수 있다. 서드러브는 매일 광고를 내보내며 수집한 데이터 양으로 미루어 광고의 효과를 즉시 파악한다. 각 광고를 클릭한 사람의 비율, 평균 시청 시간, 끝까지 시청한 사람의 수, 온라인 핏 파인더 설문에 응답한 사람의 수, 가장 중요하게는 광고를 보고 나서 브래지어를 구입한 사람의 수를 집계한다.

팀은 2주마다 모여 가장 최근에 내보낸 페이스북 광고에 대한 여러 수치를 면밀히 분석한다. 특정 영상에 대해 14일 동안 수집한 데이터를 보면 판매 한 건당 페이스북 광고에 52달러를 썼고, 구매 전환율 4.2퍼센트를 기록해 최종적으로 광고에 클릭한 사람의 4.2퍼센트가 브래지어를 구매했다.[10] 하지만 광고의 성과 범위는 상당히 넓었다. 나머지 광고 13편이 매출의 7퍼센트를 확보한 반면에 "가슴과 컵 사이가 뜨는 컵"을 보여 준 15초짜리 광고는 전체 매출의 25퍼센트를 차지해 더 좋은 성과를 거뒀다. 서드러브는 이렇게 도출한 결과를 바탕으로 어떤 광고를 더 자주 내보내거나 중단할지 결정한다.

서드러브는 페이스북 광고에 최소의 비용을 쓰면서도 최선의 결과를 얻기 위해 지속적으로 노력하는 과정에서 매달 다양한 영상 수백 개를 제작하고 변형해서 게시할 것이다. 그러려면 재료의 촬영, 이미지를 다양한 영상으로 쪼개는 팀, 영상을 올리고 데이터를 분석하는 인력까지 공장의 조립 라인을 방불케 하는 조직과 아울러 상당량의 이미지를 확보해야 한다.

9월 중순 어느 따뜻한 오후 샌프란시스코에 있는 회사 사무실에서 몇 킬로미터 떨어진 스튜디오에서 서드러브의 광고 제작 감독인 가브리엘 디클레멘트Gabrielle DiClemente가 각기 다른 브래지어와 속옷 50가지를 바꿔 가며 두 모델의 모습을 연속 촬영하고 있다.[11] 모델들의 몸매는 서드러브의 포지셔닝 전략에 적합하게 풍만하다. 빅토리아시크릿은 섹시한 제품을 판매하는 반면에 서드러브는 자연스러운 제품을 판매하면서 여성 소비자들이 자사 모델을 보며 자기 모습을 떠올리기를 바란다.

페이스북에서는 값싸고 빠른 광고가 빛을 발한다. 페이스북에 광고를 게시하기 전에는 화보를 촬영할 때 정교하게 구도를 잡아 하루에 사진 여덟 컷 정도를 찍었을 것이다. 하지만 요즈음 들어서는 광고를 신속하게 제작하기 위해 촬영을 진행하는 동안에도 사진을 선택하고 디지털 기술로 편집해 자연스러운 사진 25~30컷 이상을 확보한다. 디클레멘트는 이렇게 설명했다. "이렇게 다양하게 사진들을 찍고, 다른 순서로 엮고, 페이스북에 업로드하고 나서 오디언스의 관심이 어디로 끌리는지 확인할 수 있습니다. 오디언스가 좋아하지 않는 광고는 폐기하죠." 스튜디오에서 모델의 모습을 촬영하고 광고를 게시할 때까지 걸리는 시간은 과거에는 2~3개월이었지만 지금은 한 달 남짓하다.

하지만 페이스북 광고에 의존해 온라인 판매를 성장시키기가 D2C 스타트업의 창업 초기보다 힘들어지고 있다. 페이스북은 사용자들이 광고에 질려서 외면하는 사태를 막으려고 휴대전화 앱의 뉴스피드에 게재하는 광고의 수를 게시글 5건마다 1개 정도로 제한하고 있다. 게다가 페이스북을 이용하는 광고주의 수는 2013년 100만 명에서 2018년까지 600만 명 이상으로 늘어났다.[12] 광고를 게시하는 기업이 증가한다는 것은 그만큼 경쟁이 치열해진다는 뜻이다. 이제 서드러브를 포함한 기업들이 페이스북에 광고를 게시하려면 경매 입찰 가격을 더 높여야 한다.

서드러브를 포함한 온라인 브랜드들은 소셜 미디어 광고를 제작할 때, 자사의 존재를 부각시켜 사용자들을 계속 클릭하게 만들 목적으로 광고 수단을 점차 사진에서 영상으로 전환하고 있다. 서드러브에서 성장 마케팅 담당자로 일했던 니쇼 체리슨Nisho Cherison은 이렇게 회상했다. "페이스북 측은 우리에게 광고를 영상으로 옮겨야 한다고 말했습니다. 사실 영상이야말로 우리가 많은 결과를 산출하고 있는 영역입니다. 영상 제작 품질이 그다지 좋지는 않았는데, 맙소사, 효과가 있더라고요."[13] 서드러브가 고객을 유치하기 위해 페이스북 광고에 소비해야 했던 금액은 꾸준히 증가했다가, 2015년 '구입 전 체험' 프로그램을 홍보하느라 많은 돈을 쓰기 시작했을 때 보다 여전히 약간 높기는 하지만 결과적으로 25퍼센트 감소했다.

체리슨은 2016년 서드러브에 합류하기 전에 온라인 홈 데코 스타트업인 원킹스레인One Kings Lane에서 디지털 마케팅을 담당했다. 그는 이렇게 회상했다. "2011년만 하더라도 페이스북을 찾는 광고주는 많지 않았습니다. 내가 업무를 진행할 당시만 해도 페이스북에 클릭당 20~30센트를 지급했습니다. 요즈음은 1.5달러에서 3달러이거나 심지어 4달러까지 지급액 폭이 큽니다." 물론 페이스북에 뜨는 광고를 클릭해서 여는 것뿐이므로 사용자가 클릭을 했다고 해서 판매로 이어지는 것은 아니다.

2018년 연매출이 1억 달러를 처음 넘어섰을 시점에서 서드러브의 성공은 문제를 낳았다. 페이스북에서 접촉하려는 고객의 규모가 클수록 기존 고객과 유사점이 적은 프로필의 소유자들을 더 많이 포함시켜야 한다. 그러다보니 자사 제품을 주문할 가능성이 적은 사람들을 공략하느라 광고비를 더 많이 써야 하는 위험을 감수해야 한다. 페이스북이 여전히 효과적이기는 하지만 광고비가 점차 늘어나면서 수익을 잠식하기 시작한다. 게다가 페이스북이 엄청난 수의 오디언스를 보유하고 있기는 하지만 모든 소비자에게 닿는 것은 아니다.

2017년 서드러브는 마케팅 비용의 약 80퍼센트를 페이스북과 인스타그램의 광고에 썼는데 이것은 많은 D2C 브랜드에서 전형적으로 목격되는 현상이었다. 이 비율은 2018년 말까지 대략 50퍼센트로 감소했다. 기존 브랜드와 마찬가지로 서드러브를 포함한 스타트업들은 팟캐스트, 구식 다이렉트 메일direct mail(광고용 우편물 – 옮긴이), 광고판, 심지어 신문, 잡지, 텔레비전 광고까지 활용해서 광고 지출을 다각화할 필요가 있다고 깨달았다. 따라서 서드러브는 2018년 가을 들어 과거에 시도해 보지 않았고 그럴 여력도 없었던 전략을 구사했다. 새로운 마케팅 캠페인을 펼치기 위해 대형 광고 대행사를 고용하고 약 95만 달러를 투자해 세련된 텔레비전 광고를 제작한 것이다. 이 광고비는 서드러브가 불과 몇 년 전에 매달 지출한 금액보다 몇 배나 많았다.[14] 2018년 서드러브가 책정한 광고 예산은 5000만 달러를 넘어섰다. 또 광고는 자사보다 몸집이 큰 경쟁사의 약점을 공격한다는 달러쉐이크클럽의 전략을 충실히 따르면서 점점 더 빅토리아시크릿과 대조되는 사항을 부각시켰다.

달러쉐이브클럽의 경우에 경쟁사인 질레트의 약점은 가격이 비싼 데다가 면도날이 상점 계산대 뒤에 따로 보관되어 있어 구매하기 불편한 것이었다. 하지만 이것은 빅토리아시크릿이 판매하는 대부분의 브래지어보다 비싼 서드러브의 브래지어에는 해당하지 않았다. 따라서 서드러브는 빅토리아시크릿이 보통 여성에게서 거의 볼 수 없는 모래시계 같은 몸매를 소유한 섹시한 모델을 강조하는 등 시대에 뒤떨어지고 불쾌감까지 안기는 브랜드라고 생각하는 미투#MeToo 시대 사람들을 겨냥했다. 또 빅토리아시크릿과 다른 점을 강조하기 위해 자사 광고 캠페인에서는 "각자에 맞게To Each, Her Own"라는 슬로건을 내걸고 모든 연령, 몸매, 사이즈의 여성들을 등장시켰다.

서드러브의 뒤를 이어 다양한 온라인 기업들이 시장에 진입하면서 빅토리아시크릿의 이미지를 수세에 몰아넣었다. 여전히 최대 브래지어 제조업체라는 위치를 지키고 있지만 빅토리아시크릿의 미국시장 점유율은 2년 전 약 33퍼센트에서 2018년에는 24퍼센트로 떨어졌다.[15] 서드러브는 빠르게 성장하고 있지만 규모는 빅토리아시크릿보다 훨씬 작아서 2018년 시장 점유율은 약 2퍼센트에 그쳤다.[16] 하지만 적수의 약점을 감지한 서드러브는 대담하게 빅토리아시크릿과 공개적으로 경쟁하기 시작했다. 빅토리아시크릿의 모기업인 엘브랜드L Brands의 고위 임원은 2018년 11월 《보그》와 인터뷰하는 자리에서, 매년 텔레비전으로 방영되는 패션쇼에 플러스 사이즈를 입은 여성이나 트랜스젠더 여성을 출연시키자는 아이디어를 어떻게 생각하느냐는 질문을 받았을 때 "엉뚱한 공상의 결과"라며 비웃었다. 또 인터뷰를 끝낼 즈음 이렇게 덧붙였다. "우리는 누구의 세 번째 사랑이 아닙니다. 첫 사랑입니다."[17]

이 발언을 한 의도가 서드러브를 무시하고 누르려는 것이었다면 그것은 오히려 역효과를 낳아서 거센 비판을 불러냈고, 그 덕택에 서드러브는 공짜로 홍보 효과를 얻으면서 오히려 세상의 주목을 받았다. 하이디 잭은 쇄도하는 인터뷰 요청을 받았고 곧이어 〈투데이〉 쇼에도 출연했다. 사내에서 부부의 지위가 공동 창업자이자 CEO로서 동등하기는 했지만 외부에서는 잭이 서드러브를 창업하고 경영한다고 흔히 생각했다. 이 영리한 부부는 여성이 회사의 공식적인 얼굴로 전면에 나서는 것이 유리하다는 사실을 인식하고 있었다.

잭은 "빅토리아시크릿에 보내는 공개편지"라는 제목을 달고 "서드러브의 설립자" 신분으로 단독 서명하고 《뉴욕타임스》에 전면 광고를 내보냈다. "당신들은 남성에게 마케팅 활동을 펼치도록 하고 남성의 환상을 여성에게 판다. (……) 반면에 미래에는 몸매, 사이즈,

민족성, 성 정체성, 성적 지향과 상관없이 모든 여성을 위한 브랜드가 구축되리라 믿는다."[18] 이 광고 덕택에 서드러브는 대중 매체에서 더욱 큰 주목을 받았고, 결국 빅토리아시크릿은 2019년 자사가 시대에 뒤떨어졌다는 사실을 뒤늦게 깨닫고 최초로 트랜스젠더 모델을 채용했다.[19] 하지만 이 뉴스조차도 일찍이 서드러브가 몸집이 더 큰 경쟁사를 상대로 승리했다는 사실을 독자들에게 상기시켰을 뿐이다.

이것은 심지어 페이스북 광고로도 누릴 수 없는 효과였다.

6장

알고리즘은
항상 옳다

eSalon.

40대 중후반인 여성 고객이 자신의 욕구를 분명히 알고 처음으로 맞춤 모발 염색약을 온라인으로 주문하기 위해 이살롱닷컴eSalon.com에 접속한다. 가장 옅은 금발 색상을 써서 새치를 감추면서 원래 금발에 어울리는 색상으로 모발 전체를 염색하고 싶어 한다. 이 고객이 질문 약 12개를 받고 대답을 클릭하는 동안 이살롱 컴퓨터에 내장된 알고리즘이 가동한다. 고객이 모든 질문에 대답하고 나면 회사 직원을 만나지도 심지어 대화하지 않아도 알고리즘이 고객의 모발 색상을 고객 자신보다 더 잘 이해할 것이다.

머리카락의 길이는 어느 정도인가요? 새치는 얼마나 있나요? 머리카락이 곧은가요, 아니면 곱슬인가요? 머리카락의 두께는 어떤가요? 인종은 무엇인가요? 눈동자는 무슨 색인가요? 원래 머리카락은 무슨 색인가요? 머리카락의 원래 색상에 가장 가까운 색상은 무엇인가요? 현재 머리카락 색상을 유지하고 싶은가요?

설문지는 고객을 돕기 위해 금발 중에서 매우 밝은 것부터 어두운 것까지 서로 다른 색상을 보이는 사진 31장을 보여 준다. 고객은 이살롱이 추천한 동시에 자신이 의도한 대로 가장 연한 금발 색상을 선택한다. 하지만 해당 색상은 고객이 실제로 배송받을 제품의 색상과 정확히 같지는 않다.

이살롱은 500만 명이 넘는 소비자에게서 데이터를 수집하고, 고객이 무엇을 생각하든 상관없이 이 데이터를 근거로 고객이 가장 원하는 색상 제형을 파악한다. 이살롱의 컴퓨터는 자사 프로필에 맞는 최초 고객들을 추적한 끝에 가장 연한 금발 염색약을 주문했다가 실망한 사람이 많다는 사실을 데이터 분석을 통해 밝혀냈다. 그들은 염색을 한 후에 머리카락이 지나치게 금발이거나 흔히 말하듯 지나치게 "야해hot" 보인다고 느꼈다. 데이터를 분석해 보면 다음에 제품을 주문할 때는 머리카락이 너무 연해 보이지 않게 하려고 약간 더 진한 색상을 주문하는 고객이 더 많았다.

데이터를 추적해 이러한 사실을 발견한 이살롱은 고객에게 알리지 않고 100퍼센트 금발이 아니라 밝은 금발 색조 98퍼센트에 푸른색 2퍼센트를 섞어 색상을 좀 더 부드럽거나 차분하게 만들어 주는 제품을 발송한다. "데이터를 분석하고 나서 우리는 원래 순수한 금발이면서 그 색을 유지하고 싶어 하는 신규 고객들에게 자동적으로 파란색이 약간 추가된 제품을 배송하도록 알고리즘을 조정했습니다." 최고 기술 책임자인 토머스 맥닐Thomas MacNeil이 설명했다. "해당 고객들은 우리가 판매하는 금발 중에서도 가장 금발다운 색상을 요구하면서도 결과에 더욱 만족합니다."

이살롱과 거의 모든 D2C 브랜드에게 데이터는 법정 화폐나 마찬가지다. D2C 브랜드들이 각 고객에게서 직접 수집한 데이터는 더욱 오래된 기존 대형 브랜드와 경쟁할 때 상당히 유리하게 작용한다. 클레롤Clairol은 소매업체와 직접 거래하므로 이러한 데이터를 보유하고 있지 않다. 소비자들이 약국에 들어가 진열대에서 염색약을 고르고 값을 지불하고 걸어 나오므로 클레롤을 포함한 대부분의 대기업은 제품 사용자에 대해 알 길이 없다.

반면에 이살롱은 웹 사이트에 진열대를 갖고 있으므로 디지털 문을 열고 들어와 설문에 대답하는 각 고객에 대한 정보를 수집할 수 있다. 자사 제품을 오래 사용하는 고객일수록 해당 고객에 관해 많은 데이터를 보유한다. 개별 데이터를 모두 취합하고, 고객에 관한 모든 사항을 파악하기 위해 기계 학습 알고리즘과 예측 분석을 사용한다. 또 결과를 바탕으로 제품 제형을 조정하고, 신제품을 소개하고, 겉으로는 사소해 보이더라도 웹 사이트에 있는 단어를 바꾸어 보며 그 효과를 시험한다. 공동 창업자인 태밈 무라드Tamim Mourad는 "결국 우리는 미용 제품을 판매하는 기술 기업입니다"라고 언급했다.

데이터는 모든 것을 알고 있다

데이터 마이닝data mining(대용량의 데이터에서 유용한 정보를 발견하는 과정 – 옮긴이)은 D2C 브랜드가 직면한 최대 과제를 해결하는데, 다시 말해 고객을 유치하고 한두 번 구매한 후에도 계속 유지하기 위해 쓰는 비용을 낮추는 데 결정적으로 중요하다. 이살롱은 수집한 데이터를 사용해 최초 주문을 기준으로 고객 유지율을 기존 50퍼센트 미만에서 약 70퍼센트까지 향상시켰다. 특히 이살롱, 달러쉐이브클럽, 허블 등 구독 서비스 기업은 고객의 평생 가치, 즉 고객이 평생 소비할 금액을 주요 지표의 하나로 삼는다. 고객 유치 비용을 상쇄할 수 있으려면 달을 거듭할수록 혹은 해를 거듭할수록 재구매하는 고객이 많아야 한다. 공동 창업자인 프랜시스코 지메네즈Francisco Gimenez는 이렇게 설명했다. "어떤 기업도 첫 주문만으로는 수익을 거두지 못하므로 고객 유지가 관건입니다."

기업들은 지난 수십 년 동안 예측 분석을 사용해 왔지만 온라인 브랜드가 고객과 잠재 고객에게서 엄청난 양의 데이터를 수집할 수 있게 되고 컴퓨터 기능이 점차 발달하면서 기계 학습이 성공의 핵심 요소로 떠오르고 있다. 예측 분석 기업을 운영하는 에릭 시겔Eric Siegel은 이렇게 설명했다. "온라인 브랜드 기업들이 대체적으로 디지털 기술에 근거해 매출을 거두는 것은 대단한 일입니다. 자사 고객 전체에 대해 일관성 있는 디지털 흔적을 보유하는 것은 엄청난 횡재에요."

시겔의 주장에 따르면 다이렉트 메일 기업들은 소비자를 공략하기 위해 데이터 분석을 사용한 선구자들이었다. "어떤 기업이 고객 50만 명의 명단을 확보했다고 칩시다. 고객 한 명당 몇 달러를 들여 우편으로 물리적인 무언가를 보냅니다. 그 가운데 매우 소수가 실제로 반응을 보이고 나면 실제로 반응을 보일 가능성이 훨씬 높은 고객을 정의하는 패턴을 파악하는 것이 중요해집니다. 만약 기업이 실제로 구매할 확률이 평균보다 몇 배 높은 상위 20퍼센트의 고객을 확보해서 그들에게만 메일을 보낼 수 있으면 목록에서 제외한 나머지 80퍼센트의 고객에게서 매출을 이끌어 내지 못하더라도 마케팅 캠페인으로 발생한 수익은 몇 배로 치솟습니다."

소비자 행동을 예측 분석하는 작업이 최근 들어 훨씬 정교해졌다. 상거래가 점점 온라인으로 이동하면서 기업들이 고객에게서 수집하는 데이터의 양이 훨씬 많아졌다. 알고리즘을 실행해서 상관관계를 파악하는 컴퓨팅 능력도 기하급수적으로 증가했다. 예를 들어 신용카드를 발급받을 자격이 있는 사람을 결정하는 은행을 포함해 서로 잘 어울리는 커플을 예측하는 온라인 데이트 서비스까지 규모를 막론하고 거의 모든 기업이 예측 분석을 사용한다.

2006년 넷플릭스는 자사의 영화 추천 시스템을 향상시키는 최고의 알고리즘을 만드는 팀에게 100만 달러를 수여하겠다고 발표해서 예측 분석에 관심을 집중시켰다. 3년 후 넷플릭스 시청자들이 좋아할 영화를 예측하는 능력을 10퍼센트 향상시키는 알고리즘을 작성

한 팀이 승리했고, 그 덕택에 넷플릭스는 고객 유지율을 높일 수 있었다.[1]

전자 상거래 스타트업 중에서 스티치픽스Stitch Fix는 데이터 분석을 가장 초기에 사용한 기업 중 하나였다. 온라인 스타일링 서비스 기업인 스티치픽스는 고객의 패션 감각과 예산에 맞는 옷을 골라 주고 개인 맞춤형 쇼핑을 제공한다. 쇼핑할 시간이 없거나 옷을 고를 때 도움을 원하는 여성을 겨냥해 2011년 설립되었고 나중에는 남성과 아동까지 표적을 확대했다. 고객은 우선 다섯 가지 품목을 배송받고 나서 원하는 제품은 구매하고 나머지는 구매 비용에 들어가는 스타일링 수수료 20달러를 제외하고 무료로 반품할 수 있다. 스티치픽스가 성공할 수 있으려면 고객이 배송 받은 제품들을 구매해야 하므로 기업 입장에서는 실제로 만나지 않고서도 고객이 어떤 품목을 구매할 가능성이 클지 예측할 수 있어야 한다.

그렇게 하기 위해 스티치픽스는 설문지를 마련해 고객의 선호도를 파악하고 나서 인간 스타일리스트들에게 분석하게 한다. 또 이살롱과 마찬가지로 고객의 초기 대답이 무엇인지, 고객이 어떤 제품을 구매하고 반품하는지, 해당 고객의 프로필에 맞는 다른 고객이 어떤 제품을 구매하고 반품하는지에 근거해 예측 분석한다. 그래서 고객이 구매한 책뿐 아니라 고객과 같은 책을 선택한 다른 고객들이 구매한 책을 바탕으로 책을 추천하기 위해 아마존이 개발한 것과 비슷한 알고리즘을 적용한다.

이러한 알고리즘은 다양한 유형의 컴퓨터 수치 분석을 사용한다. 이름으로 짐작할 수 있듯 "결정 트리decision tree" 알고리즘은 마치 나뭇 가지처럼 일련의 계층을 이루는 수십, 수백, 수천 개의 데이터 포인트를 서로 연관시켜 소비자가 좋아하지 않을 제품을 솎아 내고 좋아할 제품을 추가한다. "랜덤포레스트random forest" 알고리즘은 함께 작용하는 동시에 발생 가능한 오류를 수정하는 더욱 단순하면서 서로 다른 알고리즘 수십 개 심지어 수백 개를 합한 것이다.

최고 알고리즘 책임자 한 명과 데이터 과학자 100명 이상을 보유하고 있는 스티치픽스는 아마도 소비재 기업으로는 유일하게 자사 웹 사이트에 "알고리즘투어Algorithms Tour"를 게시했다.[2] 정교하고 긴 온라인 그래픽인 알고리즘투어는 스티치픽스가 데이터(일부 데이터는 분명한 상호 연관성이나 연결이 없다)를 사용해 의류 스타일링하는 방식을 설명한다. "각 제품을 설명하는 특성들은 각각 데이터로 표현될 수 있고, 각 고객에게 고유한 선호 사항에 맞춰 조정될 수 있습니다."[3] 스티치픽스의 최고 알고리즘 책임자인 에릭 콜슨Eric Colson은 자사 블로그 '멀티스레디드MultiThreaded'에서 이렇게 설명했다. "예를 들어 블라우스가 어깨에 딱 맞고 위 팔뚝 부분이 헐렁하게 나풀거리는 디자인을 싫어하는 고객도 있고 좋아하는 고객도 있을 수 있습니다. (……) 기계는 이러한 관계를 찾아내서 적용하는 데 탁월한 능력을 발휘합니다."

스티치픽스는 더욱 정교한 알고리즘을 개발하면서 의류를 선정할 때 유용하게 사용할 수 있도록 컴퓨터 시각 사용을 통합했다. 웹 사이트는 이렇게 설명했다. "우리는 예를 들면 고객이 핀터레스트에서 좋아한 의류 사진을 기계가 파악하게 한 다음 시각적으로 유사한 제품을 찾습니다."[4] 또 사업 초기에는 다른 기업에서 만든 의류와 액세서리를 판매했지만 2017년 사내 데이터 과학자들이 인기 있는 의류의 서로 다른 특징을 결합해 "스티치픽스 전용 브랜드" 품목들을 디자인하기 시작했다. 사내 디자이너들은 고객이 좋아할 가능성이 있는 의류 종류에 대해 인공 지능이 떠올린 아이디어를 채택하는 방식으로 "하이브리드 디자인Hybrid Designs"을 만든다.

현재 상당히 다양한 디지털 네이티브 브랜드가 예측 분석을 사용하고 있다. 와비파커는 자택 체험 프로그램에 따라 소비자에게 안경테 다섯 개를 보내고 소비자가 제품을 선택할 수 있도록 돕기 위해 고객 설문지를 통해 수집한 정보를 사용한다. 서드러브는 알고리즘을 사용해 고객에게 가장 잘 맞을 가능성이 높은 브래지어를 선택하도록 돕는다. 신선한 개인 맞춤형 애완동물 먹이를 온라인으로 판매하는 파머스독은 설문지를 사용해 고객의 애완동물에게 적합한 먹이의 배합과 양을 파악한다. 온라인 와인 소매업체인 윙크Winc는 설문지를 활용해 고객에게 보낼 와인의 종류를 결정하고, 스티치픽스와 마찬가지로 고객이 가장 좋아하는 와인에 대한 데이터를 처리하는 알고리즘을 사용해 다양한 와인으로 자체 와인 브랜드를 만들기 시작했다. 케어/오브Care/of는 설문 조사에 대한 고객의 대답을 바탕으로 개인 맞춤형 비타민을 선택하고, 프로즈는 온라인 고객을 위해 샴푸를 맞춤 제조한다.

이살롱의 공동 창업자 태밈 무라드와 몇몇 동료들은 스타트업에게 기술이 얼마나 중요한지 경험을 통해 학습하고 있다. 그들은 D2C 브랜드 혁명이 시작되기 전인 1998년(이때는 많은 스타트업을 창업한 많은 사업가들이 대학을 졸업하거나 심지어 고등학교를 졸업하기도 전이었다) 당시 20대의 나이로 인터넷 기반 기업을 시작했다. 이때 창업한 프라이스그래버PriceGrabber는 최초의 가격 비교 사이트에 속했다.

무라드와 동료들은 한 전자 기업이 고객을 유치할 목적으로 초기 데이터 저장 장치인 집드라이브를 일반 판매가보다 훨씬 싸게 판매하고 있다는 사실을 알아채고 나서 프라이스그래버를 창업했다. 집드라이브의 소매가격은 일반적으로 80달러였지만 해당 기업은 20달러에 판매하고 있었다. "그래서 우리는 제품을 최대한 많이 사들였어요. 서로 다른 배송지 주소 20~30개를 사용해 계속 구매한 다음에 되팔았죠." 무라드가 회상했다. "그러면서 '이 소매업체가 일반 판매가보다 싸게 판매하는 제품은 또 없을까?'라는 데 생각이 미쳤어요. 그래서 가격 차이가 큰 제품들을 찾아내기 위해 해당 기업의 사이트를 탐색하는 소프트웨어를 만들었습니다."

무라드와 동료들은 곧 우편 번호와 소매점 단위로 제품을 분류하고, 프라이스그래버를 확장해 웹 전체 제품들을 대상으로 가격을 비교하고, 온라인에서 가장 적합한 가격을 원하는 사람들이 방문하는 사이트로 발전시켰다. 그리고 참여한 소매업체들에게 클릭당 수수료를 청구했다. 궁극적으로는 2005년 4억 8500만 달러를 받고 익스피리언Experian에 자사를 매각하면서 창업자들은 투자한 총 150만 달러 대비 막대한 이익을 남겼다.[5]

몇 년 동안 휴식을 취한 프라이스그래버의 창업자들은 다른 사업을 하기 위해 머리를 맞대고 아이디어를 짜내기 시작했다. 맨 처음에는 온라인 언어 번역 사업을 떠올렸지만 단념했다. 사업을 제대로 수행하기가 어려운 데다가 수익을 창출할 뚜렷한 방법이 없었기 때문이다.

그러던 2008년 가을 무라드 부부는 비벌리힐스에서 미용실을 운영하는 부부와 저녁 식사를 했다. 두발 염색에 종사하는 한 여성도 이 자리에 초대를 받았고 대화하는 중에 한 가지 사업 아이디어를 언급했다. 무라드는 이렇게 회상했다. "집에서 모발을 염색하는 여성들은 정보가 부족하기 때문에 염색을 능숙하게 하지 못한다고 하더군요." '모발을 손수 염색하는 방법을 설명해 주는 웹 사이트를 시작하면 어떨까?' 이렇게 해서 돈을 벌 수 있는 방법은 딱히 떠오르지 않았지만 여기까지 생각이 미친 무라드는 그 여성에게 물었다. "고객의 모발을 눈으로 확인할 수 없는 데도 염색약 색상을 결정해 우편으로 집에 배송하는 것이 가능할까요? 이 과정을 순탄하게 진행할 수 있으면 약국에서 판매하는 일반적인 모발 염색제보다 질이 좋은 제품을 배송할 수 있고, 미용실에 가서 염색할 때와 비슷한 결과를 얻을 수 있을 겁니다. 그러면 프리미엄이 붙은 가격을 청구할 수 있을 테고요. 사업성이 있다고 생각했어요."

무라드는 과거 프라이스그래버에서 함께 일했던 동료들을 찾아갔다. 모두들 모발 염색에 대해 전혀 몰랐지만 생각할수록 무라드가 제안한 아이디어가 마음에 들었다. 그들은 몇 가지 이유를 근거로 모발 염색약 혁신을 받아들일 환경이 이미 조성되어 있다는 결론을 내렸다. 가정용 모발 염색 분야는 소수의 기존 기업이 장악하고 있으면서 미국 국내 연매출이 20억 달러에 이르는 커다란 틈새 사업이었다. 주위의 친구와 가족들에게 조사해 본 결과 기존 모발 염색약에 그다지 만족하지 못했다. 기존 브랜드도 괜찮지만 대부분 사전에 혼합한 50여 가지 색상만 판매했다. "집에서 머리카락을 직접 염색하는 소비자들 중에서는 염색 결과가 들쭉날쭉 했으므로 불만을 품은 경우가 많았습니다." 프랜시스코 지메네즈가 강조했다. "그런데도 집에서 염색을 하는 이유는 그만큼 비용을 절약할 수 있기 때문이에요. 일부 도시를 예로 들어 보면 미용실에 가서 기본 색상으로 염색하는 데 평균 60달러가 듭니다. 도시에 따라 45달러가 들기도 하고, 100달러나 150달러까지 들기도 합니다."

무라드와 동료들은 중요한 질문을 하나 더 던졌다. 로레알L'Oréal, 클레롤, 레브론Revlon 등은 현재 염색약을 소매업체를 통해 판매하고 있지만 앞으로 맞춤 제작해서 판매할까? 조사를 실시하고 나서 그렇지 않으리라는 결론을 내렸다. 왜 그럴까? 모든 대기업은 포장된 브랜드를 소매업체를 통해 판매하는 동시에 미용실에도 고급 재료를 추가한 "전문 제품군"을 제공하고 있기 때문이다.

그러므로 만약 로레알이 맞춤형 가정용 브랜드를 판매한다면 회사 매출의 상당 부분에 기여하는 미용실 주인들과 스타일리스트들에게 반감을 살 가능성이 있다. 지메네즈는 이렇게 설명했다. "갈등이 생길 수 있는 상황이죠. 해당 대기업들은 모든 자사 제품에 대해 중앙 집중식 연구 개발을 실시하고 있지만 전문 직업인들은 일반 소비자보다 더 좋은 배합과 재료에 접근할 수 있어야 하기 때문입니다."

과거 프라이스그래버 팀은 둘 사이에 적절한 수준으로 가격을 형성할 수 있는 틈새가 있으리라는 결론을 내렸다. 오늘날 세계 시장에서는 염료, 염료 수정제(모발 색상의 안정화), 비타민(모발에 수분 제공), 산화방지제, 과산화수소(예전 색상의 제거와 새 염색제의 활성화) 등 모발 염색약 배합에 투입하는 전문적 등급의 재료를 판매하는 공급업체를 쉽게 찾을 수 있을 터였다. 가장 큰 난관은 스타일리스트가 미용실을 찾은 각 고객에게 맞도록 색상을 맞추어 나가는 과정을 모방하려면 염색 재료를 어떤 방식으로 결합할 수 있을지 파악하는 것이었다. 무라드는 이렇게 말했다. "'고객의 모발을 눈으로 직접 볼 수 없는 상황에서 과연 모발 염색약을 조제할 수 있을까요?' 우리는 이 아이디어를 시험할 수 있는 방법을 찾아야 했습니다."

그들은 가장 먼저 여성들에게 맞춤형 염색약을 온라인으로 구매할 의사가 있는지 알아보기로 하고 테스트를 실시했다. 초보 단계의 웹 사이트를 만들고 여성 50여 명에게 맞춰 재료를 수작업으로 혼합해 염색약을 조제했다. 테스트에 참여하겠다고 등록한 여성들은 자신의 얼굴 사진을 찍어 보내고 어떤 색상을 원하는지 말했다. 최종적으로 여성들에게 약국에서 구매한 가정용 염색약과 맞춤형 염색약 중에서 어떤 결과에 더 만족하는지 물었다. 무라드는 이렇게 회상했다. "우리가 누구인지 알지 못하는 상태에서 우리 제품으로 머리카락을 염색해 보겠다는 자원자들을 모집했습니다. 결과는 사업성이 충분히 있겠다고 판단할 정도로 긍정적이었어요. 우리는 다음에 어떤 단계를 밟아야 할지 궁리하기 시작했습니다."

다음 단계로 기술과 데이터 과학 지식을 활용해 여성 50명이 아닌 5만 명에게 판매할 수 있도록 맞춤 색상을 복제하는 방법을 알아내야 했다. 무라드는 이렇게 언급했다. "우리는 정말 혁신적으로 사업을 하고 싶었습니다. 차별성과 부가 가치를 갖추면서 말이죠."

태밈 무라드의 동생이면서 프라이스그래버의 공동 창업자인 오마르 무라드Omar Mourad는 모발 염색에 관한 자료를 닥치는 대로 읽었다. "나는 머리카락을 염색해 본 적이 단 한 번도 없어요. 하지만 모발 색상에 관한 이론에서는 전문가가 되었죠."

다음 몇 달 동안 오마르 무라드와 지메네즈는 모발 염색의 규칙을 원하는 색상을 얻기 위해 맞춤형 배합을 결정하는 소프트웨어로 바꾸는 작업을 주도했다. 여기에는 여성의 원래 모발 색상, 현재 염색한 색상, 원하는 색상, 최근에 염색한 시기, 새치 정도, 모발의 질감과 길이 등 많은 변수가 작용할 수 있다. 모발 염색에 작용하는 규칙은 더 짙은 색상의 모발을 더 옅은 색상으로 염색하는 것보다, 더 옅은 색상의 모발을 더 짙은 색상으로 염색하는 것이 쉽다는 것이다. 또 두 가지 이상의 색상으로 염색하는 것은 좀 더 신중할 필요가 있어서 점진적으로 진행해야 가장 좋은 효과를 낼 수 있었다.

오마르는 "기본적으로 모든 배합을 살펴보고 나서 배합 공식을 생각해 냅니다"라고 설명했다. 여기에 태밈은 이렇게 덧붙였다. "협력을 통해 색상 전문가들의 도움을 받을 수 있기는 하지만 최종적으로 색상 전문가들의 의견을 소프트웨어로 번역하는 작업은 간단하지 않습니다."

연구 팀은 오마르 무라드가 얻은 지식을 바탕으로 스타일리스트가 신규 고객에게 물을 질문들을 포함시켜 설문지를 개발했다. 질문 자체는 대답하기 어렵지 않다. 하지만 수십만 또는 수백만 명의 대답을 모아 분석하고 서로 연관시킬 수 있는 데이터를 더욱 많이 수집하는 과정에는 매우 과학적인 접근 방법이 작용한다.

모발 염색 규칙을 소프트웨어로 옮기고 설문지를 만든 다음에는 맞춤형 염색약의 배합을 자동화했다. 재료를 수작업으로 섞으려면 몇 시간이 걸릴 수 있으므로 연구 팀은 다양한 액체를 정확한 분량으로 배합하도록 프로그래밍할 수 있는 페인트 분배 장비를 구입했다.

장비는 훌륭하게 작동했다. 아니 처음에는 그래 보였다. "그런데 일주일 후에 염료가 모두 변질되었습니다." 태밈 무라드가 회상했다.

"우리는 전혀 몰랐어요. 우리에게 염료를 판매한 업체가 말해 주지 않았고, 페인트 분배 장비를 판매한 사람들도 모발 염색용 염료가 공기에 노출되면 산화한다는 사실을 몰랐던 겁니다. 물론 모발 염색용 염료를 판매한 사람들이 의도적으로 말하지 않은 것은 아닙니다. 서로 다른 색상의 염료를 통에 넣고 섞는 공정은 원래 없었으니까요."

따라서 이살롱은 염료가 공기에 노출되지 않도록 생산 라인을 완전히 새로 만드느라 몇 달을 보내야 했다. 부피로 측정하는 방법보다 더욱 정확한 고급 의료용 저울을 사용해 무게를 측정한 다음에 정확한 양의 액체를 2온스짜리 병에 담아 컨베이어 벨트로 운반하는 기계를 만들었다. 각 병에는 맞춤 고객의 이름을 붙였다. 예를 들어 "미아Mia의 색상"은 가장 옅은 갈색 60퍼센트, 회색 5.9퍼센트, 황금색 19.1퍼센트, 진주색 15퍼센트를 배합했다.

고객 중심의 브랜드를 만들어라

2010년 9월 이살롱이라는 브랜드로 제품을 출시했다. 가격은 처음에 일회성 구매에 22달러를 책정했다가 25달러로 인상했다. 하지만 반복 구매를 격려하기 위해 염색약을 정기적으로 구매하겠다고 구독을 신청한 고객의 첫 주문에는 10달러를 청구하고, 다음 주문에는 20달러를 청구했다. 구독 고객은 모발을 염색하는 빈도에 따라 4~8주 중에서 제품 배송 간격을 선택했다.

처음에 이살롱은 집에서 모발을 염색하는 여성들을 표적으로 삼았다. 태밈 무라드는 이렇게 설명했다. "하지만 조사를 해 보니까 고객의 20~30퍼센트가 미용실에 다니는 사람들이었고, 아마도 비용 때문에 '잠깐, 내가 지금까지 염색하느라 소비한 돈의 일부만 쓰고도 미용실에서 염색할 때와 거의 비슷한 결과를 낼 수 있는 제품이 있단 말인가요?'라는 반응을 보였습니다. 우리가 전달하는 메시지가 그 고객들에게 설득력을 발휘한 거죠."

많은 고객이 일찌감치 이살롱 제품을 좋아했다. 하지만 이살롱은 자사 제품에 만족하는 고객의 수를 늘리고 싶었고 그래야 했다. 태밈 무라드는 이렇게 언급했다. "처음 사업을 시작했을 때 우리가 처한 입장은 미용 학교를 갓 졸업하고 처음으로 모발을 염색하는 사람과 비슷했습니다." 다시 말해 이살롱의 맞춤 모발 염색약의 결과는 괜찮았고 기성 제품보다 좋았지만 몇 년 동안 모발 염색을 시술해 온 숙련된 미용사에는 미치지 못했다.

많은 견습 미용사와 마찬가지로 이살롱의 염색약 배합 기술은 더 많은 고객을 확보하고 더 많은 정보를 수집하면서 향상되었다. 태밈 무라드는 이렇게 설명했다. "공식과 논리를 업데이트하려면 역사가 필요합니다. 매개 변수를 지닌 고객이 제품을 찾고, 기업이 특정 제조 방식을 구축하고, 고객의 피드백을 받아 다음에 같은 매개 변수를 지닌 사람에게도 적용할 수 있도록 제품 제조 방식을 바꾸는 역사 말이죠. 현재 우리가 만들어 내는 염색약의 질은 창업 당시보다 훨씬 좋아졌습니다."

이살롱은 반복 주문(고객이 자사 염색약을 좋아하는 정도를 측정할 수 있는 최고의 단일 척도이다) 같은 데이터 포인트를 분석하는 것 외에도 자사의 염색약 배합을 수정해 달라고 요청하는 고객이 몇 퍼센트인지, 좀 더 진하게 또는 옅게 등 어떻게 수정하고 싶어 하는지 추적한다.

사업 시작부터 이살롱은 염색 전문가를 직원으로 채용해 고객의 전화를 받고, 처음 제품을 주문하는 것을 시작으로 염색하는 과정을 고객에게 안내하고, 고객의 질문, 제안, 불만에 응대하게 한다. 심지어 맞춤형 염색약을 어떻게 조정할지도 추천하게 한다. 양적 데이터와 더불어 질적 데이터를 모두 수집하고 저장하며, 고객에게 사진을 보내 줄 수 있는지 요청한다. 그러고 나서 인간 스타일리스트가 적합한 색상 배합을 결정하는 알고리즘에 데이터 포인트를 입력한다.

2018년까지 이살롱은 16만 5000가지에 이르는 서로 다른 배합의 염색약을 판매했다. 이살롱의 추산에 따르면 전체 색상 변형의 수는 22에 0이 266개 붙는다.

오마르 무라드와 그의 팀은 색상 배합과 고객 만족을 개선할 단서를 제공하는 이상 징후를 찾으면서 꾸준히 데이터를 분석하고 있다. 그러다가 어느 시점에서 짙은 갈색과 자연스러운 황갈색을 자사의 기본 비율로 배합한 염색약의 재 주문율이 같은 그룹에 속한 비슷한 색상보다 떨어진다는 사실을 발견했다. 그래서 새치를 더욱 잘

가릴 수 있도록 황갈색 색상의 비율을 줄이고 짙은 갈색 색상을 늘렸다. 이렇게 배합을 바꾸면서 3차 주문 유지율을 20퍼센트 늘릴 수 있었다.

3차 주문 유지율이 향상된 것은 매출 성장에 특히 중요하다. 이살롱이 수집한 데이터를 검토해 보면 3차까지 주문한 고객이 일반적으로 훨씬 오랫동안 고객으로 남아 있고, 그럴수록 고객의 가치는 더욱 커지기 때문이다. 게다가 새 고객을 유치하는 비용보다 기존 고객을 유지하는 비용이 적게 든다. 최고 기술 책임자인 토마스 맥닐은 이렇게 강조했다. "3차까지 주문한 고객이라면 7~9차까지 계속 주문할 것입니다. 그 단계도 넘어서면 30차 심지어 40차까지도 주문하면서 계속 고객으로 머물 가능성이 있어요."

고객 이탈을 줄이기 위해 이살롱은 중단점으로 인식된 시점에서 고객을 더 많이 유지할 수 있는 방법을 찾기 위해 예측 분석 알고리즘을 개발하고 있다. 2차 주문 이후에도 계속 고객으로 남는 사람들에게는 어떤 공통점이 있을까? 그들은 3차 주문과 8차 주문 사이에 맞춤형 색상 배합을 조정해 달라고 요청했을까? 그랬다면 이살롱은 비슷한 특성을 보이는 다른 여성들의 주문을 수정하는 방식을 고려해서 고객 유지율을 높이려 했을 것이다. 사실 이살롱은 원래 모발 색상, 염색된 모발의 색상, 염색 상태를 유지한 기간, 염색 빈도 등의 변수를 바탕으로 비슷한 특성을 보이면서 머리카락이 긴 여성들을 겨냥해 정확하게 그렇게 했다. 맥닐은 이렇게 설명했다. "우리는 고객에게 서로 다른 두 가지 배합의 염색약, 즉 뿌리 부분과 끝 부분에 적합한 염색약을 제공하는 방법을 강구할 것입니다. 그러면 모발 전체를 한 색상으로 일괄적으로 염색하지 않고 미용실에서 염색한 것 같은 효과를 고객에게 제공할 수 있을 것입니다.”

이렇게 세심하게 주의를 기울인 덕택에 이살롱은 미용실에 다니던 고객과 좀 더 값싼 기성 제품을 구입했던 고객을 포함해 충성 고객을 많이 확보할 수 있었다. 미용 관련 블로거인 제니 세웰Jenny Sewell은 과거에는 미용실에 가서 모발을 염색하고 75달러를 지불했지만, 가격도 더 싸고 맞춤형 색상을 제공하는 이살롱 제품을 시도해 보기로 결정했다고 블로그에 썼다.[6] “이살롱 제품을 사용하는 것이 이치에 맞습니다. 품질도 좋고, 비용이 합리적이고, 사용 방법도 쉽거든요.” 다른 고객인 앤 링글리Ann Lingley도 이살롱 제품으로 갈아타고 나서 독립적인 제품 리뷰 사이트에 이렇게 썼다. “내가 풀타임으로 일할 때는 미용실에 가서 염색하느라 200~250달러를 쓸 수 있었어요. 하지만 퇴직하고 나니 그럴 만한 경제적 여력이 없습니다. (……) 웹에서 이살롱을 찾고 나서는 제품 품질에 크게 만족하고 있습니다.”[7]

이살롱이 데이터를 수집해 사용하는 목적은 모발 염색용 배합을 얻기 위해서만은 아니다. 대부분의 D2C 브랜드가 그렇듯 이살롱은 고객 경험의 모든 측면을 분석한다. 모발 염색약이 주력 제품이기는 하지만 샴푸처럼 관련 제품도 판매한다. 결제하기 직전에 첫 고객을 끌어들이기 위해 정기 구독을 가입하는 경우에는 정상가가 12~15 달러인 샴푸를 최초 구매시 할인가에 제공한다. 이살롱은 최대 수익을 내는 최적의 가격을 결정하기 위해 7달러, 8달러, 9달러 등 세 가지 가격대를 설정하고 시험했다. 오마르 무라드는 이렇게 언급했다. "최고의 결과, 즉 구매자 수와 가격을 고려해 책정한 최적의 가격은 8달러였습니다."

또 데이터를 검토해 보고 첫 고객을 저렴한 비용으로 끌어들일 수 있는 광고 채널로 애당초 생각했던 유튜브가 특별히 효과적 수단이 아니라는 사실을 알 수 있었다. 수치를 분석한 오마르 무라드와 그의 팀은 단지 모발 염색을 한번 시도해 보고 싶어 하는 20대 여성이 유튜브 트래픽을 대부분 차지하고 있다는 사실을 발견했다. 그들은 후속 구매를 거의 하지 않았다. 따라서 다른 고객층, 즉 흰 머리를 감추기 위해 모발 염색약을 구매하고 그래서 앞으로도 여러 차례 구매할 가능성이 큰 나이 든 여성을 공략하는 편이 더 낫다는 결론을 내렸다. 오마르는 "구매에 있어서 모든 고객이 동등한 것은 아닙니다"라고 강조했다.

2019년 로레알은 이살롱 창업자들이 예측하지 못했던 행보를 보였다. 맞춤형 모발 염색약을 온라인으로 판매하겠다고 결정한 것이다. 로레알은 "자신만을 위한 독특한 맞춤형 색상 배합"을 결정하도록 고객을 돕기 위해 온라인 설문이나 색상 전문가와 상담하는 기회를 제공하는 등 이살롱의 핵심 기능을 모방한 새로운 브랜드 컬러앤

코Color&Co를 출시했다.[8] 로레알은 구독에 가입한 재구매 고객에게 이살롱의 제품 가격과 사실상 같은 19.90달러를 청구했다. 연매출이 3000만 달러로 여전히 크지 않고 시장 점유율까지 낮았던 이살롱은 규모가 훨씬 큰 기업과 더욱 치열하게 경쟁해야 하는 위기를 맞자 독일 다국적 기업인 헨켈Henkel에 51퍼센트의 지분을 넘기기로 결정했다.[9] 이미 슈바르츠코프스브릴리언스Schwarzkopf's Brilliance, 내츄럴앤이지Natural & Easy를 포함해 많은 모발 염색약 브랜드를 매각한 적이 있는 헨켈은 미용 제품의 개인화 경향이 증가하는 추세에 있고, 이살롱이 "가치 있는 고객 통찰력"을 소유했다는 점을 들어 투자하기로 결정했다.

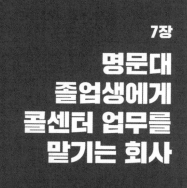

7장

명문대
졸업생에게
콜센터 업무를
맡기는 회사

WARBY PARKER

2010년 2월 처방 안경을 온라인으로 판매하기 시작한 지 며칠 되지 않았을 때였다. 와비파커가 무료 자택 체험 프로그램을 가동해 잠재 고객에게 발송하던 안경테의 재고가 바닥났다. 그러자 회사가 제품을 확보할 때까지 기다리고 싶지 않은 소비자들에게서 문의가 빗발쳤다.

일반적으로 "회사가 필라델피아에 있다고 들었습니다. 내가 사무실에 직접 가서 착용해 봐도 될까요?"라고 문의하는 이메일이 많았다.

하지만 당시 와비파커에는 사무실이 없었다. 공동 창업자 네 명은 여전히 와튼 경영대학원에 다니고 있었다. 그들은 실제로 온라인으로 안경을 구매하는 소비자들이 사업을 가동할 수 있을 정도로 많을지 확신하지 못했으므로 사업이 순탄하게 출발하지 못할 경우에 대비해 일부는 직업을 유지하기로 결정했었다.

공동 창업자인 닐 블루멘탈은 소비자의 질문에 이렇게 대답했다고 회상했다. "우리가 살고 있는 아파트에 사무실을 차렸습니다. 찾아오시면 언제든지 환영합니다'라고 답변을 보냈어요. 그러면서 실제로 고객 다섯 명을 초대했죠. 만약 우리가 기업의 평판을 망친다면 고객은 이 다섯 명에 그치고 말겠다는 생각이 들었습니다."

그들은 식탁 위 벽에 와비파커 안경테들을 나란히 진열하고, 방문객들이 안경 쓴 모습을 볼 수 있도록 거울을 달았다. 블루멘탈은 이렇게 설명했다. "방문객들은 우리가 소파에 앉아서 고객이 보낸 이메일에 답장하며 일하는 모습도 볼 수 있었어요. 작업 장면을 커튼 뒤에서 살짝 엿보는 느낌이 들었겠죠."

그날 방문한 고객 다섯 명 중에는 펜실베이니아대학교 병원에서 일하는 의사가 있었다. 블루멘탈은 수술복을 입고 있었으므로 의사라는 것을 알 수 있었다고 회상했다. 아파트를 찾아 온 사람들은 그날 대부분 주문을 했고 와비파커 입장에서는 좋은 징조라고 생각했다. 하지만 창업자들은 그 후에 벌어지는 상황에 주목했다.

"다음 주에 신기한 현상이 일어났어요. 펜실베이니아대학교 병원에서 이메일 주소를 갖고 있는 사람은 모조리 주문을 했다고 말해도 과언이 아닐 정도로 주문이 쏟아져 들어왔어요. 엄청난 일이 벌어지고 있다는 생각이 들었어요. 무엇보다 안경을 직접 만져 보고, 썼을 때 어떤 느낌일지 확인하고 싶어 하는 사람이 있다는 사실을 깨달았습니다." 블루멘탈은 자택 체험 프로그램을 가동하면 온라인에서 안경을 구매하는 것을 주저하는 고객의 마음을 돌리는 데 유용하리라 확신했다. "둘째, 다른 사람의 집에 가거나 그보다 중요하게는 스타트업이 가동하는 모습을 뒤에서 관찰하는 등 뜻밖의 경험을 제공하면 고객과 대화하고 그들과 연결할 수 있는 고리를 찾을 기회를 누릴 수 있어서 인간끼리 관계를 형성하듯 브랜드도 고객과 관계를 형성할 수 있다는 사실을 깨달았습니다. 이것은 취약성을 전제해야 가능한 일입니다. 따라서 브랜드는 엄청나게 세련되어야 한다는 사회적 통념에 거슬러 우리의 결점을 그대로 내보여도 괜찮은 거죠."

예상하지 못했던 문제가 발생하면서 이러한 전제가 이내 시험대에 올랐다. 창업 초반에 와비파커는 수요가 많지 않아서 재고가 많이 쌓이는 사태를 피할 의도로 안경테를 1만 개만 주문했다. 하지만 가장 인기 있는 안경테가 순식간에 매진되고, 3월 중순에는 처음에 디자인한 27가지 종류 가운데 15가지가 전부 판매되었다.[1] 웹 사이트를 찾은 고객들은 이 사실을 알 턱이 없었다. 창업자들은 이렇게 빨리 판매되리라고는 예상하지 못했으므로 특정 안경테가 품절되는 시기를 웹 사이트에 표시하는 방법을 미처 강구하지 못했다. 따라서 소비자들은 끊임없이 안경을 주문하고 신용카드로 대금을 지불했다.

블루멘탈은 당시 상황을 이렇게 회상했다. "우리는 모여서 긴급 대책을 논의했습니다." 렌즈는 미국 국내에서 수요에 맞춰 생산했지만 안경테는 중국에서 제조해 운송해야 했으므로 제품을 확보하려면 얼마간 시간이 걸릴 터였다.

창업자들은 주문을 계속 받아야 할지 말아야 할지 논의했다. 스타트업 입장에서 판매를 거부하는 것은 고통스러운 법이다. 회의하는 동안 공동 창업자인 데이브 길보아는 주문이 들어올 때마다 휴대전화에 알림이 울리도록 설정하고 계속 확인하면서 동료들에게 전했다. "이봐, 지금 회의를 하고 있는 동안에도 주문이 벌써 다섯 건 들어왔어." 창업자들은 웹 사이트 개발자에게 연락해 "매진" 메시지 기능을 추가해 달라고 요청했다. 이미 주문한 고객에게는 따로 이메일을 보내 사과하면서 제품을 신속하게 배송할 수 없으므로 지불 계좌로 환불해 주겠다고 말했다. 블루멘탈은 이렇게 언급했다. "우리가 신속하게 대처한 것에 소비자들은 좋은 점수를 주었습니다. 아주 실망할 수도 있는 상황이었는데 인내심과 관용을 보여 주었어요."

제품이 입고되자 고객들은 대부분 돌아와서 재주문을 했다. "상황을 솔직히 설명하면 소비자들이 사정을 이해해 준다는 중요한 교훈을 배웠어요." 블루멘탈은 말했다. "실수를 했을 때 가장 중요한 점은 실수했다고 솔직히 인정하고 최대한 신속하게 해결하려고 노력하는 것입니다."

와비파커 창업자들은 디지털 시대를 맞아 신규 브랜드를 만들려면 좋은 고객 경험을 창출하는 것이 좋은 제품을 만드는 것 만큼이나 아니 그보다 훨씬 중요하다는 사실을 일찌감치 깨달았다.

사실 와비파커는 안경을 온라인에서 판매하기 시작한 최초의 기업은 아니었고, 판매하는 제품이 가장 싸지도 않았다.[2] 와비파커가 창업하기 훨씬 전부터 아이글래시즈닷컴Eyeglasses.com, 구글포유Google4u, 프레임즈다이렉트FramesDirect, 제니옵티칼Zenni Optical 등이 어느 안경점보다 싼 가격에 안경을 판매하고 있었다.[3]

제니옵티칼을 공동 창업한 타이보 랙제이Tibor Laczay는 와비파커에 관련해 질문을 받았을 때 억울한 심정을 억제하지 못하고 드러냈다. 와비파커라는 이름만 듣고도 장황하게 말을 늘어놓았다. "와비파커는 애초에 사업을 시작할 때부터 자신들이 온라인 안경 사업을 개척했다고 줄기차게 주장했어요. 그렇게 반복해서 말하면서 홍보했죠. 그래서인지 지금 시점에서는 그들이 상당히 위대하고 혁신적인 기업으로 보이지만 나는 와비파커가 대체 무엇을 혁신했다는 것인지 도통 모르겠어요. 제품 가격만 보더라도 오프라인 매장보다 40~50퍼센트정도 쌀 뿐이에요. 많이 저렴하지도 않아요. 그에 비해 우리 제품은 90퍼센트 저렴합니다." 그러면서 이렇게 덧붙였다. "와비파커 창업자들은 모조리 와튼 경영대학원 졸업생들이죠. 나는 그곳 졸업생들을 많이 만나 봤지만 개중에는 별로 고용하고 싶지 사람들이 많았어요."

와비파커가 온라인 안경 사업을 개척하지 않았다는 랙제이의 주장은 옳다. 와비파커가 안경을 판매하기 시작하기 7년 전인 2003년 랙제이는 당시 나인틴달러아이글래시즈닷컴19dollareyeglasses.com으로 불리던 제니옵티칼의 창업을 도왔다. 안경테 종류에 따라 가격은 다양했지만 제니옵티칼이 판매하는 단초점 교정 렌즈용 안경 가격은 42달러여서 와비파커가 판매하는 가장 저렴한 안경의 절반에 불과했다.[4] 그때부터 와비파커는 안경 500만개 이상을 판매했지만 제니옵티칼은 2000만 개 이상을 팔았다.[5]

하지만 온라인 안경 스타트업으로 현재 가장 유명한 기업은 단연코 와비파커다. 와비파커는 벤처 투자자들에게 약 2억 9000만 달러를 유치하고,[6] 매년 4~5억 달러로 추정되는 매출을 기록하고,[7] 기업 가치는 약 17억 5000만 달러로 평가받는다.[8] 밀레니얼 시대가 좋아하는 브랜드의 하나이며 "나는 이 제품 범주를 와비파커할 것이다"처럼 동사로 쓰여서 어휘집에도 등재해 있다. 2015년 《허핑턴포스트Huffington Post》가 발표한 기사의 제목 "현재 와비파커화하는 네 가지 산업4 Industries Currently Getting Warby Parkered"에서 볼 수 있듯 회사 이름 자체가 동사로 쓰이면서 온라인 안경 범주를 대표한다.[9] 온라인에 접속하면 병원 수술복 분야의 와비파커, 카우보이 장화 분야의 와비파커, 페인트 분야의 와비파커, 자기관리 분야의 와비파커라는 표현을 만날 수 있다.

닐 블루멘탈은 와비파커의 안경과 다른 브랜드들의 안경이 물리적으로 크게 다르지 않다고 즉각 인정하면서, 와비파커는 유행에 뒤떨어지지 않으면서 고전적인 안경테를 디자인 하는 것에 자부심을 느낀다고 강조했다. 또 이탈리아의 가족 기업에서 생산하는 고급 셀룰로오스 아세테이트를 사용해 플라스틱 프레임을 제작하고, 고품질

초경량 티타늄을 사용해 금속 안경테를 제작한다. 하지만 많은 안경 기업들도 그렇게 하고 있다.

온라인 경쟁사들과 차별화해서 두각을 나타내기 위해 와비파커는 안경을 판매하는 수준을 넘어서서 고객과 더욱 강력한 유대를 형성하는 것을 목표로 삼았다. "글로벌 사업 환경에서 경쟁은 훨씬 치열해지고 있습니다. 판매 중인 대부분의 제품은 최소한 기본적인 기능은 수행합니다. 따라서 제품 품질은 분산되지 않고 수렴하고 있어요. 주방 세제만 해도 그렇습니다." 블루멘탈이 말했다. "제품의 질이 수렴하고 있다고 생각하면, 소비자 인식에서 우선순위가 더 낮았던 다른 속성들이 갑자기 중요해지기 시작합니다. 우리는 D2C 브랜드로서 훨씬 나은 경험을 창출할 수 있습니다. 무료 배송과 무료 반품 같은 고객 친화적인 정책을 실시하는 것만은 아닙니다."

많은 디지털 네이티브 스타트업들이 모방한 이래로 와비파커의 정신은 창업자들을 학창 시절에 가르쳤던 와튼 경영대학원 교수 데이비드 벨이 주장한 대로 "브랜딩이 아니라 본딩bonding", 즉 유대 형성을 강조한 초기 온라인 스타트업 정신을 대변한다.

벨은 가장 대표적인 브랜드 상징 하나를 예로 들어 해당 정신의 특징을 설명했다. "필립모리스Philip Morris는 말보로맨Malboro Man이라는 이미지를 만들면서 사람들이 되고 싶어 하는 열망의 표본이라고 말했습니다. 유대는 훨씬 더 개인적인 성격을 띠어서 소비자는 마치 직접 말을 듣듯 판매자에게 친밀감을 느끼죠. 심지어 소비자는 해당 브랜드의 소셜 미디어 채널을 구독할 수 있어요. 말보로 시절에는 소비자가 요즘 같은 방식으로 브랜드에 친밀감을 표현할 실질적인 방법이 없었습니다. 담배 사진을 찍거나 트윗을 보낼 수 있는 인스타그램이 존재하지 않았죠. 그래서 우리는 순수한 브랜딩에서 유대 형성으로 초점을 전환한 것입니다. 고객은 소셜 채널에서 브랜드와 상호작용하고 그 내용을 친구들과 공유할 것입니다."

성공적인 D2C 브랜드인 글로시에 화장품은 판매할 제품이 생기기도 전에 고객이 된 여성들과 관계를 형성했다. 에밀리 바이스는 미용 제품 세계에서 자신이 좋아하는 제품과 싫어하는 제품에 관해 인투더글로스 블로그에 올린 글들이 매우 크게 인기를 끌자 벤처 자금을 유치해 사업을 시작하기로 결정하고 2014년 글로시에를 창업했다.

그러면서 바이스는 고객에게 조언을 구하는 방식으로 고객과 깊은 유대를 맺었다. 바이스가 여러 색조의 분홍색을 인스타그램에 올리면 팔로어들이 자신이 가장 좋아하는 색을 고르는 단계를 거치면서 글로시에는 포장에 사용할 색상으로 연분홍색을 최종적으로 골랐다.[10] 기업이 성장할 때도 글로시에는 팬이 제안한 제품 아이디어에 여전히 귀를 기울인다. 애틀랜타에 거주하는 아프리카계 미국인 대학원생인 데빈 맥기Devin McGhee가 그 예이다. 맥기는 인스타그램 계정인 글로시에브래지어운GlossierBrown을 시작해 인기를 끌었는데 한 번은 일부 제품에 피부색이 더 어두운 흑인 여성들에게 어울리는

색상이 없다고 공개적으로 글로시에를 비판했다.[11]

"에밀리가 그 게시물을 읽었을 때가 기억납니다." 전직 글로시에 부사장 말라 굿맨Marla Goodman이 회상했다. "우리는 자사 제품의 색상 범위가 제한적이라는 사실은 인지하고 있었어요. 하지만 실제로 귀로 듣고 눈으로 확인한 것은 처음이었죠. 글이 회사 전체에 돌아다녔습니다." 맥기가 글을 올린 것을 계기로 글로시에는 색상을 확대하는 방안을 더욱 면밀하게 고려했다. "나는 랄프로렌에서 일한 적이 있어요. 그곳이라면 이러한 시도를 절대 할 수 없었을 겁니다. 절대적으로 불가능해요."

2018년 글로시에는 뉴욕 소재 자사 연구 개발 연구소에 맥기를 초청했다. 맥기는 이렇게 전했다. "글로시에 측에서 연락을 했어요. 색상을 확대하기 위해 나와 협력하고 싶다고 말하더군요. 본사에 도착하자 제품 개발실로 안내하고는 많은 제품을 보여 주면서 질문했어요. '이 제품에서는 어떤 점을 좋아하나요? 좋아하지 않는 점은 무엇인가요?' 나는 매우 개인적인 의견을 말했죠." 그러고 나서 맥기는 당시 글로시에의 사장이었던 헨리 데이비스와 바이스를 만났다. 이러한 시도 끝에 글로시에는 더욱 어두운 색상을 비롯해 컨실러용과 피부 틴트용 색상의 수를 기존 5가지에서 12가지로 늘렸다. 맥기는 "글로시에는 고객의 말에 진심으로 귀를 기울입니다"라고 강조했다.

데이비스는 맥기 같은 글로시에 고객을 직접 공략하는 것이 회사가 추구하는 전략의 핵심이라고 강조했다. "글로시에는 인투더글로스 커뮤니티에서 태어났습니다. 따라서 글로시에가 가진 영향력의 뿌리는 커뮤니티에 있어요. 이것이 바로 D2C 기업의 속성이죠. 분산이 아니라 연결을 추구하는 겁니다. 우리에게는 고객에게 접근하고 고객과 관계를 형성하는 것이 가장 중요합니다." 데이비스가 덧붙였다. "어떻게 고객의 말에 귀를 기울이고 고객과 손을 잡을까요? 기업이 자신의 말에 귀를 기울인다고 고객을 느끼게 만드는 방법은 고객에게 반응하는 것입니다. 이와 대조적으로 프록터앤갬블은 자사 고객이 누구인지 몰라요. 그래서 광고 대행사에 거액을 지불하면서 자사의 일반 고객에게 어떤 속성이 있는지 파악해 달라고 요청합니다. 그러면 광고 대행사는 시장 연구와 문화기술학적 연구 등을 상당히 정교하게 실시하겠죠. 하지만 그렇게 파악한 속성은 프록터앤갬블의 실제 고객 것이 아니에요."

좋은 고객 경험을 창출하는 것은 때로 사업 관점에서 반직관적으로 보일 수 있다. 달러쉐이브클럽에 구독을 신청한 고객은 매달 면도기를 배송받는다. 배송이 시작되기 며칠 전에는 제품이 곧 도착하리라고 알려 주는 이메일을 받는다. 이메일을 클릭하면 면도 크림이나 헤어 젤 등 제품을 추가로 주문할 수 있다. 욕실 수납장에 아직 사용하지 않은 면도날이 있으면 그 달 배송을 취소하거나 연기할 수 있다.

예를 들어 케이블 텔레비전 서비스를 한 달 동안 중단시키는 것은 사실상 불가능한데 반해서 달러쉐이브클럽이 잠재적인 수익 감소를 감수하면서 제품 발송을 매우 간단하게 연기해 주는 이유는 무엇일까? 고객을 유지하고, 그 고객이 친구에게 자사 면도기를 추천해 줄 가능성을 높일 수 있기 때문이다.

와비파커, 글로시에, 달러쉐이브클럽을 포함해 새로 등장한 많은 D2C 브랜드는 고객 경험을 창출하는 것이 좋은 제품을 만드는 만큼이나 중요하고, 고객 충성을 조장하며, 충성스러운 고객이 소셜 미디어에서 소문을 퍼뜨려 더욱 많은 고객을 끌어들인다는 사실을 인식하고 있다. 데이비드 벨은 이렇게 언급했다. "디지털 경제에서 기업의 오디언스에게는 오디언스가 있습니다."

닐 블루멘탈은 상업화 세계에서 활동하는 기업이라면 경쟁을 막기 위해 해자를 만들어야 한다고 말했다. "해자는 어떻게 만들까요? 더욱 많은 가치를 지속적으로 공급해야 합니다. 그렇다면 더욱 많은 가치는 어떻게 제공할까요? 더욱 전체적인 경험을 창출해야 합니다. 그것이 바로 진입 장벽입니다."

고객과의 소통이 최우선이다

2018년 추수감사절 전날 밤 마크 일라이Mark Ely는 얼마 전에 구입한 와비파커 안경의 렌즈에 작은 흠집이 나 있는 것을 발견했다. 흠집난 렌즈를 1년 동안 무료로 교체해 주겠다는 보증서를 동봉해 받았기 때문에 그날 저녁 고객 서비스 팀에 문자를 보냈다. 시기를 따져

봤을 때 그는 이렇게 생각했다고 말했다. "공휴일이 끼어 있어서 다음 주까지도 아무 답변을 듣지 못할 공산이 컸으므로 아마도 이메일을 다시 보내야 하리라 생각했습니다."

하지만 일라이의 예상은 빗나갔다. "30분 후에 이메일 두 통을 받았습니다. 첫 메일에는 새 안경의 배송이 시작되었다고 적혀 있었어요. 두 번째 받은 메일에는 '당신이 가지고 있는 안경을 반송할 때 사용할 꼬리표를 첨부합니다. 이전 안경을 반드시 되돌려 보내 주십시오. 그래야 우리가 문제를 확인하고 원인을 밝혀낼 수 있습니다'라고 적혀 있더군요. 나는 깜짝 놀랐습니다. 게다가 추수감사절 전날 밤 9시였거든요. 하지만 무엇보다 놀라운 점은 '예, 이것이 문제군요. 즉시 처리하겠습니다'라고 말하기도 전에 이미 조치를 취하기 시작했다는 사실이었습니다."

이것은 와비파커에서 근무한 사람이라면 전혀 놀랄 만한 일이 아닐뿐더러 회사가 실시하는 고객 서비스에 대한 트위터 메시지로 판단할 때 역시 놀랄 만한 일이 아니다.

시력이 나빠졌는데도 기쁠 만큼 와비파커@WarbyParker의 고객 서비스는 매우 훌륭해요.[12]

내가 좋아하는 버크 안경테가 지난주에 완전히 망가졌는데 와비파커가 신속히 교체해 주었습니다. 서비스 점수를 주자면 10점 만점에 10점이에요. 내가 여태껏 받아 본 가장 훌륭한 고객 서비스 중 하나였습니다.

오늘 와비파커에 전화를 했는데 누군가가 전화를 받았습니다. 기계음도 아니었고, 이리저리 전화를 돌리지도 않았어요. 직원이 전화를 받으며 인사를 하더라고요. 정말 놀랐어요.

와비파커 고객 서비스의 핵심을 드러내는 이러한 내용의 트윗은 흔히 찾아볼 수 있다. 와비파커는 소매점 네트워크를 확장하기 시작하기 전까지 여러 해 동안 고객 서비스 부서 또는 와비파커를 포함한 대부분의 D2C 브랜드가 부르듯 "고객 경험CX: customer experience" 부서에 다른 어느 부서보다 많은 인원을 배치했다. 2019년 고객 경험 팀에 소속한 직원 수는 전체 직원 2000명 중 소매 매장 직원 다음으로 많은 약 350명이었다. 많은 미국 기업은 콜 센터를 해외, 흔히 인도나 필리핀에 외주를 주어 운영한다. 회사 비용을 절약할 수 있는 방법이기는 하지만 고객의 입장에서 생각하면 영어가 제2외국어인데다 억양을 알아듣기 힘든 사람들과 대화해야 한다는 뜻일 수 있다.

이와 대조적으로 와비파커는 콜 센터 직원들이 고객과 개인적으로 접촉하는 첫 지점이므로 고객과 유대를 형성하는 데 결정적인 역할을 한다고 생각했다. "고객이 전화하면 직원은 6초 이내로 응답해야 합니다. 하지만 많은 전자 상거래 사이트는 자사의 수신자 부담 번호를 숨기려 하죠. 고객 서비스를 가능한 한 축소해야 하는 비용으로 생각하기 때문입니다." 블루멘탈이 설명했다. "반면에 우리는 고객 서비스를 수익 부문이면서 자사 브랜드에 대한 투자라고 늘 생각해 왔습니다. 고객은 추천으로 발생해 트래픽과 판매를 움직이는 최대 동력이에요. 고객을 행복하게 해 주면 결국 회사에도 이익이 됩니다."

와비파커가 채택한 사업 모델은 전자 상거래 남성복 사업을 선도하고 있는 보노보스가 제공 중인 "닌자ninja" 고객 서비스와 비슷했다. 보노보스는 몸에 더욱 잘 맞는 바지를 만들겠다고 광고로 약속했지만 결국 바지는 바지였다. "다른 브랜드의 제품과 비교할 때 모양도 가격도 비슷했지만 고객들은 몇 번이고 재구매했어요. 문제가 생기더라도 회사가 바로잡아 주리라 믿었기 때문이죠. 고객들은 옷 자체보다 이러한 점에 더 많은 점수를 주었습니다." 보노보스의 콜 센터에서 일하다가 D2C 매트리스 스타트업인 터프트앤니들Tuft & Needle에 합류해 고객 서비스를 운영했던 애런 바타Aaron Bata는 이렇게 회상했다. "콜 센터 직원들 모두 고객 서비스를 담당하기에 필요 이상의 자격을 갖췄어요. 내 양옆에는 프린스턴 대학이나 버나드 컬리지를 갓 졸업한 직원들이 일했습니다."

2014년까지 와비파커의 콜 센터 팀은 뉴욕 소재 본사에서 일했다. 한때는 로어 맨해튼에 있는 역사적인 퍽 빌딩Puck Building에 입주해 있었는데 아마도 콜 센터 공간으로는 세계에서 가장 비싼 공간이었을 것이다. 와비파커는 테네시주 내슈빌에 두 번째 고객 경험 팀(현재 직원은 300명이다)을 가동한 후에도 고객 서비스가 회사의 성공에 상징적으로 중요하다고 강조하면서 뉴욕 시내의 스프링 스트리트에 있는 본사에 약 50명의 콜 센터 직원을 배치했다.

코넬대학교 심리학과를 갓 졸업한 콜린 터커Colleen Tucker는 와비파커 창업자들이 블루멘탈의 아파트에서 일하면서 안경을 판매하기 시작한 지 얼마 지나지 않은 2010년 초 처음 고용한 직원들에 속했다. 터커는 "운영 담당자"로 고용되었지만 고객의 전화와 이메일 문의에 응답하고, 반품을 처리하고, UPS에 배송 주문을 넣는 업무를 담당하는 데 많은 시간을 썼다. 터커는 2008년 금융 위기가 터져 직장을 구할 수 없게 되자 부모님 집에 얹혀살고 있었기 때문에 와비파커의 제안을 받아들였다고 털어놓았다. "경제 상황이 좋지 않았습니다. 내 이력서를 보고 취업 제의를 해 온 곳도 얼마 없었고요."

터커는 블루멘탈이 맨발로 직원회의를 진행한 것 말고도 와비파커에서 근무했던 초반에 고객의 불만에 응대하며 겪었던 일을 회상했다. 당시 고객이 무엇 때문에 불만을 품었는지는 기억나지 않지만 한 창업자가 "그냥 안경을 공짜로 보내 주세요"라고 지시했다고 매우 분명하게 기억했다. "그는 까다롭게 따지려 들지 않고 고객이 원하는 방향으로 불만을 처리했어요. 그것은 창업자들이 고객의 요구에 귀를 기울이고, 단기 비용에 연연하지 않으면서 장기적인 안목으로 사업을 수행하는 태도를 보여 준 사례였습니다. 창업자들은 주어진 대답에 얽매이지 않고 고객에게 진실을 말하고 사과할 수 있는 자율권을 직원에게 주었어요."

역시 콜 센터 직원이었던 패트릭 마호니Patrick Mahoney는 철학, 정치학, 경제학 학위를 받고 펜실베이니아대학교를 졸업한 후에 2년 동안 월스트리트에서 일했다. 급여와 보너스를 합해 연봉을 10만 달러 이상 벌었지만 직업에 만족하지 못했으므로 그만두고 와비파커에서 시간당 15달러, 즉 연봉 3만 달러를 받고 고객의 전화를 받았다. 마호니는 "부모님은 내가 완전히 미쳤다고 생각했습니다"라고 털어놓았다. 2012년 당시 와비파커는 여전히 작은 기업이었지만 마호니는 와비파커에서 안경 하나를 샀다가 마음에 들면서 무언가 사업과 관련된 일을 해 보고 싶었다.

대부분의 사람들은 콜 센터에서 일하는 것이 저급한 일이라고 생각했지만 마호니의 생각은 달랐다. "콜 센터는 사람들이 일상적으로 묘사하는 곳과 완전히 다릅니다. 콜 센터 직원들은 고객을 최우선 순위에 두는 사고방식을 갖고 있어요. 그래서 나는 '콜 센터'에 내포되어 있는 뜻을 좋아하지 않아요. 직원들은 고객에게 '놀라움과 기쁨을 안기자'고 말합니다." 그러면서 한 가지 일화를 들려주었다. 뉴욕에 사는 고객이 몹시 당황해하며 금요일에 전화를 걸어왔다. 돌아오는 주말에 결혼식에 쓰고 가려고 주문했는데 안경이 아직 도착하지 않았다고 했다. 물류 센터에 연락해 안경의 행방을 추적한 결과 주말까지 배달되지 않으리라는 사실을 파악한 마호니는 사무실에서 나와 안경을 찾은 후에 택시를 타고 고객의 아파트까지 직접 배달했다. "그 고객이 안경을 쓰고 결혼식에 갈 수 있는 확률은 전혀 없었습니다. 하지만 우리에게는 무슨 수를 쓰더라도 고객에게 한 약속을 지키겠다는 사고방식이 있었죠. 이것은 당시 만연한 고객 경험에 정반대되는 태도였어요."

콜 센터에서 함께 일한 마호니의 동료들 중에도 명문 대학 졸업생들이 있었는데 다수는 몇 달이나 1년 후에 승진했다. 마호니도 재정 및 전략 팀으로 옮겼다가 MBA를 따기 위해 하버드 경영대학원에 진학하느라 퇴사했다. 하지만 많은 동료가 회사에 남았고 2019년 콜린 터커를 포함해 고위 경영진에 속했던 십여 명은 입사 당시 고객 서비스 업무부터 시작했다.

일부 동료는 와비파커에서 배운 경험을 밑거름으로 D2C 브랜드를 창업하거나 이러한 회사의 고위직으로 옮겼다. 패트릭 마호니가 채용되었을 무렵 브래지어운대학교 졸업생인 스테프 코리Steph Korey도 콜 센터 직원으로 채용되었다가 승진해서 와비파커의 공급망 담당 팀을 이끌었다. 2015년 코리와 와비파커 시절 동료인 젠 루비오 Jen Rubio는 D2C 여행 가방 기업인 어웨이Away를 창업하고, 4년 후 기업 가치를 10억 달러 이상으로 성장시켰다.[13]

와비파커에서 좋은 고객 경험을 창출한다는 것은 고객의 전화에 신속하게 응답하고 불만을 처리하는 것 이상이다. 그것은 때로 기발한 아이디어를 생각해 내는 것이다. 창업 초반 와비파커는 처방전이 필요하고 정가가 50달러로 시작하는 외알박이 안경을 판매하기 시작했다. 판매량이 연간 몇 백 개에 그치는 등 많이 팔리지는 않지만 유행을 좇는 젊은 도시 거주자들은 와비파커가 자신들에게 눈높이를 맞추고 있다는 인상을 받았다.[14] 그 후 2012년 4월 1일 새 웹 사이트인 와비바커닷컴warbybarker.com이 깜짝 등장하면서 개가 쓸 수 있는 안경을 소개했다. 창업자들은 개가 쓰는 안경이 사람용 안경과 마찬가지로 지나치게 비싸기 때문에 와비바커에서 취급하려 한다고 설명했다. 이 말을 진지하게 받아들인 사람들도 있었지만 결국 그날이 만우절이라는 사실을 깨달았다. 이것은 와비파커다운 발상이었다. 사람들이 구글 검색을 할 때 가장 흔하게 잘못 입력하는 단어가 와비바커Warby Barker라는 사실에 주목한 직원 두 명이 생각해 냈다. 블루멘탈은 이렇게 설명했다. "이 사례는 우리 기업의 모습을 커튼 뒤에서 엿보는 것 같은 효과를 냅니다."

해당 아이디어가 의도한 취지는 고객과 기업을 연결하고, 기업과 주고받는 상호작용을 최대한 쉽고 원활하고 유쾌하고 재밌게 만드는 방법을 지속적으로 찾자는 것이다. 블루멘탈은 이렇게 설명했다. "우리는 '행복은 기대치를 뺀 현실'이라고 자주 인용합니다. 따라서 어떻게 하면 끊임없이 기대 이상으로 고객에게 계속 행복을 안길 수 있을까요?"

상당히 감성적인 말 같지만 실제로 와비파커는 디지털 네이티브 브랜드가 대부분 그렇듯 주로 데이터를 근거로 움직인다. 얼굴에 잘 맞지 않아 조정을 해 달라며 반송되는 안경테는 각 스타일별로 전체의 몇 퍼센트일까? 높은 도수 때문에 지나치게 두꺼운 렌즈를 사용해야 하므로 특정 안경테와 잘 맞지 않는 처방전은 무엇일까? 예전 처방전을 업데이트해야 새 안경을 구입할 수 있는 고객은 몇 퍼센트일까? 잠재적인 고객은 어느 지점에서 좌절을 느끼며 온라인 구매를 중단할까? 이러한 데이터는 고객 경험을 개선할 수 있는 기회를 제공한다.

이러한 과정은 룩소티카처럼 규모가 더 큰 기존 경쟁 기업을 공격할 때 매우 중요하다. 블루멘탈은 이렇게 설명했다. "우리가 실시하는 과정을 모두 개선해야 합니다. 어떻게 개선해야 할까요? 객관적인 정보를 근거로 결정을 내려야 합니다. 방법이요? 데이터를 수집하고 분석해야죠."

창업 초기부터 와비파커의 매출을 견인해 온 두 가지 동인은 웹에 있는 가상 착용 기능과 자택 체험 프로그램이었다. 하지만 두 가지 모두 고객을 만족시키지 못하는 문제를 안고 있었으므로 개선이 필요했다.

2010년 제품을 판매하기 시작했을 때 와비파커가 제공하는 안경테 스타일은 27가지에 불과했다. 모양은 같으면서 색상만 다른 안경테를 포함하면 모두 40여 가지였다. 제품 종류가 적었으므로 체험용으로 소비자의 자택으로 배송할 안경테 다섯 가지는 비교적 쉽게 선택할 수 있었다. 하지만 그 후에 더 많은 안경테를 추가하면서 2016년까지 처방전 선글라스를 제외하고 다른 색상들을 포함해 약 240가지 스타일을 갖췄다.[15] 그러다보니 온라인에서 상품을 검색하는 시간이 점점 더 길어지면서 구매 의욕을 잃는 고객이 생겨나기 시작했다. 와비파커는 고객 경험을 개선하기 위해 선택 사항을 줄이는 방안을 검토하면서 안경테 다섯 가지를 더욱 쉽고 빠르게 선택할 수 있는 방법을 시험하기로 했다.

처음에는 많은 스타일을 검색하고 직접 선택하는 과정에 시간을 쓰고 싶어 하지 않는 고객에게 배송할 용도로 다섯 가지 안경테 묶음을 사전에 선별했다. 이때는 성별과 얼굴 너비처럼 고객이 제공한 몇 가지 변수를 고려했다. 전자 상거래 및 소비자 통찰 부문 책임자인 에린 콜리스는 이렇게 회상했다. "이 방법은 효과가 없었어요. 시험해 봤지만 자택 체험 프로그램을 이용하는 고객이 증가하지 않는다는 결론을 내렸습니다. 고객에게 좋은 추천을 해 줄 수 있을 정도로 정보가 많지 않았죠. 소비자들은 손수 선택하려는 제품에 대해 어느 정도 통제권을 갖고 싶어 합니다. 그래서 고객들이 제품을 교환할 수 있도록 허용했지만 그다지 호응을 얻지 못했어요."

따라서 콜린스와 그녀가 이끄는 팀은 좀 더 정교한 설문지를 사용하기로 결정했다. 이샬롱이 신규 고객을 대상으로 모발 염색약의 배합을 결정하고, 서드러브가 적합한 브래지어 사이즈를 결정하기 위해 사용한 설문지와 비슷했다. 콜린스는 이렇게 언급했다. "고객에게 더 많은 질문을 하고 나서 제품 10~15가지를 추천하면 어떨까요? 여전히 안경테 다섯 개를 골라야 하겠지만 선택할 수 있는 세트의 범위를 좁힐 수 있죠."

콜린스 팀은 대부분의 소비자를 설문에 대답하게 하고 안경테를 집으로 배송하려면 어떤 질문을 해야 할지 파악해야 했다. 그러기 위해 몇 달 동안 온라인 A/B 테스트를 수십 차례 실시했다. 또 질문을 다양하게 조합하고, 선택 가능한 안경테의 수를 바꿔 보고 나서 수집한 데이터를 연구했다.

팀은 고객에게 안경테를 추천할 때 유용하게 사용하고 있는 질문 5개를 포함해 고객에게 묻는 질문을 일곱 개로 압축했다.[16]

어떤 제품을 찾고 있나요? 남성용 스타일인가요, 여성용 스타일인가요?

당신의 얼굴 폭은 좁은가요, 중간인가요, 넓은가요? 아니면 잘 모르나요? 대답을 생략하고 싶은가요?

다음 중 어떤 형태의 안경테를 좋아하나요? 동그라미, 직사각형, 정사각형, 고양이 눈, 선호하는 형태 없음.

어떤 색상을 좋아하나요? 밝은 색, 중간색, 검은색, 호피, 투명, 투톤, 선호하는 색상 없음.

어떤 소재를 좋아하나요? 아세테이트, 금속, 혼합 재료, 선호하는 소재 없음.

나머지 두 질문이 추구하는 목적은 다르다. '가장 최근에 언제 시력 검사를 받았나요?'라는 질문은 처방전 안경을 주문하기 전에 새로 시력 검사를 받아야 할지 여부를 알려주기 위해서다. 마지막으로 '선글라스를 추천받고 싶은가요?'라고 질문한 까닭은 고객에게 안경 두 개를 동시에 판매할 수 있는 기회를 얻기 위해서다.

가장 까다로운 질문은 얼굴 너비였다. 콜린스는 "자기 얼굴 크기를 알고 있는 사람이 어디 있겠어요?"라고 반문했다. 최적의 질문을 찾기 위해 시험하는 과정에서 와비파커는 모자를 쓴 사람의 모습을 그린 그림을 보여주면서 소비자에게 모자가 어떻게 맞는지 물었다. 고객이 제공한 대답의 범위는 "대부분 지나치게 조이는 편이다"부터 "대부분 지나치게 헐렁한 편이다"까지였다. 하지만 잘 모르겠다거나 모자를 쓰지 않는다고 대답한 사람들이 많았으므로 해당 질문은 금세 폐기했다. 그 대신 마지막 질문에는 세 가지 얼굴 사이즈를 그린 그림을 싣고, 선택할 때 참고할 수 있도록 각 그림 밑에는 짧게 설명을 달았다.

좁다
가느다랗고
폭이 좁다.

중간
확실하지 않은가?
이 경우에 선택하기
좋은 사이즈다.

넓다
확실히 넓다.

2017년 1월 와비파커가 설문을 도입하고 나서 제품을 집에서 체험해 보겠다고 요청하는 사람들이 늘었다. 그러면서 와비파커는 설문 결과를 토대로 안경테 선택을 개선하는 이익을 누렸다. 예상보다

D2C 레볼루션

많은 고객이 자기 얼굴 너비가 좁다고 대답했으므로 디자이너들은 폭이 좁은 스타일을 여섯 가지 추가했다.

가상 착용 프로그램은 개선하기가 더 어려웠다. 프로그램의 개념은 간단하다. 와비파커의 웹 사이트를 방문해 소비자의 얼굴 사진을 업로드하고, 자신이 "가상으로" 착용해 보고 싶은 안경테를 고르면 해당 안경테가 사진 위에 겹쳐진다. 와비파커에 대항하는 온라인 안경 경쟁 업체들도 대부분 비슷한 소프트웨어를 사용한다. 실제로 제품을 구매하기 전에 소비자들이 특정 안경테를 썼을 때 자기 모습을 시각화하고 싶어 하기 때문이다.

물론 문제도 있었다. 2010년 와비파커가 안경을 판매하기 시작했을 당시 구사할 수 있는 기술에는 한계가 있었다. 부분적인 이유로는 업로드한 사진의 크기가 달랐으므로 안경테를 겹칠 때 안경테의 크기가 적절하게 반영되었는지 확인하기 힘들었다. 결과적으로 시각화가 왜곡되는 경우가 많았다. 따라서 와비파커는 사업을 수행하면서 가상 착용 프로그램에만 의존하지 않고 자택 체험 프로그램을 선택사항으로 추가했다.

와비파커는 2015년까지 가상 착용 서비스를 제공했다. 하지만 최종적으로 서비스 사용자의 구매 비율이 미사용자보다 작다는 사실을 발견하고 나서 서비스를 중지하고 웹 사이트에서 완전히 삭제하기로 결정했다. 콜린즈는 이렇게 말했다. "해당 프로그램은 유용하지 않았을 뿐 아니라 오히려 사업을 해쳤습니다. 그래서 전략 회의를 열어서 프로그램을 폐기하는 편이 낫다는 결론을 내렸죠. 사업에 유용하다고 생각해서 변화를 시도했지만 결국 사업에 피해를 입는 사례는 사실상 매우 드뭅니다. 우리에게는 정말 좋지 않은 상황이었죠."

하지만 조사 결과에 따르면 일부 고객은 가상 착용 기능이 사라진 것을 아쉬워했다. 따라서 2017년 말 애플이 더욱 정교한 카메라를 장착한 아이폰 엑스를 출시한 지 몇 개월 후에 와비파커는 기능을 개선한 새 가상 착용 서비스의 실시를 검토하기 시작했다. 새 아이폰은 애플이 명칭을 붙인 대로 트루뎁스TrueDepth 카메라를 탑재함으로써 얼굴에서 데이터 포인트 3만 개를 수집해서 더욱 정확하게 계산한 비율로 얼굴 이미지를 담을 수 있다. 이때 이미지는 회전할 수 있으면서 여전히 적절한 비율을 전달할 수 있다. 콜린스는 "3D 모델링, 3D 렌더링, 디자인의 품질이 과거보다 훨씬 개선되었습니다"라고 설명했다.

와비파커의 엔지니어 팀은 아이폰 엑스에서 보이는 얼굴 이미지 위에 안경테를 겹쳤을 때 실물과 똑같이 보이게 할 목적으로 블루프린트Blueprint라는 증강 현실 제품을 개발하기 시작했다. 팀은 약 6개월 동안 작업을 진행하던 중에 현실적이면서 균형 잡힌 이미지를 완성할 수 있겠다고 판단했다. 하지만 다양한 안경테의 색상을 보여 주는 기술을 구축하는 것은 어려운 과제였다. 팀이 초기 형태를 제시하자 사용자 집단은 일반적으로 "잘 모르겠다. 색상을 보고 싶다"라는 반응을 보였다. 사내에서 보유한 지식이 부족하다고 판단한 콜린스는 색상을 정확하게 표현할 수 있는 기술을 전문적으로 구사할 수 있는 3D 예술가를 외부에서 영입하기로 결정했다. "우리는 전문가들과 협력하며 작업했습니다. 많은 과정을 반복했고, 다양한 얼굴형을 지닌 직원들과 사용자들을 대상으로 시험했습니다."

와비파커는 약 1년 동안 연구 개발에 힘쓰면서 10여 가지에 달하는 변형을 만든 끝에 2019년 2월 새로운 가상 착용 기능을 선보였다. 고객은 아이폰에서 생동감 있는 얼굴 이미지를 캡처하고 화면을 신속하고 매끄럽게 밀면서 다양한 안경테 수십 개를 살펴보며 안경을 썼을 때 자신의 모습을 본다. 심지어 얼굴을 이리저리 움직일 수 있고, 옆면을 포함해 다른 각도에서 안경테가 어떻게 보이는지 확인할 수 있다. 새로운 가상 착용 프로그램은 아이폰 엑스에서만 가동할 수 있었지만 즉각적으로 인기를 끌었다. 부분적으로는 소셜 미디어 공유 기능을 포함했으므로 고객은 자신이 좋아하는 안경테에 대해 친구들에게 의견을 물을 수 있었다.

"창업 초기에 우리는 안경 구매가 매우 사회적인 성격을 띤다는 사실을 깨달았습니다." 블루멘탈이 강조했다. "미국인들은 대개 2년에 한 번 안경을 사기 때문에 그리 자주 구매하는 편은 아닙니다. 또 안경을 고를 때는 친구나 파트너에게 확인을 받고 싶어 하죠. 우리는 고객이 집에서 착용해 보고 안경을 낀 자기 모습을 사진으로 찍은 다음에 페이스북에 올려 친구들에게 의견을 묻는다는 사실을 발견했어요. 이러한 행동은 브랜드가 입소문을 타는 데 유용하게 작용합니다."

또 와비파커는 더욱 곤혹스러운 문제 하나를 해결할 수 있는 기술을 찾았다. 고객이 특정 안경테를 매우 좋아해서 주문을 하지만 처방전대로라면 해당 안경테가 렌즈에 잘 맞지 않을 수 있다. 렌즈가 지나치게 두껍거나, 렌즈 크기 때문에 초점을 제대로 맞추지 못해서 시력을 세밀하게 교정할 수 없다.

일반적으로 시력을 교정하는 효과적인 방법을 결정하는 것은 안경사의 주관적인 판단이다. 하지만 안경사가 잘못 판단하는 경우에 고객은 안경을 반납하고 새 안경테를 찾아서 다시 주문을 해야 하는데 고객 입장에서는 번거롭고 와비파커 입장에서는 비용이 많이 든다.

효과적인 시력 교정 방법을 결정하는 것은 더 이상 운에 좌우되지 않는다. 매장 운영 관리자인 코리 프레데릭Corey Frederick은 일정 형태의 처방전을 보유한 불만족 고객이 각 안경테를 반납하는 빈도를 나타내는 데이터를 수집해서 분석한 후에 이렇게 설명했다. "우리는 수리적인 데이터를 보유하고 있습니다. 처방전 도수를 활용하면 고객이 잘 맞지 않는 안경테를 선택했는지 판단할 수 있어요. 안경테의 폭이 지나치게 넓은지 좁은지 고객에게 알려줄 수 있고, 사이즈와 스타일이 보기에 좋더라도 처방전과 잘 맞지 않다고 말해 줄 수 있습니다." 여기에 해당하는 경우에는 주문서 상단에 빨간 글씨로 경고문이 뜬다.

와비파커가 생각할 때 좋은 고객 경험을 제공하는 것은 사업을 제대로 수행할 수 있을 때까지 기업이 무언가를 하지 않거나 아무 것도 하지 않는다는 뜻인 경우도 있다. 이중 초점 렌즈 안경의 현대적 형태인 다초점 렌즈 안경은 미국에서 판매되는 안경 전체의 거의 절반을 차지한다. 하지만 와비파커는 사업을 시작한 지 4년이 지난 2014년까지도 다초점 렌즈 안경의 온라인 판매를 시작하지 않았다. 다초점 렌즈는 안경테에 제대로 끼우기가 더 어렵기 때문이었다. 다초점 렌즈를 제대로 끼우려면 렌즈에서 눈동자의 중심이 오는 위치를 정확하게 측정해야 한다. 렌즈의 한 부분을 통해 멀리 있는 물체를 보고, 다른 부분을 통해 가까운 물체를 보는 데다가 안경테마다 눈동자 중심이 오는 위치가 다르기 때문이다.

온라인에서 안경을 판매할 때 눈동자의 중심이 오는 위치를 정확하게 조정하는 작업은 특히 까다로울 수 있다. 수석 커뮤니케이션 관리자 카키 리드Kaki Read는 이렇게 설명했다. "모든 안경테가 사람들의 얼굴마다 다르게 얹히므로 대개는 직접 측정해야 했습니다." 와비파커는 온라인 안경사들이 반품 비율이 높지 않도록 안경을 제대로 만들 수 있으리라 확신하면서 주문 과정 내내 고객을 안내해 줄 수 있는 기술을 개발할 때까지 다초점 렌즈 안경의 판매를 보류했다.

고객 경험에 관해서라면 아무리 사소한 사항이라도 거의 빠뜨리지 않고 측정해야 한다. 고객이 자사 매장에서 안경을 구매할 때 판매 직원이 정보를 모두 입력하는 데 걸리는 시간을 결정하기 위해 와비파커는 타이머를 사용해 어떤 단계를 더 빨리 밟을 수 있는지 계산했다. "안경을 써 보는 것은 사회적인 경험이므로 재미있을 수 있습니다. 하지만 정보를 확인하는 과정은 재미가 없죠. 고객의 입장에서는 일단 구매 결정을 내리고 나면 한시라도 빨리 매장을 빠져나오고 싶어 합니다." 블루멘탈이 주장했다. "하지만 기업 입장에서는 고객의 주소, 이메일 주소, 청구 정보 등을 알아내야 합니다. 나는 이것을 저가치 상호 작용이라 부릅니다. 반면에 고객에 적합한 안경테를 찾는 일은 고가치 상호 작용이고요."

와비파커는 데이터를 검토하면서 고객의 이메일 주소를 입력하는 등 필요 이상으로 시간이 걸리는 일들에 초점을 맞췄다. 블루멘탈은 이렇게 설명했다. "무엇이 필요할지는 정말 불을 보듯 분명합니다. @-g-m-a-i-l이라고 한 글자씩 입력하지 않고 버튼 하나를 만들어 @gmail.com을 한꺼번에 입력하면 되지 않을까요? 정말 기가 막히게 단순하고 쉬운 방법이지 않나요? 그렇게 한 번 한다고 해서 와비파커가 1000억 달러짜리 기업으로 하냐고요? 그렇지 않아요. 하지만 그러한 작업을 10억 가지 한다면 가능하죠."

8장

물류 업계를
휩쓰는
치열한 경쟁

LOCUS

7월 어느 월요일 오후 5시 1분 브루클린에 사는 한 온라인 쇼핑객은 컴퓨터 앞에 앉아 구매 버튼을 클릭해서 보노보스에서 판매하는 파란색 위켄드 워리어 스트레이트 핏 바지Weekend Warrior Straight Fit Pants 한 벌과 회색 스트레치 워시트 치노 바지Stretch Washed Chino 한 벌을 주문한다.

제품은 다음 날 집에서 받아 본다.[1]

어떻게 그럴 수 있을까?

제품 배송의 여정은 보스턴에서 북서쪽으로 64킬로미터 떨어진 목가적인 분위기의 준 교외 지역에 들어선 널찍한 창고에서 시작한다. 내부는 일반적인 창고와 비슷해서 밝게 조명을 켜 놓은 수백 개의 통로 양 옆으로 선반이 줄지어 설치되어 있고 그 위에 제품이 쌓여 있다. 하지만 이곳에서는 직원이 아니라 로봇 수십 대가 미로 같은 창고를 여기저기 조용히 미끄러지듯 움직인다. 로봇은 키가 150 센티미터에 무게가 45킬로그램이고, 밑 부분이 둥글면서 목이 길고 팔은 없다. 아마도 키가 크고 세련된 알투디투R2-D2(영화 〈스타워즈〉에 등장한 로봇 - 옮긴이)와 생김새가 비슷할 것이다. 창고에서 로봇들은 단 한 가지 임무, 즉 전자 상거래로 주문받은 제품을 신속하게 찾아 창고 밖으로 내보내는 작업을 매우 효율적으로 처리하도록 설계되었다.

보노보스 제품을 찾는 주문이 들어오면 창고 컴퓨터 시스템이 몇 초 이내로 로봇 하나에 작업을 할당한다. 창고에는 서로 다른 제품 70만 점이 곳곳에 흩어져 보관되어 있지만 로봇은 조금도 시간을 지체하지 않는다. 알고리즘이 가동하면서 적합한 크기와 색상의 바지가 들어 있는 상자에 도달할 수 있는 최적의 경로로 로봇을 보내기 때문이다.

로봇이 상자를 가져오면 직원은 주문받은 바지를 상자에서 꺼내 로봇에 걸려 있는 직사각형 가방에 넣는다. 전형적인 창고에서는 직원들이 하루 8~16킬로미터씩 걸으며 주문받은 제품을 꺼낸다. 효율성이 높은 직원은 한 시간에 품목 50가지를 꺼낼 수 있다. 하지만 보노보스 창고에 가 보면 직원들은 창고 주변에 전략적으로 배치되어 있고, 로봇은 굴러간다기보다 걸어서 제품이 들어 있는 상자를 찾아온다. 로봇은 제품을 꺼내는 임무를 맡은 직원과 팀으로 한 시간에 200가지 품목을 골라낼 수 있다.

고객이 제품을 주문한 지 한 시간을 조금 넘긴 오후 6시 5분 로봇은 여정을 최적화하기 위해 통과하는 길에 모으라고 명령을 받은 다른 제품 여러 개와 함께 주문받은 바지를 가져온다. 직원은 로봇에게 바지를 전해 받는 즉시 깔끔하게 접어서 상자에 담는다. 택배 상자는 창고 적재장에 대기하고 있는 UPS 트레일러 트럭으로 신속하게 운반된다. 이후 제품은 창고를 출발해 근처에 있는 지역 UPS 분류 센터로 운송되었다가 뉴욕으로 향하는 중간에 다른 UPS 트레일러 트럭으로 옮겨지고, 마지막 단계로서 우편 번호가 11208인 브루클린 지역으로 향하는 다른 택배 상자들과 함께 갈색 UPS 밴에 실린다.

화요일 6시 23분 택배 상자가 고객의 현관 앞에 도착한다. 배송비 12달러는 고객에게 청구되지 않고 보노보스가 지불한다.

이러한 과정은 미국 전역에 흩어져 있는 창고에서 하루에도 수백만 번씩 반복된다. 10년 전만 하더라도 그렇게 짧은 시간 안에 그토록 많은 고객에게 제품을 배송하는 일은 불가능했다. 현대 공급망은 신속한 배송을 실현하기 위해 매시간 매분이 중요한 고도로 자동화되고 긴밀하게 짜인 생태계로 진화하고 있다. 자신의 주문이 늦게 처리되거나 사라지지 않는 한 온라인 고객은 결코 볼 수도 없고 생각할 수도 없는 광경이다. 하지만 D2C 브랜드들은 배송의 속도, 정확성, 비용을 개선하기 위해 전전긍긍하며 노력한다.

매사추세츠 창고에서 작업하는 로봇들은 콰이어트로지스틱스 Quiet Logistics가 제작한 2세대 로봇이다. 콰이어트로지스틱스는 미래형 자동화 창고를 구축한다는 목표를 세우고 업계 베테랑 두 명이 2009년 창업했다. 처음에 두 창업자는 다른 회사에서 제작한 로봇을 사용했지만 결국 계약을 파기하겠다는 통보를 받았다. 로봇 공학에 대한 경험이 전혀 없었던 창업자들은 기업의 미래가 경각에 달하자 서둘러 로커스로보틱스Locus Robotics을 설립하고 품질을 개선한 자사 로봇을 만들었다. 지금은 역시 자동화하기 위해 경쟁하고 있는 전 세계 다른 창고들에 자사 로봇을 판매하고 있다.

로커스 로봇이 만들어진 경위는 물류 업계를 휩쓸고 있는 치열한 경쟁과 혁명에 관한 더욱 광범위한 이야기의 일부이다. 한때 물류 산업은 나무 상자를 힘겹게 선적하고 하역하는 건장한 체구의 창고 노동자들로 대표되는 안정적인 사업이었다. 하지만 지금은 컴퓨터 공학 박사들이 알고리즘을 작성하고, 첨단 기술을 개발해 모든 배송 단계에 활용하면서 업계를 이끌고 있다. 공급망 관리는 미국 전역에 있는 대학에서 매년 학생 수만 명이 선택하는 등 가장 빠르게 팽창하고 있는 전공의 하나이다.

2019년 미국 국내에서만 약 180억 개에 이르는 전자 상거래용 소포가 배송되면서[2] 1800억 달러 이상의 물류 수익을 창출했다.[3] 이러한 실적은 10년 전보다 몇 배 증가한 수치이고 앞으로 계속 증가하리라 예측된다. 온라인 주문을 하고 제품을 배송받을 때까지 걸리리라 예상하는 기간도 줄어들고 있다. 전자 상거래 초창기에 고객은 주문 제품을 5~7일 안에 받을 수 있으면 만족했다. 하지만 지금은 그렇게 오래 제품을 받아보지 못하면 무언가 잘못되지 않았는지 의심하고, 심지어 해당 온라인 소매업체를 더 이상 이용하지 않을 수 있다. 물류 수익으로 발생하는 수십억 달러 가운데 일부를 차지하기 위해 모든 배송 단계를 더욱 빠르거나 값싸거나 바람직하게 개선하려는 경쟁이 치열하게 벌어지고 있다.

일부 스타트업은 해외 제조업체에서 미국 항구로 화물을 운송하는 사업에 주력한다. 스타트업에 따라서는 제품을 부두에서 창고로 옮기는 데 주력하거나, 주문을 받은 후에 가장 효율적으로 처리하기 위해 고도로 자동화된 창고와 로봇을 구축하는 데 주력한다. 트럭의 빈 공간을 채울 수 있도록 트럭 운전사들을 지원하거나, 온라인 쇼핑객들이 모든 주문 단계를 추적할 수 있도록 도와주는 스마트폰 앱을 개발하는 데 주력하기도 한다. 많은 기업은 집 문 앞까지 배송하는 소포의 수가 기하급수적으로 늘어나면서 점차 커지고 있는 라스트마일last-mile(제품이 목적지에 도착하는 과정에서 마지막 단계에 해당한다 -옮긴이) 배송에 집중한다. 심지어 전체 온라인 구매의 5~30퍼센트를 차지하는 반품을 더욱 쉽게 처리해 주는 "역물류reverse logistics" 사업에만 집중하는 스타트업도 있다.

이러한 스타트업을 나열하면 이렇다. 쉴렙Schlep, 쉽캄ShipCalm, 쉽호크ShipHawk, 쉬포Shippo, 쉽시Shipsi, 쉽트Shipt, 쉽웨이브스Shipwaves, 쉽와이어Shipwire, 샷풋Shotput, 쉽Shyp, 스토드Stord, 스토가Stowga, 스왑박스Swapbox, 유쉽uShip, 다크스토어Darkstore, 델리브Deliv, 돌리Dolly,

도어대시DoorDash, 카고베이스Cargobase, 카고하운드Cargohound, 카고매틱Cargomatic, 콘보이Convoy, 커브사이드Curbside, 리턴리Returnly, 릭샤Rickshaw, 로디Roadie, 루티픽Routific, 플렉스Flexe, 플렉스포트Flexport, 프레이토스Freightos, 파슬펜딩Parcel Pending, 저스트플레인파슬just plain Parcel, 포스트메이츠Postmates, 러그앤록키트론Lugg and Lockitron, 트럭트랙TruckTrack, 킵트럭킨KeepTruckin, 유트럭미YouTruckMe, 인스타카트Instacart, 메이크스페이스MakeSpace, 나바Narvar, 옵토로Optoro, 로커스로보틱스Locus Robotics 등이다.

기술로 한계를 뛰어넘다

뼛속까지 기술 전문가인 브루스 웰티Bruce Welty와 마이클 존슨Machael Johnson은 1980년대 이후 계속해서 물류 사업에 종사하고 있다. 웰티는 콜로라도칼리지에서 수학과 컴퓨터 과학을 공부했고, 자신의 기술을 사용해 창고 운영을 관리하는 소프트웨어를 만들었다. 1987년 올포인츠시스템스AllPoints Systems를 창업하고, 보스턴칼리지에서 인재를 찾을 때 만난 컴퓨터 프로그래머 존슨과 몇몇 투자자들과 손을 잡았다.

당시만 해도 창고는 막 암흑시대를 벗어나 부상하고 있었는데, 펜과 종이로 기록하면서 재고를 추적하고, 노동자들은 수동 팰릿 잭Pallet jack과 지게차를 사용해 화물을 움직였다.

올포인츠와 여러 경쟁사가 제공하는 창고 관리 시스템 소프트웨어는 작업 효율성을 극적으로 향상시켰다. 창고는 재고를 추적하는 것부터 선반에 쌓여 있는 제품의 위치를 기록하는 것까지 모든 작업을 최초로 전산화했다. 새 기술이 등장하면서 노동자들은 가장 짧은 시간에 해당 팰릿을 찾은 후에 트럭에 싣고 가장 효율적인 경로로 배송을 시작할 수 있었다. 월마트는 부분적으로는 수십억 달러를 투자해 물류 네트워크를 개선하면서 미국 최대 소매업체로 우뚝 섰다.

그러나 새 소프트웨어를 갖췄다고 해서 팰릿과 제품 상자를 소매 매장에 배송하는 물류 사업의 본질은 바뀌지 않았다. 창고업 세계에서 사용하는 용어를 빌리자면 물류 사업은 대량의 제품이 한 매장으로 가는 다 대 일 사업이었다.

웰티와 존슨은 토이저러스Toys "R" Us, 에버레디Eveready 배터리, 메이 백화점May Department Stores을 포함해 자사 소프트웨어를 사용할 유명한 고객군을 구축했다. 또 1990년대 중반에 들어서면서 온라인 소매 기업들도 공략하기 시작했다.

1996년 웰티는 책을 판매하는 신생 기업 아마존에 흥미를 느끼고 올포인츠 고객으로 끌어들이겠다고 결심했다. 아마존에 거듭 연락했지만 아무도 반응을 보이지 않았다. 웰티는 이렇게 회상했다. "심지어 직접 시애틀까지 날아가서 아마존의 여러 창고 중 하나를 불쑥 찾아가려 했어요. 하지만 창고를 찾을 수 없더군요. UPS 운전자에게 근처에 아마존 창고가 있느냐고 물었더니 가르쳐주더라고요. 그래서 그곳까지 걸어가 적재장에 뛰어올라 창고를 배회하며 말을 걸 만한 사람을 찾기까지 했습니다."

결국 올포인츠는 아마존과 계약을 맺지 못했지만 시애틀에 있는 다른 온라인 소매 스타트업인 드럭스토어닷컴Drugstore.com과 최첨단 창고를 세우도록 지원하는 계약을 맺었다.[4]

해당 계약을 맺었다는 것은 전통적인 창고 가동 방식을 재고한다는 뜻이었다. 전자 상거래를 하려면 대형 팰릿이나 제품 상자를 비교적 소수의 매장으로 배송하는 대신에 많은 양의 소형 소포를 여러 다른 장소로 보내야 한다. 이러한 작업을 효율적으로 수행하는 과정은 훨씬 복잡하다. 주문에는 치약, 구강 세정제, 샴푸, 세안제 등 한 가지 이상의 품목이 포함될 수 있다. 주문을 소화하려면 개별 품목들을 신속하게 찾아 소포를 채워서 올바른 주소로 배송해야 한다.

2000년 올포인츠가 드럭스토어닷컴을 위해 세운 자동화 창고에서는 직원이 선반에서 제품을 골라 컨베이어를 이용해 포장 구역으로 운반했다. 당시에는 발전된 기술이었지만 여전히 수작업이 많이 필요했고, 컨베이어가 고장 나거나 속도가 느려지면 작업을 진행하기가 힘들었다.

사업을 성공적으로 정착시키고 나서 새로운 도전거리를 찾고 있던 웰티와 파트너들은 2001년 올포인츠를 3000만 달러에 매각했다.[5] 웰티와 존슨은 그 후 몇 년 동안 투자와 컨설팅을 해 오다가 스타트업인 키바시스템스Kiva Systems가 창고형 로봇을 개발하는 초기 단계에 있다는 소문을 들었다. 부분적으로는 창고 자동화가 효율적이지 않았기 때문에 파산한 온라인 식료품 소매업체 웹밴Webvan의 전 임원이 창업한 곳이었다.

즉시 웰티는 "말도 안 됩니다. 창고에 로봇을 배치한다고 했나요? 어림없어요."라는 반응을 보였다. 하지만 존슨과 함께 창고 로봇에 대한 설명을 들을수록 호기심이 생겼다. 2000년대 중반 이미 스테이플스Staples 같은 몇몇 대형 소매 체인점은 키바 로봇을 자사 창고에 배치했다.[6] 웰티는 예전 고객을 설득해 키바 로봇을 가동하고 있는 창고로 몰래 들여보냈다. 그 고객은 이렇게 회상했다. "정말 깜짝 놀랐어요. 그렇게 멋진 물건은 생전 처음 보았다니까요."

이 무렵 웰티와 존슨은 전자 상거래에 초점을 맞춘 새로운 종류의 창고를 구축하는 것이 어려우리라는 점을 깨달았다. "누구나 물건을 집 문 앞까지 배달해 주면 정말 좋겠다고 말합니다. 하지만 맙소사, 이 말이 세상을 바꾸고 있습니다." 웰티는 설명했다. "사실 당시에는 제품 단가를 기준으로 생각할 때 매장이 아닌 고객의 집으로 제품을 배송하는 비용이 약간 더 비싼 정도가 아니라 훨씬 비쌀 수 있었어요. 소프트웨어, 보관, 포장을 포함해 모든 조건이 잘못 설정되어 있었거든요. 우리는 그 문제를 해결해야 했습니다."

웰티는 창고를 재구축하기 위해 필요한 기술적 돌파구가 바로 키바라는 것을 깨달았다. "키바가 많은 문제를 해결할 것입니다." 그래서 존슨과 함께 스타트업 콰이어트로지스틱스를 창업했다. 콰이어트로지스틱스는 전자 상거래 기업들을 위해 창고를 운영하는 사업 모델을 바탕으로 2009년 독립적인 창고 운영 기업으로는 최초로 키바 로봇을 배치했다. 그러면서 이내 제품을 신속하고 저렴한 비용으로 배송한다는 평판을 구축했다. 콰이어트로지스틱스는 크기, 무게, 거리를 기준으로 UPS나 페덱스에 지불하는 수수료를 포함해 주문 제품을 6~8달러 비용으로 고객의 집까지 배송할 수 있었다. 이 금액은 온라인 소매업체들이 몇 년 전 지불한 비용보다 50퍼센트 이상 낮았다.

웹 전용 패션, 가구, 각종 인테리어 소품을 소매로 판매하는 길트 그룹Gilt Groupe을 포함한 스타트업들과 보노보스가 콰이어트로지스틱스와 계약을 맺고 초기 고객이 되었다. 뮤직파츠플러스Music Parts Plus는 자사의 창고 운영을 콰이어트로지스틱스에 맡기면서 배송 오류를 모두 없앨 수 있었다. 전에는 주문 고객의 약 10퍼센트가 자신이 주문하지 않은 제품을 배송받았다.[7]

남성용 속옷을 판매하는 온라인 소매 기업인 맥웰던Mack Weldon은 2012년 설립된 이후로 콰이어트로지스틱스를 자사 창고로 사용했다. 맥웰던의 창업자인 브라이언 버거Brian Berger에 따르면, 전체 배송비는 수익의 16퍼센트에 근접했지만 콰이어트로지스틱스가 점차 정교한 기술을 사용하는 데다가 맥웰던의 자체 판매량이 늘어난 덕택에 시간이 지나면서 약 10퍼센트로 감소했다. 평균 배송 시간도 줄었다. "콰이어트로지스틱스는 포장 등의 문제를 해결할 수 있도록 우리를 지원했습니다. 또 효율성을 극대화하기 위해 우리 제품을 그들의 창고에 쌓는 최적의 방법을 고안해 내도록 도와주었습니다."

창고 업계 기준에서 생각하면 콰이어트로지스틱스는 비교적 작은 기업이었지만 많은 업계 간행물을 포함해《비즈니스위크》, CNBC, BBC, 〈60분60 Minutes〉등이 웰티를 업계 개척자로 자주 언급했다. 콰이어트로지스틱스는 창업 초기에 윌밍턴Wilmington 소재의 1900제곱미터짜리 작은 창고에 입주해 있었다. 하지만 사세가 계속 확장되면서 창고가 금세 비좁아졌으므로 공간을 늘리기 시작해 마침내 인근 데벤스Devens의 창고 세 개에 입주해 모두 합해 7500제곱미터로 확장했다.

콰이어트로지스틱스는 키바의 전시장 역할까지 맡았다. 키바는 잠재 고객에게 로봇의 실제 작동 모습을 보여 주기 위해 창고를 견학하게 해 달라고 자주 요청했다. 이러한 요청을 받는 것은 콰이어트로지스틱스 입장에서는 상당히 마음 뿌듯했다. 창고를 재구축하려는 창업자들의 비전이 옳았다고 입증해 주기 때문이었다. 웰티는 이렇게 말했다. "정말 멋진 일이라고 생각했어요. 키바가 그 정도로 우리 창고를 자랑하고 싶어 하니까요."

사업가들이 으레 그렇듯 웰티와 존슨은 자사가 성장하는 동안에도 규모가 더 큰 경쟁사 때문에 생겨날 수 있는 위협을 항상 주시하고 걱정했다. 무엇보다 온라인 서점 영역을 훌쩍 넘어서 사세를 확장하고 있는 아마존을 경계했다. 아마존은 자사 웹 사이트에서 판매하는 온갖 종류의 제품을 유통하고, 콰이어트로지스틱스의 고객을 포함한 전자 상거래 기업에 물류 서비스를 제공하기 위해 급속도로 창고 제국을 구축하는 중이었다.

"아마존이 키바를 인수하면 우리는 끝장입니다." 웰티는 2011년 가을 이사진이 모여 경쟁 구도에 관해 논의하는 자리에서 동료들에게 경고했다. 존슨은 당시를 이렇게 회상했다. "모든 참석자들이 '그런 일은 절대 일어나지 않아요. 하하, 혹시 그렇다면 웃긴 일이 아닐까요?'라고 대수롭지 않게 웃어 넘겼습니다."

몇 달 뒤인 2012년 초 키바가 콰이어트로지스틱스를 견학시킨다며 정체불명의 기업에서 파견된 직원들을 데려왔다. 방문객들은 한 시간 반 정도 창고를 둘러보았다. 당시 그들을 동행했던 존슨은 이렇게 기억했다. "그들은 상당히 냉철했습니다. 마치 눈에 들어오는 모든 것을 흡수하려는 사람들처럼 보였어요. 우리 창고에 처음 발을 디뎠을 때 이렇게 말하는 것 같았습니다. '와, 이건 정말 깔끔한 걸. 일반적으로 보던 창고가 아니네. 대체 장비들은 어디 있는 거지? 지게차는 없어?'"

방문객이 떠나고 나서 존슨은 그들이 아마존에서 왔으리라는 예감이 들었다.

존슨의 예감은 맞았다. 처음에 존슨과 웰티는 아마존이 관심을 보인다는 사실을 알고 우쭐했다. 하지만 그러한 자부심은 오래 가지 않았다. 웰티는 이렇게 회상했다. "몇 달이 지났을 때였습니다. 우리 창고에서 목격한 광경에 매우 흡족했던 아마존이 키바를 인수하기로 결정했다는 불행한 소식이 들렸어요.[8] 그리고 1년 후 더 나쁜 소식이 들려왔습니다. 우리가 사용 중인 키바 로봇을 몇 년 안에 모두 철수시키겠다는 통보를 받았거든요. 우리는 창고에 투입할 새 로봇을 찾아야 했어요."

웰티와 존슨은 몹시 당황했다. 애초에 그들은 자동화 창고를 중심으로 전체 사업 모델을 구축했었다. 따라서 키바 로봇은 사업을 운영하는 데 필수 요소였다. 처음에는 키바 로봇 10대로 사업을 시작했지만 지금은 200개를 사용하고 있었다. 웰티는 대안을 찾기 위해 전 세계를 돌아다니며 로봇 개발 기업을 방문하면서도 마음 한편으로 내내 걱정했다. 만약 우리가 키바 로봇을 대체하기 위해 물색한 기업까지 아마존이 인수해 버리면 어떡하지? 그렇게 되면 다시 곤경에 빠지는 것 아닌가?

거물을 상대하는 방법

아마존이 키바를 인수한 이면에는 물류 사업에 광적으로 집착하는 제프 베이조스의 욕망이 도사리고 있었다. 온라인 쇼핑객들이 평생에 걸친 습관을 바꾸고 무조건 아마존에서 제품을 구매하게 만들려면 구매 경험을 상점에 가는 만큼 쉽게 아니 훨씬 쉬우면서도 싸게 만들어야 했다. 소비자가 주문한 제품을 하루 이틀 만에 집으로 그것도 무료로 배송해 주는 것보다 쉽고 저렴한 방법이 있겠는가?

물론 배송을 경쟁 우위로 삼거나 고객이 원하는 장소와 시기에 제품을 배송하는 방식을 기반으로 사업을 구축한 첫 기업은 아마존이 아니었다. 아마존이 첫 책을 팔기 100년 이상 전에 시어스로벅 Sears, Roebuck and Co., 몽고메리워드Montgomery Ward는 19세기 후반 물류업을 발판 삼아 거대 소매 기업으로 성장했다. 해당 기업들의 고객은 우편 주문 카탈로그를 뒤져서 제품을 주문했고, 제품을 배송받을 때까지 몇 주 동안 기다리기도 했다. 하지만 두 소매 기업은 좋은 구매 경험을 제공했으므로 고객의 높은 충성도를 살 수 있었고 특히 제품 선택 폭이 자주 제한적이면서 지역 상점 주인들이 더 비싼 가격을 청구하는 농촌 지역에 거주하는 고객들에게는 더욱 그랬다.

아마존이 물류업에서 공격적으로 혁신을 추구하는 데는 나름대로 이유가 있다. 2017년 아마존이 배송한 소포 양은 50억 개로 여느 기업과 비교할 수 없을 정도로 많았다.[9] 아마존은 고객과 가까운 지역에 물류 센터를 세우고 제품 배송 속도를 높이기 위해 미국 전역에 창고 네트워크를 거미줄처럼 구축했다. 2000년 초반만 하더라도 아마존이 보유한 창고는 몇 개 되지 않았다. 하지만 그 후 창고를 확보하려는 아마존의 노력은 폭주에 가까웠다. 2019년에는 미국 국내에 다양한 형태의 창고와 물류 시설 390곳(이 중에서 50곳 이상은 면적이 9만 3000제곱미터 이상이다)을 운영해서 모두 1136만 제곱미터를 관리하고, 330만 제곱미터의 창고 공간을 추가로 확보한다는 계획을 세웠다.[10] 아마존이 운영하는 창고들을 나란히 늘어놓으면 맨해튼 면적의 약 4분의 1을 차지할 것이다.

한때 아마존은 창고 직원들을 탈진할 지경까지 혹사시키는 것으로 집중 조명을 받았다. 여전히 비난을 받기는 하지만 창고의 노동 여건이 뉴스에 보도되는 사례는 훨씬 줄었다. 지금은 20만 대가 넘는 다양한 형태의 로봇이 배치되고, 고도로 자동화된 컨베이어 시스템이 가동하고, 제품을 선택하고 운반하는 작업의 많은 부분을 사람이 아닌 기계가 담당한다.[11] 아마존은 컨베이어 벨트에서 물건을 내려 배송하기 위해 포장하는 기계를 포함해 새 창고 자동화 장비를 시험하고 있다. 또 UPS 같은 경쟁사들과 함께 항공 배송을 실시하기 위해 소형 드론을 배치하는 계획을 세우고 있다.[12]

아마존은 물류 센터에 수십 억 달러를 투입하는 데 그치지 않고 공급망에 있는 모든 연결 고리에 자원을 쏟아부어 왔다. 전통적인 운송 거대 기업에 제품 배송을 의존하는 정도를 줄이기 위해 자체적으로 장거리 운송 트럭 군단을 모집 중이다. 온라인 쇼핑객의 집중도가 높은 도심에 "수직형" 창고를 만들어 고객이 자주 주문하는 품목들은 프라임 나우Prime Now 프로그램에 따라 두 시간 이내로 배송할 수 있다.

게다가 소포 배송량이 크게 늘어나면서 발생하는 교통 혼잡 문제를 완화하기 위해 아마존 락커Amazon Locker 프로그램을 실험하고 있다. 아마존 락커는 고객의 이웃에 있는 세븐일레븐 등의 장소에 락커를 설치해 제품을 고객의 집 현관이 아니라 락커에 배송하고 고객이 나중에 찾아갈 수 있게 하는 "셀프 서비스" 시설이다.[13]

아마존은 "라스트 마일" 배송 서비스를 촉진하기 위해 다른 접근 방법들도 시도하고 있다. 운전자들이 남는 시간에 소포를 배달해 수입을 올리게 하는 아마존 플렉스Amazon Flex를 출범했고, 한 걸음 더 나아가 좀 더 의욕적인 운전자들이 자체적으로 프랜차이즈 지역 배달 사업을 시작하게 지원한다. 이 아마존 배달 서비스 파트너Amazon Delivery Service Partner 제도는 배달 사업을 시작할 때 필요한 장비를 할 인받아 구매할 수 있고 아마존이 보유하고 있는 물류 기술을 이용할 수 있다는 이점을 지닌다. 또 아마존은 길가에서 고객의 문 앞까지 제품을 운반하고 배달할 수 있는 아이스쿨러 크기만 한 배달 로봇을 가동하기 위해 시험 중이다. 최고재무책임자인 브라이언 올사브스키 Brian Olsavsky는 아마존이 "이틀 무료 배송 프로그램을 하루 무료 배송 프로그램으로 발전시키기 위해" 2019년 2분기만 해도 8억 달러를 투자하겠다고 발표했다.[14] 2019년 여름 페덱스는 아마존을 단순히 고객이 아니라 점차 경쟁 상대로 보고 있다는 신호의 일환으로 미국 국내에서 아마존에 대한 특급 항공 운송 서비스Express Air Freight는 물론 지상 배달 서비스까지 중단할 계획이라고 발표했다.[15]

아마존과 경쟁하는 소매 기업들도 아마존 소속 물류 담당 임원들을 빼내는 등 필사적으로 대항하고 있다. 2016년 타겟Target은 아마존에서 16년 동안 근무하며 승진을 거듭한 아서 발데즈Arthur Valdez

를 공급망 및 운송 담당 부사장으로 영입했다. 아마존은 발데즈가 타겟에 합류함으로써 경쟁 금지 조항을 위반했다면서 소송을 제기했고, 그동안 발데즈에게 지급한 보수가 연간 100만 달러가 넘었다는 말을 흘려서 자사가 경험 많은 물류 인재들을 얼마나 소중하게 생각하는지 강조했다.[16]

수십 억 달러에 이르는 벤처 캐피털 자금을 지원받는 많은 물류 및 공급망 스타트업들은 아마존의 혁신을 모방한다는 목표를 세웠다. "아마존은 물류업계의 거물입니다." 버지니아 대학교 경영대학원 교수로 아마존의 진화를 면밀하게 추적해 온 팀 라세터Tim Laseter가 말했다. "아마존은 대적하기 힘든 네트워크를 보유하고 있고, 사고방식 전체가 기술을 바탕으로 구축되어 있으며, 시간이 지나면서 기술을 더욱 개선하기 때문에 가장 저렴한 비용으로 배송 서비스를 제공할 것입니다."

아마존의 제안을 거절하다

아마존이 키바를 인수하면서 촉발된 위협을 걱정한 사람은 브루스 웰티와 마이클 존슨만이 아니었다. 약 십여 개의 기업들이 전자 상거래의 성장을 이용하기 위해 로봇을 갖춘 고도로 자동화된 창고를 개발하면서, 아마존이 키바 로봇을 외부 기업에 더 이상 판매하지 않겠다고 발표한 후에 생긴 공백을 메우기 위해 경쟁하고 있었다.

2013년 가을 웰티는 한 달 동안 독일, 영국, 일본 소재 로봇 기업들을 방문했지만 창고 작업에 이상적으로 쓸 수 있는 로봇을 찾지 못했다. 출장에서 돌아온 웰티는 다른 기업에서 만든 로봇을 살 것이 아니라 손수 로봇을 만들자고 주장했다.

처음에 존슨은 제 정신이 아니라는 반응을 보였다. 하지만 웰티는 콰이어트로지스틱스가 많은 다른 로봇 기업들과 비교해 유리하다고 주장했다. 창고에서 사용해 보았으므로 키바 로봇의 한계를 파악하고 있었고, 개선된 차세대 창고 로봇에 어떤 기능을 탑재할지 알고 있었기 때문이다. 웰티는 이렇게 언급했다. "우리는 시간을 두고 키바 로봇에게서 불만스러웠던 점을 하나씩 열거했습니다. 그러니 그 문제들을 바로잡으면 되지 않을까요?"

키바의 노동 로봇은 대부분의 사람들이 생각하는 로봇과 다르게 생겼다. 바퀴에 상자를 얹어 놓은 거대한 오렌지색 무당벌레 같아 보이고 가로 세로가 각각 60센티미터와 76센티미터이며 키는 약 30센티미터이다. 제품 주문을 받으면 창고에 있는 표시를 따라 움직여서 제품이 보관되어 있는 선반 아래를 찾아간다. 그런 다음 상자 전체를 창고 직원이 상주하는 구역까지 운반한다. 직원이 주문 제품을 꺼내면 상자를 다시 제자리에 올려놓고 다음 주문 제품을 가지러 떠난다.

이 과정이 번거롭게 들리기는 하지만 파생하는 생산성 이익은 엄청나다. 창고를 돌아다니는 것은 창고 직원이 아니라 로봇이다. 로봇은 제품이 보관되어 있는 장소를 기억하지 못해 검색하느라 시간을 보내지 않고 정확한 장소를 찾아간다. 하지만 움직이는 속도는 느리다. 게다가 키바를 가동하는 것을 고려해 창고를 구축하려면 돈과 시간이 많이 필요할 수 있다.

웰티와 존슨은 반드시 표시된 경로만 따라가는 것이 아니라 무한히 다양한 경로를 따라 자율적으로 더욱 빨리 이동하면서 가격도 비싸지 않은 로봇을 원했다. 또 여름부터 겨울 연휴까지 매우 다양하게 바뀌는 주문 수량에 맞춰 로봇 수를 늘리거나 줄일 수 있는 유연성도 갖추고 싶었다. 또 창고에 특별한 선반이나 다른 장비들을 설치하지 않고 단순히 바코드를 전체에 배치해서 몇 주 안에 로봇을 가동시키고 싶어 했다.

과제가 어렵기는 하지만 웰티는 이렇게 설명했다. "키바를 처음 가동한 이후로 기술이 많이 향상되었습니다. 센서가 개선되었을 뿐 아니라 훨씬 저렴해졌어요. 소프트웨어도 많이 발달했고요. 여태껏 우리가 로봇을 살 수 있었으므로 돈을 투자해 처음부터 만들 필요가 없었을 뿐이었죠. 그래서 더더욱 성능, 속도, 가격 면에서 우수한 로봇을 만들 수 있으리라 자신했습니다."

두 사람은 기본 부속인 기계 부품, 모터, 전자 제어 보드가 포함된 300달러짜리 취미용 로봇 키트를 구입했다. 그러면서 로봇을 앞뒤로 가도록 프로그래밍할 수 있는지 알아보기 위해 여러모로 궁리했다. 다음으로는 좀 더 정교한 로봇 키트인 터틀봇TurtleBot을 사서 무선 통신 등의 기능을 실험했다.

처음에는 콰이어트로지스틱스 내부에서만 프로젝트를 수행했다. 하지만 개발 비용이 증가하자 우선 웰티, 존슨, 후원자들에게서 700만 달러를 모으고 그 후에 벤처 투자자들에게 5900만 달러를 거둬 별개 기업인 로커스로보틱스Locus Robotics를 세웠다.

창고용 로봇을 만든다면 평범하게 들릴 수 있지만 로커스는 로봇 과학자들을 수월하게 채용할 수 있었다. 키바와 다른 로봇 기업에서 일했던 마이크 서스맨Mike Sussman이 2014년 초 하드웨어 엔지니어링 책임자로 합류했다. 서스맨은 로커스에서 일하기로 결정한 것에 대해 이렇게 설명했다. "나는 늘 하얀 도화지에 무언가를 창조하고 싶었습니다. 시장이 호황을 맞고 있었는데 아직 적절한 접근법을 찾지 못했으므로 충족되지 않고 있는 필요가 존재했어요." 과학자와 엔지니어가 주축인 십여 명으로 팀이 곧 결성되었다.

팀은 로봇의 "두뇌(컴퓨터 칩과 회로)"에 복잡한 명령을 보내는 소프트웨어를 작성하는 것, 사물과 부딪히지 않으면서 주위를 돌아다닐 수 있도록 로봇에 최첨단 카메라와 레이저 센서를 장착하는 것이 최대 난제라는 사실을 이내 인식했다.

로봇이 혼잡한 창고를 원활하게 이동할 수 있도록 프로그램을 작성하는 데 1년이 걸렸다. "맨해튼의 거리를 걷는다고 생각해 보세요. 다른 사람들과 부딪치는 상황을 피하기 위해 끊임없이 머릿속으로 즉시 계산을 해야 합니다." 웰티가 회상했다. "정말 코미디가 따로 없었어요. 소프트웨어 코드를 제대로 작성했다고 생각했는데 로봇이 빠른 속도로 움직이다가 서로 충돌하기도 했죠."

　다른 산업용 로봇 기업에 근무하다가 주임 로봇 기술 책임자로 로커스에 합류한 브래들리 파워스Bradley Powers는 매사추세츠주 윌밍턴이 있는 본사 연구 개발 연구소에서 3~4일 동안 쉬지 않고 일한 적이 많았다. "시간 가는 줄 몰랐어요. 로봇은 자신이 인식하지 못하는 무언가를 보면 약간씩 길을 잃고 엉뚱한 곳으로 가기도 합니다." 이러한 문제를 해결하기 위해 알고리즘을 작성하고, 로봇을 시험하고, 알고리즘을 다시 작성하고, 더욱 많은 시험을 실시하는 과정을 반복하는 고된 과정을 거쳐야 했다.

　팀은 로봇을 창고에 투입하기 전에 시제품 십여 개를 만들었다. 배터리로 작동하는 로커스 로봇에는 기계적인 팔이나 다리가 없다. 대신 네 개의 바퀴 위에 낮고 밑이 둥근 "몸통"을 얹었다. 우아하게 디자인된 기다란 "목"을 붙인 몸통에는 창고 선반에서 제품을 수집하고 운반하는 용도로 플라스틱 가방 세 개까지 담을 수 있다. 목 상단에서 "얼굴"에 해당하는 부분은 로봇이 수집할 다음 제품을 보여주는 컬러 컴퓨터 스크린이다.

　2015년 말 로커스는 광범위한 시험을 실시하고 나서 로봇 몇 대를 콰이어트로지스틱스의 창고에 배치했다. 로봇은 기대보다 훨씬 좋은 성과를 거뒀다. 직원 두 명이 여덟 시간 동안 작업한 양을 로봇과 직원 한 명이 두 시간 만에 해치웠다.

　몇 달 후 존슨은 주목을 끌기를 희망하면서 물류 무역박람회에 로봇 몇 대를 선보였다. 로커스는 부스를 설치해 로봇들이 이리저리 돌아다니며 창고에서 주문 제품을 수집하는 광경을 시뮬레이션했다. 존슨은 50명 정도라도 부스를 방문해 주기를 바라며 매우 초조해했던 기억이 난다고 털어놓았다. 결국 부스 방문자는 월마트, 아마존, DHL의 임원들을 포함해 500명에 가까웠다. 존슨은 이렇게 회상했다. "하루 일정이 끝나고 조명을 끌 시간인데도 사람들은 여전히 부스를 떠나지 않으면서 로봇이 작업하는 모습을 보여 달라고 요청했습니다."

2018년 5월 미국 특허청 심사관들이 로커스로보틱스를 방문했다. 웰티는 이렇게 회상했다. "우리는 그동안 물류 분야에서 정말 많은 특허를 출원했습니다(로커스로보틱스는 수십 건을 출원해 10개 이상의 특허를 받았다). 한 기업에서 이토록 많은 특허를 출원한 사례는 거의 없습니다.[17] 심사관들은 창고를 견학하고 싶어 했어요. 창고업에 종사하는 사람들이 로봇을 만들 수 있으리라고 누가 생각이나 했겠습니까?"

콰이어트로지스틱스는 아마존과 키바 때문에 사업에 타격을 입었지만 로커스의 지원을 받으면서 바로 그해에 사업을 확장할 수 있었다. 2019년 서해안 지역까지 손을 뻗으면서 총 면적이 18만 6000제곱미터에 이르는 창고 공간을 운영하고, 2021년까지 그 면적을 두 배로 늘릴 계획을 세웠다. 고객 수도 여행 가방 스타트업인 어웨이, 온라인 매트리스 브랜드인 터프트앤니들 등의 브랜드를 추가하면서

60개 이상으로 늘렸다.[18]

로봇을 투입한 창고는 전국에 흩어져 있는 창고의 10퍼센트에 불과했으므로 웰티와 존슨은 로커스에 투자한 것이 결실을 맺을 수 있으리라 확신하고 있다. "비유를 들어 말하자면 아마존은 물류 업계에 군비 경쟁을 일으켰고, 로커스는 무기 거래상에 해당합니다." 로커스의 최고경영자인 릭 폴크Rick Faulk가 언급했다. "아마존은 우리가 보유한 최고의 마케팅 무기이고 우리 사업은 이제 걸음마를 시작했습니다."

로커스는 많은 경쟁에 직면해 있다. 경쟁사의 하나인 자율형 모바일 로봇 스타트업 식스리버시스템스6 River Systems는 2019년 말 쇼피파이에 4억 5000만 달러에 인수되었다. 현재 로커스는 업계 선두 주자의 하나로 꼽히고 있다.[19] 로커스는 대당 3만 달러를 즉시 지불해서 로봇을 구입하고 싶어 하지 않는 창고 운영자들에게는 월 1000달러를 받고 로봇을 대여한다.

DHL도 로커스의 첫 고객이었으며 약 1년 동안 로커스 로봇 여섯 대를 시험 가동했다. DHL의 북미 사업 담당 부사장인 애드리안 쿠마Adrian Kumar는 이렇게 설명했다. "우리는 생산성 지표를 중요하게 생각합니다. 로커스와 협력하면서 생산성이 최대 두 배까지 크게 증가했어요." 그러면서 DHL은 로커스 로봇의 보유 대수를 100대까지 발 빠르게 늘렸다.[20]

웰티는 잠재 고객 하나를 거절한 적이 있다고 털어놓았다. "아마존이 연락해 왔지만 우리가 거절했어요. 아마존을 돕는 일을 할 필요는 없지 않나요?"

쾌이어트로지스틱스는 아마존과 다른 전쟁을 벌일 각오를 다지고 있다. 수십억 달러가 투입된 재개발 복합 단지인 허드슨 야드 Hudson Yards의 개발사인 릴레이티드컴퍼니스Related Companies를 포함해서 대형 부동산 기업 두 곳이 2019년 5월 약 1억 달러를 지불하고 쾌이어트로지스틱스를 인수했다.[21] 웰티는 거대 경쟁사와 마찬가지로 당일 배송을 실시할 수 있도록 "수직형" 창고를 구축해 아마존에 대항하는 기업을 구축하는 것이 사명이라고 강조한다. 또 새 창고에는 당연히 로커스 로봇이 가득 돌아다니리라 기대한다.

눈앞에 보이지 않는 것들

로스앤젤레스에서 동쪽으로 50킬로미터가량 떨어진 캘리포니아주 온타리오에 자리를 잡고 있는 동굴 같은 창고는 면적이 15만 제곱미터이고 미식축구 경기장 거의 서른 개를 합쳐 놓은 것만큼 크다. 내부에는 컨베이어 시스템 80킬로미터가 뻗어 있다. 밖에는 트레일러 두 대를 연결한 대형 트럭 1000대를 세울 수 있는 주차장이 펼쳐진다. 1980년 케이마트Kmart가 이 창고를 짓고 2004년 시어스로벅이 인수했다. 창고에는 30년 넘게 제품이 가득 들어서 있었다.

하지만 2017년까지 케이마트와 시어스의 사세가 기울면서 통로 수백 개를 따라 빼곡히 들어선 4.6미터 높이의 금속 선반들은 을씨년스럽게 텅 비어 있다. 두 소매 기업은 과거와 달리 제품을 많이 쌓아둘 필요가 거의 없었다. 쇼핑객들이 집에 머물면서 대개 다른 소매 업체에서 온라인으로 제품을 구매하기 때문이다.

1년 후 많은 선반은 케이마트와 시어스 매장에 입고되는 제품이 아니라 전자 상거래 기업 십여 군데에서 판매될 제품으로 채워졌다. 이 제품들은 칼 시브레히트Karl Siebrecht의 독창적인 창작품인 동시에 창고업 세계의 에어비앤비라는 평가를 받고 있는 수단을 통해 창고로 보내졌다.

시브레히트는 시애틀에서 한 칵테일파티에 참석했다가 커피 스틱, 양주용 작은 유리잔, 잔 받침 등 술집 용품을 판매하는 사업을 시작한 친구의 친구를 우연히 만났다. 그 친구는 사업은 잘 돌아가고 있지만 필요 없을 때가 많은데도 창고 대여료를 꼬박꼬박 지출해야 한다면서 투덜댔다. 기업의 매출은 계절 등 다양한 이유로 수시로 바뀌는데 대부분의 창고는 고정된 크기의 공간을 최소 1년 동안 대여하는 것을 조건으로 내세우기 때문이다. 매출 성장세를 예측할 수 없는 스타트업의 경우에는 이 문제가 특히 아쉽기 마련이다.

시브레히트는 곰곰이 생각하기 시작했다. 끊임없이 새 사업을 창업했던 시브레히트는 당시에 두 번째로 창업한 디지털 광고 소프트웨어 기업을 매각하는 단계를 밟고 있으면서 다음에 어떤 사업을 벌일지 고민하던 참이었다. 이 남자의 술집 용품 사업과 비어 있는 공간이 있는 창고를 연결해 주는 사업을 하면 어떨까? 성사만 된다면 양측에 이익을 안길 수 있었다. 창고는 텅 빈 선반 일부를 채워 돈을 벌 수 있고, 소비재 기업은 장기 임대 계약을 맺지 않고서도 자사가 필요로 하는 장소에 원하는 기간만큼 공간을 확보할 수 있다. 게다가 고객에게 사업 개념을 설명하기도 수월할 것이다. 자기 집에 있는 방을 빌려 주려는 사람과 여행객을 연결해 주는 에어비앤비와 마찬가지로 시브레히트가 창업하려는 기업은 창고와 고객을 연결시켜주고 수수료를 받을 것이다.

전자 상거래 사업가들은 해당 사업 모델에서 다른 이익도 얻을 수 있다. 시브레히트가 충분한 규모로 창고 네트워크를 구축할 수 있다면 전략적으로 전국 여러 지역에 창고를 확보할 수 있으므로 배송 속도를 높여 더욱 경쟁력을 갖추어서 아마존에 대항할 수 있을 터였다. "스타트업이 직면한 근본적인 문제의 하나는 자사 제품을 소비자에게 얼마나 빨리 배송할 수 있는지, 그때 비용은 얼마나 드는지입니다."

이러한 사업 모델을 구상하고 시브레히트는 플렉스를 창업했다. 네트워크를 형성할 만큼 창고를 모집하는 작업은 겉으로는 쉬워 보였지만 예상보다 힘들었다. 웬만한 네트워크를 형성하려면 임계량을 넘어야 하기 때문이다. 시브레히트는 이렇게 설명했다. "창고업은 최첨단과 거리가 먼 구식 산업입니다." 그러면서 창고 업계가 보인 전형적인 반응을 언급했다. "언제든 고객을 유치할 수 있는데 어째서 플렉스에 10~15퍼센트의 수수료를 주어야 하나요?" 이 질문에 대해 시브레시트는 이렇게 대답했다. "우리가 고객을 확보해 줄 것입니다. 따라서 우리가 당신 기업에 더 큰 수익을 안기지 않으면 비용은 전혀 발생하지 않습니다."

첫해 동안 시브레히트는 지하실에서 일하면서 창고를 서서히 확보해 나갔고, 그가 이끄는 작은 팀은 고객과 창고 공간을 연결하는 웹 사이트를 구축하고, 네트워크를 형성하는 모든 창고가 같은 수준의 서비스와 품질을 제공하기 위해 사용할 소프트웨어를 만들었다. 창고 몇 개에서 불상사가 발생하면 결국 네트워크에 있는 모든 창고의 평판에 금이 갈 수 있기 때문이었다. 시브레히트는 초기에 두 번에 걸친 벤처 캐피털 투자 설명회에서 2100만 달러를 모으면서 우선 시애틀과 로스앤젤레스에서 집중적으로 사업을 추진했다. 두 도시 모두 서해안의 주요 항구이고 많은 창고를 갖춘 환승 거점이었기 때문이다.

로커스로보틱스에서 그랬듯 시브레히트는 아마존이 보유한 세력 확장이 자사에 이롭게 작용했다고 말했다. "지난 몇 년 동안 우리는 변화해야 한다는 절박한 필요를 느꼈고, 결국 그래서 힘을 낼 수 있었습니다." 2015년 자사 네트워크에 들어온 창고는 수십 곳에 불과했지만 점차 늘어나서 2019년 중순에는 총 창고 수가 미국 도시 575곳, 캐나다 도시 40곳에 걸쳐 모두 1000개를 넘어섰다. 시브레히트는 이 수치가 아마존의 전체 물류 시설 400곳을 훨씬 초과한다고 설명했다.

플렉스의 홈페이지는 에어비앤비와 비슷해 보인다. 로스앤젤레스에서 창고 공간을 찾고 있는 사업가가 플렉스닷컴Flexe.com을 방문하면 온타리오에 있는 케이마트와 시어스의 모회사가 소유한 15만 제곱미터짜리 이노벨Innovel 창고를 포함해 다양한 크기와 장소의 창고들을 표시해 놓은 지도를 볼 수 있다.

2016년 말 고전하고 있던 거대 소매 기업 이노벨은 매출이 하락하면서 예전만큼 많이 필요하지 않았기 때문에 창고들을 매각하고 있었다. 시카고 교외에 있는 이노벨 본사의 선임 관리자인 라이언 고레츠키Ryan Gorecki는 "우리에게는 빈 창고 공간이 많았습니다"라고 말을 꺼냈다가 잠시 멈추고는 이내 "온갖 지역에요"라고 덧붙였다. 당시 고레츠키는 동료의 책상에서 플렉스의 책자를 보았다.

호기심을 느낀 고레츠키는 플렉스에 전화를 걸었다. 플렉스가 설명하는 사업 개념을 이내 이해했지만 상사들은 대뜸 회의적인 반응을 보였다. 로레츠키는 "우리가 한물 갔다는 사실을 기억해야 합니다"라고 운을 떼면서 시브레히트가 난제에 부딪히며 오히려 추진력을 얻었다고 말했던 것과 같은 취지에서 이렇게 말했다. 고레츠키는 특히 자사 사업이 어려운 곤경에 빠져 있다는 사실을 고려할 때 이제 잃을 것이 거의 없다면서 상사들을 가까스로 설득했다. 자사 창고 몇 개를 플렉스의 네트워크에 등록시키고 나자 곧 수익을 거두기 시작했다. 이노벨은 이내 등록 창고수를 20여 개 이상으로 늘려서 빈 공간을 채우고 연간 "수백만 달러"에 달하는 추가 수익을 거뒀다.

온타리오 소재 창고의 초기 플렉스 고객들 중에는 온타리오 매트리스 소매업체인 캐스퍼Casper와 럴Lull, 홈랩스hOmeLabs 브랜드의 미니 냉장고를 포함한 소형 가정용 기기의 제조사인 모호크Mohawk, 온라인 의료 장치 기업인 바이브Vive, 야외용 기기 전자 소매업체인 캥거루Kangaroo 등이 있었다. 플렉스 고객 중에서 가장 작은 창고 면적을 사용한 기업은 카고Cargo였다. 카고는 목캔디, 입술용 크림, 육포, 초코바, 에너지 음료수, 아스피린 등 편의점에서 판매하는 자지레한 제품들이 담긴 상자를 우버와 리프트Lyft의 운전자들에게 판매하고, 운전자들은 해당 제품을 고객에게 되팔아 약간의 추가 수입을 올렸다. 바이브는 창고 면적을 약 4650제곱미터 점유했고, 카고는 초기에 230제곱미터까지 사용 면적을 늘릴 수 있는 역량을 갖췄지만 90제곱미터 미만의 공간만 사용했다. 과거에 대형 창고가 고객에게 임대하던 시기에는 빌릴 수 없었던 작은 면적이었다. 고레츠키는 이렇게 지적했다. "이러한 전자 상거래 고객들 중에서 일부 기업에게는 자사의 성장 잠재력이 어떤지 묻습니다. 어떤 스타트업에게 필요한 창고 면적이 오늘은 45제곱미터에 불과할 수 있지만 1년 안에 2000제곱미터로 늘어날 수 있기 때문입니다."

플렉스는 거대 기업인 UPS와 이미 경쟁하고 있다. UPS는 자사의 창고 네트워크와 다른 기업들의 창고에 있는 빈 공간을 채울 방법을 모색하기 위해, 사내 스타트업인 동시에 실질적으로 플렉스를 모방한 웨어투고Ware2Go를 설립했다. 웨어투고는 자신들의 홈페이지에서 "언제 원하든 어디를 원하든 당신의 필요에 맞출 수 있습니다"라고 약속한다.

UPS가 주위의 의심을 살 정도로 플렉스와 비슷한 사업 계획을 세우자, 플렉스와 투자자들은 자신들이 거대 시장에 진입했다고 확신할 수 있었다. 2019년 중반 플렉스는 벤처 캐피털 기업들에게 4300만 달러를 모아 투자 자금을 모두 합해 6400만 달러까지 늘려서 사업을 확장하고 새 경쟁사를 물리치는 데 힘썼다.[22]

시브레히트는 덤빌 테면 덤벼 보라고 말하면서 이렇게 덧붙였다. "이 사업을 시작하고 나서 나는 트럭, 비행기, 배, 기차를 예의 주시하기 시작했어요. 물류 시스템은 금융 시스템보다 규모가 큽니다. 우리가 어디를 가든 항상 우리 눈앞에 있지만 결코 알아차리지를 못하죠."

9장

위험을
감지하지 못했던
거대 기업의
선택

Sit'n Sleep
YOUR MATTRESS SUPERSTORE

미국에 있는 어느 매트리스 매장이라도 들어가 전시장을 둘러보라. 우선 심호흡을 하는 것이 좋다. 앞으로 매우 어리둥절하고 짜증이 나서 차라리 자동차를 사는 것이 더 쉽고 즐겁다고 생각하게 될 것이기 때문이다.

매트리스를 구매하기 위해 먼저 온라인에 들어가 공부를 약간 했더라도 실제로는 전혀 도움이 되지 않을 것이다. 매트리스 업계가 지나치게 많은 선택 사항을 늘어놓는 바람에 소비자를 의도적으로 혼란에 빠뜨리기 때문이다.

캘리포니아주 컬버시티Culver City 소재 쇼핑몰에 있는 싯앤슬립Sit'n Sleep은 가격대가 500달러에서 1만 1000달러인 매트리스 134종을 판매한다. 썰리 프리미엄 조이 킹Sealy Premium Joy King은 993.99달러, 썰타 퍼펙트 슬리퍼 샌달우드Serta Perfect Sleeper Sandalwood는

1382.99달러, 썰타 블루 퓨전 1000 엘에프 킹Serta Blue Fusion 1000 LF King은 2659.99달러, 에어룸 라구나 피엘 킹Aireloom Laguna PL King은 5978.94달러, 템퍼-컨투어 엘리트 브리즈 스플리트/듀얼 캘리포니아 킹Tempur-Contour Elite Breeze Split/Dual California King은 7598달러, 템퍼-어고 프리미어Tempur-Ergo Premier는 1만 1396달러이다. 매장에서 매트리스에 누워 볼 시간이 짧았고, 자신에게 맞는 매트리스인지 확인해보려면 최소한 며칠은 그 위에서 잠을 자 봐야 한다고 치자. 하지만 매트리스를 배송받았는데 마음에 들지 않으면 환불받을 생각은 버려야 한다. 씻앤슬립은 환불이 아니라 다른 매트리스로 교환하는 것만 가능하고, 게다가 20퍼센트의 수수료를 부과한다.[1]

자동차로 15분 거리에 있는 매트리스 매장 여섯 군데의 가격과 온라인으로 조사한 가격을 비교해 보고 싶은가? 그렇다면 행운을 빈다. 다른 소매업체에서 판매하는 많은 매트리스는 같은 기업에서 만든 동일한 제품이라도 이름은 다를 가능성이 크다. 이러한 혼란은 다분히 의도적이다. 이 소매업체들에서는 판매원들이 수수료를 받고 일하므로 소비자가 가격을 비교하는 것을 좋아하지 않는다. 설타 시몬스Serta Simmons와 템퍼-썰리Tempur-Sealy는 미국 매트리스 시장의 약 70퍼센트를 장악하면서 시장을 균등하게 둘로 나누고 기꺼이 협력한다. 두 기업은 제조업체와 소매업체에게 돌아가는 이익은 물론 판매원이 하루에 매트리스 두 개만 팔아도 좋은 실적을 거두고 획득하는 수익을 극대화하기 위해 고안된 매우 편안한 관계를 형성하고 있다.

존 토마스 "JT" 마리노John Thomas "JT" Marino 부부는 2010년 3000달러 이상을 주고 템퍼-페딕 폼 매트리스를 구입했다. 최근 펜실베이니아주립대학교에서 수학과 컴퓨터 과학을 전공하고 졸업한 마리노에게 이 매트리스는 여태껏 구매한 중에서 가장 값비싼 제품에 속했다. 그는 여러 매장을 돌아다니며 가격을 비교하려 했지만 불가능하다는 사실을 깨달았다. 게다가 배달하는 사람들이 약속한 시간에 오지 않았으므로 매트리스를 기다리느라 이틀 동안 휴가를 내야 했다. 그는 "악몽이었어요. 살아오면서 겪은 정말 끔찍한 경험이었습니다"라고 언급했다. 마침내 매트리스를 배달받기는 했지만 마리노 부부는 잠을 자 보고 나서 매트리스가 마음에 들지 않았다. 하지만 반품 절차가 매우 번거로웠으므로 그대로 사용해야 했다.

18개월가량 지난 2012년 봄, 27세였던 마리노와 그의 대학교 친구이자 당시 24세였던 박대희는 마리노가 "쇼핑용 핀터레스트Pinterest"라고 묘사한 앱을 개발하는 스타트업에서 일하고 있었다. 두 사람은 자신들의 생활이 불행하다고 느꼈다.[2] 마리노는 이렇게 회상했다. "우리는 소프트웨어맨이었지만 소프트웨어에서 벗어나 문제를 해결하고 싶었어요. 우선 개인적으로 경험한 문제에서 출발하고 싶었습니다. 그래서 약 2주 동안 과거에 분개했던 구매 경험들을 기억해서 모조리 적기로 했죠." 두 사람이 잠재적인 사업 거리로 열거한 목록에는 온라인에서 맞춤형 비타민 패키지를 판매하는 사업이 있었지만 이미 다른 기업들이 시작한 후였다. "계속 머릿속을 맴돌았던 것은 매트리스를 구매했던 경험이었어요. 우리가 생각해 낸 아이디어 중에서 가장 진부하기는 했지만 내가 2010년에 매트리스를 구매하며 겪은 경험이 워낙 강렬하게 머리에 박혔거든요."

그래서 두 사람은 메모지를 꺼내 놓고, 매트리스를 구입할 때 누구나 싫어하는 점과 이러한 문제를 바로잡을 수 있는 방법들을 생각나는 대로 적었다. 마리노는 "이것은 첨단 기술이 필요한 사업은 아니었습니다"라고 인정했다. 두 사람은 구매를 강요하는 판매원, 높은 이윤, 비싼 배달과 반품 비용, 지나치게 많은 매트리스의 혼란스러운 배열 등을 문제로 열거했다.

마리노와 박대희는 각각 3000달러를 투자하기로 하고 연매출이 160억 달러 이상인 매트리스 업계를 공격할 계획을 세우기 시작했다. 나중에 드러난 사실에 따르면 스타트업 한두 군데가 아니라 수십 군데도 이미 업계에 진출할 준비를 하고 있었다. 많은 소비재 범주에서 진입 장벽에 금이 가고 있었다면 매트리스 업계에서는 붕괴가 일어나고 있었다. 판매 경쟁은 난투극이 될 것이고, 따라서 탄탄하게 뿌리를 내리고 있는 기존 기업들은 자사의 텃밭을 지키기가 매우 어려울 수 있었고 신규 기업들의 전술을 모방하려 노력할 때조차도 마찬가지였다. 또 빠르게 성장하는 혁신기업들은 모방 경쟁사로 붐비는 시장에서 이익을 거두기가 매우 어려울 수 있었다.

2012년 당시만 해도 많은 소비자들이 과연 비싼 물건을 온라인으로 구매할지는 여전히 미지수였다. 소비자들이 온라인으로 면도기를 살까? 면도기 가격은 몇 달러에 불과했다. 소비자가 면도기를 좋아하지 않으면 어떡할까? 가격은 수백 달러인데 아주 잠깐이라도 누워 볼 수 없는 매트리스는 온라인으로 살까? 글쎄.

마리노와 박대희는 이러한 질문에 대한 대답을 찾고 싶었다. 그래서 판매할 제품을 결정하기도 전에 프로그래밍 기술을 사용해 테스트를 실시했다. 막 창업한 기업을 터프트앤니들로 부르고 모형 웹 페이지를 만들었다. 여기에 재고 매트리스의 사진을 올리고, 신속한 무료 배송과 반품 서비스를 제공하고, 클릭해서 주문하는 버튼을 만들고 신용카드 정보를 입력하게 했다. 마리노는 이렇게 설명했다. "우리는 기업을 창업한 몇몇 친구들에게 조언을 들었습니다. 가족이나 친구가 아닌 사람들, 우리가 잘 알지 못하는 사람들에게 지갑을 열게 한다면 사업을 제대로 수행하고 있는 증거라고 했습니다."

2012년 6월 어느 날 저녁 두 사람은 온라인 테스트를 가동했다. 마리노는 구글의 공동 창업자인 세르게이 브린Sergey Brin과 고 스티브 잡스가 들린 장소로 유명한 팰로앨토 시내의 쿠파 카페Coupa Café로 향했다.[3] 박대희는 방문객을 사이트에 끌어들이기 위해 구글 검색 광고를 냈다고 마리노에게 전화로 말했다. 15분 쯤 지났을 때 박대희가 다시 전화를 했다. "방금 주문을 받았어."

마리노는 의자에서 벌떡 일어섰다. "나는 큰 소리로 '만세!' 하고 외쳤어요. 모두들 대화를 멈추었고 쥐 죽은 듯 침묵이 흘렀습니다.

그러더니 일제히 등을 돌려 나를 보더니 빙긋이 웃으며 고개를 끄덕였어요. 모두 실리콘 밸리에서 활동하고 있었으므로 무슨 일이 일어났는지 짐작했던 거죠." (아직 판매할 제품이 없었으므로 신용카드 결제를 받지는 않았다고 마리노는 서둘러 덧붙였다.)

온라인 테스트를 무사히 치른 마리노와 박은 비용이 더욱 저렴하고 직원을 채용하기 더 쉬운 피닉스에서 회사를 설립하기로 결정했다. 마리노는 이렇게 설명했다. "실리콘 밸리에서 활동하는 사람들은 상위 20대 기업에서 일하는 엔지니어이거나 디자이너이거나, 자기 사업을 창업한 사람들입니다. 이러한 사람들을 하는 일을 그만두게 하고, 운영 자금이 없는 매트리스 스타트업에 합류시키는 것은 쉽지 않으니까요."

하지만 두 사람은 무엇보다 매트리스를 제조하는 방법을 알아내야 했다. 마리노는 맨 먼저 2010년에 구매한 매트리스를 분해했다. 몇 가지를 조사하고 나서 주로 폼과 직물을 포함해 매트리스에 들어가는 재료의 비용이 200달러 정도라는 결론을 내렸다.

나중에 알고 보니 마리노와 박대희는 폼 매트리스가 출현한 덕택에 기술적으로 생산하기 쉬운 제품을 선택할 수 있었다. 스프링 코일을 내장해서 무겁고 부피가 커서 다루기 힘든 매트리스가 수십 년 동안 시장을 지배해 왔다. 이러한 매트리스는 제조하기 복잡하고 배송비도 많이 들었다. 그러다가 항공기 좌석과 등받이의 안전과 편안함을 향상시키기 위해 1960년대 NASA의 아메스 연구 센터Ames

Research Center가 "점성과 탄성을 갖춘" 메모리 폼을 개발하면서 새로운 유형의 매트리스 재료가 등장했다. 메모리 폼은 인체에 맞추고, 압력을 흡수하고, 다시 원래 모양으로 돌아오는 속성을 보였다. 처음에는 만들기 어렵고 비쌌지만 시간이 흐르면서 기술이 향상되었고, 마침내 1991년 한 스웨덴 기업이 "템퍼-페딕 스위디시 매트리스 Tempur-Pedic Swedish Mattress를 출시했다.[4]

한때 틈새 제품이었던 폼 매트리스는 프리미엄 가격에 판매되면서 다음 20년 동안 전체 매트리스 매출의 약 30퍼센트를 차지할 정도로 시장이 성장했다.[5] 많은 미국 제조업체가 제조에 뛰어들면서 폼 매트리스의 가격은 떨어졌지만 좋은 품질을 갖춘 제품의 소매가격은 여전히 높았다. 주요 이유를 살펴보면 이랬다. 매트리스 기업인 템퍼-페딕이 2013년 씰리를 인수하고,[6] 사모펀드 기업인 어드벤트 인터내셔널Advent International이 썰타와 시몬스의 지분을 다수 보유하면서 가격 경쟁이 제한되었다.[7] 또 업계의 거대 기업인 매트리스펌 Mattress Firm이 경쟁사들을 인수하고 3500개 이상으로 매장 수를 확대하면서 한때 극도로 분열되어 있던 매트리스 소매 기업들 사이에 경쟁이 줄어들었다.[8]

터프트앤니들에서 판매할 수 있는 폼 매트리스를 확보하기 위해 마리노는 자동차를 몰고 미국 동해안과 서해안 일대를 누비며 공급업체와 제조업체의 문을 두드렸다. 많은 기업이 마리노의 말에 귀를 기울이지 않았다. 마리노는 이렇게 설명했다. "그들은 혁신 기업, 다시 말해 자신들이 제품을 공급하고 있는 업계를 뒤흔들려는 기업과 얽히고 싶어 하지 않았습니다. 그러다가 드디어 '매트리스를 만들어 줄 수는 없지만 폼은 공급해 주겠습니다. 그리고 당신들이 알아야 하는 사항들을 가르쳐주겠습니다'라고 말하는 제조업체를 만날 수 있었다.

매트리스 사업에 필요한 지식으로 무장한 마리노와 박대희는 코네티컷주에 있는 한 제조업체와 손을 잡았다가 상황이 여의치 않자 캘리포니아주 부에나비스타Buena Vista에 있으면서 폼 소파용 쿠션 같은 제품을 만들며 다각화 방안을 모색하는 가족 소유의 작은 가구 제조업체로 갈아탔다. 폼 매트리스는 무료 배송을 제공하는 온라인 스타트업이 판매하기에 이로웠다. 압축된 폼 매트리스는 상대적으로 작은 상자에 넣을 수 있어서 배송비를 50달러까지 낮출 수 있다. 이와 대조적으로 스프링을 내장한 매트리스는 평평한 상태로 운반해야 하고 두 사람이 필요하므로 배송비가 두세 배 더 든다. 부에나비스타 공장에는 매트리스를 압축할 기계가 없었으므로 처음에는 손으로 압축했다. 매장용 진공청소기로 폼에서 공기를 빨아들이고 나면 직원들 중 한 명이나 이따금씩 마리노가 직접 매트리스 위에 무릎을 꿇고 접어서 상자에 넣었다.[9]

터프트앤니들은 매트리스를 온라인에서 최초로 판매한 기업은 아니었다. 포장이 자사의 전략과 이미지 실현에 중심적인 역할을 했지만 나중에 알고 보니 매트리스를 상자에 넣어 배송하는 아이디어를 처음 낸 것도 아니었다. 2017년 테네시주 존슨시티에서 창업한 베드인어박스BedInABox는 자사가 원조라고 주장한다. 베드인어박스 창업자의 딸이자 마케팅최고책임자인 멜리사 클라크Melissa Clark는 다음과 같이 애석해했다. "우리는 가족이 운영하는 작은 기업입니다. 경쟁업체들이 우리가 시작한 아이디어를 가져다가 다음 단계로 나아가는 놀라운 일을 해내고 있어요."

2012년 10월 터프트앤니들은 벤처 캐피털 자금을 유치하지 않고 운영 자금을 자체 조달하면서 매트리스를 판매하기 시작했다. 매우 기본 사양만 갖추고 두께가 12.7센티미터에 불과한 초기 형태의 트윈용 매트리스는 350달러였다. 와비파커나 달러쉐이브클럽과 달리 터프트앤니들은 초기에 그다지 관심을 받지 못했고 판매도 부진했다. 마리노는 이렇게 시인했다. "처음에는 반품이 꽤 많았습니다. 하지만 고객 만족도가 높아져서 소개를 받기 시작할 때까지 끊임없이 노력했어요."[10]

터프트앤니들은 매트리스 품질을 향상시키면서 자사 웹 사이트에서 벗어나 아마존에서 매트리스를 판매하는 전략으로 전환했고, 아마존 구매자들에게 높은 평점을 받으면서 광고에 지나치게 많은 비용을 쓰지 않고도 매트리스 판매량을 늘릴 수 있었다. 하지만 매트리스 산업에 혁신을 맞이할 만한 환경이 조성되었다고 생각한 사람은 마리노와 박대희만이 아니었다. 2012년 9월 터프트앤니들이 매트리스를 판매하기 시작하기 직전 프라이스오노믹스Priceonomics라는 블로그에 "매트리스 업계에 와비파커 같은 기업이 필요하다"는 제목을 달고 800단어 분량의 짧은 글이 올라왔다. 메시지 내용은 직설적이었다. "매트리스 산업은 부패했다. 어떤 근본적인 근거도 없이 구글 식으로 수익을 거두는 소수 기업들에게 지배당하고 있다. 과점적 시장 구조, 강압적인 판매 방식, 불투명한 제품 명명 관례, 소비자에게 제공하는 가치를 훨씬 초과해 거두는 매트리스 제조업체들의 이익 등이 복합적으로 존재한다."[11]

비슷한 시기에 와비파커의 초기 투자자이면서 뉴욕 소재 레러히포에 근무하는 벤처 캐피털 투자자 벤 레러Ben Lerer가 매트리스를 구매하러 다녔다. "슬리퍼스Sleepy's에 갔더니 서비스가 형편없고 이상한 데다가 불친절했습니다." 레러는 컨설턴트인 엘리엇 피어스Eliot Pierce에게 의뢰해 매트리스 시장을 조사하고, 온라인 기업을 시작하려면 어떤 요건을 갖춰야 하는지 알아봐 달라고 요청했다. 2013년 5월 레러가 "슬리퍼 셀Sleeper Cell"이라는 제목으로 받은 보고서에 따르면, 가장 두드러지는 난제는 제조사를 찾는 일이고 몇 가지 문제가 있기는 하지만 "매트리스 분야에 매력적인 새 브랜드를 창출할 수 있는 기회가 있다"라는 결론을 내렸다. 베개, 시트, 헤드보드 등 실현 가능성 있는 수익원도 있다고 언급했다. 보고서는 D2C 매트리스 스타트업의 잠재력을 탁월하게 꿰뚫어 봤지만 매출 성장 속도가 느려 2017년 1500만 달러에 이르리라 추산하는 등 수익 전망에서는 터무니없이 보수적인 입장을 보였다.[12]

레러는 매트리스 시장도 안경 시장 같을 수 있다고 이해했다. "나는 매트리스 기업을 창업하고 싶어 하는 사람이 있으면 알려 달라고 주위에 공공연하게 말했습니다." 회사 이름을 임시로 듀크스Duke's로 정하고 매트리스 스타트업을 세우려고 준비 중인 사업가 집단이 반응을 보였다. 집단 리더인 필립 크림Philip Krim은 텍사스대학교 학생이었던 2000년대 초 브랜드명이 없고 저렴한 매트리스를 온라인으로 판매했었다. 레러는 이렇게 설명했다. "그들은 기본적으로 우리와 같은 연구를 실시했지만 더욱 많은 정보를 보유하고 있었습니다. 예를 들어 그들은 매트리스 가격이 500달러나 2000달러가 아니라 1000달러 정도여야 하는 근거에 대해 확신했습니다."

2014년 2월 레러히포는 캐스퍼로 사명을 바꾼 스타트업이 투자 설명회를 열어 종자 투자금 160만 달러를 유치할 때 앞장섰다.[13] 터프앤니들과 마찬가지로 캐스퍼는 단일 모델의 폼 매트리스를 주요 브랜드가 비슷한 제품에 부과하는 가격의 절반 이하로 판매하는 전략을 선택했다. 또 체험, 배송, 반품 서비스를 30일 동안 무료로 제공하고 고객이 반품한 제품은 자선 단체에 기부하기로 했다.[14] 캐스퍼가 출범하기 직전 터프트앤니들의 JT 마리노는 뉴올리언스에서 열린 국제수면제품협회International Sleep Products Association 회의에서 캐스퍼 창업자들과 우연히 마주쳤다고 회상했다. "파티에서 그들을 만났을 때 '우리가 업계를 뒤집어 놓을 것입니다'라고 말했어요." 그는 잠시 뜸을 들였다가 덧붙였다. "하지만 우리는 결국 적이 되었어요."

2014년 4월 캐스퍼 매트리스는 영리한 미디어 캠페인을 펼친 덕택에 《뉴욕타임스》와 《블룸버그뉴스》를 포함한 많은 매체에 보도되면서 매출을 급증시킬 수 있었다. 캐스퍼를 다룬 기사는 연말까지 모두 158건에 이르렀다.[15] 창업 첫 달에 거둔 매출은 100만 달러가 넘어서 터프트앤니들이 2013년 내내 거둔 매출과 엇비슷했다. 캐스퍼는 매트리스 매장을 찾아가는 끔찍한 경험을 피하는 방법을 제시하는 것에 그치지 않는다고 홍보하면서 매트리스 구매 경험을 재밌어 보이게 만들었다. 고객들은 집으로 배달된 포장을 풀었을 때 캐스퍼 폼 매트리스가 팽창하는 광경을 지켜보다가 그 위로 뛰어드는 모습을 영상으로 찍어서 유튜브에 올리기 시작했다. 다른 유튜브 영상에서는 배달원들이 캐스퍼 매트리스 상자를 싣고 균형을 잡으며 자전거를 탔다. 주문이 물밀 듯 쏟아져 들어오면서 때로 주문량이 재고량을 초과했다.

크림은 선의를 북돋우는 동시에 온라인에 나쁜 평이나 불만사항이 올라오지 않도록 전략을 썼다고 회상했다. "우리는 고객에게 연락해 사과하고, 매트리스를 다시 배송받을 때까지 임시방편으로 사용하도록 에어 매트리스를 구매해 보내주었습니다. 고객 수백 명에게 이러한 전략을 사용했어요. 우리가 에어매트리스를 너무 많이 사다 보니 아마존은 되팔기 위한 구매라고 생각해 우리 계정을 여러 차례 폐쇄시키기도 했습니다."

한편 피닉스에서 비교적 조용히 사업을 운영하던 터프트앤니들은 꾸준히 성장했고, 매트리스 두께를 12.7센티미터(5인치)에서 25센티미터(10인치)로 개선하면서 매출을 전년도 100만 달러에서 두 번째 해인 2014년에는 900만 달러까지 증가시켰다.[16] 마리노는 매트리스의 두께를 늘리는 데 그치지 않고 더욱 편안한 매트리스를 만들기 위해 노력하는 과정에서, 폼의 품질을 개선하는 방법을 알아낸 과학자들을 찾아냈다. 터프트앤니들은 사업 초반에 언론의 조명을 받지 못했지만 결국 관심의 대상으로 떠오르기 시작했다. 2013년 12월 《해커뉴스Hacker News》가 온라인에 기사를 올렸고, 뒤이어 2014년 1월 《포천》은 "매트리스 업계의 와비파커를 만나라"는 제목을 달아 크게 보도했다.[17] 여전히 사업 자금을 외부에서 유치하지 않았던 마리노와 박대희는 투자하고 싶다는 벤처 투자자들의 제의를 모두 거절했다. 마리노는 이렇게 언급했다. "실제로 자신을 투자에 참여시켜 주지 않으면 그렇게 해 줄 다른 기업을 찾아 투자하겠다고 엄포를 놓는 벤처 투자자가 두 명 있었습니다. 결국 그들 중 한 명은 캐스퍼에 투자했어요."

온라인 매트리스 시장을 둘러싼 전쟁이 막 시작되었다. 하지만 질레트가 달러쉐이브클럽과 해리스에 직면했을 때와 마찬가지로, 대기업들은 자사가 어떤 위협에 맞닥뜨려 있는지 여전히 깨닫지 못했다.

거대 기업이 항상 옳은 것은 아니다

2014년 썰타시몬스베딩의 사장으로 영입되었을 당시 마이클 트라우브Michael Traub는 가정용 전자 제품을 판매하는 서마도Thermador와 보쉬Bosch에서 여러 해 동안 북미 지역 사업을 총괄한 경험을 살려서 경쟁적인 구도에서 사업 속도를 높이기 위해 힘쓰고 있었다. 트라우브는 매트리스 산업에 대해 거의 알지 못했으므로 새 동료들에게 매트리스를 온라인으로 판매하는 스타트업들을 어떻게 이해해야 할지 물었다.

또 자사 임원들에게 "캐스퍼는 어떤 기업인가요? 터프트앤니들은요?"라고 질문을 던졌다. 당시 모든 스타트업의 연매출은 전부 합해도 5000만 달러를 넘지 않았고 확실히 1억 달러 미만이어서 총 시장점유율은 1퍼센트에도 훨씬 미치지 못했다. 임원들은 이렇게 반응했다. "그 기업들에는 신경도 쓰지 마십시오. 그저 제정신이 박히지 않은 신참내기들일 뿐이에요. 그들이 파는 매트리스는 그야말로 쓰레기입니다. 2년이 되기도 전에 고객들은 그 사실을 깨닫고 모조리 떠날 겁니다."[18]

썰타와 자매 기업인 시몬스의 임원들은 자사 매트리스의 품질이 더 우수하다고 굳게 믿었다. 썰타는 과학자와 기술자 50여 명을 고용해서 매트리스 재료를 지속적으로 시험하고 개발한다. 애틀랜타 외곽에 있는 연구소를 방문하면 연구 개발 책임자인 크리스 청글로

Chris Chunglo가 연구소를 흔쾌히 견학시켜 주고 자신이 좋아하는 시험 장비들을 보여 주며 자랑한다. 연구소에는 시뮬레이션 기계가 있어서 절반으로 자른 볼링공을 사용해 소비자들이 10년 동안 10만 번 앉았을 때 매트리스가 마모되는 정도를 측정한다.[19]

롤레이터rollator라는 거대한 육면체 방망이 모양의 기계는 앞뒤로 초당 12만 회 돌아가면서 사람들이 여러 해 동안 누워서 잠을 잘 때 매트리스가 마모되는 정도를 시뮬레이션한다. 또 첨단 마네킹을 조정해 다양한 체중과 체형을 지닌 사람들이 사용하는 경우를 시뮬레이션한다. 센서 2000개를 패드에 내장해 사람이 매트리스에 누울 때 닿는 모든 압력 지점을 나타내는 지도를 생성한다. 청글로가 개발해서 특허를 받은 '폼 압축 복원' 시험 장비는 사람이 잠을 자는 동안 위치를 바꿀 때 무게나 압력에 따라 매트리스가 제 형태로 돌아오는 시간을 측정한다.[20] 그리고 다른 종류의 마네킹을 사용해 매트리스에서 몸을 이리저리 뒤척일 때 발산하는 열과 습도를 측정한다.

사무실 문에 '폼 조련사Foam Whisperer'라는 명패를 부착해 놓은 청글로에게는 모든 매트리스 폼이 똑같이 만들어진다는 것은 말도 안 되는 소리다. 청글로는 폼 매트리스에 대해 가장 흔히 발생하는 불만의 하나는 잠을 자는 동안 체온이 올라갈 수 있다는 것이라고 지적했다. 그래서 좀 더 편안한 수면 경험을 제공하기 위해 최적의 폼 매트리스에는 균일한 온도 유지에 유용한 상변화 물질을 사용한다. 청글로는 이렇게 설명했다. "침대에 누우면 대개 몸이 따뜻했다가 식기 시작합니다. 그래서 매트리스 재료는 몸이 더울 때 열을 흡수했다가 몸이 식으면 열을 방출해야 합니다."

"대부분의 새 주자들은 폼 공급업체를 찾아가서, 실질적인 물리적 특성을 모르는 상태로 특정 느낌을 주는 폼을 찾습니다." 청글로가 주장했다. "그러니 재료들이 상호 작용해서 숙면에 영향을 미치는 방식을 이해하지 못하죠. 하지만 우리는 모든 경쟁사 제품을 늘 시험합니다." 그렇다면 청글로는 스타트업들에 대해 어떻게 생각할까? "캐스퍼 매트리스는 정말 평범합니다"라고 더 이상 언급할 가치도 없다는 듯 딱 잘라 말했다.

하지만 판매량이 증가하는 것으로 미루어 소비자들은 캐스퍼나 터프트앤니들 등이 만든 매트리스에 매우 만족하는 것 같아 보였다. 따라서 2015년 썰타시몬스베딩Serta Simmons Bedding의 CEO로 임명된 마이클 트라우브는 인기 있는 자사 브랜드들을 감독하는 동시에, 갑자기 등장해 인기를 끌고 있는 온라인 스타트업들에 대해 조사하라고 지시했다. 보고서는 사내에서 많은 사람이 인정하지 않을 결론을 내렸다. "조사 결과 고객 대부분이 매트리스를 반납하지 않았어요. 제품에 만족했다는 뜻이죠. 매트리스를 구매하기 위해 매장에 가고 싶어 하지 않았고, 가격을 놓고 판매원들과 실랑이를 벌이고 싶어 하지 않았습니다." 트라우브는 회상했다. "매트리스 산업은 자기만족에 깊이 빠져 있었고, 전통적인 사업 방식에 젖어 있었습니다. 따라서 진입장벽이 높은 시장에 신생 기업들이 진입할 방법을 찾을 수 있으리라 생각한 사람이 아무도 없었어요. 업계는 그만큼 오만했습니다. 하지만 신생 기업의 제품에 만족한다는 말을 소비자에게 듣고 나서 우리는 사업 궤도를 수정해야 한다는 걸 깨달았어요."

트라우브는 설사 고가 매트리스의 판매를 잠식할 가능성이 있더라도 D2C 경향을 무시하는 위험을 감수할 수 없다고 판단했다. 유망 기업들과 경쟁하려면 먼저 자신과 경쟁해야 했다.

트라우브와 그를 보조하는 팀은 스타트업들 중 하나를 인수하는 방안을 심사숙고했지만 곧 철회했다. 트라우브는 이렇게 설명했다. "이 스타트업들에는 큰 가치가 없습니다. 지적 재산이 거의 없다고 봐야죠." 대신에 사업의 초점을 전환해 자체적으로 베드인어박스 bed-in-a-box(폼 매트리스를 진공 압축해서 상자에 넣어 배송하는 판매 방식 - 옮긴이) 제품을 출시하기로 하고, 새 브랜드를 만들지 아니면 자사의 기존 브랜드 아래 제품을 출시할지 결정하기로 했다. "의견을 주고받으며 열띤 논쟁을 벌였습니다." 일부 관리자들은 어떤 D2C 매트리스를 출시하더라도 자사에 통제권이 있어야 한다고 주장했다. 새 브랜드가 출시되고 나서 기존 브랜드의 매출을 잠식하고 연구 개발과 마케팅 자금을 차지하는 사태를 막기 위해서였다. 하지만 트라우브는 이러한 주장에 반대했다. "우리는 새 브랜드를 출범하기로 결정했습니다. 나는 썰타를 현대화하는 부담을 지고 싶지 않았어요. 게다가 썰타시몬스 매트리스를 많이 판매하고 있는 거대 소매 체인점인 매트리스펌에게 이제 새 시몬스뷰티레스트Simmons Beautyrest

매트리스를 만들어서 그들을 제치고 직접 온라인으로 판매하겠다고 어떻게 설명할 수 있겠어요?"

또 트라웁은 썰타시몬스에서 오랫동안 임원으로 재직한 사람에게 스타트업 경영을 맡기는 것은 이치에 맞지 않는다고 판단했다. 누구라도 전통적인 사업 방식에 지나치게 얽매여 창의적으로 생각할 가능성이 떨어지고, 사내 동료들을 상대로 경쟁하지 못할 가능성이 크다고 생각했기 때문이다. 따라서 사업가적인 투지를 갖춘 인물을 외부에서 물색해 달라고 헤드헌터에게 의뢰했다.

몇 명 되지 않은 후보자 명단에 브라이언 머피Bryan Murphy가 상위에 올라 있었다. 머피는 20대에 자동차 부품을 판매하는 전자 상거래 기업을 창업해 연매출 30억 달러를 달성하는 기업으로 키웠다. 이러한 성장세에 주목한 이베이가 그 스타트업을 인수하고 머피에게 이베이모터스eBay Motors의 경영을 맡겼다. 머피는 냉소적으로 언급했다. "우리가 이베이에서 판매하는 부품과 자동차의 매출은 연간 80억 달러입니다. 이쯤 되면 미국 국내에서 중고차를 가장 많이 판매하는 판매원은 나라고 말할 수 있지 않을까요?"

썰타시몬스가 설립하려는 온라인 매트리스 기업을 운영해 볼 의향이 있느냐고 헤드헌터에게 제의를 받았을 때 머피는 회의적인 반응을 보였다. "내가 처음 보인 반응은……." 머피는 잠시 말을 멈췄다가 이내 이렇게 말했다. "매트리스라고 했나요? 글쎄요."

하지만 전화를 받았을 당시 40대에 접어든 머피는 새로운 도전거리를 찾고 있었다. 그래서 일단 이야기를 들어 보기로 했다. "나는 매트리스가 막대한 이윤을 거두는 연매출 160억 달러짜리 사업이라는 사실을 알게 됐습니다." 하지만 우려 사항이 하나 있었다. "자사에 혁신을 일으키고 싶다는 당신들의 말이 믿기지 않습니다. 내가 기억하는 범위에서는 기업이 스스로 혁신에 거듭 성공한 사례를 보지 못했거든요. 역사를 살펴보더라도 이처럼 사내에서 세운 스타트업은, 업계에 혁신의 바람을 일으키려고 전력을 기울이는 신규 기업에게 100퍼센트 패배했습니다. 인위적인 조건에 따르지 않고 시장의 조건에 따라 경쟁할 수 있어야만 내가 이 자리를 맡을 수 있습니다. 그렇지 않으면 이 사업은 실패할 것입니다."

끝으로 머피는 온라인 기업의 사무실을 애틀랜타 소재 썰타시몬스 본사에서 멀리 떨어진 뉴욕에 두어야 한다고 강조했다. 그렇지 않으면 모기업의 전통적인 사고방식에 굴복할 위험성이 있기 때문이다.

머피 자신도 의외라고 생각해 놀랐지만 트라우브는 해당 조건을 수용했다. "우리는 이 사업을 반드시 시작해야 했습니다."

2016년 신규 브랜드에 합류한 머피는 자신을 지원해 주겠다고 트라우브에게 약속을 받았지만 정작 애틀랜타 소재 썰타시몬스 사무실에 갔을 때 자신이 그다지 환영받지 못한다는 사실을 직감했다. "본사에는 두 가지 유형의 사람이 있더군요. 즉, 나를 보고 진심으로 기뻐하는 사람과 나를 보고 진심으로 기뻐하는 척하는 사람이 있었어요." 머피가 추진하는 온라인 벤처 사업이 성공할수록 고가 매트리스의 매출을 잠식해 이윤과 일자리를 전체적으로 감소시킬 가능성이 있었다. 하지만 머피는 그렇게 하지 않으면 더 나쁜 결과를 낳으리라고 주장했다. "D2C 사업을 100퍼센트 다른 기업에게 내어 주면 거기서 발생하는 수익을 모조리 잃을 수 있습니다. 그러니 현재 수익의 일부를 잃더라도 온라인 사업의 50퍼센트를 차지하겠다는 목표를 세울 수 있겠죠."

머피와 트라우브는 신규 브랜드와 사업 모델을 만들어서 자사의 기존 브랜드와 경쟁시키는 것이 쉽지 않으리라고 이해했다. 디트로이트 지역에서 성장한 머피는 최근에 GM에서 발생한 사례를 보면서 이 점을 잘 인식했다. 1990년 GM은 낮은 가격과 높은 에너지 효율을 자랑하면서 자사 매출을 잠식하고 있는 수입 자동차인 토요타와 혼다에 대항할 목적으로 "다른 종류의 자동차 기업"인 새턴Saturn을 만들었다. 새턴은 경쟁사를 모방한다는 목표를 세웠다. 쉐보레Chevolet, 뷰익Buick, 폰티악Pontiac, 올즈모빌Oldsmobile, GMC, 캐딜락Cadillac 등 GM이 보유한 기존 브랜드가 광범위하지만 중복되는 모델을 출시한 반면에 새턴은 처음에 두 가지 모델만 출시했다. 새턴의 대리점은 "흥정 금지" 가격 정책을 펼친다고 홍보했다. 또 분쟁이 많은 노사 관계로 유명한 업계에서 경영진과 노동자의 협력을 증진하기 위해 노력했다. 새턴은 초기에 얼마간 성공을 거뒀지만 일본의 생산 효율성을 따라잡을 수 없었고, GM의 다른 부문을 운영하는 관리자들은 자신들의 브랜드를 향상시키기 위해 사용할 수 있었던 투자금 수십 억 달러를 새턴이 유용하고 있다고 불평했다. 시간이 경과하면서 새턴은 재고의 대상이 되었고 결국 2010년 폐지되었다.

썰타시몬스가 시도하는 온라인 벤처 사업에 대해 머피는 이렇게 언급했다. "이 사업이 성공하면 우리 회사는 하버드 경영대학원 수업에서 다룰 연구 사례로 남을 것입니다."

이렇게 탄생한 투모로우슬립Tomorrow Sleep은 캐스퍼와 터프트앤니들을 동경하며 그 발자취를 좇는 기업이 되었고 성공한 전자 상거래 스타트업이라면 필수적으로 가지고 있는 미드타운 맨해튼 사무실을 두기까지 했다. 그곳에는 탁구대가 있었는가? 그랬다. 개방형 공간 여기저기에 놓인 테이블 위에 선이 보기 흉하게 이리저리 얽힌 컴퓨터가 있었는가? 그랬다. 근처 중국집에서 포장해 와서 먹고 남긴 음식 상자가 나뒹굴었는가? 그랬다. 격식을 차리지 않은 옷차림을 한 20대와 30대 노동자들이 구부정한 자세로 컴퓨터 앞에 앉아 있었는가? 그랬다. 머피는 파란색과 초록색 체크무늬가 있는 큼직한 셔츠를 청바지에 받쳐 입고 사무실에 나타났을 것이다. 투모로우슬립의 전체 분위기는 남쪽으로 30블록 떨어져 있으면서 유니언스퀘어 근처에 있는 캐스퍼 사무실과 묘하게 닮았다.

투모로우슬립은 온라인 베드인어박스 스타트업의 사업 모델을 모방했다. 기존 기업들이 만든 비슷한 품질의 매트리스를 소매 매장에서 청구하는 가격의 절반 이하로 판매하는 것이다. 무료 배송, 100~365일 동안 자택 무료 체험, 무료 반품 서비스를 제공했다. 웹 사이트에 들어가 보면 공장에서 벌어지는 광경, 즉 매트리스를 만들고, 거대한 압축기로 평평하게 누르고, 작은 냉장고 크기만 한 상자에 돌돌 말아 집어넣는 장면 등을 영상으로 볼 수 있었다.

업무를 시작했을 무렵 머피에게 주어진 사명은 훨씬 더 급박해졌다. 2014년에는 온라인 매트리스 스타트업이 몇 군데에 불과했지만, 제조업체를 선택한 다음에 온라인으로 매트리스 사업을 시작하기가 매우 쉬웠으므로 전체 스타트업이 수십 개로 불어났기 때문이다. 규모가 작은 스타트업이 많았지만 모두 합해 2016년 연매출이 6~7억 달러에 이르는 동시에 연간 75퍼센트 이상 증가하리라 추정되었다. 트라우브는 이렇게 탄식했다. "공급업체가 최대 경쟁사가 되는 산업은 거의 없습니다. 하지만 폼 제조업체는 누구에게든 가리지 않고 제품을 판매합니다."

틈새시장을 개척하고 자사를 차별화하기 위해 투모로우슬립이 가장 먼저 제공한 제품은 위에 폼을 얹고 아래에 스프링을 내장해 결합한 하이브리드 매트리스였다. 머피는 온라인 스타트업의 사업 모델(무료 배송, 장기간 자택 무료 체험, 무료 반품)이 지닌 장점을 높이 평가하고 모방하면서 차별성을 갖춘 매트리스로 무장하면 온라인 스타트업에 효과적으로 대항할 수 있다고 자신했다. "내가 온라인 스타트업 전체에 품고 있는 불평은 제품의 질이 부족하다는 것입니다. 제품의 질은 훌륭하지 않고 그저 그런 정도에요."

투모로우슬립는 체온을 그대로 유지해서 편안한 수면을 방해하는 폼 매트리스의 단점을 보완하기 위해 썰타시몬스 연구 개발 연구소가 보유한 전문 지식을 활용해 젤 같은 냉감 소재로 매트리스를 제조했다.[21] 투모로우슬립의 킹 사이즈 매트리스 가격은 1200달러로 스타트업의 폼 전용 매트리스 가격과 거의 비슷하고, 시몬스 브랜드와 썰타 브랜드가 판매하는 고급 매트리스 가격의 절반이나 3분의 1이었다. 또 제조 원가를 낮추기 위해 자사의 기존 브랜드보다 두께를 줄였다(25센티미터 대 30~38센티미터).

하지만 새 사업을 시작하기 위해 준비하는 데 시간이 걸리면서 2017년 여름까지도 판매를 시작하지 못했다. 매트리스가 단단하고 편안할 뿐 아니라 가격이 합리적이고 품질이 좋다는 평가를 온라인에서 받았지만 시장을 둘러싼 경쟁은 훨씬 더 치열해졌다. 머피의 설명에 따르면 자신이 썰타시몬스에 합류하고 투모로우슬립 매트리스를 출시한 사이에 온라인 매트리스 기업(베드인어박스 매트리스를 판매하기 시작한 스타트업과 기존 지역 소매 기업을 포함)은 100곳 이상으로 늘어났다. 머피는 온라인 매출이 전체 매트리스 시장 매출의 8퍼센트에 해당하는 약 13억 달러까지 증가했다고 추산했다.

후발주자였던 투모로우슬립은 사업 견인력을 얻느라 어려움을 겪었다. 트라우브는 이렇게 회상했다. "우리가 매트리스를 판매하기 시작하고 며칠이 지났을 때 어드벤트인터내셔널에 있는 사모펀드 상사들에게 전화를 받았습니다. '우리 실적이 어때? 어떤 상황이 벌어지고 있나? 현재 매출은 얼마야?'" 트라우브는 성장이 더디지만 인내심을 가져야 한다고 설명했다. 게다가 온라인 매트리스 사업은 이미 요란하고 거친 맨주먹 싸움터로 바뀌었다. 소비자의 관심을 끌기 위해 경쟁하는 비슷한 스타트업들이 매우 많은 상황에서 매트리스 구매자들은 종종 "독립적인" 제품 리뷰 사이트에 영향을 받았다. 소비자가 구글에서 "최고의 매트리스"라는 검색어를 입력하면 맨 위에 제품 리뷰 사이트가 뜬다. 부정적인 리뷰는 새 브랜드에 피해를 줄 수 있는 반면에 긍정적인 리뷰는 많은 판매를 유도할 수 있었다.

JT 마리노의 회상에 따르면 제품 리뷰 사이트 슬립포폴리스Sleepopolis를 운영하는 데릭 헤일즈Derek Hales가 창업 초기에 연락을 해서 터프트앤니들 매트리스에 대해 리뷰를 쓰고 싶다고 말했다. "나는 무척 잘된 일이라고 생각했습니다." 전반적으로 긍정적인 제품 리뷰를 쓰고 나서 헤일즈는 다시 마리노에게 연락해 이렇게 말했다. "소비자가 내 리뷰를 읽고 터프트앤니들 링크를 클릭해서 매트리스를 구입하는 경우에 커미션을 약간 받을 수 있으면 좋겠습니다." 마리노는 커미션이 매출을 늘려 줄 수 있는 일종의 광고비라 판단해서 "제휴 관계"를 맺고, 슬립포폴리스 사이트를 통해 판매가 성사될 때마다 10퍼센트를 커미션으로 지불하기로 했다.

마리노는 슬립포폴리스가 캐스퍼와 인기 브랜드인 리사Leesa를 포함해 다른 스타트업들과도 비슷한 거래를 했다는 사실을 발견했다. 제품 리뷰 사이트의 이면에는 커미션 관계가 숨어 있다(소비자는 일반적으로 "독립적이라고" 생각되는 리뷰를 읽을 때 이 커미션 관계에 대해 알고 싶을 수 있다). 마리노는 이렇게 설명했다. "그때 깨달았죠. 이 사람들은 매트리스 판매원인 겁니다. 온라인으로 환생한 새로운 형태의 매트리스 판매원말입니다. 구글은 새 매트리스 매장인 셈이고요." 같은 종류의 제품을 판매하면서 마찬가지로 무료 배송과 반품 서비스를 제공하는 새 베드인어박스 매트리스 기업의 수가 매우 많아졌으므로 매트리스를 온라인으로 구매하는 경험이 오프라인으로 구매하는 경험만큼이나 혼란스러워졌다.

제품 리뷰 사이트를 활용한 홍보 과정이 어떻게 가동하는지는 밖에서 보이지 않았다. 결국 가장 잘 팔리는 신규 브랜드로 부상한 터프트앤니들과 캐스퍼는 아마도 제품 리뷰 사이트에 제휴 수수료를 지불할 필요가 없으리라는 결론을 내렸다. 수수료 지급 계약을 끝낼 무렵의 상황을 마리노는 이렇게 회상했다. "우리는 터프트앤니들 매트리스의 제품 리뷰를 스크린샷으로 찍었습니다. 앞으로 무슨 일이 벌어질지 짐작했기 때문이었죠. 아니나 다를까 제휴 관계를 끊자마자 크게 한 방 먹었습니다. 캐스퍼에도 똑같은 일이 일어났어요."

《패스트컴퍼니》잡지의 설명에 따르면 2016년 4월 슬립포폴리스가 다른 기업의 매트리스에 자사 매트리스보다 높은 평점을 매기자 캐스퍼는 허위 광고와 기만행위를 했다고 주장하면서 슬립포폴리스를 포함한 제품 리뷰 사이트 몇 군데를 고소했다. 소송에서 캐스퍼는 이렇게 주장했다.[22] "슬립포폴리스는 제휴 사기 운영자로 구성된 은밀한 제휴 경제의 일부로서, 온라인 매트리스 소비자들이 피하려고 방법을 찾아왔던 커미션에 굶주린 매트리스 판매원의 온라인 형태이다."

하지만 데릭 헤일즈는 자신이 더 좋아하는 매트리스가 새로 출시되었으므로 캐스퍼보다 높은 평점을 주었을 뿐이라고 반응했다. 게다가 법원에 제출한 서류에서 이렇게 주장했다. "캐스퍼는 제휴 관계를 종결하겠다고 발표한 직후에 헤일즈에게 접근해서, 슬립포폴리스에서 캐스퍼 매트리스에 대해 좀 더 긍정적인 제품 리뷰를 써 주기로 약속하면 헤일즈에게 더욱 유리한 조건으로 제휴 관계를 재개하겠다고 제안했다. 하지만 헤일즈는 이 제안을 거절했다."

법적 공방이 더 오고간 후에 소송은 2017년 7월 종결되었고, 같은 달 다름 아닌 캐스퍼에게 '재정적 지원'을 받은 다른 온라인 매트리스 제품 리뷰 사이트가 슬립포폴리스를 인수했다. 인수 직후 슬립포폴리스는 캐스퍼 제품에 대해 '매우 긍정적인' 리뷰를 실었다.[23]

현재 슬립포폴리스는 사이트 방문자가 '추천' 링크를 클릭하고 매트리스를 구입하는 경우에는 자사가 '판매 수수료'를 받는다고 밝힌다. 슬립포폴리스의 제품 리뷰 작성자들은 압력 완화, 보조 베개, 메모리폼, 라텍스, 커플용 매트리스, 냉감 매트리스 등 12개 이상의 범주에서 소수의 상위 매트리스를 추천하고, 서로 다른 모델 50여 개에 최고 등급을 매긴다. 슬립포폴리스는 많은 매트리스 제조사에게 수수료를 받는다고 공개하면서 "그 덕택에 자체적으로 도덕성을 유지하고 재정적 편중을 줄일 수 있다"고 주장한다.[24]

시장에 진입한 신규 기업들은 이러한 마케팅 소음을 뚫기 위해 더욱 많은 돈을 광고에 쏟아부어야 했다. 캐스퍼는 투자 유치 설명회를 연속으로 열어서 2017년까지 벤처 캐피털을 거의 2억 4000만 달러 유치했고, 일부 자금은 자사 연구 개발 연구소에 지원해 지속적으로 매트리스의 품질을 개선하고 제품 라인을 확장하는 데 쓸 예정이지만 상당 부분은 광고에 투입할 것이다.[25]

대부분의 매트리스 기업은 사기업이어서 자세한 재정 정보를 공개하지 않는다. 하지만 온라인 매트리스 기업이면서 주식이 공개적으로 거래되기 때문에 재무제표를 작성해야 하는 퍼플이노베이션Purple Innovation의 서류를 보면 투자 금액이 얼마나 증가했는지 가늠해 볼 수 있다. 유타주에 거주하는 토니 피어스Tony Pearce와 테리 피어스Terry Pearce 형제는 욕창을 방지하는 용도로 휠체어와 병원 침대에 사용하는 폼을 20여 년 동안 제조하다가 원더젤WonderGel을 창업했다.[26] 형제는 온라인 매트리스 사업을 출범하면서, 마이클 더빈이 손수 영상을 만들었을 때와 상당히 비슷한 방식으로 영상이 입소문을 타고 마케팅에 탄력을 불어넣는 상황을 잘 활용해 폼 매트리스를 판매하기 시작했다.

'날달걀 테스트' 영상을 보면 유리판에 부착한 날달걀 네 개가 퍼플 매트리스 위로 떨어져도 깨지지 않고 안착한다. 이내 골디락스 복장을 한 여성이 영상에 등장해 "틀림없이 날달걀이에요. 우리는 속임수를 쓰지 않았습니다"라고 설명한다.[27] 6개월이 지났을 때 영상

누적 조회 수는 유튜브에서 580만 건, 페이스북에서 5000만 건 이상을 기록했다.[28]

상대적으로 후발 주자이지만 퍼플은 온라인 매트리스 업계에서 상위 기업으로 급부상했다. 2017년 기록한 매출 1억 9700만 달러는 캐스퍼의 예상 매출 2억 5000만 달러보다는 작지만 터프트앤니들의 1억 7000만 달러보다 컸다.[29] 그러나 나머지 베드인어박스 기업들의 상황을 반영하듯 매출이 증가하면서 마케팅 비용과 판매 비용도 덩달아 치솟아 한 해 동안 7900만 달러까지 네 배로 늘어났다.[30] 퍼플은 "브랜드 인지도를 확대하고 소비자 수요를 견인하기 위해" 광고비 지출을 늘려야 했다고 설명했다.[31]

광고 경쟁이 가열되자 투모로우슬립은 더욱 뒤처졌다. 하지만 매트리스를 판매하기 시작하고 몇 달 후 머피는 빠르게 성장하는 신생 기업들을 상대하는 데 자신감을 표현했다. "현재 썰타시몬스는 전체 매트리스 시장의 30~40퍼센트를 점유하고 있습니다. 따라서 D2C 시장에서도 30~40퍼센트를 차지하는 것을 목표로 삼고 있습니다."

하지만 6개월이 지난 2018년 봄 머피의 말투는 확실히 좀 더 비관적으로 바뀌었다. "매트리스 시장은 내가 몸담았던 분야는 말할 것도 없고 내가 여태껏 보았던 어떤 분야보다 경쟁이 치열합니다. 처음에 캐스퍼는 마케팅에 연간 약 2000만 달러를 썼습니다. 우리가 출범한 무렵에는 연간 8000만 달러를 썼고요. 우리는 연간 8000달러면 시장에 발판을 마련할 수 있으리라 생각했지만 알고 보니 새발의 피였어요."

매출이 기대를 밑돌자 썰타시몬스는 사업에서 손을 떼는 방안을 검토했다. 격렬하게 논쟁을 벌인 끝에 마이클 트라우브는 투모로우슬립의 사업 중단을 일시적으로 연기했다. "우리는 자신에게 도전하고 있었습니다. '이것은 우리가 내던져야 하는 죽은 패일까?' 아니라는 결론을 내렸습니다. 오히려 감기에 가깝다고 판단했어요. 성장 기대치를 다시 설정해야 했어요. 나는 이 사업이 단거리 경주가 아니라 마라톤이라고 생각합니다."

마침내 투모로우슬립의 매출은 2018년 말에 접어들면서 호전되기 시작해 한 해 동안 약 3000만 달러를 기록했다.[32] 그해 스프링과 폼을 결합해서 만든 가격이 좀 더 비싼 하이브리드 매트리스 외에 저렴한 폼 전용 매트리스를 출시했지만 매출은 여전히 캐스퍼, 퍼플, 터프트앤니들을 크게 밑돌았다. 매출 격차를 줄이려면 광고비 지출을 대폭 늘려야 했는데, 설사 그렇게 하더라도 계속 치열해지는 경쟁을 극복하고 매출을 더욱 빨리 늘릴 수 있으리라 보장할 수 없었다. 게다가 넥타Nectar 브랜드와 지누스Zinus 브랜드가 앞장서서 새 중국산 수입품을 판매하기 시작하면서 연매출 수억 달러를 올리고 있었다. 또 아마존이 자체적인 베드인어박스 폼 매트리스 브랜드 리벳Rivet을 출시하고, 월마트는 신규 브랜드 올스웰Allswell을 출시했다.

스타트업이 경쟁에서 살아남는 방법

사실상 다른 산업에 비해 매트리스 산업은 D2C 스타트업 때문에 가장 크게 파괴되었다. 2018년 말까지 신규 기업들은 모두 합해 20억 달러 가까이 매출을 달성했고, 그중에서 캐스퍼(4억 달러 이상, 퍼플 2억 8600만 달러), 터프트앤니들(2억 5000만 달러)이 거의 절반을 차지했다.[33]

그러나 온라인 매출이 인상적으로 증가했는데도 치열한 경쟁 탓에 일부 기업들은 이윤을 창출하기가 더욱 힘들어졌다. 마리노의 주장에 따르면 터프트앤니들은 벤처 캐피털을 동원해 거대 마케팅 예산 등을 조달하지 않았고, 그랬기 때문에 당연히 창업 초기부터 지속적으로 수익을 거뒀다.[34] 반면에 벤처 캐피털 기업에서 현금을 장전받은 캐스퍼는 급속한 매출 성장에 우선순위를 두었다. 비록 2019년 소폭의 수익을 거둘 수 있으리라 예측했지만 초반에는 적자가 발생할 수 있는 전략이었다.[35] 하지만 캐스퍼는 초기에 기업 공개를 한다는 목표를 세웠고, 그러려면 더 높은 수익률을 제시해 투자자들이 자사 주식에 관심을 갖게 해야 했으므로 단순히 매트리스 제조업체에 머물지 않겠다는 전략적 결정을 내렸다.

캐스퍼는 매트리스에 머물지 않고 제품군을 확대해 베개, 시트, 침대 프레임 등을 판매하기 시작했다. 더욱이 자사를 수면과 건강 집중 기업으로 포지셔닝함으로써 다른 온라인 매트리스 스타트업과 차별화하고 임원진의 표현대로 "수면 분야의 나이키"를 지향했다.[36] 또 자이로스코프를 내장해 밝기를 조절할 수 있는 침실등인 글로우 라이트Glow Light를 129달러에 판매하기 시작했다.[37] 이 제품을 사용하면 "밤에 빛이 조금씩 희미해져서 방해를 받지 않고 잠이 들 수 있고, 아침이면 부드러운 빛으로 방을 채워 주므로 쉽게 일어날 수 있다." 또 마리화나에 들어가는 원료인 CBD를 넣은 젤리를 판매하는 기업과 제휴했다. 조그마한 양철 상자에 젤리 14개를 넣어 판매하는 35달러짜리 제품에는 진정 효과가 있어서 잠자리에 들었을 때 긴장을 해소하는 데 유용하다고 주장했다.

D2C 매트리스 시장에서 경쟁이 점점 치열해지며 목을 조여 오자 트라우브와 어드벤트인터내셔널의 사모펀드 상사들은 가장 좋은 경쟁 방법을 재고해야 했다. 썰타시몬스가 경쟁에 뒤지지 않기 위해 투모로우슬립에 더욱 많은 자금을 투입해야 할까? 아니면 트라우브가 처음에 거부한 아이디어로 돌아가서 성공한 스타트업 하나를 인수해야 할까? 그러던 와중인 2018년 초 라스베이거스에서 열린 무역박람회에서 어드벤트인터내셔널의 임원들이 JT 마리노에게 접근했다.[38] 이것은 매우 시기적절했다. 터프트앤니들의 경쟁사들은 앞 다투어 광고비 지출을 늘리고 있었고 마리노와 박대희는 선택 사항들을 탐색하고 있었기 때문이다. 즉, 오랫동안 거부해 왔지만 이제 외부 자금을 유치해 마케팅에 박차를 가할지 아니면 회사를 매각할지 고민하는 중이었다.[39] 어드벤트인터내셔널 임원들로부터 썰타시몬

스에 대해 어떻게 생각하느냐는 질문을 받은 마리노는 이렇게 대답했다고 회상했다. "나는 신랄하게 비판하면서 그 브랜드들을 어떻게 재장전해서 회생시킬 수 있을지에 대한 내 생각을 전달했습니다."

예상 밖으로 어드벤트 임원들은 마리노의 아이디어에 반박하지 않고 트라우브와 대화해 보라고 제안했다. 두 사람은 의외로 죽이 잘 맞았다. 마리노는 이렇게 회상했다. "트라우브는 매트리스 업계 출신이 아니었습니다. 대화하는 자리에서 미래에 대해 말했고 우리와 같은 주장을 펼쳤습니다." 마리노는 트라우브에게 다음과 같은 취지로 말했다. 썰타시몬스가 성공하려면 시장을 약간 교란하는 정도에 그쳐서는 안 되었다. 예를 들어 터프트앤니들처럼 매트리스 제품을 단순화하고, 반품 과정을 더욱 쉽게 만들고, 소매 매장에 매트리스를 진열하는 방법을 개선하는 것을 포함해 주요 변화를 시도해야 했다. 캐스퍼와 더불어 터프트앤니들은 자사 브랜드를 판매하는 장소를 전통적인 매트리스 매장보다 애플 매장에 가깝게 밝고 통풍이 잘 되는 물리적인 소매점으로 확대하고 있었다. 터프트앤니들 매장은 깔끔했고, 누워 보고 싶어 하는 고객들의 사생활을 보호하기 위해 진열 제품 주변을 가렸다. 판매원에게는 수수료가 아니라 급여를 지급했다.

마리노와 트라우브는 터프트앤니들을 매각하기로 발 빠르게 합의했다. 마리노를 모든 썰타시몬스 브랜드의 최고전략책임자로 박대희를 최고성장책임자로 임명하는 조건을 달았다. 어느 쪽도 외부에 매각 금액을 언급하지 않았지만 상황을 잘 아는 사람들은 4~5억 달러 범위이거나 터프트앤니들이 거두는 연매출의 약 두 배이리라 추측했다. 터프트앤니들은 한 번도 벤처 캐피털 기업에게서 자금을 유치하지 않았으므로 회사 지분의 거의 90퍼센트를 소유한 마리노와 박대희는 약간의 차이는 있을 수 있지만 각자 2억 달러씩 챙기고, 나머지는 주식을 받았던 직원들에게 돌아갔다. 터프트앤니들보다 더 큰 매출을 바탕으로 추산했을 때 캐스퍼의 기업 가치는 11억 달러이지만 2019년 중반까지 투자자들에게서 약 3억 4000만 달러를 거뒀으므로 창업자들에게 돌아가는 몫은 마리노와 박대희가 훨씬 많았다.[40]

터프트앤니들은 새 소유주에게 한 가지를 양보했다. 미국 전역의 도시에 세워져 있는 광고판 수백 개에 들어가는 문구를 합병 후에 바꾼 것이다. 이전에는 많은 광고판에 간단하게 "매트리스 매장들은 탐욕스럽습니다. 진실을 알아야 합니다"라고 적었다. 마리노와 박대희가 오랫동안 비웃었고, 터프트앤니들이 탄생하도록 영감을 불어넣어 준 그 탐욕스러운 매트리스 매장들이 이제 새 소유주인 썰타시몬스가 거두는 매트리스 매출의 거의 대부분을 형성하고 있었다. 따라서 광고판에 새로 등장한 메시지에는 표현이 무뎌졌다. "우리도 당신네 매트리스가 싫습니다." "전국적인 수면 부족 위기를 해결해 드립니다."

투모로우슬립은 곧 영원히 사라질 터였다. 투모로우슬립의 탄생을 이끌었던 마이클 트라우브는 터프트앤니들과 합병한 지 6개월 후에 "우리는 이 변화가 시기적절하다고 믿습니다"라는 한 어드벤트 파트너의 말을 인용하면서 따로 설명을 덧붙이지 않고 간결하게 공식 기자 회견을 마치고 썰타시몬스를 떠났다.[41] 트라우브가 떠나고 얼마 지나지 않아 투모로우슬립 브랜드를 단종한다는 결정이 내려졌고, 이것은 상사들이 트라우브의 전략을 실패로 판단했다는 신호였다.

브라이언 머피는 트라우브가 투모로우슬립에서 포부를 제대로 펼치지 못했다고 인정했다. 디지털화 추진과 고객 중심 경영에 집중하는 방향으로 썰타시몬스를 밀어붙이기는 했지만 결국 터프트앤니들을 인수하는 방법이 더욱 합리적이었다. 머피는 물밀 듯 밀려오는 경쟁을 언급하면서 "우리는 파티에 늦었습니다"라고 설명했다. 투모로우슬립이 하버드 경영대학원 수업에서 사례 연구 대상으로 쓰인다면 그것은 머피가 원래 바랐던 이유 때문이 아닐 것이다. 상사들이 터프트앤니들을 인수하기로 결정하고 얼마 지나지 않아 퇴사한 머피는 이렇게 결론을 내렸다. "대기업은 혁신 기업을 인수하거나 여기에 투자하는 편이 더 낫습니다. 이 직업을 선택하기 전에도 나는 자사를 내부에서 성공적으로 변화시킨 기업은 없다고 생각했습니다. 지금도 그 생각에는 변함이 없습니다."

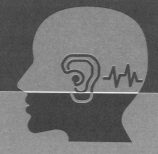

10장
보청기의
아이폰을 꿈꾸다

EARGO

크리스티안 곰센Christian Gormsen은 청력이 매우 좋지만 어쨌거나 간간히 보청기를 착용한다. 그러면서 귀에서 보청기를 꺼내 대화 상대자에게 자주 보여 준다. '보이세요? 내가 보청기를 끼고 있다는 사실을 전혀 눈치 채지 못했죠?'라고 말하는 나름의 방식이다.

곰센의 말이 맞다. 보청기 크기가 땅콩만 해서 겉으로 봐서는 착용했는지 알 수 없다. 기술이 진보한 덕택에 보청기는 아주 작아서 거의 눈에 띄지 않는 정도에 그치지 않고, 착용자의 청력 손실 정도에 맞춰 조정할 수 있도록 소리를 다양한 수준으로 증폭시키는 컴퓨터 칩, 소형 스피커, 마이크를 내장하며 강력한 성능을 발휘한다.

곰센은 실제로 보청기가 필요하지만 착용하지 않는 사람이 많다고 지적했다. 부분적인 까닭은 잘 듣지 못하면 틀림없이 늙은 사람일 것이라는 낙인이 찍히기 때문이다. 보청기 가격이 매우 비싸기 때문이기도 하다. 부품 가격은 모두 합해 수백 달러에 불과하지만 소비자들은 한 쌍에 대개 4500~7000달러를 지불한다.

곰센이 필요하지 않는데도 가끔씩 착용해 보는 보청기는 이 두 가지 문제를 해결하려는 의도에서 만들어졌다. 이 보청기는 곰센이 운영하는 실리콘 밸리 소재 스타트업 이어고Eargo에서 제조되어 소비자에게 직접 판매된다. 이어고는 중개업체를 배제하고 비슷한 성능을 지닌 보청기를 기존 경쟁사보다 3분의 2나 절반 낮은 가격으로 판매한다.

우아한 디자인과 포장을 거친 이어고 제품은 보청기의 아이폰이라고 말할 수 있다. 《타임》과 《파퓰러사이언스Popular Science》는 자사가 선정한 최고 신제품 목록에 이어고 보청기를 포함시켰다.[1] 엔가젯Engadget은 이어고 보청기를 가리켜 "선호하는" 제품이라고 불렀고, 인터레스팅엔지니어링Interesting Engineering은 "가장 흥미로운 제품"의 하나라고 지칭했다. 이어고의 초기 고객인 억만장자 금융가 찰스 슈왑Charles Schwab은 이어고 보청기를 매우 좋아해서 이어고를 후원하는 최대 투자자를 자처했다.

이어고 보청기를 중심으로 발생한 온갖 열풍을 지켜보다 보면 중대한 질문이 떠오른다. 와비파커가 안경, 달러쉐이브클럽이 면도기, 터프트앤니들과 캐스퍼가 매트리스에 추진했던 혁신을 이어고는 보청기에 실현할 수 있을까? 곰센은 이렇게 말했다. "우리는 고전적인 전자 상거래의 경계를 시험하고 있습니다. 이어고는 소비재인 동시에 의료 제품입니다. 그렇다면 소비자에게 제품을 직접 판매할 수 있을까요?"

많은 측면에서 생각할 때 보청기 사업의 환경은 혁신을 일으키기에 이상적으로 보이기도 하고 혁신이 필요하기도 하다. 반란을 일으키는 브랜드들이 겨냥하는 다른 제품들과 마찬가지로 보청기 사업은 연간 수십 억 달러 규모이고 고전적인 과점이 지배해서 보청기기업 다섯 군데가 미국 전체 매출의 90퍼센트를 차지한다. 업계 선두 주자들은 가격 경쟁을 벌이지 않으면서, 질레트와 썰타시몬스처럼 겉보기에 큰 차이 없는 일련의 모델들을 무질서하게 출시해 보청기 구매 경험 자체를 혼란스럽게 만든다.

이러한 현실은 소비자 옹호자뿐 아니라 일부 청능사들에게도 좌절을 안긴다. 현재 건강 관리 산업에서 컨설턴트로 활동하는 청력학자 킴 캐빗Kim Cavitt은 다음과 같은 의문을 던지면서 보청기의 비싼 가격을 목소리 높여 비판했다. "스마트폰은 1000달러 미만으로 모든 기능을 가동할 수 있는데 어째서 보청기의 평균 가격은 4000달러 이상인가요?"

캐빗이 제기한 의문에 대한 대답은 보청기 제조 비용과는 전혀 관계가 없고, 전통적인 보청기 판매 방식과 전적으로 관계가 있다. 매트리스나 안경과 마찬가지로 청력 클리닉인 중개인에게 돌아가는 비용이 전체 가격에서 큰 몫(일반적으로 약 수천 달러)을 차지하기 때문이다. 보청기 가격이 청력 테스트와 보청기 조정 등 서비스와 장치를 포함해 한 가지로 묶여 있으므로 소비자는 중개인이 많은 수수료를 받는다는 사실을 모른다.

청력 손실이 큰 사람들은 손실 정도를 측정하고 적절한 보청기를 선택할 때 전문가에게 도움을 받을 수 있으므로 비싼 보청기 가격이 타당할 수 있다. 하지만 청력 손실이 중간이거나 경미한 사람들 입장에서 생각하면 숨겨져 있는 수수료가 비싸고, 청력 검사 비용이 시력 검사처럼 일반적으로 100~200달러에 불과하다는 점을 고려할 때 특히 그렇다. 검사가 반드시 필요하지 않더라도 검사를 받고 나서 온라인으로 보청기를 구매하는 방식이 대부분의 소비자들에게는 경제적으로 합리적일 것이다. 그리고 보청기 기술이 매우 발달하다 보니 사용자가 쉽게 프로그래밍할 수 있어서 청능사의 도움을 받을 필요가 거의 없다. 건강 관리 옹호자들은 보청기 가격이 지금보다 저렴하기만 해도 많은 사람이 구매할 것이라고 주장한다.

이러한 현실에 자극을 받은 투자자들은 다양한 제품과 가격대를 갖추고 서로 다른 전략을 구사하는 보청기 스타트업 여섯 곳에 돈을 쏟아붓고 있다. 일부 스타트업은 이미 파산했다. 벤처 캐피털 수억 달러가 투입되었지만 사업가들은 보청기 시장을 뚫기가 황당할 정도로 어렵다고 실감한다. D2C 스타트업들이 많은 제품 범주를 투자자들이 기대한 이상으로 빨리 교란하고 있지만, 보청기 사업은 같은 사업 모델, 즉 기존 브랜드가 갖춘 다수의 주요 사양을 제공하면서도 가격을 더욱 낮추고 반품 서비스를 무료로 제공하는 사업 모델을 채택하는 데도 교란 속도는 훨씬 느리다.

D2C 스타트업의 사업 모델과 비슷한 점이 많기는 하지만 보청기 사업을 방해하는 차이점이 존재한다. 가장 극복하기 힘든 차이점은 잠재적 구매자 다수가 60대 이상이어서 어떤 제품이든 특히 정교하고 비싼 의료기를 온라인에서 마음 편하게 구매하지 못한다는 것이다. 이어고조차도 소비자의 관심을 끌어 모으기는 쉽지 않았다. 2019년 초 이어고는 여러 벤처 캐피털 기업에게서 1억 3500만 달러를 유치했다. 이것은 3년 반 이상 보청기를 판매하며 거둬들인 전체 매출액의 몇 배에 해당하는 금액이었다.[2]

"성공하는 것은 내가 예측한 것보다 돈도 많이 들고 힘듭니다." 이어고의 가장 초기 후원자인 벤처 캐피털 기업 매버런Maveron에서 파트너로 활동하는 데이비드 우David Wu가 털어놓았다. "우리는 D2C 브랜드가 업계를 뒤흔드는 현상을 대단히 많이 목격했기 때문에 보청기 산업도 자연스럽게 혁신의 표적이 되리라 생각했습니다. 억눌린 수요가 상당히 많을뿐더러 기존 장치를 싫어하는 사람들이 많았거든요. 하지만 연령별 인구 통계와 보청기 범주에 존재하는 낙인 때문에 사업 판도를 뒤흔들기가 어렵습니다."

보청기 사업에 투자하는 사람들은 혁신을 달성해 의료계 판도를 뒤흔들 수 있다는 생각을 뒷받침하는 증거로 급속히 성장 중인 원격 치과 치료teledentistry(전자 정보, 영상, 통신 기술을 사용해 치과 치료 서비스, 진단, 치료 등을 원격으로 제공하는 서비스 – 옮긴이) 사업을 지적한다.

얼마 전까지만 해도 비뚤어진 치열을 가지런하게 교정하고 싶으면 치과 교정의를 찾아가 5000달러 이상을 지불하고 보기 흉한 금속 교정기를 착용해야 했다. 하지만 스마일다이렉트클럽SmileDirectClub이 선도하는 스타트업 여섯 곳은 2000달러 이하의 가격으로 같은 서비스를 제공하겠다고 나서서 해당 업계에 큰 반향을 일으켰다. 고객은 집에서 도구를 사용하거나 소매 매장에 들러 치아의 본을 떠서 투명한 플라스틱 교정기를 맞춘다. 6~8개월 동안 교정기를 착용하면 치열을 고르게 교정할 수 있고, 그 기간 동안에는 면허가 있는 치과 의사나 치과 교정의에게 온라인으로 검진을 받을 수 있다. 크리스티안 곰센은 "우리는 스마일다이렉트클럽의 사업 모델을 모방할 수 있는 방법을 찾고 있습니다"라고 말했다. 스마일다이렉트클럽이 교정기를 구매할 경제적 여력이 없거나 착용하기 민망해하는 고객들을 유치하기 위해 발전된 기술을 사용하고 있기 때문이다.

2019년 고객 70만 명 이상을 확보하고, 약 9억 달러까지 치솟은 연간 수익을 기록한 스마일다이렉트클럽은 여전히 적자를 벗어나지 못했지만 9월에 기업 공개를 단행했다.[3] 그 후 몇 주 동안 주가가 급락했는데도 기업 가치는 약 40억 달러로 평가되었다. 이 소식에 크게 위협을 느낀 치과 교정의 집단은 수십 개 주의 규제 기관에 항의서를 제출했다.[4]

말 안 듣는 소비자의 말을 들어라

이어고가 보청기 사업을 시작한 계기는 환자들에게 보청기를 착용하라고 설득하는 과정에서 겪은 좌절 때문이다. 프랑스인 이비인후과 외과의인 플로렝 미셸Florent Michel은 보청기를 착용하라는 제안해도 환자들이 자주 무시한다는 사실을 발견했다. 환자들은 다른 사람들의 눈에 띈다는 이유로 가장 흔한 모델인 귀걸이형 보청기를 착용하고 싶어 하지 않았다.[5] 미셸은 자신의 취미인 낚시를 하려고 미끼를 꿰다가 아이디어를 떠올렸다. 미끼와 비슷한 크기와 모양으로 보청기를 만들면 어떨까? 미끼를 만들 때 사용하는 작은 깃털과 비슷한 작은 섬유를 사용해 귓속에 넣으면 보청기를 제 자리에 고정시키면서도 공기와 소리가 귓속을 통과하며 증폭될 수 있을 터였다. 그러면 보청기는 귓속에 편안하게 자리를 잡으면서도 귀 밖으로도 거의 보이지 않을 것이다. 그렇다. 귓속에 쏙 넣는 귓속형 보청기가 이미 출시되어 있지만 부피가 크거나, 밖에서 눈에 띄거나, 대부분의 환자들이 사용하기에는 터무니없이 비쌌다. 사업을 성공시키려면 작고, 성능이 강력하고, 가격이 합리적인 제품을 만들어야 했다.

플로렝 미셸은 2000년대 초 샌프란스시코로 이사 와서 살고 있는 아들에게 자신이 생각해 낸 아이디어를 들려주었다. 스탠퍼드대학교에서 공학을 전공하고 캘리포니아대학교 버클리 캠퍼스에서 MBA를 받은 라파엘은 당시에 건강 관리 스타트업에 근무하고 있었다. 라파엘 미셸은 이렇게 회상했다. "저녁 시간과 주말에 업무에서 벗어나 재미로 이런저런 궁리를 하다가 이어고를 창업하게 되었습니다." 라파엘은 2012년 중반 사업에 대해 더욱 진지하게 생각하기 시작하면서 직장을 그만두고 팰로앨토에 있는 자택 차고에서 사업을 시작했다. 전기공학 학위를 갖고 있으면서 내과의사이자 역시 건강 관리 사업가인 친구도 영입했다. 라파엘이 사업 아이디어를 들려주자 다니엘 셴Daniel Shen은 이렇게 생각했다고 말했다. "정말 멋진 아이디어였어요. 보청기 착용 방법을 바꾸고 정말 비용을 줄일 수 있는 아이디어였죠." 두 사람은 조사를 하고 나서 시장 잠재력을 확인했다. 정도 차이는 있지만 청력 손실을 겪고 있다고 추정되는 미국인 4800만 명 가운데 보청기 사용자는 800만 명에 불과했다. 셴은 이렇게 설명했다. "낙인, 편안함, 비용, 접근성, 사용 용이성 등이 우리가 직면한 문제들입니다. 우리는 이 문제들 때문에 사업 기회가 있다고 생각했어요." 이제 셴과 미셸은 자신들이 영입한 소규모 팀과 힘을 합해 시제품을 개발하기 시작했다.

보청기 시장을 뒤흔들기에 적합한 여건이 형성되어 있다고 느낀 사업가는 셴과 미셸만이 아니었다. 고가의 고급 보청기를 발명한 과학자가 창업한 아이히어메디컬iHear Medical은 비슷한 시기에 저가 제품 라인을 온라인으로 판매해서 시장 민주화를 시도했다. 다른 스타트업인 오디쿠스Audicus는 달러쉐이브클럽과 비슷한 사업 모델을 세우고 독일에서 설계한 보청기에 자사 브랜드를 붙여 되팔았다. 두 기업 모두 귀걸이형 보청기를 한 쌍에 1000~4000달러에 판매했다.

하지만 이어고는 최저가 보청기를 만들려 하지도 않고, 모든 사양을 담은 최고가 보청기를 만들려 하지도 않는다. 보청기 개념을 노인용 의료 기기가 아니라 소비재로 재정립해 시장을 확대하고 싶어 한다. 이어고가 추구하는 목표는 셴이 설명하듯 "조부모나 부모가 귀에 걸어 사용하는 베이지색 보형물이라는 보청기 개념을 최대한 떨쳐내는 것"이다.

이 사명을 성공적으로 달성하려면 보청기가 귓속에 들어가서 밖에서는 거의 눈에 띄지 않아야 하고, 쉽게 사용하기 위해 대부분의 보청기처럼 작은 배터리를 며칠마다 교환해 주는 것이 아니라 스마트폰처럼 충전할 수 있어야 했다. 또 가격이 합리적이어야 하므로 제품을 소비자에게 직접 판매해야 했다. 청력 클리닉을 거치지 않아야만 값비싼 귓속형 보청기의 가격을 낮출 수 있기 때문이다.

미셸과 셴은 일부 부유한 앤젤 투자자에게 자금을 지원받았으므로 본격적으로 사업 여건을 갖추기 전부터 여러 디자인들을 시도해 보기 시작했다. 두 사람은 귓속에 넣을 수 있도록 줄, 플라스틱 조각, 잘 휘는 얇은 섬유를 사용해 임시 모형을 만들었다. 미셸은 이렇게 회상했다. "우리는 미술과 공예품 매장은 물론이고 철물점 등에서 구할 수 있는 재료를 이용했습니다. 나무로도 만들고, 금속과 플라스틱으로도 만들었죠. 재료들을 자르고 접착제로 붙이면서 모습을 갖춰 나갔습니다."

하지만 운영 자금을 대라고 벤처 투자자들을 설득하려면 실제로 작동하는 시제품이 필요했다. 두 사람은 이것이 상당히 어려운 작업이라고 깨달으면서 과연 자신들이 성공할 수 있을지 이따금씩 의문을 품었다. 자체적으로 제조할 여력이 없었으므로 귀에 삽입하는 소형 증폭기를 판매하는 공급업체를 수개월 동안 찾았지만 허사였다. 그러다가 2013년 초 보스턴에서 열린 청각학 회의에 참석했다가 정확하게 자신들에게 필요한 기업을 만났다. 한시름 놓은 미셸은 축하 만찬 자리에서 "이제 제품을 만들 수 있게 되었어요"라고 동료들에게 말했다.

두 사람이 거의 1년을 작업해서 기본 시제품을 만들자 미셸은 벤처 캐피털 기업들을 순회하기 시작했다. 투자자들을 설득하기는 쉽지 않았다. 미셸은 이렇게 회상했다. "우리가 투자자들에게 새 보청기를 거론하자 '길에 시체가 널려 있다'는 식으로 대꾸하더군요. 보청기의 역사를 들여다보면 그만큼 많은 사람이 사업을 시도했다가 실패했다는 뜻이었죠."

하지만 미셸은 1990년대 말 스타벅스의 최고경영자 하워드 슐츠Howard Schultz가 공동 설립한 벤처 캐피털 기업 매버런에서 활동하는 몇몇 파트너들의 관심을 가까스로 끌 수 있었다. 매버런은 주로 소비재 스타트업에 투자했고, 눈에 띄는 투자처로는 전자 상거래 선구 기업인 이베이eBay, 온라인 의류 소매 기업인 에버레인Everlane을 비롯한 D2C 브랜드들을 들 수 있다. 매버런은 자사 웹 사이트에서 "중개인은 너무나 20세기 개념"이라고 빗대 말하면서 자사는 "20년 동안 현상을 뒤흔들고" 있다고 자랑한다.

의료기기 스타트업에는 단 한 곳만 투자하고 있던 매버런은 혁신 원칙들을 새 범주에 적용하는 한 가지 방식으로 건강 관리 제품과 소비재 시장을 공략하겠다는 이어고의 비전을 주목했다. 데이비드 우는 이렇게 회상했다. "우리에게 최대 질문은 '눈에 보이지 않는 소비자에게 인터넷에서 수천 달러짜리 보청기를 판매할 수 있다고 생각하나요?'였습니다." 불확실성이 존재하기는 했지만 매버런은 260만 달러에 이르는 투자 유치를 주도하기로 동의했다.[6]

다른 중요한 관계도 형성되었다. 경영 컨설팅 기업인 매킨지 McKinsey에서 근무했던 크리스티안 곰센은 당시 샌프란시스코 소재한 투자 기업에서 근무하는 옛 동료에게 이어고에 대해 들었다. 보청기 사업에 거의 10년이라는 세월을 쏟았던 곰센은 처음에 회의적인 반응을 보였다. "도와주기는 하겠지만 자네는 지금 시간과 돈을 낭비하고 있는 걸세. 여태껏 보청기 사업에 관한 창업 아이디어를 스무가지 이상 들었지만 한낱 휴지 조각에 불과했다네."

하지만 프랑스에 있는 플로렝 미셸의 집에서 창업자들을 만나 시제품을 보고 나서 곰센은 이번에야말로 성공할 수 있겠다고 생각하기 시작했다. "시제품을 착용해 보니 편안했고 소리 확장도 좋았습니다." 게다가 가격이 적절한데다가 청력 손실이 중간 정도이거나 경미한 사람들에게 귓속형 장치를 사용하게 하면 보청기 착용에 따르는 낙인을 극복할 수 있으므로 사업의 성공 가능성을 높일 수 있겠다고 판단했다. 하지만 곰센은 초기 시제품의 주요 단점을 지적했다. 충전 배터리가 8~10시간 후면 다 닳는데, 보청기는 하루 종일 작동되어야 한다고 조언했다. 그렇지 않으면 낮에 보청기를 빼서 충전해야 하고 그러면 소비자들의 구매 의욕이 떨어질 것이라고 강조했다.

곰센의 예전 동료가 근무했던 벤처 캐피털 기업은 결국 이어고에 투자하지 않았지만 라파엘 미셸은 곰센을 스타트업의 고문으로 영입해 이사진에 합류시켰다. 초기에 곰센에게 회의적인 의견을 들었지만 미셸은 낙담하거나 포기하지 않고 오히려 곰센이 솔직하게 말해 준 것을 높이 평가했다. "한 산업에 변혁을 일으키고 싶다면 해당 업계에 종사하면서 풍부한 지식을 갖춘 인재들을 주위에 두어야 합니다. 나는 보청기 사업에 대해 아무 것도 몰랐으므로 악마의 대변인 devil's advocate(의도적으로 반대 입장에서 이야기하는 사람 – 옮긴이)이 필요했습니다."

제품을 시험하고 미세하고 조정하느라 다시 2년이 걸렸다. 하루 종일 가동할 수 있는 배터리는 크기가 커서 귓속에 들어갈 수 없었으므로 배터리 수명 문제를 해결하는 것이 난제였다. 미셸의 회상에 따르면, 기술팀은 1세대 이어고 보청기에 충전용 배터리를 장착하지 말고 대부분의 보청기처럼 며칠 후에 교체하는 배터리를 사용하자고 제안했다. 하지만 미셸은 "안됩니다. 그러면 소비자가 원하는 성능을 제대로 발휘할 수 없어요. 보청기는 반드시 충전식이어야 합니다"라고 고집했다. 결국 엔지니어들은 귓속에 들어갈 정도로 작게 배터리 두 개를 배열하는 아이디어를 생각해 냈다. 따라서 보청기를 한번 충전해서 16~18시간 동안 계속 작동할 수 있었다.

플로렝 미셸이 품은 비전에 따라 보청기 끝에는 짧고 얇은 의료용 실리콘 "플렉시 섬유" 수십 개를 내장해서 장치를 제자리에 고정시키고 공기와 소리가 통과할 수 있게 했다. 이어고 제품은 귀걸이형 보청기처럼 고객 개인에게 맞추어 프로그래밍할 수 없지만 청력 손실이 중간 정도이거나 경미한 사람들 대부분이 제대로 듣지 못하는 가장 전형적인 고주파 소리를 들을 수 있도록 볼륨을 네 단계로 사전 설정했다. 착용한 상태에서 보청기를 가볍게 두 번 두드리면 설정을 바꿀 수 있었다.

라파엘 미셸과 다니엘 셴은 혁신적인 제품을 갖추었더라도 정교한 의료 기기를 온라인으로 구매하도록 고객을 설득하는 것이 사업에 최대 난제라는 점을 인식하고 있었다. 그래서 신뢰를 쌓기 위해 FDA 승인을 받음으로써 자사 보청기의 품질이 연방 기준에 부합한다는 사실을 입증했다. 또 잠재 고객에게 상담 서비스를 제공하고, 자사 제품을 구매한 고객에게 조언을 제공하기 위해 청능사와 보청기 전문가로 팀을 결성하기 시작했다. 그래서 소비자가 청능사 클리닉을 찾아갔을 때 일반적으로 받을 수 있는 서비스에 최대한 가까운 개인적인 조언과 서비스를 전화나 온라인으로 제공하고, 동시에 온라인 구매에 따른 위험성에 대해 청능사 집단이 가할 비판을 피하는 것을 목표로 세웠다.

2015년 6월 이어고는 매버런의 주도 아래 투자 설명회를 다시 열어 1360만 달러를 확보하고 2세대 제품을 개발하는 동안에도 라파엘이 사용한 용어대로 "최소 기능 제품minimum viable product"을 판매하기 시작했다. 최소 기능 제품은 초기 고객을 만족시킬 수 있을 정도로 기능을 갖춘 제품을 일컬을 때 실리콘 밸리에서 사용하는 용어이다. 라파엘은 이렇게 설명했다. "우리는 애플과 같은 대기업이 아니었으므로 애플 워치나 아이패드처럼 완벽한 제품을 갖추느라 5년을 쏠 여유가 없었습니다."

이어고는 다른 D2C 스타트업의 전략을 끌어와 60일간 무료 체험 서비스를 제공했다.[7] 또 보청기 착용감이 편안한지 확인하고 싶어 하는 고객에게는 가동하는 전자 부품을 뺀 복제품을 보냈다. 모두 반품률을 최대한 낮추기 위한 전략이었다. 업계 전반을 살펴볼 때 청능사에게 보청기를 맞춘 경우라도 반품률은 10~30퍼센트이고 귀걸이형보다 귓속형이 더 높다.[8]

이어고 보청기의 초기 상품평은 긍정적이었다. 다양한 팔로어를 보유한 기술 뉴스 사이트인 테크크런치Tech-Crunch는 이어고의 보청기를 "미래의 보청기"라고 선언했다.[9] 《피씨매거진PC Magazine》의 한 제품 리뷰 작성자는 2주 동안 이어고 보청기를 착용해 보고 나서 이런 감상을 남겼다. "이 제품은 작고, 가볍고, 편안하고, 밖에서 거의 눈에 띄지 않습니다. 더욱 중요하게는 소리가 잘 들려요. 매우 자연스럽고 가볍고 통풍도 잘 됩니다. 시범 착용한 2주 동안 누구의 눈에도 띄지 않았어요. 내가 여러 차례 손가락으로 가리켰는데도 사람들은 여전히 알아채지 못했습니다."[10]

와비파커, 허블, 달러쉐이브클럽, 캐스퍼를 포함한 많은 D2C 브랜드는 이러한 홍보에 힘입어 시장에 신속하게 진입할 수 있었다. 하지만 다른 스타트업과 달리 이어고는 실제로 필요하지만 그다지 원하지 않는 제품을 구매하라고 고객을 설득해야 하는 부담을 추가로 안아야 했다.

이러한 난제를 인식한 이어고는 인터넷, 페이스북, 텔레비전에서 주로 나이든 소비자들이 시청하는 고전물의 재방송처럼 대부분의 광고주들이 원하지 않아서 가격이 저렴한 "자투리" 광고 스폿을 사서 다양한 광고 메시지를 내보내며 효과를 시험했다. "우리는 고객의 마음을 바꾸고 규모를 늘려나갈 최선의 수단은 텔레비전이라고 생각했지만 실제로 알고 보니 페이스북이었습니다." 라파엘 미셸이 말했다. "이것은 매우 충격적인 사실이었어요. 우리가 겨냥하는 고객들이 그토록 적극적으로 페이스북을 사용하고 있으리라고는 예상하지 못했거든요. 실제로 디지털 마케팅은 매우 효과적이었습니다."

이어고는 60대 이상이 아니라 40대와 50대 소비자를 표적으로 삼았다. 나이가 들어야만 보청기를 착용하는 것이 아닐 뿐더러 보청기를 착용했다고 해서 당혹스러워할 이유가 없다고 홍보하기 위해서였다. 한 광고에서는 재미있는 오해 사례를 소개했다. 정원에서 일하던 남편은 "그 일이 끝나면 잊지 말고 토마토에 물을 줘요Remember to water the tomatoes when you're done"라는 아내의 말을 "여보, 잊지 말고 수녀님과 함께 토마토를 도살해요Honey, remember to slaughter the tomatoes with the nun"로 듣고 어리둥절해한다. 다른 광고에서는 가족이 하는 말을 완전히 못 알아듣는 상황을 묘사했다.

이러한 마케팅이 소비자의 공감을 끌어냈다. 라파엘 미셸은 이렇게 말했다. "청력 손실은 대화할 때 금기 사항이지만, 유머를 사용하면 금기를 없애고 대화를 시작할 수 있습니다."[11] 이어고의 광고에 반응한 소비자는 2015년 여름 월 2000명에서 연말 무렵에는 약 10만 명으로 급격히 증가했다. 온라인에서 판매되는 다수의 고가 제품이 그렇듯 광고에 반응을 보인 소비자 중에서 극히 일부만 제품을 구매했다. 하지만 이어고는 첫 6개월 동안 약 100만 달러에 이르는 총 매출을 기록하면서 전통적으로 판매하기 힘들었던 범주에서 고무적인 출발을 기록했다.

수요에 워낙 장래성이 있었으므로 이어고가 광고 예산을 늘리고 지속적으로 연구 개발을 하기 위해 다시 투자 설명회를 열어 자금을 유치하는 데는 전혀 문제가 없었다. 따라서 앞서 투자 설명회를 개최한 지 불과 6개월만인 2015년 12월 미국 최대 벤처 캐피털 기업에 속하는 뉴엔터프라이즈어소시에이츠New Enterprise Associates가 매버런을 포함한 투자 집단을 이끌어 이어고에 2500만 달러를 추가로 투자했다.[12]

라파엘 미셸은 하늘을 찌를 듯 기뻤다. 이어고 보청기를 개발하느라 이미 몇 년을 보냈지만 우여곡절 끝에 마침내 아버지의 꿈을 이뤘기 때문이다. "너나 할 것 없이 정말 크게 흥분했어요."

하지만 처음에는 서서히 그러나 점차 많은 고객이 제품을 반품하기 시작했다. 비록 고객들은 이어고의 보청기가 밖에서 거의 보이지 않으면서 적절하게 작동할 때는 청력을 향상시켰다고 인정했지만, 처음에 정상 범위에 있던 반품률이 이내 급증했다고 크리스티안 곰센은 회상했다. "많은 고객이 우리 제품을 좋아했고, 반품을 하고 나서도 다시 제품을 원했습니다."

라파엘 미셸은 많은 보청기가 고장 난 원인을 파악하기 위해 발 빠르게 움직였다. "문제를 해결하는 과정은 복잡합니다. 제조 과정을 거슬러 올라가 결함의 근본 원인을 따지고 해결 방법을 찾아야 하기 때문이죠." 귓속은 덥고 습하고 염분이 있으므로 보청기 같은 전자 기기에는 부적당한 환경일 수 있다.

이어고가 정교한 시험 과정을 거치기는 했지만 소비자들이 실제 생활 환경에서 장시간 착용하자 결함이 뚜렷이 드러났다. 한 가지 근본적인 문제는 보청기의 전자 부품을 감싸는 "덮개"와 관련이 있었다. 덮개 재료로 쓰이는 신축성 있는 실리콘은 시간이 흐름에 따라 귀에서 생기는 습도와 염분을 흡수하며 조금씩 팽창해 전자 장치를 망가뜨릴 수 있었다. "모든 부품을 산업 표준에 따라 시험했지만, 충분한 시간 동안 시험했을까요?" 곰센은 설명했다. "업계에 새로 진입했기 때문에 누리는 장점이 있지만 단점도 있기 마련입니다. 자금 고갈률이 컸어요. 우리는 급한 불을 끄기 위해 자금을 있는 대로 쏟아부었습니다."

상황이 너무나 나빠 보였으므로 매버런의 데이비드 우는 이렇게 언급했다. "마치 셰익스피어 비극 같군요. 1막에서는 모든 사람이 뛸 듯이 흥분하다가 2막이 되자 모든 것이 어긋나니까요."[13]

우를 포함한 투자자들은 업계에서 오랜 경험을 쌓은 곰센을 찾아가 사업을 회생시킬 방법이 있는지 물었다. 곰센은 있다고 대답했다. "소비자들이 이어고 제품을 원한다는 사실을 우리는 입증해 왔습니다. 의료 제품을 온라인에서 판매할 수 있다는 사실도 입증했고요. 모두 긍정적인 신호입니다." 곰센은 투자자들에게 이렇게 말했다고 기억했다. "우리는 출혈을 멈추고, 제품의 결함을 바로잡고, 조직을 축소해 비용을 절감해야 합니다."

투자자들은 최고경영자 자리에 라파엘 미셸 대신 곰센을 앉히는 조건을 내세우고 이어고에 계속 투자하기로 뜻을 모았다. 이어고를 재설계하고 문제를 바로잡기 위해서는 생산 노하우를 더욱 많이 보유한 사람이 필요했기 때문이다. 기업을 처음부터 키웠던 미셸에게는 뼈아픈 일이었지만 투자자들의 결정을 받아들이고, 새 직책인 전략본부장 자리를 수락하고 이사진에 남았다.[14] 최고경영자 자리에서 물러나고 나서 미셸은 이렇게 말했다. "이어고는 자식과 같았으므로 물러나기가 믿기지 않을 정도로 힘들었습니다. 정말 고통스러웠지만 올바른 사업적 결정이었어요."

급선무부터 확실히 해결하라

이어고는 보청기를 재설계하는 동안 새 주문을 더 이상 받지 않았다. 곰센은 업계의 인맥을 사용해 보청기 부품과 오류가 발생할 수 있는 원인에 대해 깊은 지식을 보유한 전문가들을 채용했다. 기본 디자인을 유지하면서 결함을 고치느라 2016년 대부분을 보냈다. 곰센은 "우리는 두더지 잡기를 했어요. 우선 큰 놈부터 때려잡았죠"라고 말했다. 재설계한 2세대 이어고 보청기 "맥스Max"는 방전되는 사태를 방지하고 배터리가 다 닳았을 때 부품을 보호하기 위해 전자 부품을 더욱 내구성 좋은 덮개로 감쌌다. 또 예전에는 보청기를 사내에서 직접 제조했지만 소형 전자 제품을 제조하고 조립하는 과정에 대해 전문 지식을 갖춘 태국 소재 기업에 제조를 위탁하기로 결정했다.

곰센은 이어고의 회생을 돕기 위해 개인 투자 펀드를 사용해 금융가인 찰스 슈왑을 포함한 새 후원자들을 모집했다. 슈왑은 많은 종류의 보청기를 직접 착용해보았지만 가격과 상관없이 만족스러운 보청기를 만난 적이 없었다.[15] 그때 한 친구가 추천해 준 이어고 보청기를 써 보고 나서 귓속에 거의 쏙 들어가고, 충전 가능한 배터리를 장착했으며, 감 좋은 소리를 전달하는 점이 마음에 들었다. 곰센에게 훨씬 반가운 일은 회사에 문제가 있는 데도 슈왑이 투자를 망설이지 않았다는 점이었다. 실제로 슈왑은 업계의 판도를 뒤집으려면 반드시 겪어야 하는 문제로 이해했다. 더욱이 자신의 이름을 본뜬 저가 수수료 중개업체를 창업했던 1970년대 월스트리트 환경과 당시 보청기 산업이 비슷하다고 보았다. 비싼 가격을 유지하면서 기존 기업들의 이익을 고객보다 우선하는 배타적인 세계였기 때문이다. 하지만 성공은 장담할 수 없었고 쉽게 찾아오지도 않았다.

"성공이 거의 갑자기 찾아온 것 같지만 이후 40년을 돌아보면 기반을 다지기까지 여러 해가 걸렸습니다." 슈왑은 자신이 창업한 기업의 성공을 이렇게 설명했다. "우리는 어려움을 겪었죠. 기술, 사람, 마케팅에 막대하게 투자해야 했어요. 성공 곡선은 결코 직선이 아닙니다. 그 과정에 침체도 도사리고 있고요." 곰센은 슈왑이 해 준 말을 기억했다. "나는 저가 수수료 중개업을 실시해 상황을 바꾸려고 사업을 시작했습니다. 당신도 이어고에서 같은 사명을 추구하고 있는 겁니다."

2017년 1월 이어고는 잃어버린 추진력을 회복할 기회가 한 번 더 있다고 판단하고 보청기 판매를 재개하면서 광고에 많은 자금을 쏟았다. "전반적으로 보청기 업계가 마케팅에 쓰는 비용은 수익의 2퍼센트에 불과합니다." 곰센은 기존 기업들이 청력 클리닉에 의존해 마케팅을 전개하기 때문이라고 설명했다. "하지만 우리는 20퍼센트 이상을 쓰고 있습니다." 그는 마케팅에 힘을 기울이는 것이야말로 이어고가 성공할 수 있는 유일한 방법이라고 믿는다. "궁극적으

D2C 레볼루션

로 우리가 추구하는 목적대로 브랜드를 구축하고 싶다면 돈을 투자해 소비자에게 우리 존재를 각인시켜야 합니다."

또 곰센은 소비자 광고에 종사한 경험을 쌓은 마케팅 임원들을 영입했다. 워너브래지어더스Warner Brothers에서 전자 상거래 부사장을 지낸 위르겐 포케Jurgen Pauquet는 최고상업책임자로 취임하고 나서 고객을 유치하기 위해 마케팅을 활용하는 방식으로 투망을 더욱 넓게 던졌다. 포케는 광고 비용을 효율적으로 써야 한다고 주장하면서 음악가나 퇴역 군인처럼 청력 손실을 입었을 가능성이 있는 집단을 표적으로 삼지 않고, 연봉 8만 달러 이상을 벌면서 45세 이상인 일반 소비자를 상대로 광고해 더 많은 고객을 끌어들일 수 있어야 한다고 조언했다. 또 광고의 비중을 보청기의 자세한 기술 사항에 두지 않고 감정적인 측면에 훨씬 크게 두어야 한다고 강조했다. 포케는 이렇게 설명했다. "처음에는 제품 사진을 더 많이 찍었어요. 하지만 지금은 사회적 환경에서 친구와 가족과 관계를 맺고 살아가는 사람들의 모습을 더욱 많이 촬영하고 있습니다."

소비자는 보청기를 충동에 따라 구매하지 않고 고민하고 공부한 후에 구매한다. 따라서 이어고가 실행하는 디지털 광고는 보청기에 관한 뉴스나 광고를 클릭하는 방식으로 관심을 표현한 소비자를 표적으로 삼았다. 또 광고에 반응하는 방식으로 이어고 제품에 관심을 표현한 잠재 고객들에게 전화와 온라인으로 연락을 취하기 위해 100명 이상으로 영업팀을 결성했다. 곰센은 반품률을 최대로 낮추기 위해 판매 후 관리를 강화하라고 직원들을 밀어붙였다. 따라서 보청기를 판매할 때는 고객이 궁금한 점이 있어서 전화를 걸어올 때까지 기다리지 않고 "제품 도착 전" 영상으로 연결되는 링크를 이메일로 보낸다. 판매한 지 사흘 째 되는 날에는 다른 영상 링크를 보내 보청기를 가장 잘 활용할 수 있는 방법을 알려 준다. 판매한 지 열흘 째 되는 날에는 보청기 청소 방법, 24일 째에는 장기 관리 방법을 담은 영상의 링크를 보낸다.

이어고가 첫 보청기를 판매한 지 2년, 설계 결함을 바로잡기 위해 판매를 중지한 지 1년이 지난 시점에서 마침내 매출이 탄력을 받기 시작했다. 2017년 2세대 보청기의 매출은 꾸준히 증가해서 약 650만 달러를 기록했고, 2018년에는 네 배인 2400만 달러까지 증가했다.[16] 고객의 약 3분의 2는 첫 구매자이고, 평균 연령은 전형적인 최초 사용자보다 4~5년 낮다. 곰센의 주장에 따르면 이러한 경향은 이어고가 보청기 사용자 시장을 확대할 수 있다는 뜻이고, 기존 기업에게서 빼내는 방식으로 고객을 확보하지 않는다는 뜻이다.

이어고는 최소 기능 제품을 갖추고 사업을 시작해 꾸준히 품질을 개선하겠다는 라파엘 미셸의 비전을 추구해서, 더욱 광범위한 고객의 관심을 끌기 위해 보청기 선택 범위도 확대하고 있다. 2019년에는 3세대 보청기인 네오Neo를 출시하고, 사용자들이 보청기 기능을 스마트폰으로 설정하거나 기술자들이 원격으로 프로그래밍할 수 있게 하기 위해 블루투스 기능을 장착하는 등 고가 제품을 판매하는 경쟁사가 이미 제공하고 있는 사양을 추가했다. 또 네오는 출력의 한계를 개선하고 되먹임을 줄였다. 이어고는 이렇듯 기능을 향상시키면서 가격을 한 쌍에 2550~2750달러까지 인상했지만, 처음 두 모델의 가격을 25퍼센트까지 인하하는 동시에 최초 모델은 현재 1650달러에 판매하고 있다.[17]

2018년 후반 이어고는 사업 성장 속도를 가속화하기 위해, 온라인에서만 제품을 판매했던 많은 디지털 전용 브랜드와 마찬가지로 소매 매장과 제휴하기 시작했다. 매장에서 보청기를 판매하지 않지만 견본을 진열해 잠재 고객에게 착용해 볼 수 있는 기회를 제공한다. 곰센은 "매장에서 제품을 여기저기 살펴보고 귓속에도 넣어 볼 수 있습니다"라고 설명했다. 그러면 애당초 값비싼 의료 기기를 온라인으로 구입하는 것을 망설이는 사람들에게 "편안함과 신뢰를 줄 수 있고 고객을 만날 수 있습니다."

실적 호전은 이어고가 투자자들에게 신뢰를 얻는 데 호재로 작용했다. 2017년 후반 벤처 캐피털 투자 설명회를 몇 차례 열어서 4500만 달러, 2019년 초 찰스 스왑을 포함해 대부분 기존 투자자들에게서 다시 5200만 달러를 유치했다. 스왑은 모두 1000만 달러 이상을 투자해 현재 회사 지분의 약 10퍼센트를 소유하고 있다.[18] 스왑은 지속적으로 이어고에 투자한 자신의 결정에 대해 언급했다. "이러한 기업들은 결국 성공할 것입니다. 나는 이어고가 그러한 기업이기를 바랍니다."

이어고의 시장 점유율은 여전히 미미한 수준이다. 디지털 면도기 사업과 매트리스 사업에서 새로 등장한 디지털 네이티브 브랜드가 출범한 지 몇 년 안에 전체 시장의 15~20퍼센트를 장악한 것과 대조적으로 보청기 스타트업들은 5퍼센트 미만에 머물고 있다. 이어고가 지금껏 받은 대규모 벤처 캐피털 투자가 옳은 결정이었다는 것을 보여 주려면 보청기가 필요한 사람들에게 보청기를 구매하도록 설득해야 한다. 그러려면 보청기 가격이 낮아져야 하고, 사회적으로도 보청기 착용을 받아들이는 분위기를 조성해야 한다. 초기에 온갖 진통을 겪은 후에 곰센은 앞으로 그렇게 되리라 예측했다. "우리가 1~10억 달러 가치를 지닌 기업이 될 수 있을까요?" 곰센은 이렇게 자문하고 대답했다. "물론이죠. 나는 그렇게 되리라 믿습니다."

11장

라이프 스타일
브랜드로
마케팅하라

RADEN

2016년 5월 조쉬 우다슈킨Josh Udashkin은 애타게 기다리던 전화를 받았다. 몇 달 전 "스마트" 여행 가방 스타트업인 라덴Raden을 창업한 후였다. 우아하게 디자인한 하드케이스 여행 가방의 가격은 유명한 브랜드보다 3분의 1이나 절반정도 저렴하게 책정했다.

라덴의 주요한 장점은 여행 가방에 탑재된 스마트 전자 부품이었다. 예를 들어 휴대전화를 포함한 전자 장치를 충전하는 내장 배터리, 항공기에 탑승할 때 수하물 기준 무게를 초과해서 추가 비용을 내는 상황을 피하기 위한 저울, 여행 가방의 위치를 추적해 수하물 수취대에 도착하는 시간을 알려 주는 블루투스 위치 탐지기 등이 장착되어 있다.

고루한 여행 가방 산업의 판도를 뒤흔들 기회를 포착한 사업가는 우다슈킨만이 아니었다. 워비파커의 전직 직원 두 명이 창업한 어웨이와 블루스마트Bluesmart 같은 D2C 스타트업들도 명품 브랜드를 구매할 경제적 여력이 없으면서 쌤소나이트Samsonite와 아메리칸투어리스터American Tourister 대신 유행에 민감한 여행 가방을 찾는 20대와 30대 여행객의 관심을 끌기 위해 경쟁하고 있었다.

라덴이 초반 기세를 몰아가기 위해서는 많은 소비자들이 휴가를 가거나 선물을 하기 위해 여행 가방을 구매하는 휴가철을 활용해야 했다.

그때 우다슈킨은 그동안 바라던 소식을 들었다. 오프라 윈프리Oprah Winfrey가 자사에서 선정하는 "2016년 오프라가 가장 좋아한 제품Oprah's Favorite Things 2016"으로 라덴을 선택한 것이다. 우다슈킨이 라덴을 창업하고 첫 제품을 팔기 전부터 선정 대상이 되기 위해 기울인 노력이 결실을 거두었다. 우다슈킨과 직원 약 20명으로 구성된 팀은 뛸 듯이 기뻤다. 그해 가을 이 뉴스가 공식적으로 보도되자 라덴은 인스타그램에 "@oprah와 @oprahmagazine이 우리를 2016년 오프라가 가장 좋아한 제품에 선정했다!"고 게시했다.[1] 게다가 인스타그램 포스트에 삽입한 9초짜리 영상에서는 오프라가 지팡이 모양 사탕을 연상시키는 붉은색과 흰색 줄무늬 옷을 입고 직접 출연해서 미소를 짓고 있는 우다슈킨과 손바닥을 마주치며 "이것은 최고로 스마트한 여행 가방이에요"라고 큰 소리로 외쳤다. 오프라는 오프라닷컴 웹 사이트에 이렇게 썼다. "내 마음을 홀딱 빼앗겼어요. 이 여행 가방에는 충전 기능, 추적 기능, 무게 센서가 내장되어 있습니다. 초과 사용료는 이제 그만 내세요! 세상에서 가장 스마트한 이 여행 가방에 대학 학위를 수여해야 합니다. 게다가 초록 사과색은 나만을 위한 색이에요."[2]

이것은 스타트업에는 궁극의 마케팅 쿠데타였다.

오프라의 추천에 힘입으면서 라덴의 매출은 폭발적으로 증가했다. 여행 가방 수천 개를 판매하면서 재고가 재빠르게 동이 났고, 구매 대기자가 1만 명을 넘어섰다. 라덴은 골든스테이트워리어스Golden State Worriors의 농구 올스타 드레이먼드 그린Draymond Green, 패션 디자이너 토리 버치Tory Burch, 영화배우 제시카 알바Jessica Alba 등이 고객이라고 공개했다.[3] 라덴이 첫해에 거둔 매출은 약 600만 달러였고, 우다슈킨은 2017년 매출을 1200만 달러로 예측했다.[4]

밀레니얼 세대가 선택하는 여행 가방 브랜드의 자리를 차지하려는 경쟁에 불이 붙었고 라덴은 초반 선두 자리를 차지할 기세를 보였다. 어웨이와 블루스마트는 라덴보다 더 많은 벤처 캐피털 자금을 유치했지만, 우다슈킨과 동료들은 회사 지분을 더 많이 보유하고 있었으므로 그만큼 더 큰 수익을 누릴 수 있었다. 우다슈킨이 오프라의 추천을 바탕으로 성장세를 구축하는 경우에는 라덴의 매출을 빠르게 증가시킨 후에 더욱 큰 경쟁사에 자사를 매각해 막대한 이익을 챙길 수도 있을 것이었다. 제품 책임자이자 우다슈킨이 처음 고용한 저스틴 세이든펠드Justin Seidenfeld는 그것이 커다란 전환점이었다고 회상했다.

닭이 먼저냐 달걀이 먼저냐

D2C 혁명은 기업 창업자들에게 부를 안기면서 많은 성공 사례를 낳고 있다. 켈로그는 천연 "에너지 바"인 알엑스바Rxbar를 6억 달러에 인수했다.[5] 모바도Movado는 킥스타터Kickstarter 펀드 모금 캠페인을 통해 재정 지원을 받은 시계 기업 MVMT를 1억 달러에 인수하면서, 매출 성장에 따라 창업자들에게 1억 달러를 추가로 지급한다는 조건을 수락했다.[6] 프록터앤갬블은 네이티브데오드란트Native deodorant를 1억 달러에 인수했고,[7] 아마존은 디지털 초인종 스타트업 링Ring을 약 10억 달러에 인수했다.[8] 온라인 패션 구독 서비스인 스티치픽스 Stitch Fix는 창업한 지 6년 만인 2017년 기업을 공개했고, 2019년 말 시가총액 20억 달러 이상을 달성했다. 또 이 책에서 살펴보았듯 유니레버는 달러쉐이브클럽을 10억 달러에 인수했고, 쉬크 브랜드의 소유사인 엣지웰퍼스널케어는 해리스를 13억 7000만 달러에 인수했다.[9]

하지만 진입 장벽이 매우 낮았기 때문에 여러 D2C 범주의 구도가 혼잡해지면서 치열한 경쟁을 유발했다. 벤처 캐피털 자금을 유치하는 것은 쉽지 않다. 하지만 소수의 비슷한 경쟁사에 대항해 경쟁하면서 충분한 수의 고객을 확보하는 것은 또 다른 이야기다. 여행 가방, 브래지어, 비타민, 애완동물 식품 범주에서 얼마나 많은 신규 브랜드가 필요할까? 한 범주에서 한 곳 이상의 스타트업이 살아남을 수 있지만 일반적으로 크게 승리하는 기업이 출현하면서 일부가 패배하고 나머지는 낙오하기 마련이다.

전기 칫솔 시장에 새로 진입한 기업은 퀴프Quip 고비Goby, 보카Boka, 버스트Burst, 브러쉬Bruush, 쉰Shyn, 글림Gleam, 프록터앤갬블의 모방기업인 글림Gleem을 포함해 여럿이다. 대부분 짧은 사명, 자동 타이머, 두 가지 형태(저렴한 플라스틱 형태와 비싼 금속 형태), 1~3개월 마다 새 칫솔과 치약을 배송하는 구독 서비스, 일반적으로 45~60일 동안 무료 반품 제공 등 비슷한 사업 모델을 공유한다. 심지어 웹 사이트를 보더라도 상당히 비슷한 문구가 눈에 띈다.

내장 타이머가 가동해서 치과 의사가 권장하는 2분 동안 양치질을 할 수 있습니다. 또 30초 마다 신호를 보내 칫솔질 부위를 바꾸라고 알려줍니다. (고비)

30초마다 순간적으로 정지하므로 칫솔질 부위를 바꾸라고 상기시켜 줍니다. 치과 의사가 권장하는 2분 동안 양치질하면 칫솔의 전원이 자동으로 꺼집니다. (버스트)

치과 의사가 지시한 대로 2분 동안 깨끗이 양치질하고 칫솔질 부위를 4분의 1로 나눠서 30초씩 양치질하세요. (퀴프)

2015년 칫솔을 판매하기 시작하면서 시장에 가장 일찍 진입한 퀴프은 2018년 중반 칫솔 100만 개를 판매하는 기록을 세우며 업계 선두 주자로 부상했다. 공동 창업자인 사이먼 에네버Simon Enever는 자사 판매량이 어떤 경쟁 스타트업보다 열 배 많다고 생각하는 동시에

2019년이면 자사 연간 매출이 세 배 이상 증가하리라 추산했다.[10]

산업 디자이너인 에네버가 창업한 큅은 제품 디자인이 우아하고 시장에 최초로 진입한 덕택에 초기 장점을 누렸다. 초반에 많은 자금을 유치하지는 못했지만 페이스북 광고에 많이 투자하면서 주목을 받았다. 2015년 블룸버그 뉴스가 "큅은 칫솔 분야의 테슬라인가?"라는 제목으로 보도한 것도 유익하게 작용했다.[11] 큅은 견인력에 힘입어 더욱 많은 투자 자금을 유치할 수 있었고, 그 돈을 다시 마케팅에 투입했다. 에네버는 2018년 말 시점에서 6200만 달러를 유치했고, 기업 가치는 "수억 달러에 이른다는" 평가를 받았다. 큅은 자사를 차별화할 목적으로 투자 자금의 일부를 사용해 치과 보험 회사를 매입했다. 이와 대조적으로 고비는 비슷한 시기에 출범했지만 투자 자금을 410만 달러 유치하는 데 그쳤다.[12]

일부 승자들은 벤처 캐피털 자금을 거의 또는 전혀 유치하지 않고서도 성공했고 터프트앤니들과 MVMT처럼 판매 수익으로 경영 자금을 조달했지만, 성공한 많은 스타트업은 성장에 동력을 불어넣기 위해 많은 투자 자금을 유치했다. 캐스퍼는 거의 3억 4000만 달러, 와비파커는 2억 9000만 달러, 달러쉐이브클럽은 1억 6300만 달러를 거뒀고, 해리스는 3억 7500만 달러, 화장품 기업인 글로시에는 1억 8600만 달러를 모았다.[13]

"이것은 닭이 먼저냐 달걀이 먼저냐 따지는 문제와 비슷합니다. 하지만 가장 성공한 D2C 스타트업들은 많은 자금을 모금해 왔어요.

성공이 자본을 낳지만 자본도 성공을 낳습니다." 글로시에의 전직 사장인 헨리 데이비스가 말했다. "D2C 사업은 결국 나중에 밝혀졌지만 항상 저자본 집약적인 사업은 아닙니다. 내가 생각하기에는 처음에 사람들은 그 사실을 알지 못했어요."

하지만 문제가 불거질 가능성이 있다. 스타트업들은 투자 자금을 많이 유치할수록 투자자들에게 큰 수익을 안기기 위해 매각 가격을 더 크게 제시해야 한다. 보노보스는 약 1억 2800만 달러를 유치하고 나서 3억 1000만 달러를 받고 자사를 월마트에 매각했다.[14] 물론 돈을 잃는 것보다는 나았지만 일반적으로 초기 투자 금액의 5~10배를 벌고 싶어 하는 벤처 캐피털 기업 입장에서 생각하면 수익은 크지 않았다.

물론 경영 자금을 많이 유치하더라도 사업에 성공한다고 장담할 수 없다. 2010년 창업한 버치박스Birchbox는 초기 D2C 구독 스타트업이었다. 제품을 직접 만들지 않고 월 10달러를 받으면서 미용 제품 샘플을 고객에게 배송했다. 버치박스는 커스틴 그린의 포러너벤처스, 레러히포에게 투자를 받으면서 벤처 캐피털 기업들에게 사랑받는 투자처였다. 2016년까지 모두 9000만 달러에 가까운 자금을 지원받았고, 전반적인 기업 가치는 약 5억 달러로 평가받았다.[15]

하지만 참신함이 빛을 바래면서 성장이 제자리걸음을 하자 정리해고에 의존해 비용을 줄였다. 결국 초창기 투자자인 바이킹글로벌인베스터스Viking Global Investors가 1500만 달러를 추가로 투자해 구제하고 지분의 과반수를 차지했다. 이것은 기업의 전체 추정 가치가 투자 총액의 3분의 1 미만인 약 3000만 달러로 떨어졌다는 뜻이다.[16]

배터리로 작동하는 가방

라덴을 창업한 조쉬 우다슈킨은 새 디지털 브랜드의 많은 다른 창업자들과 마찬가지로 자신이 출시하려고 결정한 제품에 대해 거의 알지 못했다. 학부에서 법학을 전공하고 MBA를 취득한 캐나다인으로 뉴욕 소재 기업에서 변호사로 근무하다가 직업에 만족하지 못하는 생활을 이어 가는 것이 비참하다고 느꼈다. 그래서 캐나다 신발 기업인 알도그룹Aldo Group으로 이직해 국제 개발 부서에서 일하면서 출장을 많이 다녔다. 들고 다니는 여행 가방에 싫증이 나자 수십 년 동안 여행 가방이 크게 바뀌지 않았다는 사실에 주목하기 시작했다.

우다슈킨은 막 서른 살을 넘긴 2014년 직장을 그만두었다. 사무실을 빌릴 경제적 여력이 없었으므로 와이파이를 무료로 쓸 수 있는 호텔 로비 등에서 몇 달간 일하면서 여행 가방 시장을 조사했다. "내가 원래 품었던 사업 계획은 애플 매장에 납품하는 소비자 전자 제품처럼 여행 가방을 만드는 것이었습니다." 우다슈킨이 설명했다. "여행 가방의 종류는 정말 많은데 정작 소비자들은 보증, 품질, 가격, 디자인에 대해 혼란을 느끼죠. 28세 젊은 남녀가 어떤 브랜드의 가방을 들고 여행을 떠나고 싶을지 상상하기 힘들었어요." 아니면 우다슈킨이 나중에 웹 사이트 버지Verge의 기자에게 말했듯 "오만하다는 인상을 주고 싶지는 않지만 솔직히 여행 가방 범주는 정말 개판입니다."[17]

여행 가방 범주에서 가장 최근 이루어진 주요 혁신은 수십 년 전으로 거슬러 올라간다. 1970년 매사추세츠주 소재 여행 가방 기업에서 임원으로 일하던 버나드 사도우Bernard Sadow는 여행 가방의 길고 좁은 면에 바퀴 네 개를 달고 한 구석에 끈을 달아 가방을 수평으로 끄는 아이디어를 생각해 냈다. 사도우는 다음과 같은 설명을 붙여 "구르는 여행 가방"의 특허를 신청했다. "최근 여행 산업의 성장세가 두드러지면서 여행 가방을 다루는 데 따르는 문제가 많이 발생하고 있다. 예전에는 여행 가방을 짐꾼이 옮겼고, 길에서 가까운 지점에서 싣거나 내릴 수 있었지만, 요즈음 대형 터미널 특히 공항 터미널에서는 여행 가방을 다룰 때 어려움이 증가하는 추세이다. 해당 발명의 목적은 여행자가 최소한의 시간과 노력으로 다룰 수 있는 여행 가방을 만드는 것이다." 1972년 사도우는 마침내 미국 특허를 받았다.[18] 몇 년 후《뉴욕타임스》와 인터뷰하는 자리에서는 자신의 아이디어와 경쟁했을 수 있는 다른 아이디어들을 언급하지 않은 채 이렇게 주장했다. "이것은 내가 생각해 낸 최고 아이디어의 하나였습니다."[19]

노스웨스트항공사 조종사인 로버트 플라스Robert Plath는 1987년 더욱 편하고 쉽게 여행 가방을 운반하는 방법을 떠올렸다. 여행 가방 바닥에 바퀴 두 개를 부착하고, 접을 수 있는 손잡이를 추가로 달아 여행 가방을 세운 상태로 움직이는 것이었다. 그러면서 자신의 발명품을 롤러보드Rollaboard로 명명하고 상표를 등록했다. 처음에는 자택 차고에서 운영하면서 부업으로 조종사와 승무원에게 여행 가방을 판매하다가 은퇴한 후에 트래블프로Travelpro를 창업했다.[20] 나중에 여행 가방에 부착하는 바퀴는 대부분 두 개에서 네 개로 바뀌었고, 이것이 수십 년 동안 여행 가방에서 변화한 전부였다.

그러다가 스마트폰, 태블릿, 노트북 PC가 등장하면서 신기하게도 비행기를 타기 직전에 배터리가 닳는 현상이 빈번하게 발생했다. 대부분의 비행기에는 오랫동안 전기 콘센트나 충전 포트가 없었으므로 착륙할 즈음에는 배터리가 다 닳아 급하게 전화를 하거나 이메일을 확인할 수 없었다.

우다슈킨을 포함해 많은 사업가들이 거의 동시에 대략 같은 아이디어를 떠올린 것도 이 무렵이었다. '여행 가방에 충전기를 내장하고, 심지어 다른 전자 제품까지 장착하면 어떨까?' 물론 전자 장치를 충전하기 위해 휴대용 외장 배터리를 따로 구매할 수 있지만 여행 가방에 충전기를 장착하면 외장 배터리를 깜빡 잊고 가져가지 않아서 낭패를 보는 일은 벌어지지 않을 터였다. 이러한 기능을 가장 원할 가능성이 큰 고객은 장비에 집착하는 밀레니얼 세대들이고, 우연히도 그들은 처음 소유하는 멋진 여행 가방을 고르기 위해 쇼핑할 가능성이 가장 높기도 했다.

게다가 주요 여행 가방 기업들이 바퀴 달린 여행 가방 같은 새로운 발명품의 가치를 발 빠르게 인식하지 못하는 행운이 따랐다. 주요 여행 가방 브랜드 몇 군데에서 일하다가 라덴을 포함한 많은 기업에 컨설팅 서비스를 제공한 데이비드 세벤스David Sebens는 업계에 신선한 사고가 필요한 시점에 스타트업들이 등장했다고 언급했다. "여행 가방 사업은 매우 정체되어 있어요. 백화점만 보더라도 여행 가방 코너는 3층 맨 뒤 구석에 박혀 있잖아요? 업계에 약간의 자극이 필요합니다."

우다슈킨은 시제품을 개발하려면 도움을 받아야 한다고 인식했다. 그래서 여행 가방 제조사인 투미Tumi와 쌤소나이트에서 근무했던 사람들에게 조언을 구하고, 지금은 애플 소유로 넘어간 이어폰 기업인 비츠Beats에서 일했던 산업 디자이너를 영입했다. "우다슈킨에게 주요 영감을 준 것은 다름 아닌 비츠였습니다." 사업 발달 단계 동안 라덴에 잠깐 근무했던 조지 코울로리스George Koulouris가 회상했다. "우다슈킨은 비츠가 다소 큰 규모의 헤드폰 시장을 장악했지만 그 영역에는 대형 브랜드가 없었다고 말했습니다. 그러면서 여행 가방 산업에서도 비슷한 성과를 내고 싶어 했어요."

라덴 팀은 비록 가방을 열어 내용물을 한쪽으로 치우거나 밖으로 꺼내야 가능하기는 하지만 어쨌거나 빼낼 수 있는 배터리 충전기를 장착한 디자인을 개발하기 시작했다. 또 내용물의 무게를 재는 센서, 스마트폰과 여행 가방을 연동하는 블루투스 위치 추적기도 장착했다.

2015년 우다슈킨은 초기 형태의 시제품을 사용해 210만 달러의 초기 벤처 캐피털 자금을 확보했다.[21] 그런 다음 개발 팀은 벤처 캐피털 자금을 지원받은 다른 스마트 여행 가방 스타트업들에게 뒤지지 않도록 최대한 신속하게 제품을 상용화하기 위해 경쟁했다.

물론 여행 가방 시장은 이미 붐벼서 1000달러가 넘는 가격으로 판매되는 루이비통, 리모와Rimowa 같은 명품 브랜드부터 100달러 이하로 판매되는 무명의 중국 수입품까지 다양했다. 우다슈킨과 동료들이 내린 결론에 따르면 라덴에게 효과적인 전략은 프리미엄 제품을 중간 가격대로 판매하는 것이었다. 그들은 전자 제품을 알차게 장착하면 큰 가치를 인정받아 수익을 거둘 수 있으리라 추정했다.

내구성과 유행에 걸맞은 외관을 갖춘 라덴의 케이스는 고급 폴리카보네이트로 제작되어 두드림과 긁힘에 강했다. 기술 팀은 여행 가방에 장착할 바퀴로 일본제 히노모토 스피너 휠을 선택했다. 아웃소싱 전문가로서 제품 책임자로 채용된 저스틴 세이든펠드Justin Seidenfeld가 설명한 대로 해당 휠은 원활하게 회전하고 미끄러지듯 구르는 동시에 공항 수하물 운반 직원들이 험하게 다루어도 부서지지 않는 것으로 잘 알려져 있다.

라덴 팀은 제품 가격을 시장에서 판매 중인 비슷한 품질의 여행 가방보다 3분의 1에서 절반가량 저렴하게 계산해서 기내 휴대용 가방은 295달러, 좀 더 큰 위탁 수하물용 가방은 395달러, 세트는 100달러를 할인해 590달러로 책정했다. 그 가격이면 적자가 발생할 여지가 거의 없다고 세이든펠드는 언급했다. 라덴은 대만 제조업체에 여행 가방 하나당 약 100달러를 지불했다.[22] 그 외에 배송료와 창고 보관료로 40~50달러, 마케팅 비용으로 주문당 100달러를 책정했고, 여기에 직원에게 지불하는 급여와 기타 간접비를 추가했다.

라덴은 2015년 말 여행 가방 판매를 시작하고 싶었지만 이것은 지나치게 의욕만 앞세운 계획으로 밝혀졌다. 라덴이 선택한 제조업 체는 이미 유명한 브랜드의 제품을 생산해 본 적이 있었지만 전자 장치를 다뤄 보지 않았으므로 모든 전자 장치를 장착해 가며 라덴 여행 가방을 효율적으로 제작하는 방법을 배우는 데 시간이 걸렸다.

라덴과 라덴의 경쟁사인 블루스마트와 어웨이는 2015년 말~2016년 초 몇 달 간격으로 일제히 시장에 진입했고, 라덴이 판매하는 여행 가방의 가격은 중간 수준이었다. 출범할 때까지 사업을 이끌었던 우다슈킨을 포함한 고위 관리자들은 어웨이보다 블루스마트와 경쟁하는 것에 더욱 신경을 썼다고 코울로리스는 전했다. 어웨이 제품에는 전자 장치를 충전하는 배터리만 내장되어 있었지만 블루스마트 제품에는 라덴과 비슷한 전자 장치가 장착되어 있었다. 코울로리스는 이렇게 설명했다. "나는 어웨이에 관해 주고받은 대화 내용을 분명히 기억합니다. 라덴 팀은 배터리만 내장했을 뿐이라면서 어웨이를 무시했습니다. 그러면서 '그들은 자신들이 무슨 일을 하고 있는지조차 모른다'라고 말했어요."

애당초 라덴은 온라인에서만 제품을 판매하기로 계획을 세웠지만 결국 우다슈킨은 다채널 전략을 구사하기로 결정하고 맨해튼에서도 유행에 민감한 소호 지역 근처 프린스스트리트Prince Street에 팝업 매장을 열고, 블루밍데일스Bloomingdale's와 메이시스Macy's 같은 일부 소매업체에 제품을 납품했다.

라덴은 광고비를 많이 쓰지 않고서도 언론 보도 덕택에 순탄하게 출발할 수 있었다. 열정적인 내용의《뉴욕타임스》기사에는 선글라스를 쓰고, 열대 지방에서 어울리는 꽃 남방을 청바지에 받쳐 입은 우다슈킨이 팝업 매장에 벽처럼 진열해 놓은 흰색 라덴 여행 가방들 옆에서 세련된 포즈를 취하고 있는 사진이 실렸다.[23] 우다슈킨은 이렇게 회상했다. "우리는 처음 60일 동안 여행 가방을 1만 개 팔았습니다. 우리 제품에는 참신한 요소가 많았어요."

기업의 사업 전망이 매우 밝았으므로 라덴은 비교적 소액이지만 2016년 3월 2차 벤처 캐피털 자금 350만 달러를 유치했다.[24] 이것은 우다슈킨의 생각과 잘 맞아떨어졌다. 벤처 캐피털 자금을 지나치게 많이 유치하면 결국 투자자들이 우다슈킨의 의사 결정에 개입할 수 있었기 때문이다. "투자자들은 자신들이 투자한 돈의 열 배를 수익으로 돌려받고 싶어 합니다. 그렇게 될 때까지 우리를 결코 가만 놔두지 않을 겁니다." 우다슈킨이 설명했다. "그러면 창업자의 소유권이 희석될 수 있죠. 기업을 세웠지만 결국 전체 이익에서 작은 몫만 차지하는 데 그친 창업자들의 사연을 나는 많이 들었습니다."

실제로 우다슈킨은 매출을 끌어올린 후에 이상적으로는 규모가 더 큰 여행 가방 제조사에 라덴을 빨리 매각하고 싶다는 뜻을 자신이 이끄는 팀에 분명히 밝혔다. 코올로리스는 이렇게 설명했다. "당시 좋은 결과로 거론된 방안은 쌤소나이트가 라덴을 인수하는 것이었습니다."[25] 벤처 캐피털 투자자들에게 자금을 많이 받을수록 그들을 만족시키기 위해 인수 기업에 더 높은 가격으로 기업을 매각해야 하므로 구매자의 관심을 끌기가 더욱 힘들어질 수 있었다.

2016년 말 그해 오프라가 가장 좋아한 제품 목록에 들어가면서 소비자가 몹시 탐내는 제품으로 거론되자 라덴의 판매가 치솟았다. 따라서 우다슈킨의 전략은 현명해 보였다. 라덴이 디지털 마케팅을 맡기려고 고용한 기업에서 마케팅 컨설턴트로 근무한 브라이언 앨스턴Bryan Alston은 이렇게 회상했다. "믿기 힘들 정도였습니다. 2~3일 만에 재고가 동이 났어요. 하지만 그 때문에 오히려 큰 문제가 생겼죠." 부작용이 불거졌다. 여행 가방 사업에서는 제조사에 주문을 하는 시점부터 제품을 배송받아 판매할 수 있는 시점까지 몇 달이 걸릴 수 있다. "구매하고 싶어 하는 소비자가 많았지만 여행 가방이 매진되어 몇 달 동안 제품을 팔 수 없었어요. 그동안 소비자는 어웨이로 가거나, 블루스마트로 가거나, 다른 경쟁사로도 갈 수 있었죠." 앨스턴이 말했다. "많은 사람이 여행을 떠나는 여행 성수기에 재고가 동이 났다는 것은 사업을 다른 기업에게 빼앗기는 것입니다."

특히 어웨이가 덕을 본 것 같았다. 어웨이의 창업자들은 와비파커에서 근무하는 동안 만났는데, 당시 젠 루비오Jen Rubio는 소셜 미디어 책임자였고, 스테프 코리Steph Korey는 공급망을 감독하면서 질 좋은 재료를 외국에서 구매하는 과정을 익혔다. 어웨이는 일반적으로 시장에서 최고로 간주하는 우수한 품질의 폴리카보네이트, 히노모토 휠, YKK 지퍼 등 프리미엄 부품을 사용하고 평생 보증 서비스를 제공했다. 게다가 제품 가격도 라덴보다 훨씬 낮아서 처음에는 기내 휴대용 가방을 245달러, 좀 더 큰 위탁 수하물용 가방을 295달러, 세트를 475달러에 판매하면서 "이코노미 클래스 가격으로 퍼스트 클래스 가방을 마련하세요"라는 영리한 슬로건을 외쳤다. 또 자주 20달러 할인을 제공해 가격 이점의 폭을 넓혔다.

우다슈킨은 라덴을 프리미엄 브랜드로 키우고 싶었으므로 할인에 반대했다. 마케팅 컨설턴트인 브라이언 앨스턴은 라덴이 인센티브를 제공하지 않으려 했기 때문에 매출 측면에서 손실을 많이 보았던 사례를 제시하며 우다슈킨을 설득하려 했다고 말했다. "할인은 우리가 했던 가장 맥 빠지는 논쟁거리의 하나였습니다." 앨스턴이 말했다. "할인은 절대 있을 수 없었어요. 이견을 절대 허용하지 않았죠."

라덴과 어웨이가 다른 점은 더 있었다. 라덴은 자사의 여행 가방을 기술 제품으로 광고한 반면에 어웨이는 라이프 스타일 브랜드로 자리매김했다. 전략의 일환으로 여행 월간지를 창간해서 고객이 좋아하는 여행지에 관한 정보를 제공했다. "우리와 비슷한 시기에 출범한 일부 브랜드는 가방과 바퀴에 매우 신경을 썼습니다." 어웨이에서 브랜드 마케팅 담당 부사장으로 근무한 셀레나 칼바리아Selena Kalvaria가 말했다. "우리도 신경을 쓰기는 합니다만 무엇보다 소비자가 저녁 식사를 하는 자리에서 화제로 삼고 싶어 하는 감정적 연결을 중요하게 생각하는 브랜드가 되고 싶습니다."

그러고 2017년 여름 어웨이는 여행용 가방 외에 더 낮은 금액대의 액세서리 라인을 출시하기 시작했다. 가격대가 30~195달러까지 다양한 좀 더 작은 가방, 배낭, 면도기와 화장품 세트, 의류 가방, 가죽 이름표 등을 차츰 제품군에 포함시켰다. "제품 라인을 확대해서 전반적인 옷장 점유율을 늘리고 더 나아가 소비자까지 점유하는 것입니다." 칼바리아가 설명했다. "어떻게 하면 우리가 제품군을 계속 구축해서 여행하면 머릿속에 가장 먼저 떠오르는 기업으로 자리를 굳힐 수 있을까요? 여행 가방은 시작일 뿐입니다. 다른 모든 제품들은 여행 가방에서 시작해 퍼져 나갑니다."

라덴이 선택한 사업 방향은 달랐다. 라덴의 최고기술책임자인 티보 레꽁뜨Thibault Le Conte는 이렇게 언급했다. "당시 우리는 액세서리를 판매하는 것이 전략이라기보다 집중 결여 현상이라고 생각했습니다." 브라이언 앨스턴은 어웨이가 보인 행보가 라덴보다 영리했다는 사실이 나중에 밝혀졌다고 증언했다. 라덴의 고객은 대부분 제품을 한 번 구매하면 끝이었다. 라덴에서 여행 가방을 구매한 고객은 나중에 다시 구매하려고 돌아오지 않았던 것이다. 여행 가방이 하나 더 필요한 사람은 거의 없었고 라덴에 다른 제품이 없었기 때문이다. 따라서 주문당 마케팅 비용이 클 수밖에 없었다. 라덴이 소비하는 광고비는 원래 각 고객에게 투입하기로 책정한 100달러를 초과하는 경우가 많았고 200달러까지 소비할 때도 있었다고 앨스턴은 언급했다. 하지만 어웨이는 액세서리를 판매함으로써 고객당 더 많은 수익을 거둘 수 있었을 뿐 아니라 매출에서 차지하는 달러당 마케팅 비용을 효과적으로 낮출 수 있었다. 앨스턴은 이렇게 설명했다. "어웨이는 추가 구매를 발생시키는 방법을 찾았습니다. 그래서 값비싼 제품 한 가지를 제공한 우리보다 소비자에게서 평생 가치를 더 많이 얻어 낼 수 있었죠. 매달 아니 매일 고객을 끊임없이 새로 대체하는 비용은 비싸기 마련입니다."

어웨이는 단순히 기술을 탑재한 제품을 판매하는 것에 그치지 않고 라이프 스타일 브랜드를 창출하는 것에 집중하는 전략을 구사했고, 이 점은 포러너벤처스의 커스틴 그린이 어웨이의 첫 벤처 캐피털 자금 유치를 주도하겠다고 동의한 주요 이유였다. 그린은 이렇게 설명했다. "어웨이는 한 세대의 시대정신과 방랑하는 라이프 스타일을 활용하고 있습니다. 고객은 자신이 탐험가라는 정체성을 구매하고 있는 것이죠."

이렇게 그린이 어웨이에 투자한 이유는 일찍이 달러쉐이브클럽에 투자할 때와 매우 비슷했다. 그린이 판단하기에는 남성의 몸단장 개념을 다시 상상하겠다는 마이클 더빈의 비전이 면도기 자체보다 중요했다. 라이프 스타일 브랜드를 창출하겠다는 전략은 어웨이에 이로운 방향으로 작용했다. 어웨이는 2017년 5월 매출이 증가하면서 벤처 캐피털 자금 2000만 달러를 추가로 유치함으로써 모두 합해 라

덴이 모금한 금액의 다섯 배가 넘는 3100만 달러를 모았다.[26]

그해 가을까지 라덴, 블루스마트, 어웨이는 경쟁사보다 앞서기 위해 다투면서 수익성 좋은 휴가철을 맞이할 준비를 갖췄다. 우다슈킨과 그가 이끄는 팀은 제품이 매진되는 바람에 경쟁사에게 매출을 빼앗겼던 한 해 전 실수를 되풀이하지 않겠다고 다짐했다. 따라서 재고를 풍족하게 확보할 수 있도록 주문량을 늘렸다.

하지만 2017년 12월 1일 불길한 뉴스가 터졌다. 델타항공사가 1월 중순부터 "비행하는 동안 강력한 성능의 배터리가 과열되어 화재를 일으킬 위험이 있으므로 분리할 수 없는 리튬이온 배터리를 장착한 소위 '스마트 여행 가방'이나 '스마트 백'을 기내 휴대용이나 위탁 수하물용으로 더 이상 허용하지 않겠다"고 발표한 것이다.[27] 아메리칸항공사도 비슷한 방침을 발표했다.

이것은 순탄하게 출범해 빠른 성장세를 보이다가 이미 침체 상태에 빠져 있던 블루스마트에는 치명적인 타격이었다. 블루스마트는 명품 브랜드로 포지셔닝하고 제품 가격을 고급 여행 가방 제조사인 투미와 리모와의 낮은 가격대 제품과 비슷하게 499달러와 599달러로 책정했었다. 블루스마트에서 사업 개발 책임자로 근무한 크리스 풀턴Chris Fulton은 이렇게 설명했다. "블루스마트의 리더들은 자사 제품이 시장에서 가장 스마트한 제품이므로 종국에는 고객들이 자사 제품의 가치를 인정하리라고 늘 생각했습니다." 하지만 블루스마트의 매출은 제품 가격이 더 저렴한 어웨이와 라덴에 뒤처졌다. 풀턴이 판단한 대로 많은 고객은 제품의 차이를 구별하지 못하거나, 더 비싼 가격을 치를 만한 가치가 블루스마트의 가방에 있다고 생각하지 않았다.

블루스마트가 직면한 훨씬 큰 문제는 배터리 충전기를 분리할 수 없다는 것이었다. 이것은 앞으로 구매자가 비행기로 여행할 때 자사 여행 가방을 사용할 수 없다는 뜻이었기 때문이다.

여행 가방 산업에서 컨설턴트로 활동하는 데이비드 세벤스는 블루스마트가 이러한 문제를 예측했어야 했다고 언급했다. 세벤스는 2015년 초 중국 공항 측에서 배터리 충전기를 소지한 여행객들에게 가방에서 배터리 충전기를 분리하라고 지시하는 것을 들었다고 말했다. "상하이 푸동 같은 주요 항공 터미널이 배터리 충전기 분리 규정을 적용하기 시작했다면 정말 주의를 기울여야 합니다. 경고를 무시한 사람들은 대가를 치렀어요."

새로 적용되는 항공사 규정 때문에 라덴도 난관에 부딪혔다. 블루스마트 제품과 달리 여행용 가방에서 배터리를 분리할 수 있었지만 내부에서만 가능했으므로 가방에 내용물이 가득 차 있을 때는 골칫거리였다. 소비자들은 소셜 미디어에 글을 올려서, 공항 검색대를 통과하다가 저지를 당하는 바람에 가방을 열고 내용물을 꺼낸 다음에 배터리를 분리해야 했다고 불만을 털어놓기 시작했다. 어떤 여행객들은 짐을 풀고 배터리를 분리한 다음에 다시 짐을 싸느라 비행기를 놓쳤다는 글을 올리기도 했다.

"라덴 가방을 가지고 여행할 때 배터리를 분리해야 하는 문제에 부딪혔습니다." 브라이언 앨스턴이 회상했다. "예외 없이 제지를 당했고, 보안 요원들은 안에 무엇이 있는지 확인해야 한다면서 가방을 살살이 뒤졌습니다. 배터리가 폭탄이 아닐까 의심한 거죠. 우리는 자사 제품에 대해 이런 말을 많이 듣습니다. '나는 라덴의 여행 가방을 좋아합니다. 멋져요. 물론 휴대전화를 충전할 수 있어서 편리하다는 장점이 있기는 하지만, 그렇다고 보안대에서 제지당하는 불편함을 상쇄하지는 못합니다.'" 엎친 데 덮친 격으로 언제나 기술적인 기능을 강조했던 광고 메시지도 문제를 복잡하게 만들었다. 앨스턴은 이렇게 주장했다. "우리는 다양한 메시지를 시험했지만 그중에서 가장 중요한 메시지는 기술이었습니다."

스마트 여행 가방 스타트업 세 곳 중 하나인 어웨이는 이러한 문제를 다루기에 가장 적합한 방향으로 자사를 포지셔닝했다. 라이프스타일 브랜드로 마케팅했으므로 어웨이 제품은 기술을 장착한 여행 가방으로 분류되지 않았다. 더군다나 새 항공사 규정이 적용되기 몇 개월 전에 이미 여행 가방을 재설계했다. 라덴과 마찬가지로 어웨이의 초기 디자인에서는 가방에 있는 작은 드라이버를 사용해 가방 안쪽에서만 배터리를 분리할 수 있었다. 하지만 초기 고객들이 배터리를 더욱 쉽게 분리할 수 있어야 한다고 회사에 조언했고 어웨이는 고객의 목소리에 귀를 기울였다. 2017년 8월 어웨이는 가방을 열지 않고서도 배터리를 손으로 누르기만 하면 밖으로 튀어나오도록 디자인을 바꿨다.

또 초기 형태의 가방을 구매한 고객들을 위해 가방을 열지 않고도 배터리를 분리할 수 있도록 수리하는 방법을 강구하라고 엔지니어 팀에게 지시했다. 그러면서 상당한 비용을 부담해야 했지만 고객에게 무료로 서비스를 제공했다. 이때 지출한 비용이 얼마인지는 밝히지 않았지만 2017년 중반 추가로 유치한 벤처 캐피털 자금 2000만 달러 덕택에 감당할 수 있었다. 하지만 매출이 감소하면서 현금이 바닥나고 있었던 라덴은 그렇게 할 수 없었다. 티보 레꽁뜨는 이렇게 회상했다. "어웨이는 비용을 감당했지만 우리는 그렇게 할 수 없었어요."

라덴은 자사가 하향기에 놓여 있다는 사실을 실감했다. 우다슈킨은 이렇게 인정했다. "반품이 두 배로 늘고 매출은 반으로 줄어들었습니다. 제품을 회전시킬 만큼 충분한 자본도 조달하지 못했고요."

어웨이가 그랬듯 우다슈킨이 이끄는 팀은 사용자가 가방을 열지 않고서도 배터리를 분리할 수 있도록 몇 달 동안 재디자인 작업에 매달렸다. 하지만 우다슈킨이 벤처 캐피털 투자를 최소한으로 금지했으므로 라덴이 다시 디자인한 가방을 아시아 소재 제조업체에 주문할 수 있도록 현금을 확보하려면 기존 재고를 충분히 팔아야 했다. 하지만 항공사가 배터리 규정을 강화한 이후로는 그 정도로 매출을 올리기가 힘들었다.

라덴은 언제나 마케팅에 어웨이보다 돈을 적게 썼고, 이제 재고를 팔기 위해 광고를 늘릴 돈이 없었다. 그래서 직원을 해고하거나 급여를 50퍼센트까지 삭감하는 방식을 써서 가뜩이나 줄어드는 현금을 절약하려고 애썼다.[28] 우다슈킨은 2017년 대부분의 기간 동안 급여를 받지 않았고, 자금을 좀 더 조달하기 위해 뒤늦게 노력했지만 매출이 부진했으므로 헛수고에 그쳤다.

"우리에게는 시제품이 있었지만 생산을 보장하는 것이 문제였습니다." 레꽁뜨가 한숨을 쉬었다. "아직 팔리지 않은 구세대 제품이 수천 개 쌓여 있는 상황에서 신세대 제품 1만 개를 주문할 수는 없으니까요." 게다가 재고 제품들 때문에 보관료가 누적되면서 가뜩이나 줄어드는 자금을 고갈시켰다. 2018년 2월 현금을 확보할 목적으로 라덴은 창고에 보관 중인 재고 제품을 개당 약 80달러에 판매하는 방안을 논의했다고 레꽁뜨는 전했다. 80달러는 제품을 제조하고 미국으로 운송해 온 비용에도 미치지 못하는 가격이었다. 하지만 거래는 결렬됐다. 급여 삭감으로도 모자라 한때 20여 명이었던 직원은 10명 이하로 줄었고 사기는 곤두박질쳤다. 레꽁뜨는 이렇게 반문했다. "1년 전만 해도 라덴은 오프라 목록에 있었어요. 그런데 그동안 추락해도 한참을 추락했죠. 이것이 사실일까요? 믿을 수가 없습니다."

3월 잡지 《와이어드Wired》는 현명한 여행객을 위한 "기술 집약형 여행 가방" 부문에서 라덴을 1위 기업으로 선정했다.[29] 하지만 당시 라덴은 블루스마트와 마찬가지로 살아남기 위해 몸부림치고 있었다. 5월 1일 블루스마트는 자사 웹 사이트에 "씁쓸한 뉴스"를 게시했다.

"방향을 전환하고 전진하기 위해 모든 가능한 선택지를 탐색한 결과 사업을 종료할 수밖에 없다는 결론을 내렸습니다." 롤러보드 여행 가방을 발명한 퇴직 항공기 조종사 로버트 플라스가 30년 전에 창업한 트래블프로에 블루스마트의 지적 재산과 기술이 매각되는 절차가 진행되고 있었다. 이렇게 해서 블루스마트에 2000만 달러 이상을 투입한 투자자들은 빈손으로 떠나야 했다.

바로 2주 후에 라덴도 사업을 접는다고 발표했다. "내가 결단코 일어나지 않기를 정말 바랐던 불행한 일입니다."[30] 우다슈킨은 버즈피드 뉴스BuzzFeed News와 인터뷰하는 자리에서 말했다. "스마트 여행 가방은 규제와 과거 법적 책임의 불확실성을 감안할 때 성장 가능한 사업이 아닙니다."

이것은 예외 없이 맞는 말은 아니었다. 라덴과 블루스마트는 성장하지 못했을 수 있지만 어웨이는 번창하고 있었기 때문이다. 경쟁사들이 사업을 접은 직후에 어웨이는 이미 150명을 고용한 외에도 앞으로 5년 동안 일자리 250여 개를 창출하고 그 대가로 정부에게 400만 달러에 달하는 세금 감면 혜택을 받는다고 발표했다. 2019년 5월까지는 벤처 캐피털 주식형 펀드 1억 5600만 달러를 유치하면서 14억 달러의 자산 가치를 기록했다. 또 어웨이 의류와 웰니스 제품으로 서비스를 확대하면서 당해 매출을 두 배 이상 증가시켜 약 3억 달러를 달성하리라 전망했다.[31]

경쟁사는 실패했는데 어웨이가 성공한 까닭을 묻는 질문을 받자 여행 가방 산업 컨설턴트인 데이비드 세벤스는 이렇게 설명했다. "제품 아이디어와 브랜드에 진정한 차이가 있다는 점을 어웨이는 이해했습니다. 제품 아이디어는 있다가도 사라지지만 브랜드는 살아남습니다. 어웨이를 창업한 두 여성은 정말 현명해요."

그렇다고 우다슈킨이 여행 가방 시장을 포기한 것은 아니어서, LVMH가 소유하고 있는 명품 여행 가방 브랜드 리모와의 임원으로 합류했다.

다른 한편으로 덴버 소재 사모펀드 기업인 스테이지펀드Stage Fund 는 라덴 브랜드를 회생시킬 수 있을지 타진했다. 어려움을 겪고 있는 기업을 인수하는 작업을 전문적으로 추진하고 있는 스테이지펀드 는 판매되지 않은 여행 가방 4000여 개를 포함해 라덴의 자산을 10만 달러에 인수했고, 매각 대금은 모두 라덴의 채무자들에게 분배되었다.[32] 레러히포와 개인적으로 라덴에 투자한 캐스퍼의 창업자들을 포함한 라덴의 후원자들은 자신들이 투자한 560만 달러를 탕감해 주었다.[33]

그러자 스테이지펀드는 태도를 바꿔서 생산 원가보다 낮은 가격으로 재고를 청산 기업에 처분했다. 라덴이 한때 295달러에 판매했던 22인치짜리 기내 휴대용 여행 가방은 온라인에서 79.99달러에 거래됐다.

하지만 라덴 브랜드의 미래가 완전히 사라진 것은 아닐지도 모른다. 스테이지펀드의 창업자이자 CEO인 다니엘 프라이던런드Daniel

Frydenlund(아버지가 쌤소나이트와 아메리칸투어리스터에서 일했다)는 라덴을 다시 출범시키기 위해 한 여행 가방 제조사와 제휴를 맺으려 한다고 말했다. 하지만 라덴 시절과 차이점이 하나 있다. "라덴 가방은 훌륭하고 멋져 보이지만 우리는 배터리를 쉽게 분리할 수 있도록 다시 디자인했습니다. 이것이 아킬레스건이었거든요."

12장

백투더 퓨처, 오프라인으로 향하는 D2C 기업들

Neighborhood Goods

2018년 크리스마스를 몇 주 앞두고 미드타운 맨해튼 5번가 소재 로드앤테일러Lord & Taylor의 플래그십 매장 진열창은 단장을 마쳤다. 하지만 이번 크리스마스 시즌에는 뉴욕 시민과 관광객이 감탄해서 오랫동안 넋을 잃고 쳐다보던 정교한 애니메이션 캐릭터들은 진열되어 있지 않다.

대신 진열창은 붉은색과 노란색의 벽보로 도배되어 있다. 벽보에는 '전 품목 세일 중!'이라거나 '파산. 모두 정리해야 합니다!'라고 적혀 있다. 한때 세계에서 가장 웅장한 백화점의 하나가 들어서 있던 이탈리아 르네상스 양식의 건물 내부에 들어가면 거대한 기둥마다 벽보가 한가득이다. "50% 세일", "60% 세일"이라 적힌 문구가 보석 진열장을 점령했다. 세일을 알리는 벽보가 쇼핑객보다 많고, 얼마되지 않는 사람들이 통로를 어슬렁대며 걷는 모습은 낡고 남루한 박물

관을 연상시키며 영광스러운 시대의 슬픈 잔재 같아 보였다.

이곳 화장품 매장에서 판매원으로 일하는 퀸시Quincy는 어릴 때 백화점에 놀러 왔던 마법 같은 경험을 떠올렸다. "할머니와 함께 이곳에 쇼핑을 왔던 때가 생각납니다. 당시에 로드앤테일러에서 쇼핑하는 것은 대단한 일이었죠. 내 딸이 태어났을 때 이모가 이곳에서 선물을 사 주었던 기억이 납니다." 퀸스는 잠시 생각에 잠겼다가 말을 이었다. "아마도 이모는 선물을 사느라 돈을 꽤나 쓰셨을 거예요. 당시 진열창의 모습도 생각이 나네요. 그러다가 나중에 일하기 위해 이곳에 오게 되어 정말 행복했어요."

하지만 퀸스는 앞으로 이곳에서 오래 일하지 못할 것이다. 1914년 2월 개점 당시 7층 콘서트홀에 있는 파이프오르간으로 음악을 선사하며 7만 5000명 이상의 방문객을 맞았던 5번가 소재 로드앤테일러가[1] 기술 기업과 사업가들에게 모듈식 사무실 공간을 제공하는 위워크에 8억 5000만 달러 가격으로 매각되었기 때문이다.[2] 로드앤테일러는 1월에 폐점할 예정이었고 퀸시를 포함한 직원들은 자신의 미래를 염려했다. 퀸시는 침울하게 말했다. "앞으로 일자리를 구할 수 있을지가 최대 걱정거리에요."

퀸시는 일자리를 알아보기 위해 로드앤테일러에서 남쪽으로 약 3킬로미터 떨어져 있고, 'D2C의 쇼핑 공화국'으로 불릴 만한 곳에 가 볼까 생각했을지 모른다. 맨해튼의 소호 지역을 중심으로 260만 제곱미터가 채 안 되는 장소에 열다섯개가 넘는 D2C 브랜드들이 오프라인 소매 매장을 열었기 때문이다. 해당 브랜드들은 얼마 전까지만 해도 물리적 소매업은 이제 한물 갔다고 주장했었다.

우선 라파예트가Lafayette Street 366번지에 있는 여행 가방 매장 어웨이에서 출발해 주변을 어슬렁거리며 남쪽으로 열 블록 걸어가면 글로시에 화장품 매장이 보인다. 인도를 따라 걸어가다 보면 쇼필즈Showfields를 지난다. 이곳은 요리 기구를 판매하는 메이드인Made In과 애완용 먹이를 판매하는 파머스도그 등 한때 디지털 전용이었던 브랜드들의 제품을 취급하는 진열 매장 스타트업이다. 몇 분만 더 걸으면 캐스퍼가 눈에 띈다. 여기서 두 블록을 더 걸으면 와비파커와 가구 판매 기업인 버로우Burrow가 거의 나란히 붙어 있다. 아주 가까운 곳에 매트리스 스타트업인 리사, 홈 데코 기업인 원킹스레인One Kings Lane, 의류 기업인 에버레인도 보인다. 에버레인의 창업자 마이클 프레이스먼Michael Preysman은 2012년《뉴욕타임스》와 가진 인터뷰에서 이렇게 말했었다. "우리는 회사 문을 닫는 한이 있더라도 물리적 소매업을 시작하지는 않을 것입니다."[3]

계속 걸어가면 속옷 기업인 라이블리Lively, 모퉁이를 돌아서면 신발 기업인 올버즈가 있다. 다음으로는 여성 의류 기업인 모드클로스ModCloth, 다음으로는 남성 의류 기업인 인도치노Indochino와 보노보스, 스포츠용 의류 기업인 아웃도어보이스Outdoor Voices가 자리를 잡고 있다. 라파예트가 123번지에 도착할 즈음이면 매장 전면에 거대한 깃발을 걸어 놓은 글로시에 플래그십 매장이 눈에 띈다. 면적이

280제곱미터인 글로시에 매장은 폐점을 앞두고 마지막 크리스마스 시즌 영업을 하고 있는 수천 제곱미터 면적의 로드앤테일러 매장 전체를 돌아다니는 사람보다 많은 쇼핑객으로 북적인다.

로드앤테일러가 한때 레스토랑 네 곳, 라이브 음악, '빨간 장미 개인 쇼핑 서비스Red Rose Personal Shopping Service'를 갖추고 새로운 쇼핑 경험을 창출해 웅장한 백화점 소매 시대를 여는 데 기여한 것과 같은 역할이 글로시에를 포함한 디지털 네이티브 브랜드들로 넘어가려 하고 있다.[4] 해당 기업들의 경우에는 고객 거의 대부분이 여전히 온라인으로 제품을 구매하지만 현실을 들여다보면, 전자 상거래가 급속히 성장하고 있는 데도 전체 소매 제품의 약 90퍼센트는 소비자가 매장에 걸어 들어가 진열대에 놓인 제품을 고르는 예전 방식으로 판매된다.[5] 많은 스타트업들은 온라인 브랜드인 것은 괜찮지만 자사를 훨씬 크고 빠르게 성장시키려면 결국 소비자가 있는 곳으로 가야 한다는 걸 깨닫는다.

글로시에 매장으로 걸어 들어가기 전에도 범상치 않은 장면을 목격할 가능성이 크다. 10대와 20대의 글로시에 고객이 매장 바깥 인도에 무리지어 서서 셀카를 찍는 즉시 인스타그램에 사진을 올린다. 그런 다음 널따란 분홍색 계단을 따라 2층으로 올라간다. 그곳에서는 플룸Flume의 〈너 같은 사람은 없어Never Be Like You〉나 클리어Clear의 〈푸셔Pusher〉 같은 중독성 있는 박자의 히트 음악이 끊임없이 흐르며 고객을 맞이한다. 쇼핑객들은 진열품 주위에 몰려들어 보이브로우Boy Brow 아이브로우 필러, 리드스타Lidstar 아이섀도우, 클라우드 페인트Cloud Paint 블러쉬, 와우더Wowder 페이스 파우더를 발라 보고 나서 화장을 지우기 위해 공동 세면대로 향한다.

하지만 많은 쇼핑객은 물론이고 심지어 글로시에 경영진에게도 방문객이 제품을 구매하는지는 거의 중요하지 않다. 바깥에서 그랬 듯 실내에 있는 사람들 거의 모두 스마트폰으로 사진을 찍느라 바쁘 다. 분홍색 정장을 입은 남녀 판매원들의 사진, 자신들이 끌고 온 남 자 친구의 사진(인스타그램의 @glossierboyfriends 계정이 인기가 있 다), 심지어 데려온 애완동물이 지루해하거나 눈이 휘둥그레진 사 진@dogsofglossier 등을 찍는다. 팔로어가 거의 200만 명에 가까운 공 식 글로시에 계정, 팔로어가 약 50만 명인 글로시에 창업자 에밀리 바이스의 계정과 마찬가지로 글로시에 고객이 시작한 인스타그램 계정들을 팔로어 수십만 명이 강박적으로 방문한다.

대부분의 소매 매장들은 모든 가능한 면적을 동원해서 자사 제품 을 자랑한다. 하지만 글로시에는 그렇지 않다. 끊임없이 셀카를 찍는 고객을 위해 사진을 찍어 소셜 미디어에 올릴 수 있는 전용 공간을 마련했다. 뉴욕 방문객들은 글로시에 제품 중에서 가장 인기 있는 화 장품의 높이 2미터짜리 복제 튜브 여섯 개를 거울로 둘러싸 전시하 는 '체험형 보이브래지어우 룸Experiential Boy Brow Room'에서 셀카를 찍 는다.[6] 로스앤젤레스의 멜로즈 플레이스Melrose Place에 있는 2호점에 는 '글로시에 캐니언'을 만들어 애리조나주 앤틸로프 캐니언Antelope

Canyon의 물결처럼 넘실거리고 깎아지른 것 같은 붉은 빛 감도는 갈색 협곡을 재현하고 사막의 소리를 녹음해 공간에 울려 퍼지게 한다. 방 분위기가 마치 화랑에 있는 것처럼 방문객의 기분을 상쾌하게 만든다. 매장에 들어가려면 줄을 서야 하고, 일단 매장에 들어가더라도 캐니언 방으로 들어가려면 다시 줄을 서야 한다. 지나치게 오래 머무는 사람이 없도록 판매 직원이 체류 시간을 점검한다. 한 제품 리뷰 작성자인; 로드리고Rodrigo는 옐프Yelp에 이렇게 썼다. "이것은 심미적인 AF(밀레니얼 시대는 소셜 미디어에서 'as fuck'을 줄여 'AF'라고 쓴다)이다. 캐니언 방은 너무나 평온하고 천상의 향기가 났다. 지금 나는 그 분위기에 흠뻑 젖어 있다. 이러한 기준에서 10점 만점에 10점이었다."

노련한 소매 전문가들은 글로시에 매장이 불러일으킨 열풍을 목격하고 깜짝 놀랐다. 전직 글로시에 부사장인 말라 굿맨Marla Goodman은 한 맨해튼 부동산 개발자를 당시 글로시에 옛 본사 건물 6층의 비좁은 진열실로 초대했던 때를 회상했다. 방문객은 뉴욕시의 주요 쇼핑 공간인 브룩필드 플레이스Brookfield Place를 건설한 사람이었다. 그를 안내하면서 굿맨의 머릿속에는 여태껏 하지 못했던 생각이 떠올랐다. "그가 '대체 이 여자가 나를 이 낡아빠진 엘리베이터에 태우는 이유가 뭘까?'라고 의아해할 것 같다는 생각이 들었습니다. 하지만 붐비는 매장에 들어서자 그는 몇 분 동안 입을 꾹 다문 채 꼼짝도 하지 않고 서 있더군요. 그러다가 매장을 드나드는 사람들의 수를 눈으로 세어 보더니 내 쪽으로 돌아서며 '이것은 10억 달러짜리 사업이군요'라고 감탄했습니다. 자기 눈으로 목격한 장면에 매료되었던 겁니다."

첫 4년 동안 사장을 지낸 헨리 데이비스는 글로시에 매장이 반드시 가봐야 하는 장소로 떠오른 경위를 설명하며 미소를 지었다. "전통적인 의미로 매장을 짓는다기보다는 영화 세트장이나 극장 세트장을 짓는 것에 더 가까웠습니다." 글로시에는 애당초 오프라인 매장을 개점할 계획을 세우지 않았었다. 하지만 글로시에가 고객을 환영하고 화장품을 살 수 있도록 라파예트가에 있는 자사 사무실에 공간을 마련하자 충성스러운 고객들이 성지를 순례하듯 찾아오기 시작했다. 임시 매장이 큰 인기를 끌었으므로 글로시에는 사무실을 더좋은 장소로 옮기는 시점에서 옛 자리에 있던 상설 매장을 그대로두기로 결정했다.

"제품을 파는 것 자체가 전부는 아니었어요." 데이비스가 말했다. "상설 매장을 유지하겠다는 결정은 판매 관점에서 볼 때 엄청나게성공한 전략으로 밝혀졌습니다. 사람들은 대부분 매장에 있을 때 뭔가 사겠다고 생각하기 때문이죠. 우리는 해당 매장에서 하루에도 수천 점, 심지어 수만 점까지 제품을 팔았습니다. 하지만 무엇보다 중요한 것은 고객과 회사를 연결한 것이었죠."

그렇다면 글로시에와 다른 디지털 네이티브 브랜드가 소매 매장을 여는 이유는 무엇일까? D2C 브랜드가 일으킨 혁명은 스타트업들에게 더 이상 물리적인 매장이 필요하지 않고, 소매 중개인을 없애면 실제로 경제성이 더 낫다는 뜻이 아니었던가? "D2C에서 중요한 것은 사실 유통이 아니라 연결입니다." 데이비스는 자신이 자주 사용하는 단어를 반복하며 강조했다.

고객의 가장 가까운 곳에

D2C 스타트업에서 일하는 사람들과 대화해 보면 이내 '고객 유치 비용'이라는 단어를 들을 수 있다. 초창기인 2010~2016년 대부분의 신규 브랜드가 가장 적은 비용으로 고객을 유치하는 방법은 페이스북, 인스타그램, 기타 소셜 미디어 플랫폼을 사용해 고객이 될 가능성이 가장 높은 잠재 고객으로 범위를 좁혀 공략하는 것이었다. 하지만 시간이 흐르면서 두 가지 현상이 발생했다.

첫째, 고객이 될 가능성이 가장 높은 잠재 고객을 표적으로 삼고 자사 제품을 구매하라고 설득하면서 스타트업들은 다른 잠재 고객군을 표적으로 삼아야 하고 그들을 끌어들이려면 그들을 설득하는 노력을 더 기울여야 한다는 사실을 여지없이 깨달았다. 이것은 시간이 흐르면서 고객을 추가로 끌어들이려면 비용을 약간 더 써야 한다는 뜻이었다. D2C 스타트업은 대개 변곡점인 2000만~1억 달러 매출에 도달한 후에는 제품 범주에 따라 매출 100만 달러를 추가로 창출할 때마다 광고비를 이전 100만 달러 때보다 더 많이 지출해야 한다.

둘째, 달러쉐이브클럽 같은 초기 D2C 브랜드들이 페이스북 광고가 적은 비용으로 고객을 유치하는 방법이라는 사실을 입증하자 거의 모든 기업이 시도하기 시작했다. 게다가 페이스북이 광고 공급을 제한하고 있으므로(일반적으로 페이스북은 사용자들이 관심을 기울이지 않는 현상을 막기 위해 사용자의 "뉴스 피드"에 항목 다섯 개마다 광고를 하나 허용한다), 광고를 올리려는 기업이 많아질수록 페이스북 광고비는 증가한다.

그래서 2017년경 페이스북에 광고를 올리는 기존 브랜드는 물론 신규 브랜드가 늘어나면서 모든 기업은 계속 성장하기 위해 광고비를 더 많이 써야 했고, 많은 기업이 동일한 인구 통계학적 특징을 보이는 인구를 표적으로 삼았기 때문에 특히 그랬다. 일부 추정에 따르면 소셜 미디어에 광고를 게재하는 비용은 25~50퍼센트 인상됐다. 페이스북이 유치 가능 고객에게 표적을 맞추는 과정을 어느 때보다 정교하게 만들기 위해 알고리즘을 수정하고, 기업들이 고객의 관심을 끌기 위해 소셜 미디어에 더욱 효과적인 영상 광고를 올리면서 인상된 광고 비용 일부가 상쇄되었다. 스타트업 브랜드가 여전히 선호하는 광고 채널로 페이스북과 인스타그램을 고려하고 있기는 하지만, 마케팅 예산의 80퍼센트 이상을 소셜 미디어 채널에 사용하는 경우는 거의 없다. 현재 비율은 일반적으로 40~60퍼센트이고 일부 브랜드의 경우에는 이보다 훨씬 작다.

페이스북에 광고하는 비용이 오르는 반면에 많은 도시에서 오프라인 소매 매장의 임대료는 내려갔다. 이것도 공급과 수요의 문제였다. 소매 기업이 번창하면서 매장 수를 확대했던 수십 년 동안 부동산 개발업자, 쇼핑몰 주인, 부동산 소유주들은 임대료를 계속 인상했다. 그러다가 전자 상거래가 급성장하면서 전통적인 매장의 매출을 가로채자 소매 기업들은 매장 수천 개를 폐쇄했다. 불안한 매장 소유주들은 그렇게 하지 않으면 매장이 비어 소득을 한 푼도 거둘 수 없으므로 임대료를 낮출 수밖에 없었다.

헨리 데이비스는 이렇게 지적했다. "소호 지역에 가서 캐널가Canal Street를 따라 걷다 보면 빈 건물이 엄청나게 많이 눈에 띕니다. 예전에 고급 매장들이 들어서 있던 블리커Bleecker 거리를 걸어 보세요. 그곳도 사정은 마찬가지예요." 2017년까지 그리니치 빌리지Greenwich Village 지역 임대료는 0.1제곱미터당 500~600달러였지만 지금은 절반으로 떨어졌다.[7] "빈 건물 소유주들은 쇼핑객들의 발길을 자석처럼 끌어당기는 매장을 몹시 들이고 싶어 합니다. D2C 브랜드는 독특하고 다르고 특이하기 때문에 그 역할을 할 수 있죠."

많은 밀레니얼 세대들이 선택하는 쇼핑 목적지인 일부 소호 지역에서도 매장 임대 가격이 하락했다. 현지 부동산 중개업자인 캐런 벨란토니Karen Bellantoni는 이렇게 전했다. "평방피트를 기준으로 브로드웨이에 있는 소매 매장은 한 달 임대료가 약 1200달러였지만, 2019년 들어서면서 평방피트당 250달러에 거래되었습니다." 일부 인근 거리에 있는 매장의 임대료가 약간 더 비싸기는 하지만, 한때 임대 기간을 5~10년으로 하겠다고 고집했던 매장 소유주들이 지금은 3~6개월 동안이라도 기꺼이 임대하고 있다. 상황이 이러하므로 신규 브랜드들은 오프라인 매장을 경제적으로 운영할 수 있을지를 상대적으로 저렴하게 시험해 볼 수 있다. 뉴욕만 이런 것이 아니다. 메이시스, 아베크롬비앤드피치Abercrombie and Fitch, 제이크루J.Crew, 풋로커Foot Locker, 헨리벤델Henri Bendel, 빅토리아시크릿, 갭, 페이리스Payless, 게스Guess, 마이클코어스Michael Kors 등이 미국 전역에 있는 매장을 폐쇄하고 넓은 공간을 물건 하나 없이 비웠다.

글로시에와 마찬가지로 많은 디지털 네이티브 브랜드들은 전통적인 소매 경험을 그대로 재현하지 않고 재창조하려고 노력하고 있다. "소비자들이 옷을 보고 싶어 했으므로 2011년 본사 로비에 탈의실을 마련했어요." 보노보스의 공동 창업자인 앤디 던Andy Dunn이 회상했다. "사람들은 바지를 입어 보고 나서 빈손으로 로비를 걸어 나갔지만 나중에 온라인으로 주문을 했습니다. 그래서 우리는 옷을 진열해 놓지 않거나 판매할 옷을 갖추어 놓지 않더라도 매장을 운영할 수 있겠다고 깨달았습니다."

다음 해 보노보스는 맨해튼에 있는 65제곱미터 면적의 5층 사무실에 '착용 체험 매장'을 열었다. 매장을 방문한 고객은 첫 온라인 주문 고객보다 평균적으로 두 배를 주문했고 재주문 빈도도 더 높았다. 2019년 보노보스는 매장을 60여 개 운영했다. 비용을 절감하기 위해 모든 매장은 면적이 작고(일반적으로 190제곱미터 이하), 재고를 거의 쌓아 놓지 않으면서 고객이 착용해 보고 원단을 살펴볼 수 있을 정도까지만 구비했다. 착용 체험 매장의 웹 사이트에는 다음과 같은 안내문을 붙였다. "원하는 옷은 무엇이든 입어 보고 냉장고에서 음료수도 꺼내 드세요. 매장에서 제품을 주문하시면 자택이나 사무실로 직접 배송해드립니다. 그러니 빈손으로 돌아가셔도 됩니다."[8]

이 같은 미니멀 지향적인 접근은 새로 들어서기 시작한 많은 매장이 보이는 특징이다. 터프트앤니들 매장은 시애틀의 파이크 플레이스 마켓에서 두 블록 떨어진 퍼스트 애비뉴에 있다. 통풍이 잘 되고 갤러리 같은 분위기를 풍기는 건물에 입주해 있는 매장에 걸어 들어가면 아마도 '대체 매트리스는 어디에 있지?'라는 의문이 들 것이다. 전통적인 매트리스 매장에는 수십 개 아니면 100개가 넘는 매트리스가 꽉 들어차 있다. 하지만 터프트앤니들 매장에는 매트리스 4개가 바닥 공간의 5~10퍼센트만 차지하고 있을 뿐이고 그마저도 바닥부터 높은 천정까지 길게 드리운 그물 조직의 흰색 천으로 둘러싸여 있어서 대부분 눈에 띄지 않는다(이 천은 터프트앤니들 매트리스의 하단에 사용하는 통기성 좋은 재료를 변형한 것이다). 밀레니얼 세대가 쓰는 표현대로 심미적인 AF인 셈이다. 구름을 연상시키는 그물 조직은 침실의 사생활을 보장하는 장치이므로 방문객은 다른 쇼핑객들과 판매원이 보이지 않는 환경에서 매트리스에 누워 볼 수 있다.

여기서는 매장에 걸어 들어간 순간부터 판매원이 따라다니며 제품을 사라고 끈질기게 설득할까 봐 걱정할 필요가 없다. 판매원들은 수수료가 아니라 급여를 받기 때문이다. 이것은 D2C 브랜드 매장이 지닌 특징의 하나이다. 매트리스에 대해 궁금한 점이 있는 경우에는 어떡할까? 물론 판매원들이 대답해 줄 것이다. 하지만 많은 고객은 전시장에 비치되어 있는 태블릿 PC를 집어 드는 것을 선호한다.

수석 건축가 크리스 에반스에 따르면 대부분의 소매업체는 매장 인테리어 비용으로 평방피트당 수백 달러 이상을 쓰지만 터프트앤니들은 단순하고 깔끔하게 공간을 꾸미는 비용으로 약 70달러를 썼다. 매장 여섯 곳은 각기 약간씩 다른 천연 재료(일부 매장에는 목재 격자나 콘크리트를 사용했다)를 사용하면서도 공간을 깔끔하게 꾸미고 사생활을 보호하는 장치를 만든다는 원칙을 고수한다. "매트리스가 잔뜩 놓여 있고, 천장에 보기 흉한 조명 기구가 매달려 있는 등 기존 매트리스 매장에서 볼 수 있는 물리적인 광경 때문에 전통적인 매트리스 매장은 창고처럼 보입니다." 에반스가 설명했다. "처음에는 우리 디자인을 접한 소비자들이 거부감을 느끼고 지나치게 단순하고 파격적이라고 생각할까 봐 몹시 걱정했습니다. 하지만 소비자들은 자연 채광을 살리고, 예술적인 분위기를 발산하고, 종전과 다른 재료를 사용한 방식을 좋아했습니다."

매장을 유지하는 비용을 낮춤으로써 터프트앤니들은 다른 마케팅 수단만큼이나 매장도 적은 비용으로 매출을 증가시키는 데 기여할 수 있다고 깨달았다. 전직 최고운영책임자인 에반 마리도우Evan

Maridou는 이렇게 설명했다. "매장 한 곳을 임대하려면 한 달에 9000 달러가 들 수 있지만 광고판을 유지하는 데만도 4000달러가 들 수 있습니다." 터프트앤니들은 매장이 매출에 상승 효과를 발휘한다는 사실을 깨달았다. 매장을 연 지역에서 매장을 방문한 사람들의 현장 주문량 말고도 온라인 주문량이 늘어났기 때문이다.

"소비자들은 매장을 운영하는 기업의 제품을 살 때 자신의 온라인 구매에 더욱 자신감을 갖습니다." 마리도우가 언급했다. "소비자들이 우리에게 매장이 있다는 사실을 알고 나서 온라인 판매량도 늘어났습니다. '엉터리 온라인 기업일지 몰라서 불안했는데 매장을 운영한다니 반품을 해야 하는 경우에는 그곳에 가면 되겠군!'이라고 생각한 것 같습니다. 오프라인 매장은 자신이 제품을 구매하는 기업이 엉터리가 아니라는 확신을 소비자에게 강하게 심어 줍니다." 이러한 가설을 시험해 보기 위해 터프트앤니들은 자사 웹 사이트를 방문한 일부 소비자에게 매장 위치를 보여 주고 다른 사람들에게는 링크를 숨겼다. 아니나 다를까 "소비자들은 우리에게 매장이 있다는 사실을 알았을 때 높은 판매 전환율을 보였습니다."

와튼 경영대학원 교수인 데이비드 벨은 다트머스대학교와 하버드대학교에 근무하는 동료들과 공동 연구를 진행해서 이 점을 입증했다. 세 학자는 와비파커가 처음 몇 년 동안 사업을 운영하며 수집한 상세한 판매 데이터를 사용해 와비파커가 처음에 매우 신중하게 물리적 소매업으로 확장하기 시작할 때 판매에 어떤 현상이 일어났는지를 광범위하게 연구했다.

초창기에 와비파커는 필라델피아에 있는 닐 블루멘탈의 아파트에 임시 전시실을 설치한 것 말고도 소비자들이 제품을 사지 않더라도 착용해 볼 수 있는 같은 형태의 전시실을 도시에 있는 일부 소매업체에 설치했다. 벨과 두 동료는 이렇게 결론을 내렸다. "첫째, 어느 정도 예상하기는 했지만 전시실을 갖춘 판매 지역에서 총 매출이 약 9퍼센트 증가했습니다.[9] 둘째, 우편 번호를 기준으로 측정했을 때 전시실을 갖춘 판매 지역에서 웹 사이트 매출도 약 3.5퍼센트 증가했습니다." 심지어 일시적으로 물리적 매장을 운영했을 때도 매출이 증가했다. 와비파커는 2012년 자사 인지도를 높이고 홍보 효과를 내기 위해 학교 통학 버스를 움직이는 전시실로 꾸며 전국을 순회했다. 세 연구자들은 이렇게 강조했다. "우리는 버스가 정차한 지역에서 매출이 전체적으로도 웹 사이트를 통해서도 증가했다는 사실을 확인했어요. 팝업 매장이 매출도 인지도도 높인다는 사실을 깨닫는 계기였습니다."[10]

와비파커는 2013년 4월 소호 지역에 첫 상설 매장을 연 것을 시작으로 2018년 말까지 100개 가까운 매장을 열었다. 와비파커의 소매 매장 매출과 온라인 매출은 각각 전체 매출의 절반을 차지한다.[11] 블루멘탈은 이렇게 언급했다. "우리는 반드시 디지털 기업이어야 한다고 독단적으로 고집하지 않았습니다. 미국에서 전체 안경의 95퍼센트는 오프라인 매장에서 판매되므로 매장을 운영하지 않고서는 미국 최대 안경 브랜드로 성장하기 어렵습니다." 비슷한 예로 어웨이 여행 가방은 2017년 뉴욕시에 첫 매장을 열었고 이후 2년 동안 다른 도시에 매장 6곳 이상을 추가로 열었다. 초기에 매장을 열었던 도시들에서 온라인 매출이 40퍼센트 증가했다. 이것은 어웨이가 물리적 소매 매장을 운영하지 않는 도시들에서 거둔 매출보다 "의미심장하게" 높은 실적이었다.[12]

공동 창업자인 하이디 잭이 브래지어 쇼핑을 가느니 차라리 설거지를 하겠다고 말한 서드러브조차도 2019년 여름 소호 지역에 185 제곱미터 면적의 콘셉트 중심 팝업 매장을 열어서 물리적 소매업을 시험하기 시작했다. 서드러브는 구매 경험에서 쾌적성을 늘리거나 최소한 불편함을 줄이기 위해, 터프트앤니들과 캐스퍼가 매트리스를 판매하기 위해 그랬듯 매장 내 경험을 다시 창조하기 위해 노력하고 있다. 수석 디자이너인 라엘 코헨은 이렇게 강조했다. "도움을 받기 위해 속옷차림으로 직원을 부를 필요가 없도록 탈의실마다 '호출' 버튼을 설치해 탈의실로 직원을 부를 수 있습니다."[13] 고객의 사생활을 더욱 철저하게 보호하기 위해 창구를 통해 제품을 전달할 수 있는 시설을 일부 탈의실에 마련함으로써 고객이 판매 직원을 직접 상대하지 않고서도 다른 스타일과 크기의 제품을 착용해 볼 수 있다. 재고 비용을 낮추기 위해 주요 유형의 브래지어는 매장에 구비해서 판매하고, 나머지 유형의 브래지어는 착용해 볼 수는 있지만 온라인으로 구매하게 한다.

전동 칫솔 스타트업인 큅은 자체 매장을 운영하지 않는다. 제품이 전기 칫솔과 치약만 있다는 점을 감안하면 이해할 수 없을 것이다. 하지만 큅은 소매점에 제품을 납품하면서 구식 방식으로 사세를 계속 성장시키려 한다. 타겟Target 매장을 보더라도 큅의 칫솔은 해리스의 면도기, 네이티브데오드란트의 땀 억제제, 캐스퍼의 베개, 시트, 저가 매트리스 같은 몇몇 D2C 브랜드와 마찬가지로 고급품 진열 공간을 차지하고 있다. 이 신규 브랜드들은 모두 합해 연간 약 750억 달러의 매출을 기록하므로 타겟 같은 소매 기업의 수익에 크게 기여하지 않지만 아니면 집에 머물러 온라인으로 제품을 구매할 가능성이 있는 쇼핑객을 끌어들이는 데 유용하게 작용한다. 실제로 다수의 물리적 소매업체들이 유동 인구 감소 때문에 고통을 겪고 있는데도 타겟은 2018년 매장을 찾은 쇼핑객 수가 어느 때보다 빠른 속도로 증가했다고 발표했다.[14]

디지털 네이티브 브랜드는 각 매장에서 거둔 수입을 공유하는 데 익숙하지 않으므로 계산이 복잡할 수 있다. 큅은 온라인으로 칫솔을 팔고 해리스는 면도기를 팔고 나서 수익 전체를 독차지한다. 하지만 타겟을 통해 제품을 판매하면 일반적으로 소매가의 20~50퍼센트를 타겟에 지불해야 한다. 브랜드는 소매업체를 통해 제품을 판매할 때 발생하는 낮은 수익률은 다른 비용을 절감해 어느 정도 상쇄할 수 있다. 제품을 구매자에게 직접 배송하는 비용이 어느 때보다 저렴해지기는 했지만 제품 한 개당 배송 비용을 따져 보면 같은 제품을 대량으로 소매업체에 배송하는 비용이 훨씬 저렴하다. 제품을 소매 매장에 보기 좋게 진열하면 지나가던 쇼핑객들의 눈길을 끌 수 있으므로 페이스북이나 인스타그램에 광고할 때보다 비용을 절약할 수 있다. "매주 타겟을 찾는 소비자가 3000만 명이라니 정말 대단하지 않나요?" 큅의 공동 창업자인 사이먼 에네버가 말했다. "쇼핑객들은 구강 관리 통로를 걸으면서 오랄B와 소니케어Sonicare를 살펴봅니다. 주목받는 신규 브랜드가 되어 시대정신을 대표할 수 있는 기회가 그곳에 있는 것이죠. 우리가 원하는 것도 바로 그런 기회였어요."

큅은 타겟이 자사 칫솔만 판매하고 리필 칫솔모는 판매하지 말아야 한다는 것을 거래 조건의 하나로 내걸었다. 에네버는 "일반 리필 칫솔모를 구매하려면 겟큅닷컴getquip.com을 방문해 구독 신청을 해야 합니다"라고 강조했다. 그래야 큅이 고객과 직접 관계를 유지할 수 있기 때문이다.

타겟이 디지털 우선 브랜드를 자사 매장 진열대에 유치하려고 노력하는 것은 전자 상거래가 유발하는 교란 현상을 막기 위한 여러 전략의 하나이다. 2017년 타겟은 5억 5000만 달러를 지불하고 당일 배송 기업인 쉽트를 인수했고, 금액은 공개하지 않았지만 더욱 신속하고 효율적인 가정 배달용 소프트웨어를 개발한 "운송 기술" 스타트업 그랜드정션Grand Junction도 인수했다. 같은 해 캐스퍼에 인수 의사를 밝히고 난 후에는 7500만 달러를 투자했다.[15] 또 스티치픽스, 로켓오브어썸 같은 온라인 의류 구독 스타트업이 구사하는 마케팅 전략을 모방한다. 이제 타겟 고객은 한때 매장에서만 구매할 수 있었던 자사 브랜드의 아동복 캣앤잭cat&jack을 집까지 매달 배송 받는 서비스에 가입할 수 있다.

D2C 브랜드가 출현하면서 타겟 같은 전통적인 소매업체들은 모방하거나 협력하거나 다른 방법을 사용해서 변화하는 환경에 적응해야 한다. 타겟의 미래 매장Store of the Future 프로젝트 담당 전직 부사장이자 소매업 컨설턴트인 크리스 왈턴Chris Walton은 이렇게 언급했다. "과거 소매업체들은 모험을 하면서 진정한 변화를 일으킬 수 있는 방법을 모색하고 있습니다."

오프라인으로 가자

쇼핑객들은 거의 틀림없이 알아차리지 못하지만 텍사스주 플레이노Plano 소재 네이버후드굿즈Neighborhood Goods에 걸어 들어간 순간부터 공중에 달려 있는 카메라에 추적을 당한다. 좀 더 정확히 표현하자면 매장 전체에 높이 매달려 있는 10여 대 이상의 카메라와 추적 장치는 물론이고 입구 위 높은 천정에 매달려 있는 다방향 카메라가 쇼핑객들을 지켜보고 있다. 카메라는 쇼핑객을 개인적으로 파악하지는 못하지만 얼굴 인식 소프트웨어를 사용해서 나이를 추정한다. 또 각 쇼핑객이 얼마 동안 매장을 걸어 다니는지 계산하고, 심지어 예를 들어 미언다이즈MeUndies의 속옷, 올즈웰의 매트리스, 힘스의 탈모 치료제와 비타민, 허블의 콘택트렌즈, 프라이머리Primary의 아동복, 이 외에도 디지털 스타트업 10여 군데에서 판매하는 제품 등 각 브랜드 제품을 얼마 동안 살펴보는지 계산한다. 또 머물지 않고 지나치는 브랜드가 무엇인지도 감지한다.

네이버후드굿즈는 D2C 브랜드의 미래를 제시하는 소매용 진열실이 되고 싶어 한다. 글로시에를 본보기 삼아서 진열 제품을 판매하는 것에 목표를 두지 않고 고객이 알고는 있었지만 직접 눈으로 확인할 수 있을 때까지 구매를 미뤄 왔던 신규 브랜드 제품을 만지고 느끼게 하는 것을 목표로 삼는다. 또 브랜드를 유치하기 위해 스타트업 브랜드가 온라인을 통해 모아서 경쟁 우위로 사용하는 데이터를 수집하고 공유한다.

네이버후드굿즈는 2018년 11월 플레이노에 첫 매장을 열었다. 공동 창업자인 마크 매신터Mark Masinter는 팝업 매장과 전통적인 매장의 중간 형태로 백화점 개념을 재창조할 전국적인 체인으로 자사를 키우겠다는 비전을 품고 있다. 따라서 네이버후드굿즈는 여러 측면에서 오랜 개념을 새롭게 정립하고 있다. 아무리 열심히 노력하더라도 대부분의 전통 있는 백화점들은 같은 오랜 제품을 같은 오랜 방식으로 진열하므로 구식으로 느껴진다. 하지만 유행에 민감한 수십 가지 신규 브랜드를 몇 달 단위로 끊임없이 교환하고 순환시켜 쇼핑객들이 매장에 들어올 때마다 다른 제품들을 발견하고 참신하다고 느낀다면 어떨까? 멋진 제품만 진열하면 그 옆에 진열하고 싶어 하는 다른 멋진 제품들을 끌어들여 컬렉션을 형성할 수 있다. 적절한 제품을 골라 진열하면 매장은 멋진 아이들이 찾기 때문에 다른 멋진 아이들이 가고 싶어 하는 인기 있는 클럽처럼 될 수 있다.

백화점의 중간에 캐주얼 레스토랑과 술집을 넣는다. 게임, 스피커, 라이브 음악을 갖춘 주민 파티, 바레 운동barre workout 교실, 꽃꽂이 강습 등 행사를 추가하면 100년 전 사람들이 식사하고 콘서트에 가고 쇼핑도 하러 들렀을 시절의 로드앤테일러처럼 흥미진진한 장소가 될 수 있다. 매신터는 이렇게 강조했다. "나는 물리적인 소매 공간이 적절성을 잃으리라고는 생각하지 않습니다. 하지만 모습은 달라져야 합니다."

소매 부동산 세계 외부에서는 무명에 가까웠던 매신터는 1999년 콜로라도주 베일Vail에서 스키 리프트에 앉아 있는 동안 장난이라고 생각한 전화를 받은 것을 계기로 세간의 주목을 끌기 시작했다. 상대방은 "마크 매신터 씨인가요? 스티브 잡스의 부탁을 받고 전화했습니다"라고 말했다. 당시 30대 중반의 댈러스 부동산 개발업자 매신터는 장난이라고 생각해서 퉁명스럽게 응답하고는 전화를 끊었다. 그런데 그날 늦게 레스토레이션하드웨어Restoration Hardware의 창업자 스티븐 고든Stephen Gordon이 전화했다. 매신터 자신이 투자했고 소매 전략에 대해 조언해 주었으며 최근 빠른 성장세를 보이고 있는 기업의 창업자였다. 고든은 "잘 지냈나? 오늘 스티브 잡스가 직접 전화했나, 아니면 그 밑에서 일하는 사람이 전화했나?"라고 물었다. 매신터는 똑같이 퉁명스럽게 대꾸했다. "그만하시죠, 재밌지도 않네요."

실제로 스티브 잡스가 의논하고 싶은 일이 있어서 연락하려 했다는 말을 듣고 매신터는 의아했다. "어째서 나를 만나고 싶어 하죠? 나는 컴퓨터에는 문외한인데 말입니다. 맥 컴퓨터를 쓰기는 하지만 제대로 다룰 줄도 몰라요." 하지만 고든은 집요하게 설득했다. "아이디어가 흥미진진하더라고. 그 사람과 꼭 대화해 보게나."

잡스가 떠올린 아이디어는 아직 아무에게도 말하지 않은 바로 애플 스토어였다. 물론 잡스 스스로 디자인을 구상하고 설립 방향을 잡아 가겠지만, 신규 소매 매장이 들어설 최적의 장소를 결정하기 위해 부동산 전문가의 도움을 받고 싶었던 것이다. 매신터와 동료 두 명은 후보지에 관해 발표하면서 무엇보다 쇼핑몰처럼 유동 인구가 많은 장소를 추천했다. 세 사람은 한 시간 동안 진행한 회의가 원활했다고 생각했지만 잡스는 그렇지 않았다. 매신터는 이렇게 회상했다. "잡스는 애플 스토어를 쇼핑몰에 입점 시키면 안 된다고 딱 잘라 말했습니다. 토론 막판에는 내게 자신이 들어 본 발표 중에서 최악이었다고 비판했고요." 그러면서 이렇게 덧붙였다고 했다. "다시 한번 기회를 드리겠습니다. 물론 꼭 그렇게 하라고 권하는 것은 아닙니다만, 당신들이 정 원한다면 그렇게 하시죠."

돌이켜 생각하면 이것은 스티브 잡스의 전형적인 반응이었다고 매신터는 추측했다. "사실상 우리의 능력을 가늠해 본 것이었다고 생각합니다. 하지만 우리는 원래 입장을 굽히지 않았어요." 매신터는 애플 스토어를 입주시킬 최적의 후보지로 여전히 쇼핑몰을 포함시키고 예전 발표 내용을 약간 수정해서 작성한 제안서를 들고 후속 회의에 참석했다. 잡스는 회의에 직접 참석하지 않고 부하직원들을 보냈지만 나중에 임무를 명쾌하게 지시했다. "적합한 장소에 있는 훌륭한 매물을 찾으세요. 무엇보다 브랜드 이미지에 맞고 매우 특별한 매장을 세울 수 있는 곳이어야 합니다. 이 점은 타협할 여지가 전혀 없어요. 이 기준에 맞지 않으면 매물을 추천할 생각은 꿈에도 하지 마세요."

엄청나게 성공한 애플 스토어의 출시에 관여했다는 소식이 소매업 전문가들 사이에 순식간에 퍼지면서 매신터는 오프라인 매장 전략을 출범하도록 브랜드를 조력하는 데 조예가 깊다는 평판을 구축했다. 매신터는 포러너벤처스의 커스틴에게 소개를 받아 나중에 와비파커와 보노보스에 투자하고 와비파커, 보노보스, 터프트앤니들 등의 고문이 되었다.

매신터는 디지털 브랜드에 자문을 제공하면서 그들이 온라인 판매는 물론 오프라인 판매에서도 이익을 거둘 수 있다는 신념을 굳혔다. 하지만 많은 신규 브랜드가 물리적 소매업에 관해 거의 알지 못하고, 자력으로 매장을 열 경제력을 갖추지 못했다는 사실도 인지했다. 매신터는 2016년 말 평상시처럼 댈러스 중심가에 있는 집에서 화이트록 호수까지 80킬로미터를 자전거로 달리다가 곰곰이 생각에 잠기느라 호수를 몇 번이나 돌았다. "그러면서 깨달았습니다. 자전거에서 내리면서 나는 백화점에 대한 정의를 새롭게 내려야 한다는 결론을 내렸습니다. 그러면 이 신규 브랜드들이 제품을 물리적으로 선보일 수 있을 뿐 아니라 재미있는 구매 경험을 창출할 수 있을 테니까요."

많은 디지털 브랜드들은 소비자들에게 제품을 만지고 느낄 수 있는 기회를 주기 위해 팝업 매장을 열어 실험하고 있다. 하지만 팝업 매장은 일반적으로 설치 비용이 많이 들고 대개 일주일에서 몇 개월 정도만 열기 때문에 특히 비용이 많이 든다. 매신터가 떠올린 아이디어에 따르면, 신규 브랜드는 다른 신규 브랜드와 함께 애플 스토어처럼 세련된 디자인 감성을 담고 미니멀리즘을 반영한 깔끔한 매장을 2~12개월 임대하고, 교육을 받고 아이패드를 소지한 판매 직원들을 배치해 고객을 돕는다. "나는 스티브 잡스에게서 디자인과 디자인 실행에 관해 정말 많이 배웠습니다. 그리고 그 교훈들을 요즈음 내가 하고 있는 일에 접목했어요. 내가 네이버후드굿즈에 대해 생각할 때, 잡스에게 배운 모든 교훈에 귀를 기울이지 않았다고 생각하면 오산입니다."

자전거를 타고 집으로 돌아온 매신터는 수영장에 뛰어들어 열기를 식히고 나서 보노보스의 공동 창업자인 앤디 던에게 전화를 걸었다. 던은 "와, 정말 좋은 아이디어네요! 커스틴에게 말해 봤어요?"라고 반응했다. 매신터의 전화를 받은 커스틴 그린은 해당 개념에 살을 붙여서 가져오라고 격려했다. 후속 대화에서 그린은 매신터에게 "당신에게는 해야 할 일이 더 많겠지만 여하튼 나는 당신의 주 투자자가 되고 싶어요"라고 말했다. 매신터는 그린이 개입하면 "정부 승인"을 받은 것이나 다름없다고 생각하고 자신의 아이디어를 다듬고 사업을 운영해 줄 사람을 찾기 시작했다.

매신터는 노련한 소매 기업 임원보다는 29세 사업가인 매트 알렉산더Matt Alexander를 고용하기 위해 심혈을 기울였다. 알렉산더는 댈러스에서 온라인 의류 기업을 창업했지만 그다지 성과를 올리지 못하다가 매각했다. 하지만 매신터는 알렉산더가 시도했던 다른 모험들에 주목했다. 알렉산더는 2014년 비영리 프로젝트인 언브랜디드Unbranded를 공동 창업했었다. 댈러스 시내 활성화 지역에 있는 빈 상업 공간을 전환해 지역 장인들이 만든 제품을 판매하는 휴일 팝업 매장으로 만드는 이 비영리 프로젝트는 세간에 화제를 불러일으켰고 나중에는 댈러스 비즈니스 협회에 인수되었다. 언브랜디드는 비록 정교함이 떨어지고 규모도 작았지만 매신터가 네이버후드굿즈를 통해 달성하고 싶어 하는 비전과 일맥상통했다. 그래서 매신터는 알렉산더에게 이메일을 썼다. "나는 당신이 설립한 언브랜디드를 보고 영감을 받았습니다. 그리고 그 개념을 펼칠 수 있는 하얀 도화지 같은 훌륭한 공간이 있다고 믿습니다. 당신과 머리를 맞대고 이 아이디어에 대해 곰곰이 생각해 보고 싶습니다."[16]

두 사람은 2017년 3월에 만나 함께 점심식사를 했고, 2주 후에 알렉산더는 매신터에게 자신의 비전을 요약한 6쪽 분량의 '선언문'을 보냈다. 선언문의 내용에 매우 만족한 매신터는 알렉산더에게 알리지 않고 그 메모를 커스틴 그린에게 보냈다.

알렉산더는 의류 스타트업을 운영한 경험을 바탕으로 온라인 브랜드가 고객 정보를 얼마나 간절히 원하는지 알고 있었으므로 기술을 사용해 방문객에 대한 정보를 수집해야 한다고 메모에서 강조했다. 인구 통계 정보를 수집하는 카메라 말고도, 쇼핑객들이 다운로드받을 수 있는 네이버후드굿즈 앱을 활용한다. 그러면 쇼핑객들은 매장에서 순환 진열되는 브랜드에 대해 파악하고, 밴드 연주회나 와인 시음회 같은 행사에 대해 알고 제품을 주문할 수 있다. 일부 기존 소매업체들이 비슷한 기술을 시험하기 시작했지만 매장을 개보수하는 비용이 밑바닥에서 처음 시작하는 것보다 많이 들 수 있다.

"개인을 식별할 수는 없지만 매장에 들어오는 사람들의 전형적인 연령과 성별, 궤적과 방향, 관심을 보이는 브랜드를 오차 범위 안에서 파악할 수 있습니다." 알렉산더가 설명했다. "우리는 예를 들어 50대 남성들은 매장에 들어와 오른쪽으로 가고, 20대 여성들은 왼쪽으로 가는 경향이 있다는 사실을 파악할 것입니다. 브랜드는 사람들이 관심 영역과 상호 작용하는 방식을 기록한 열 지도haet map를 확보할 수 있습니다. 또 예를 들어 다른 세 브랜드가 유동 인구를 세 배 증가시켰다면 제품을 다시 기획하기 시작할 수 있고요."

하지만 기술을 넘어서서 디지털 우선 브랜드에게 설득력 있는 사실이 있다. 신규 브랜드들이 디지털 광고를 사용해 고객을 유치하는 비용이 점점 비싸지고 있는 시기에 네이버후드굿즈를 활용하면 저렴한 비용으로 오프라인 소매점을 시험 가동해 볼 수 있다는 것이다. 주어진 기간 동안 매장에 입점한 각 브랜드는 약 46제곱미터까지 자체적인 부티크 형태로 제품을 진열한다. 이 방식은 수리하고 장식하느라 비용이 훨씬 많이 드는 집을 구입하는 것보다 생각이 비슷한 세입자들과 함께 고급 건물에 입주해 있는 가구 딸린 아파트를 빌리는 것과 비슷하다. 알렉산더는 이렇게 설명했다. "우리는 비교적 위험성이 낮은 방식으로 정말 신속하게 사업을 반복하고 실험할 여건을 제공합니다. 자체적으로 매장을 열면 장기 임대료, 직원, 기술에 엄청난 돈을 써야 합니다. 모든 것을 직접 구축해야 하니까요."

커스틴 그린이 관심을 보인 덕택에 매신터와 알렉산더는 초기 투자 설명회에서 순조롭게 570만 달러를 모았다. 투자자 중에는 달러 쉐이브클럽의 마이클 더빈도 있었다. 여러 해 전에 그린은 디지털 네이티브 브랜드라는 아늑한 세계에서 매신터에게 더빈을 소개해 주었고, 매신터는 더빈을 알렉산더에게 소개해 주었다. 매신터가 사업 아이디어를 떠올리고 약 1년 반이 지난 시점에서 첫 네이버후드굿즈 매장이 문을 열었다. 네이버후드굿즈 매장이 들어선 플레이노 소재 레가시 웨스트Legacy West는 매신터가 소속된 한 집단이 개발한 사무용 및 주거용 건물이 있고 그 사이에 새 옥외 쇼핑몰을 갖춘 복합 단지였다. (쇼핑몰에는 와비파커와 보노보스가 입점해 있다.)

면적이 1300제곱미터인 네이버후드굿즈 매장은 노드스트롬

Nordstrom 같은 백화점이 들어선 일반적인 면적의 약 10분의 1이다. 콘크리트 바닥을 깔고 7미터 높이의 천정에는 트랙 조명을 매달고 배관을 노출시켜 마치 공장을 개조한 듯 보였다. 매장을 처음 찾은 쇼핑객들은 어리둥절한 표정으로 돌아다닌다. 따라서 네이버후드 굿즈 창업자들은 쇼핑객들에게 약간의 교육을 시켜야 한다는 사실을 깨달았다. 매신터는 이렇게 강조했다. "우리가 니만 마커스Neiman Marcus나 메이시스나 블루밍데일스의 축소판이나 복사판이라면 누가 신경이나 쓰겠습니까? 우리는 신흥 브랜드를 발견하도록 도와주는 메커니즘입니다."

초기 입점 기업 24곳 중에는 여태껏 온라인으로만 운영했던 콘택트렌즈 스타트업 허블도 있었다. 제시 호르비츠는 이렇게 언급했다. "처음에는 소매 공간을 마련할 생각을 하지 않았어요. 하지만 모든 제품의 90퍼센트는 오프라인에서 거래됩니다. 우리는 처방전 등록을 받을 용도로 소매 공간을 시험하고 있습니다." 매장을 연 지 두 달 만에 허블은 좋은 등록률을 거두었지만 유동 인구는 처음에 기대했던 것만큼 많지 않았다. 우선 쇼핑객들이 네이버후드굿즈 매장의 개념을 이해할 수 있도록 돕는 것이 숙제이다. 한 지붕 아래 서로 관련이 없는 다른 여러 브랜드들이 모여 있으므로 "소비자들이 공간의 성격에 대해 여전히 혼란스러워합니다"라고 호르비츠는 설명했다.

초기 D2C 브랜드 가운데 마지막까지 입점을 거부했던 달러쉐이브클럽조차도(더빈은 예전에 해리스에게 그랬듯 타겟에서 자사 면도기를 판매할 기회를 거절했다고 말했다) 플레이노 소재 네이버후드굿즈에 입점하는 2차 브랜드 물결에 합류함으로써 오프라인 판매를 시험해 보기로 결정했다. "내가 네이버후드굿즈에게 마음에 드는 점은 브랜드에 생명을 불어넣을 기회를 주리라는 것입니다." 더빈이 설명했다. "전통적인 소매점에서는 우리 제품이 어수선한 진열대에 비좁게 놓여 있고 판매 직원은 우리 제품에 대해 모를 수 있습니다. '레드불은 어디 있나요?' '5번 통로요.' '샴푸는 어디 있나요?' '2번 통로요.' 하지만 네이버후드굿즈에서는 전통적인 소매점보다 더 많은 공간을 확보할 수 있어요. 네이버후드굿즈는 제품을 파는 데만 급급하지 않고 고객에게 경험을 안기고 싶어 한다는 점에서 다수의 젊은 브랜드들과 같은 DNA를 타고 났습니다."

백화점 개념을 성공적으로 재창조해서 제2의 노드스트롬이나 메이시스나 타겟이 될 수 있을지는 미지수지만 네이버후드굿즈는 여전히 앞서 달리고 있다. 1호점이 문을 연 지 1년도 채 되지 않아서 맨해튼 소재 첼시마켓에 2호점, 텍사스주 오스틴에 3호점 등 신규 매장을 급속히 확대할 수 있도록 지원하기 위해 투자자들은 2000만 달러를 추가로 투입했다.[17] 같은 전략을 추구하는 기업이 많을 수 있다. 쇼필즈("세계에서 가장 흥미진진한 매장"이라고 자랑한다), 포포스트 Fourpost, 베타B8ta 등은 신규 브랜드들을 입점시켜 미래의 백화점을 창조한다는 동일한 전략을 추구한다. 알렉산더는 이 범주에서 경쟁이 치열해질 수 있다고 인식하고 있으며, 네이버후드굿즈의 재정 후원자들이 자신에게 이렇게 말했다고 전했다. "우리는 당신 기업이 공간 제공 분야에서 맥도날드 같은 존재라고 생각합니다. 유망한 버거킹 같은 기업들을 막아 낼 수 있도록 자본을 충분히 제공하고 싶습니다."

하지만 어떤 경쟁 기업도 매장을 열 수 있는 장소를 어렵지 않게 찾을 수 있을 것이다. 알렉산더는 이렇게 말했다. "우리에게 상당히 상징적으로 작용할 요소가 한 가지 있습니다. 바로 우리가 물색하고 입점할 많은 장소가 오래된 백화점들이라는 점입니다."

13장

인공지능이
알려 주는
사업 아이템

Mohawk Group

야니브 사리그Yaniv Sarig가 홈랩스 휴대용 제빙기를 판매하려는 의도
는 와비파커 창업자들이 안경 산업에서 느꼈던 것과 달랐다. 즉, 휴
대용 제빙기에 지나치게 비싼 가격이 책정되어 있고 지배적인 기업
이 고객을 갈취하고 있다고 생각해서가 아니었다.

 달러쉐이브클럽의 마이클 더빈처럼 입소문을 내기 위해 영리한
영상을 발표하며 제품을 출시하지 않았고, 글로시에의 에밀리 바이
스처럼 인기 있는 블로그를 이용해 대규모의 팔로어를 먼저 형성한
후에 제품을 출시하지 않았다. 또 서드러브의 브래지어와 허블의 콘
택트렌즈처럼 자사의 제빙기 광고를 페이스북과 인스타그램에 올리
지도 않았다.

 사리그가 제빙기를 판매하기로 결심한 근거는 에이미AIMEE가 좋
은 아이디어라고 말했기 때문이다. "우리가 수행하는 사업은 모두

에이미의 추천을 따릅니다." 사리그가 "그녀"로 부르거나 신제품을 출시하는 "그녀의" 비상한 능력을 자주 언급하지만 사실 에이미는 사람이 아니다. 에이미는 "인공지능 모호크 전자 상거래 엔진Artificial Intelligence Mohawk E-commerce Engine"을 줄인 단어이고, 아마존에서 상위 판매자로 부상할 잠재력을 갖춘 제품을 선별하기 위해 설계된 컴퓨터 프로그램이다.

사리그가 공동 창업하고 운영하고 있는 모호크그룹의 후원을 받는 사업가들은 디지털 네이티브 브랜드들 대부분의 기존 전략을 따르거나 해당 브랜드 창업자들의 직관을 신뢰하거나 열정을 추구하는 대신에, 컴퓨터가 수집한 자료에 독점적이고 강박적으로 비중을 두면서 브랜드를 창출하는 데 목표를 둔다. 2019년 봄 모호크가 판매하는 제빙기 모델 두 개, 음료 냉장고, 미니 냉장고, 소형 식기 세척기 등 제품 다섯 개가 아마존에서 판매하는 "가정용 전기 제품" 범주에서만 해도 베스트셀러 상위 50위에 들어갔다.

모호크그룹은 대부분의 D2C 스타트업보다 규모가 커서 2018년에는 매출 7339만 달러를 달성했고 2019년 들어서는 매출을 두 배로 증가시킨다는 목표를 세웠다.[1] 하지만 모호크그룹의 브랜드들은 대부분의 소비자들에게 생소하다. 홈랩스는 제습기, 음료 냉장고, 초소형 식기 세척기, 제빙기 등 소형 가정용 전기 제품과 주방 용품을 판매하고, 엑스타바Xtava는 고데기, 헤어드라이어, 헤어스프레이, 스타일링 크림 같은 미용 제품을 판매하며, 브레미Vremi는 한잔용 커피

메이커, 냄비와 팬 세트, 칼 세트, 채소 탈수기를 판매한다.

사리그는 브랜드 공장 건설을 목표로 삼고 있다. 다시 말해 소비자들이 온라인으로 어떤 제품을 찾는지, 기존 브랜드에서 어떤 점에 불만을 품고 있는지에 대한 데이터를 분석하는 기술을 활용해 구체적으로 소비자의 욕구를 충족시키는 제품을 생산하는 조립 라인을 만드는 것이다. "우리는 단순한 소비재 기업이 아니라 소비재 브랜드를 반복해 창조할 수 있는 집단을 만들려 합니다." 사리그가 설명했다. "나는 캐스퍼와 와비파커를 경영하는 사람들에게 매일 놀라고 있습니다. 그들은 탁월한 기업을 구축하고 있어요. 한편으로 우리는 반복 가능한 사업 모델을 구축하기 위해 노력하고 싶습니다. 우리 사업 모델에서는 한 가지 특정 범주를 뒤흔드는 것이 아니라 거의 컨베이어 벨트처럼 트렌드를 채택해 매우 신속하고 효율적으로 브랜드로 탄생시킵니다."

맨해튼 시내에 있는 모호크는 한때 캐스퍼 본사였던 절제되고 깔끔한 사무실 공간에 입주해 있고, 자사를 기술 및 전자 상거래 지주회사라고 소개한다. 모호크는 아마존 고객을 겨냥해 새 브랜드를 만드는 구성 유닛으로서, 데이터 과학을 사용하는 유일한 스타트업도 아니고 최초의 스타트업도 아니다. 2011년 한 구글 엔지니어가 직장을 그만두고 모국인 중국으로 돌아가 후난오션윙전자 상거래Hunan Ocean Wing E-commerce를 창업했다. 이 기업은 주로 아마존에서 판매되는 케이블, 보조 배터리, 플러그, 충전기, 이어폰, 블루투스 스피커 등 컴퓨터 액세서리와 전자 제품을 앤커Anker 브랜드로 제조한다. 2017년에는 6억 달러 가까운 매출을 달성했다.[2] 게다가 자체적으로 제품을 제조하지 않는 다른 기술 기업들은 아마존에서 성공적으로 제품을 판매할 수 있게 하는 코드를 풀도록 소비재 제조사들을 지원한다는 목표를 세우고 모호크와 비슷한 소프트웨어를 만들고 있다.

하지만 이러한 스타트업들 중에서 아마 모호크의 야심이 가장 클 것이다. 앤커가 거의 전자 제품에만 집중하는 반면에 모호크는 모든 매장에서 판매되는 모든 브랜드가 되겠다는 목표를 추구한다. 모호크는 지표상으로 충분히 팔 수 있다고 생각되는 제품이라면 무엇이라도 만들 것이라고 사리그는 강조했다. 중국 선전에서 아웃소싱, 엔지니어링, 물류 전문가를 합해 20여 명으로 팀을 결성해 두었기 때문에 자사 소프트웨어 엔진이 사업 기회를 포착하기만 하면 불과 3~4개월이라는 짧은 시간 안에 제품을 생산해 낼 수 있다. "만약 우쿨렐레가 잘 팔릴 것이라는 데이터를 내일이라도 수집하면 당장 우쿨렐레를 만들 것입니다" 사리그가 말했다. "우리는 소비자들의 욕구를 나타내는 데이터에 근거해 모든 결정을 내립니다."

이스라엘에서 태어나고 40대 초반인 소프트웨어 엔지니어 사리그는 자기 계획이 기이해 보일 수 있다는 사실을 알고 있다. 그러면서 "내가 세운 계획은 비행기에서 뛰어내려 땅으로 향하는 도중에 낙하산을 만드는 것과 같습니다"라는 비유를 들었다. 매출이 급속히 성장하는데도 모호크는 2018년 3200만 달러 가까이 적자를 기록했다. 대부분의 D2C 스타트업이 초반에 적자를 보기는 하지만 모호크는 자사의 성공을 결코 장담할 수 없다고 인정했다. 2019년 미국 증권거래위원회에 주식을 상장할 당시에 덤덤하게 이렇게 선언했다. "지속적으로 성장할 수 있는 능력이 우리에게 있는지에 대해 큰 의구심이 존재합니다. 성장 전략을 뒷받침하려면 상당한 추가 자금이 필요할 것입니다."[3] 6월 기업 가치가 약 1억 7500만 달러로 산정되었던 모호크의 주식이 거래되기 시작했을 때 투자자들은 그다지 투자에 열정을 보이지 않아서 기업 공개 첫 주에 주가는 공모가보다 약 30퍼센트 하락했다.

사리그는 회의론을 언급하며 어깨를 으쓱했다. 모호크에 투자하는 것이 "위험성도 크고 보상도 큰 게임"이라고 인정하면서도 2018년 아마존닷컴에서 2770억 달러(상당량은 사업가들이 거두었다)라는 엄청난 매출을 거두었다는 것은 자신의 꿈이 실현 가능하다는 믿음을 뒷받침한다고 강조했다.[4]

브랜드를 만들 때 고려해야 할 것들

모호크가 많은 신규 브랜드를 갖추고 매출을 빠르게 창출해 가는 현상을 지켜보면 몇 가지 궁금한 것들이 생긴다. 디지털 시대 들어 신규 브랜드 과학을 창조하는 비용은 얼마일까? 특수 기술을 창조하는 비용은 얼마일까? 브랜드는 소비자와 감정적인 관계를 형성하는 것에 어느 정도 의존할까? 브랜드는 소비자가 품은 무언의 욕구를 해석하고 충족시키기 위해 데이터에 어느 정도 의존할까? 제품을 많이 판매하는 것(모호크가 홈랩스, 브레미, 엑스타바, 미래에 탄생할 무수한 다른 브랜드들을 갖추고 수행하듯)은 지속적인 브랜드를 만드는 것과 같을까? 잘 팔리는 제품을 연속적으로 끝없이 만들어 낼 수 있다면 결국 브랜드를 인지할 수 있는지 여부가 중요할까?

모호크의 초기 후원자들 중에서는 어느 누구도 소비재에 경험이 없었고 심지어 특별한 관심도 없었다. 벤처 사업은 수익을 창출해 타이탄에어로스페이스Titan Aerospace라는 숭고한 사업을 실시할 자금을 마련하기 위한 부수적인 계획으로 생각했다. 타이탄에어로스페이스는 1만 9300미터 상공을 몇 년 동안 계속 운행할 수 있는 대형 태양열 드론을 제작하는 사업이었다. 드론은 지구 대기권 바로 아래를 순항하면서 인터넷 서비스를 저렴한 비용으로 지구 외딴 지역에 보급할 수 있는 인공위성 네트워크를 형성하기 위해 설계되었다. 타이탄에서 일한 적은 없지만 창업자들의 친구였던 사리그는 "이것은 그림의 떡처럼 실현되기 요원한 프로젝트였습니다"라고 언급했다.

모호크의 아이디어가 여전히 개념을 정립하는 단계에 머물러 있는 동안 타이탄의 경영진이 내린 결정을 살펴보면, 드론 사업을 상업적으로 실행하기 위해서는 자신들의 투자 수준을 넘어서고, 모호크가 단기로 벌어들일 수 있는 자금 수준을 넘어서서 막대한 투자를 받아야 했다. 그래서 결국 2014년 4월 약 1억 5000만 달러를 받고 구글에 매각하기로 결정했다.[5] 타이탄의 주요 투자자인 애셔 들러그 Asher Delug와 맥시머스 야니Maximus Yaney는 모호크가 자체적으로 성장할 수 있도록 전력을 기울이기 위해 자신들이 획득한 이익의 일부를 투자하기로 결정했다.

들러그는 몇몇 모바일 광고 회사를 창업했던 경험이 있고, 마케팅 메시지를 활용해 고객을 값싼 비용으로 공략할 수 있는 능력을 자동화함으로써 기술이 사업에 막대한 영향을 미친다는 사실을 실감했다. 모호크를 지탱하는 개념도 비슷했다. 신제품으로 고객을 공략하는 비용을 기술을 사용해 더 절감하면 어떨까? 들러그는 이렇게 말했다. "나는 이러한 현상이 전자 상거래에서 분명히 일어나고 있다고 느꼈어요. 마치 같은 영화를 다시 보고 있는 것 같았죠. 나는 모호크의 사업 모델에 즉각적으로 마음이 끌렸습니다." 이내 모호크는 벤처 캐피털 자금을 추가로 유치하고 2018년까지 모두 7260만 달러를 모았다.[6] 이렇게 해서 주요 투자자 중 하나인 GV(구글의 모기업 알파벳Alphabet Inc.의 벤처 캐피털 계열)는 모호크 지분 7.6퍼센트를 소유하게 되었다.

대부분의 소비자 직접 브랜드가 고객 관계를 통제하고 싶은 의도에서 처음에 아마존을 멀리하는 반면에 모호크는 아마존을 수용해 왔다. 고객을 찾고 자사 웹 사이트로 끌어오느라 마케팅 비용을 쓸 이유가 없지 않을까? 이미 고객 수억 명이 매일 들러 제품을 검색하고 수천억 달러를 지출하고 있는 곳을 이용해야 하지 않을까?

모호크가 생각한 사업 개념의 핵심은 아마존마켓플레이스, 월마트나 이베이 같은 기타 온라인 시장의 급성장이다. 최대 전통적 소매 매장은 공간이 한정되어 있어서 진열 품목에도 한계가 있으므로 어떤 제품을 취급하고 어떤 통로에 있는 어떤 선반에 진열할지를 소매업체가 결정한다. 이와 대조적으로 아마존마켓플레이스는 품목 수백만 개를 취급하므로 누구라도 무제한의 디지털 선반 공간에 제품을 진열할 수 있다. "우리는 아이디어를 짜내고 방법을 궁리하기 시작하면서 '와! 우리가 현대 경제 역사상 가장 큰 부의 변화를 목격하고 있구나!'라고 깨달았어요." 사리그가 설명했다. "소매업을 재창조하고 있는 아마존 같은 기업들은 존재하지만 새 소매 모델에 적합할 CPG 기업(프록터앤갬블과 유니레버처럼 다른 브랜드 다수를 보유한 가정용 포장 소비재 기업)을 재창조하는 기업은 전무합니다."

아마존에서 판매하는 다른 제품들이 매우 많으므로 기업이 안고 있는 과제는 어떤 제품을 제공하는지 파악하는 것이고, 훨씬 더 중요하게는 쇼핑객들이 사이트에서 검색어를 입력했을 때 어떻게 화면에서 최고의 상업적 가치를 지닌 디지털 선반 공간을 차지할 수 있을지를 파악하는 것이다. 일반적으로 구매하려는 제품을 검색할 때 쇼핑객의 70퍼센트는 첫 화면을 지나치지 않는다.[7] 모호크 창업자들은 두 가지 모두 수학적인 문제이므로 충분한 데이터를 수집하고 분석하면 해결할 수 있다고 인식했다. 결국 아마존은 자사 사이트에서 제품을 팔고 싶어 하는 사람 모두에게 온갖 종류의 기본 데이터를 제공한다. 여기에는 아마존마켓플레이스에서 판매되는 모든 제품의 판매 순위와 가장 빈번하게 검색되는 주요 단어가 포함된다.

아마존이 데이터를 제공하는 이유는 판매가 성사될 때마다 수수료(일반적으로 15퍼센트)를 받으므로 자사 사이트에서 더욱 많은 제품을 판매하라고 기업들을 부추기기 위해서다.[8] 또 제품을 아마존 사이트에서 광고하는 기업에게 돈을 받고, 번거롭게 제3자 물류 회사를 거치고 싶어 하지 않는 판매자들을 위해 보관과 배송을 처리해 주는 대가로 돈을 받기 때문이다.

"판매 순위와 주요 검색어를 분석하면 기업이 제품 수요에 대해 알아야 하는 사항의 90퍼센트를 파악할 수 있습니다." 아마존에서 제품을 판매하는 기업에게 자문을 제공할 목적으로 출범한 컨설팅 기업 마켓플레이스펄스Marketplace Pulse의 창업자 유오자스 카지우케나스Juozas Kaziukenas가 설명했다. "물론, 좀 더 값싼 제품을 만들 수 있을지, 좀 더 나은 제품을 만들 수 있을지, 다른 제품을 만들 수 있을지 판단하는 것은 기업의 몫입니다."

이 과정에 에이미가 개입한다. 사리그는 몇 개월 동안 에이미의 소프트웨어를 작성했다. 비용을 절약하기 위해 책상, 테이블, 심지어 휴식용 의자를 포함해 모호크 사무실에 비치하는 가구는 거의 모두 운송용 나무 팔레트로 만들었다. 하지만 에이미에 들어가는 비용은 아끼지 않았다. 모호크는 전체 직원의 3분의 1에 해당하는 50명을 컴퓨터 엔지니어로 고용해 에이미 관련 작업을 수행시켰다. 사무실

구석에는 하루 24시간 일하는 직원들을 위해 첨단 수면 캡슐 네 개를 설치했다. 엔지니어들은 새로운 제품 기회를 포착할 뿐 아니라 주어진 순간의 재고와 판매량에 따라 가격을 자동적으로 올리고 내리는 에이미의 능력을 향상시킬 방법을 꾸준히 찾는다. 사리그는 이렇게 비유했다. "에이미의 최초 형태를 지금과 비교하는 것은 최초의 비행기와 최신의 에어버스 제트 여객기를 비교하는 것과 같습니다."

사리그는 자신의 말을 실연해 보이겠다며 노트북에서 에이미를 가동했다. 그러자 아마존에서 판매 중인 치아 미백 제품 수천 개에 관한 다량의 데이터와 도표가 화면에 나타났다.[9] (단순히 사이즈가 다르거나 형태가 약간 다른 제품을 포함하기는 하지만 아마존에 "치아 미백"이라는 검색어를 입력하면 7000개 이상의 결과가 나온다.) 모호크가 아직 치아 미백 제품을 판매하고 있지 않지만 에이미는 모호크가 앞으로 제조할 것을 고려할 가능성이 있거나, 현재 많이 판매되고 있거나, 자주 검색되는 품목을 찾기 위해 모든 제품 범주에서 아마존의 데이터를 끊임없이 수집한다. 아마존 사이트에 입력되는 전체 검색어의 약 70퍼센트는 "크레스트 화이트스트렙스Crest Whitestrips"도 심지어 "크레스트 치아 미백제"도 아니고 서술형이다.[10] 이러한 정보는 스타트업 브랜드가 소비자의 주목을 끄는 데 유용하게 작용하므로 신제품을 출시할 수 있는 여지를 만드는 데 대단히 중요한 역할을 한다.

사리그는 이렇게 덧붙였다. "우리는 소비자 경로를 기본적으로 수백만 가지 조사합니다. 소비자들이 많이 실행하는 검색을 자동화하고, 소비자가 진열대, 즉 화면에서 어떤 제품을 찾는지 파악한다는 뜻입니다. 그러고 소비자들이 검색하고 제품을 구매한 자료를 하루 전, 이틀 전, 사흘 전과 비교합니다. 이러한 방식으로 진열대가 진화하는 과정을 추적하는 것이죠."

사리그는 노트북 화면에 뜬 그래프를 가리켰다. 축 하나에 기존 브랜드별 매출과 전체 매출이 기록되어 있었다. "우리는 치아 미백 제품이 현재 아마존에서 약 1억 6000만 달러의 수익을 거두리라 예상하고 있습니다. 여기 그래프에 있는 작은 점들은 모두 수익에 기여하는 제품들입니다." 이러한 판매 추정치는 에이미가 시간이 지나며 검색 횟수, 검색어에 대한 광고 비율, 과거에 판매로 이어진 검색 비율("전환율"), 평균 추정 판매가에서 "획득한" 정보들의 상관관계를 근거로 다양한 데이터 포인트를 추정한 결과이다.

프록터앤갬블이 만든 크레스트화이트스트립스는 치아 미백 범주에서 가장 많이 판매되는 제품이다. 하지만 에이미의 계산에 근거하면 연간 약 700만 달러의 매출을 거두는 아우라글로우AuraGlow 같은 유명세가 좀 떨어지는 브랜드들도 잘 팔린다. 다른 브랜드인 액티브 와우 활성화 코코넛 차콜 파우더Active Wow Activated Coconut Charcoal Powder의 연간 판매량은 약 200만 달러이다. 이밖에도 치아 미백 제품이 수십 개 있는데 각 제품의 예상 연매출은 10만 달러를 밑돈다.

그래프의 다른 축은 특정 브랜드가 연관 검색어에 몇 번 등장하는지, 그래서 디지털 진열대나 화면에 몇 번이나 노출되는지 가리킨다. 이것은 특정 브랜드가 한 소매 매장에서 다수의 다른 통로에 있는 진열대 공간을 차지하는 것과 같다. 브랜드가 노출되는 횟수가 많을수록 판매로 이어질 기회도 많아진다. 제품의 틈을 채울 기회를 찾고 있다면 바로 이 지점에서 상황은 특히 흥미진진하다. 어떤 브랜드가 가장 선방하고 있는지 파악하기 위해 에이미는 모든 연관 검색을 추적하고 각 검색으로 창출된 판매량을 추정한다. 당연히 가장 많이 등장하는 검색어는 "치아 미백"이고, 2위는 "치아 미백 도구"이고 3위는 "누런 치아를 하얗게 만들기"이다. 하지만 "치아 미백"을 포함한 검색어의 변형된 형태는 수십 가지다.

에이미는 아마존에서 "누런 치아를 하얗게 만들기"라는 검색어와 관련이 있는 제품 매출을 연간 2200만 달러로 추산한다. 그렇다면 이것은 모호크에게 잠재적인 기회일까? 사리그는 과거 데이터를 더욱 깊이 분석하면 아마 그렇지 않으리라고 대답했다. 에이미가 계산한 대로라면 "누런 치아를 하얗게 만들기"를 통한 검색은 실제로 감소하고 있다. 해당 용어가 이끌어 내는 매출이 정점을 찍었을 수 있다는 뜻이다. 사리그는 이렇게 강조했다. "구매 열기가 식기 시작했어요. 하지만 재미있는 사실이 있습니다. '치아 미백 펜'을 검색하는 횟수가 증가하고 있는 거죠. 이것은 최근 들어 증가세를 보이고 있는 연간 1000만 달러짜리 사업이에요. 여기에 매우 신속하게 반응할 수 있는 공급망을 보유하고 있다면 잠재적으로 시장의 일부를 장악할 수 있습니다." 그래서 사리그는 자신이 이끄는 판매 및 제조 담당 직원들에게 해당 추세를 분석해 보라고 지시할 예정이라고 언급했다.

또 에이미는 제품 리뷰를 자동 검색하는 방식을 사용해 기존 제품에 대한 고객의 의견을 측정한다. 아마존에서는 정확한 제품 리뷰를 확보하는 것이 지속적인 과제이다. 일부 판매업체 특히 중국 기업들이 별 다섯 개짜리 가짜 제품 리뷰를 올려 결과를 왜곡하려 하기 때문이다. 하지만 에이미는 나쁜 점수를 주는 제품 리뷰에 더욱 집중한다. 소비자가 품질에 대해 불평하거나, 기능에 불만을 품거나, 심지어 다른 색상이나 크기에 관심을 표명하는 것은 신규 브랜드 입장에서는 잠재적인 기회를 뜻하기 때문이다. 사리그는 이렇게 설명했다. "우리는 자연 언어 처리 방법을 사용해서 제품 리뷰 수천 개를 분석하는 방식으로 고객이 생각하는 불만 사항을 식별합니다."

에이미가 없었다면 모호크는 소형 가전제품 라인을 출시할 생각을 하지 않았을 것이다. 소형 가전제품 범주는 모호크 엔지니어들이 주목할 가치가 있는 고가 품목을 부각시키기 위해 에이미에 추가한 "최고 제품 모델"에서 부상했다. 데이터를 연구하기 시작했을 때 사리그와 동료들이 발견한 사실에 따르면, 에이미는 기존 제품을 나쁘게 평가한 리뷰의 비율이 높다는 사실을 이미 식별해 냈다.

구매하고 불과 몇 달 지났을 뿐인데 이따금씩 작동을 멈춰요.

얼음이 없는데도 얼음이 가득 차 있다고 가끔씩 불이 켜져요.

이 제품을 사지 말라고 말리고 싶네요. 그냥 외면하세요. 망설이지 마세요. 135달러를 쓰레기통에 버리고 싶나요? 혹시 그런 거라면 이 형편없는 제품을 사세요!

구매한 지 1년 반이 채 되지 않았는데 작동을 멈췄어요. 얼음을 만들려면 물을 흡수해야 하는데 더 이상 물을 흡수하지 않네요.

모두 프리지데어Frigidaire가 제조한 소형 제빙기에 대한 아마존 리뷰였다. 해당 브리지데어 모델에 대해 올라온 1500건이 넘는 제품 리뷰 중에서 49퍼센트는 별 5개를 주었지만, 25퍼센트는 최저 점수인 별 1개, 9퍼센트는 별 2개를 주어서 전체 평점은 별 3.3개에 불과했다.[11]

프리지데어의 일부 모델들과 다른 브랜드들은 이보다 조금 낫지만 어떤 것도 대단히 좋은 평가를 받지는 못했다. 모호크 팀은 데이터를 더욱 깊이 조사하면서 고객 불만족을 유발했다고 생각되는 원인을 발견했다. 이때는 에이미가 아니라 인간이 수행하는 해당 조사 단계가 대단히 중요하다. 모호크는 적절한 가격으로 문제에 대처하는 제품을 만들어서 소비자의 관심을 끌 수 있어야만 아이디어를 추진하기 때문이다. 사리그는 이렇게 언급했다. "근본적으로 기능에 문제가 있었습니다. 물을 주입하는 펌프가 사용한 지 몇 달 후에 망가지는 경향이 있었거든요."

다른 두 요인이 시장의 매력을 부각시켰다. 에이미는 100~150달러에 판매되는 휴대용 제빙기를 아마존에서 연간 3500만 달러를 벌어들이는 사업거리로 추정했다. (일리 있는 소리라는 생각이 드는가? 냉장고에 장착되어 있는 내장 제빙기가 고장나기 쉬워서 수리비만도 수백 달러를 써야 하기 때문에 일부 소비자들은 더욱 저렴한 소형 제빙기를 구매한다.) 게다가 많은 소형 가정용 가전제품이 그렇듯 소형 제빙기에도 상대적으로 혁신 사항이 거의 없으므로 시장에 균열을 일으킬 수 있으면 연구 개발에 투자할 필요가 없다. "특정 범주가 얼마나 큰 지뿐 아니라 시장 리더의 자리를 얼마나 오랫동안 지킬 수 있는 지가 중요합니다." 사리그가 주장했다. "연매출이 500만 달러에서 1000만 달러라고 칩시다. 이렇게 10년 동안 제품을 판매하면 매출이 자동적으로 쌓이는 겁니다."

모호크는 경쟁사 제품의 고장 원인을 바로잡으면서 홈랩스 제빙기를 만들기 위해 중국 제조업체를 물색한 끝에 2017년 6월 아마존에 제품을 선보였다.

소비자 끌어들이기

다음 과제는 신제품에 소비자의 관심을 집중시키는 것이다. 아마존에서 "휴대용 제빙기"나 "소형 제빙기"를 검색하면 다양한 종류, 모델, 크기, 색상, 사양, 액세서리, 관련 제빙 제품을 포함해 1000개 이상의 결과가 뜬다. 첫 화면을 넘기는 수고를 마다하지 않는 쇼핑객이 거의 없으므로 사리그가 붙인 명칭대로 프라임 디지털 진열대에 신규 브랜드를 올리지 못하면 성공 가능성이 극적으로 떨어진다. 따라서 아마존이 특정 제품에 최고 순위를 매겨 첫 화면에 띄우는 방식을 이해하는 것이 매우 중요하다.

아마존이 사용하는 알고리즘은 일종의 블랙박스여서 고객들이 구매할 가능성이 가장 큰 브랜드를 가장 부각시킨다. 쇼핑객이 스스로 찾고 있는 제품을 구매할 때 아마존이 돈을 벌 수 있기 때문이다. 소비자들은 자신이 좋아하는 요소, 즉 사양과 가격이 적절하고 전반적으로 긍정적인 제품 리뷰를 읽을 때 제품을 구매할 가능성이 크다. 소비자가 검색할 때마다 모든 제품에 점수가 매겨진다. "점수가 큰 제품일수록 쇼핑객이 검색했을 때 화면에 나타날 가능성이 커집니다." 사리그가 설명했다. "아마존이 사용하는 방식의 백미는 고객에게 주도권을 주는 것입니다. 따라서 고객이 선택한 제품이 디지털 진열대에서 가장 좋은 자리를 차지합니다."

하지만 기업이 신제품을 판매하고 있으면 아직 매출도 없고 제품 리뷰도 없다. 그러면 어떻게 해야 소비자들이 "소형 제빙기"를 검색할 때 높은 순위를 차지해서 자사 제품을 시작 페이지로 밀어 올릴 수 있을까? 모호크는 판매를 증진하고 제품 리뷰를 올리도록 장려하기 위해 몇 달 동안 구글, 페이스북, 아마존에 공격적으로 광고를 띄웠다. 예를 들어 아마존은 각 페이지 맨 위에 "광고 제품"을 게시한다. 사리그는 이러한 광고가 창업 초기에 큰 지출 항목이 될 수 있다고 시인했다. "처음에는 적자를 기록하더라도 연구 수준, 제조 수준, 품질 관리 수준에서 업무를 잘 수행하면 기존 기업들보다 좋은 실적을 달성하고, 그들에게서 시장 점유율을 빼앗고, 더 높은 순위에 오를 가능성이 있습니다."

그런데 정말 그런 일이 일어났다. 1년도 채 걸리지 않아 홈랩스는 아마존에서 가장 잘 팔리는 휴대용 제빙기 제조사로 떠올랐고, 에이미는 아마존에서 벌어들인 모든 제빙기 매출의 약 4분의 1을 모호크가 거뒀다고 추정했다. 2019년 4월 "소형 제빙기"를 검색하면 아마존이 해당 검색어로 가장 많이 팔리는 제품에 수여하고 기업들이 탐내는 "가장 잘 팔리는 제품"이라는 주황색 꼬리표가 붙은 홈랩스가 광고 제품 다음으로 첫 화면 상단에 떴다. 해당 제품에는 제품 리뷰가 1548건 올라왔고, 그 중 69퍼센트는 별 5개, 11퍼센트는 별 4개를 주었고, 12퍼센트만 별 1개를 주어서 프리지데어 모델이 형편없는 별점을 받은 것과 극명하게 대조를 이루었다.[12] "휴대용 제빙기"나 단순히 "제빙기"를 검색해보라. 홈랩스 모델이 아마존에서 2019년 상반기에 가장 많이 판매된 소형 제빙기로 화면 한쪽에 소개될 것이다. 아직까지는 브레미 브랜드로 판매된 다른 모호크 소형 제빙기가 판매 1위이지만, 홈랩스 또한 4위로 높은 순위에 올라 있다.[13]

모호크는 같은 전략을 사용해서 유리문이 달리고 캔 120개 용량의 홈랩스 음료 냉장고의 판매에도 거듭 성공했다. 홈랩스는 누구든 "제습기", "음료 냉장고" 또는 이와 비슷한 용어로 검색할 때 판매 1

위에 오르면서 "가장 잘 팔리는 제품" 브랜드에 등극했다. 또 "창문형 에어컨"으로는 이따금씩 4위에 오르는 괜찮은 성적을 거뒀다. "선라이즈 알람 시계Sunrise Alarm Clock"는 해당 범주에서 10위 안에 들었고, 아마존이 "평점이 높고, 가격이 좋으면서, 즉시 배송할 수 있는 제품"에 승인하는 "아마존의 선택Amazon's Choice"으로 선정되었다.

"소매업에서 선구적인 가전제품 기업들이 예외 없이 온라인에서 사업을 세련되게 수행하지 못하므로 가전제품 범주 전체에는 기본적으로 어느 기업이라도 진입할 여지가 있습니다." 사리그가 설명했다. "그리고 소비자들이 현재 온라인으로 더욱 큰 물건을 구매하는 데 익숙해져 가는 추세이므로 가전제품은 막 떠오르고 있는 범주입니다."

모호크가 시장에 진출한 지 2년 만에 다양한 가전제품을 판매해 거둔 매출은 2018년 전체 매출의 약 3분의 2에 해당하는 4900만 달러였다. 모호크의 다른 브랜드들도 아마존에서 높은 순위에 올라 있다. 39.99달러에 판매되는 엑스타바의 5-in-1 전문가용 고데기와 매직기 세트는 3000건에 가까운 리뷰를 받고 그 중 65퍼센트에서 별 5개를 받으면서 "고데기"를 검색할 때 첫 화면에 뜬다. 브레미의 컬러풀 나이프 세트Colorful Knife Set, 싱글 컵 커피 메이커Single Cup Coffee Maker, 눌어붙지 않는 요리 기구 15종 세트15 Piece Nonstick Cookware Set도 해당 범주에서 첫 검색 화면에 등장한다.

하지만 모호크 제품이 모두 좋은 성적을 거두는 것은 아니다. 사

D2C 레볼루션

리그는 에이미가 아니라 그저 그런 품질이 문제였다고 지적했다. "데이터가 있었고 출시 제품도 적절했고 가격도 괜찮았습니다. 좋은 시장 점유율을 획득할 수 있었죠. 하지만 소비자들이 제품에 만족하지 않으면서 시간이 지나며 평점을 낮췄습니다." 브레미가 2015년 출시한 올리브유 디스펜서는 순탄하게 출발했지만 이내 판매가 시들해졌다. 아마존의 전반적인 평점이 별 4개 미만이면 매출에 나쁜 영향을 미치는 데 별 3개로 떨어졌고, 제품 리뷰 작성자의 26퍼센트는 별 1개만 주었다. 한 불만스러운 고객은 리뷰에 이렇게 썼다. "사용한 지 일주일밖에 되지 않았는데 기름이 사방으로 샙니다. 완전히 돈 낭비했어요."[14]

하지만 사리그는 초반에 오류가 발생한 상황은 적절한 제품을 선택한 경우에 모호크의 접근 방법이 옳다는 사실을 입증했다고 설명했다. 당시 모호크는 제조사의 품질 관리 상황을 좀 더 면밀하게 조사하기 위해 중국 선전에 아웃소싱 팀을 구축하기로 결정했다. 사리그는 이렇게 덧붙였다. "우리가 대형 냉장고가 아니라 소형 제품을 판매하며 교훈을 얻은 것이 천만다행이었습니다." 지금도 모호크가 아이디어를 추진해 실제로 제품을 출시하는 비율은 15건마다 2건 꼴이다. 에이미가 초기 트렌드를 포착하거나 기존 브랜드 제품에 대한 제품 리뷰가 좋지 않기 때문에 탐색해 볼 만한 가치가 있는 시장을 발견한다고 치자. 그렇더라도 중국에 있는 모호크 팀은 기존 브랜드에서 매출을 빼앗아 올 수 있을 만큼 합리적인 가격으로 더욱 나은 품질의 제품을 만들 수 없다고 판단할 수 있다. 사리그는 일부 제품 범주에서 자사가 다른 기업보다 데이터 지향적인 접근 방법을 취하고 있다고 인정했다. 모호크는 아마존에서 거대 범주인 의류를 지금껏 피해 왔다. "패션은 기능성보다 주관성이 더욱 강하게 작용하므로 사업하기가 더욱 힘듭니다. 게다가 사치품은 우리에게 가장 의미가 없어요. 소비자가 사치품을 구매할 때는 제품 사양의 기능성이 아니라 브랜드 이미지를 구매합니다." 또 기술 제품에도 낮은 우선순위를 매긴다. 부분적으로는 앵커가 이미 아마존에서 액세서리 시장을 장악했기 때문이고, 제품 주기가 매우 빨라서 기업이 지속적으로 사양을 업데이트하려면 연구 개발에 자금을 많이 써야 하기 때문이다.

그러면 잠재적인 제품군은 어떡할까? 모호크는 자사 아래 수십 개 브랜드를 두되, 가치를 인정받아 다른 기업에 매각하기로 결정할 경우를 대비해 각각 독립성을 유지하는 방안을 구상한다. 또 신규 브랜드를 창조하거나 기존 브랜드의 판매를 향상시키려는 다른 소비재 기업들에게 비용을 받고 에이미를 가동하는 시도를 가속화하려 한다. 이러한 사업을 추진해 거둔 매출은 2018년 약 50만 달러에 불과했지만 모호크가 계속 성장하면서 에이미의 효과를 입증한다면 매출은 증가할 수 있다.

아마존이 제품 리뷰에 관한 규정을 조정하고 있으므로 모호크가 세운 원대한 계획을 방해할 가능성이 있다. 한때 아마존은 제품을 무상으로 제공받은 사람들이 제품 리뷰를 올릴 수 있도록 허용했다. 따라서 모호크는 이 방법을 사용해 신제품을 소개했지만 아마존은 이후 이 방침을 폐지했다. 다른 기업들과 마찬가지로 모호크는 자사 제품에 관한 리뷰의 일부가 삭제된 까닭은 "아마존이 해당 리뷰의 내용이 의심스럽거나 진실이 아니라고 판단했기 때문"이라고 언급하고 있다.[15] 이제 기업들은 실제 고객에게 의존해 제품 리뷰를 확보해야 한다. 그래서 구매가 성사된 후에 고객에게 연락해 제품 리뷰를 써 달라고 요청할 것을 직원들에게 지시한다. 상황이 이렇다 보니 신제품이 긍정적인 리뷰를 충분히 확보해 검색어의 시작 페이지에 진입하려면 예전보다 시간이 더 걸릴 수 있다.

사리그는 경쟁의 장이 공정하다면 모호크가 아마존에서 계속 좋은 성적을 거두리라고 생각한다. 아마존의 컨설턴트인 유오자스 카지우케나스는 이렇게 설명했다. "모호크가 실제로 성공할지는 시간이 지나 봐야 알 수 있겠죠. 이론적으로는 모두 일리 있는 소리에요. 하지만 현실에서 실천하는 것은 여전히 어렵습니다. 제품을 반복적으로 출시해 성공시키기가 쉽지 않아요. 가능한 한 많은 데이터를 수집하고 자본으로 뒷받침하면 계속 성공할 수 있을까요?" 그러면서 모호크가 매출을 올리기 위해 신제품 마케팅에 "정신 나갔다 싶을 정도로 엄청난 돈을 태우고" 있다고 덧붙였다. "나는 모호크가 조만간 수익을 달성할 수 있을지 확신할 수 없습니다." 다른 사람들은 유오자스 카지우케나스보다 더 회의적인 의견을 내놨다. 금융 웹 사이트 시킹알파Seeking Alpha는 모호크가 기록한 손실을 지적하면서 이렇게 썼다. "기술력 있는 소비재를 보유하겠다는 생각은 좋은 아이디어로 들리지만 시장은 지나치다 싶을 정도로 다각화되어 있고, 자원을 훨씬 많이 갖춘 경쟁사들에게 지배당하고 있다."[16]

어떤 제품을 만들지 결정하기 위해 아마존에서 수집한 데이터를 사용하고, 다양한 범주에 걸쳐 신규 온라인 브랜드를 꾸준히 만들어 내려는 야심을 품은 기업은 모호크만이 아니다.[17] 어떤 기업은 모호크의 기록을 훨씬 넘어서서 200개에 가까운 브랜드를 출범했다. 그 브랜드들을 열거해 보면 리벳, 라벤나홈Ravenna Home, 스톤앤빔Stone & Beam(가구), 벨레이Belei(피부 관리), 오운 파워OWN PWR(영양 보조제), 리블리Revly(비타민), 마마베어Mama Bear(일회용 기저귀와 아기용 물휴지), 프레스토!Presto!(종이 수건과 세척 제품), 핀존Pinzon(시트와 수건), 솔리모Solimo(면도기와 개인 관리 용품, 가정 용품), 와그Wag(애완동물 식품), 해피벨리Happy Belly(커피와 견과류), 온갖 유형의 남성 의류와 여성 의류를 아우르는 브랜드 수십 개다.

이 모든 브랜드를 출시한 기업은 어디일까? 바로 아마존이다.

이것은 거의 모든 행보가 그렇듯 아마존이 세부적으로 밝히지 않을 주제이다. 하지만 제품 디자이너, 마케팅 관리자, 자사 상표 범주 관리자, 제품 리더 등을 모집하는 온라인 구인 게시물을 보면 아마존이 어떤 야망을 품고 있는지 짐작할 수 있다. 한 구인 게시물은 이렇게 언급했다. "아마존에서 자체 개발 브랜드는 상당히 가시성 높고 빠르게 성장하는 사업입니다. 우리는 독특한 사업을 수행하고 있으며 고객이 사랑하는 품질과 글로벌 브랜드를 구축하는 작업에 매진하고 있습니다. 우리는 고객에게 사로잡혀 있다는 강력한 평판에 힘입어 경쟁력 있는 가격으로 독특한 제품을 제공함으로써 고객이 누리는 일상생활의 일부가 되기를 열망합니다."[18] 이런 게시물도 있다. "신규 브랜드를 처음부터 창조해 보고 싶은가요? 발명하고, 크게 생각하고 싶은가요? 강력한 분석적 통찰력을 소유하고, 방대한 양의 데이터를 관리해 지표에 근거한 결론을 자신 있게 내릴 수 있어야 합니다."

아마존은 2009년 첫 자사 브랜드인 아마존베이직스AmazonBasics를 출시했다. 처음에는 배터리, 컴퓨터 전선, 충전기, 헤드셋 같은 전자 제품을 갖추고 출범했지만 이후에 여행 가방, 요리 기구, 테라스 조명, 드라이버 세트 등으로 제품을 확대했다. 배터리 범주를 보면 자사 이름을 달고 출시한 제품들을 판매하는 아마존의 저력을 알 수 있다. 쉬지 않고 계속 작동한다는 에너자이저버니Energizer Bunny는 지금까지 가장 유명한 광고 상징물의 하나일 것이다.[19] 하지만 아마존은 자사 상표를 부착한 배터리를 출시한 후로 배터리 온라인 판매의 67~90퍼센트를 장악했고, 아마존 사이트에 올라 있는 "가정용 배터리" 목록에서 자사 브랜드는 상위 15개 브랜드 중에서 많은 경우 6~8개를 차지한다.[20]

아마존은 2007년 핀존을 시작으로 자사 이름을 드러내지 않고 몇몇 자체 개발 브랜드를 매각하기 시작하다가 2016년에 들어서면서 매각 사업에 본격적으로 뛰어들었다. 이러한 브랜드 중에는 첫 2년 동안 상당한 견인력을 얻은 브랜드가 거의 없었다. 따라서 일부 아마존 관측통들은 와비파커, 달러쉐이브클럽, 캐스퍼 등 급속히 성장 중인 D2C 브랜드를 포함해 매우 인기 있는 브랜드 하면 연상되는 정서적 연결을 만들어 내기에 적절한 감성이 아마존에는 없다고 주장했다.

아마존은 캠프문라이트Camp Moonlight, 데이지드라이브Daisy Drive, 엘라문Ella Moon, 라크앤로Lark & Ro, 페인티드하트Painted Heart를 포함해 여성 전용 브랜드 60여 개를 자체 개발했다. 하지만 2019년 아마존을 통틀어 가장 인기 있는 의류 품목의 하나이고 많은 바이어들이 "아마존 코트Amazon coat"로 불렀던 오롤레이Orolay 다운재킷을 만든 것은 아마존의 신규 브랜드가 아니라 중국 중소기업인 자싱찌치 상사Jiaxing Zichi Trade Co.였다. 디자인이 실용적이고 단조로운 해당 재킷은 아마존에서 120~150달러에 판매됐다. 노드스트롬이나 니만 마커스 같은 백화점에서 1000달러 이상에 판매되는 캐나다구스Canada Goose를 포함한 고급 브랜드보다 훨씬 낮은 가격이었다.

오렐레이 재킷은 패션 품목이 종종 그렇듯 가장 잘 팔리는 상품 대열에 우연히 올랐다. 2018년 3월 27일 잡지《뉴욕》은 '140달러짜리 아마존 코트가 어퍼 이스트 사이드를 점령한 믿기지 않는 이야기'라는 제목으로 기사를 게재했다.[21] 다른 발행물들이 이 기사를 인용하면서 코트를 구매하려는 여성들이 늘어났고, 소비자들이 아마존에서 저렴하게 구매했다고 자랑하면서 셀카를 인스타그램에 올리기 시작했다. 이러한 현상이 구매를 부추겨서 더 많은 쇼핑객이 아마존 닷컴을 찾았지만 오롤레이라는 브랜드를 몰랐으므로 검색어로 단순히 "아마존 코트"를 입력했다. 판매가 증가하자 오롤레이 재킷은 "아마존의 선택" 품목으로 선정되어 시작 화면에 떴다.

창업자인 케빈 치우Kevin Chiu는 로이터 통신과 인터뷰하는 자리에서 2019년 1월 월매출이 2017년 연매출과 같은 500만 달러였고, 2019년 한 해 동안 모두 3000~4000만 달러의 매출을 거두리라 예측한다고 말했다.[22] "자싱찌치상사는 제품을 매장에 판매하지 않습니다. 자사 웹 사이트를 통해서도 판매하지 않고요. 소셜 미디어도 사용하지 않습니다." 마케팅 컨설턴트인 유오자스 카지우케나스는 말했다. "단순히 아마존 자체가 보유한 엄청난 영향력을 활용할 뿐입니다. 오롤레이 코트는 D2C 브랜드들과 같은 관심을 받고 있지만 모든 현상은 아마존 안에서 일어나고 있어요. 물론 누구나 이러한 황금 같은 기회를 손에 쥐고 싶어 하죠. 오롤레이 코트가 아마존이 여태껏 만든 어떤 의류 브랜드보다 성공하고 있는 것은 정말 웃지 못할 현상입니다."

아마존의 창업자인 제프 베이조스는 2018년 주주들에게 보낸 편지에서 이렇게 언급했다. "제3자 판매자third-party sellers(자사 제품을 아마존에서 판매하는 사업가 등을 가리키는 전문 용어)들이 주요 판매자의 엉덩이를 걷어차고 있습니다. 그것도 아주 세게요."[23] 하지만 아마존의 브랜드 창조 능력을 간과하기에는 시기적으로 한참 이르다. 2014년 아마존의 파이어폰Fire Phone 사업이 비참하게 실패했을 때 회의론자들이 그렇게 간과했지만 아마존은 같은 해 말 음성 인식 개인 비서인 알렉사Alexa를 장착한 스마트 스피커 에코Echo를 판매하기 시작해 신규 전자 제품 브랜드 역사상 초고속 성장을 이끌어냈다.

2018년 아마존이 자체 제품 판매로 달성한 매출은 총 75억 달러로 추산되는데,[24] 이 가운데 10억 달러 이상은 아마존베이직스와 자체 개발 신규 브랜드들에서 거뒀다.[25] 하지만 아마존은 이제 겨우 한 발을 내디뎠을 뿐이다. 금융 기업인 선트러스트로빈슨험프리Sun Trust Robinson Humphrey는 자체 개발 브랜드가 성장에 상당량 기여하면서 아마존 자체 브랜드의 총매출은 2022년까지 250억 달러 수준으로 증가하리라 예측했다. 아마존에서 6년 동안 컨설턴트로 일하면서 다른 기업들이 자사 브랜드 제품을 아마존 사이트에서 판매하는 과정을 지원했던 제임스 톰슨James Thomson은 이렇게 설명했다. "누구라도 자신이 활동하는 범주에 아마존이 진입하면 불안할 것입니다. 아마존 자체가 수많은 자체 개발 제품 판매자들에게 장기적으로 가장 위협적인 상대입니다. 아마존 출시라는 게임을 훨씬 능숙하게 치를 수 있는 방법을 알고 있기 때문이에요."

심지어 아마존은 자사의 어떤 신규 브랜드가 전통적인 브랜드들만큼 유명해지지 않더라도 온라인 쇼핑객이 제품을 구매하는 한 크게 신경 쓰지 않는다. 이 점에서 아마존은 모호크와 같은 철학을 공유한다. 카지우케나스는 이렇게 설명했다. "아마존은 근본적으로 소비자의 제품 구매 방식을 완전히 바꾸려고 합니다. 그래서 이렇게 말하죠. '브랜드를 신뢰하지 말고 그냥 자신이 원하는 제품을 찾으면 어떨까요? 그러면 우리가 가장 적합한 제품을 보여 주겠습니다.' 정리해 보면 '브랜드 구축은 잊어라. 그저 제품 리뷰와 평점만 사용하라'라고 말하는 셈입니다. 이것은 브랜드 입장에서 볼 때는 끔찍한 거래에요. 기업이 자사 실적을 쌓기 위해 사용하는 모든 노력을 과소평가하기 때문이죠."

엎친 데 덮친 격으로 일부 판매자들은 아마존이 부당한 이익을 누린다고 불평한다. 미래의 모든 판매자들과 데이터 일부를 공유하기는 하지만, 아마존은 예를 들어 아마존에서 판매되는 모든 제품의 실제 매출을 포함해 더욱 상세한 데이터에 접근할 수 있을 뿐 아니라 해당 데이터를 다른 기업의 제품을 공격하는 용도로 사용할 수 있다. 또 일부 판매자들이 유감을 나타내듯 아마존은 자체 브랜드를 자사 페이지에 이따금씩 광고한다. 한 올리브유 중소 제조업체는 아마존 판매자들을 위한 온라인 채팅방에 다음과 같은 글을 올렸다. "이것은 그다지 좋지 않은 행보입니다. 검색 결과 창에 뜨는 우리 회사의 목록을 보세요. 아마존은 우리 회사의 목록에 태그를 달아서 소비자를 아마존 브랜드가 판매하는 올리브 오일로 이동시킵니다."[26]

하지만 야니스 사리그는 걱정할 필요가 없다고 공언했다. 그의 주장에 따르면 소매업체들은 자사가 취급하는 성공적인 브랜드들

을 모방하고 경쟁하는 자체 개발 상품 브랜드를 오랫동안 만들어 왔
고, 매년 수천억 달러 상당의 제품을 아마존닷컴에서 판매하고 있다.
"아마존이 그중 일부 조각이라도 손에 넣을까요? 물론이죠. 그렇다
면 그 조각은 얼마나 클까요? 다른 어느 누구도 조각을 차지하지 못
하리라 걱정할 정도는 아닙니다." 그러면서 이렇게도 덧붙였다. "본
질적으로 아마존이 사업하는 방식은 우리와 매우 비슷합니다. 따라
서 이것이 우리 회사가 옳은 길을 가고 있다는 좋은 지표라고 나는
생각합니다."

14장

혁명은 이제 막
시작되었다

D2C REVOLUTION

상쾌한 금요일 아침이다. 6시 15분 정각에 홈랩스 알람 시계가 울린다. 터프트앤니들 침대에서 잠을 깨서 브룩린넨의 침대 시트를 젖히고 일어나 버디즈의 슬리퍼를 신고 화장실로 향한다. 달러쉐이브클럽의 면도기로 다리털을 면도하고 프로즈의 샴푸로 머리를 감는다. 네이티브의 데오드란트를 겨드랑이에 바르고, 와비파커의 안경을 쓰거나 허블의 콘택트렌즈를 낀다.

서드러브의 브래지어를 입고 미언다이즈의 속옷을 입는다. 그 위에 에버레인의 청바지를 걸치고, 올버즈의 운동화을 신고, MVMT의 시계를 찬다. 주말 동안 여행을 갈 예정이어서 어웨이의 여행 가방에 아웃도어보이스의 레깅스 두 개, 롤라Lola의 탐폰, 아마존 자체 개발 브랜드인 코스탈 블루의 수영복을 챙겨 넣는다.

이제 부엌으로 가서 브랜드리스Brandless의 유기농 공정 거래 다크

로스트 커피를 브레미의 싱글컵커피메이커에 넣어 커피를 끓이고, 그레이트존스Great Jones의 프라이팬에 계란 두 개를 부친다. 아침 식사를 마치자 리투얼Ritual의 비타민을 몇 알 삼킨다. 파이 GPS 스마트 개목걸이(Fi GPS Smart Dog Collar, 줄여서 "피도Fido"라고 부른다)를 차고 있는 반려견 닥스훈트에게 파머스독의 애완동물 사료를 먹인다. 그런 다음 큅의 전동 칫솔로 양치를 하고 글로시에의 화장품을 바른다. 아기를 모킹버드Mockingbird의 유모차에 앉히고 가방에는 마마베어의 일회용 기저귀를 챙겨 넣고, 현관문을 나서면서 스마트폰을 사용해 캥거루 가정용 보안시스템Kangaroo Home Security의 경보 장치를 작동시킨다.

당신은 앞에서 나열한 브랜드를 포함해 더욱 많은 브랜드를 온라인으로 구매했고, 주문한 지 1~2일 후에 제품을 배송받았다. (대도시에 거주하는 경우에는 심지어 주문 당일에도 배송을 받을 수 있다.) 이 중에서 몇몇 브랜드는 이미 10억 달러 브랜드 대열에 합류했고, 어떤 브랜드 기업들은 앞으로 몇 년 안에 "유니콘unicorn"(기업 가치 10억 달러 이상, 설립한 지 10년 이하의 스타트업을 뜻한다-옮긴이) 기업이 될 것이다. 물론 중소기업에 머물거나 폐업하는 기업도 있을 것이다.

D2C 브랜드의 혁명은 몇몇 스타트업에서 시작해 수십 개에서 수백 개로 지금은 수천 개 기업으로 확대되면서 해당 브랜드들이 아마존마켓플레이스의 무한한 디지털 통로와 진열대를 가득 채우고 있을 것이다. 하지만 얼마나 많은 브랜드가 이러한 혁명을 거치면서 진

정으로 지속적인 브랜드로 거듭날 수 있을지 확실히 알려면 시간이 지나 봐야 한다. 달러쉐이브클럽과 보노보스가 질레트와 리바이스처럼 100년 이상 생존할 수 있을까? 캐스퍼가 씰리와 썰타만큼 오래 생존할 수 있을까? 글로시에가 21세기의 에스티로더가 될 수 있을까?

아니면 브랜드의 민주화를 이끌어 냈던 동일한 세력이 신규 브랜드의 시장 지배를 더욱 힘들게 만들까? 우리는 몇 년 동안 아니 심지어 수십 년 동안 대답을 모를 수 있다. 하지만 브랜드가 어떻게 창조되는지, 얼마나 많은 브랜드가 생겨나고 있는지, 궁극적으로 신규 브랜드를 구매하고 충성스러운 고객으로 남거나 떠나게 만드는 요인이 무엇인지 등 브랜드의 역사에서 우리가 또 하나의 변곡점에 있는 것만은 확실하다.

"내게는 미래를 볼 수 있는 수정 구슬이 없습니다." 제프리 레이더가 말했다. "하지만 브랜드들은 10년이나 일정 기간마다 새로 생겨나 지속해 왔습니다. 나는 오늘날에도 브랜드가 틀림없이 새로 만들어져 지속하리라 생각합니다." 레이더는 신규 브랜드 혁명을 최전선에서 목격해 왔다. 그는 30대 중반이 되기 전에 D2C 기업 두 곳을 창업해 유니콘 기업으로 키운 유일한 사업가다. 와비파커(2019년 열린 벤처 캐피털 투자 설명회를 기준으로 기업 가치는 17억 5000만 달러이다)를 공동 창업한 지 불과 몇 년 만인 2013년 해리스(2019년 13억 7000만 달러를 받고 엣지웰에 매각했다)를 공동 창업했다.

해리스와 와비파커는 서로 다른 제품(면도기 대 안경)을 다른 가격대(몇 달러 대 95달러 이상)로 판매하고 소비자의 구매 유형도 다르지만(매주나 매달 대 1~2년마다) 한 가지 전략을 공유한다. 즉, '견고하게 뿌리를 내리고 있는 시장 리더(질레트와 룩소티카)들에게 훨씬 저렴한 가격과 질 좋은 제품으로 도전할 수 있는 틈새를 보았다.' 하지만 레이더의 주장에 따르면 두 기업이 10억 달러 브랜드로 도약할 수 있었던 것은 고객과 지속적으로 집요하게 관계를 맺으려 했기 때문이다.

"우리는 함께 이 여정을 걷고 있으며 자신이 기업의 일원이라고 고객들을 느끼게 만듭니다. 우리는 어떤 단일 브랜드가 아니라 고객과 대화하기 위해 존재하는 사람들의 집단입니다." 레이더가 주장했다. "D2C 기업이 되면 고객을 진정으로 알 수 있는 기회가 생깁니다." 해리스의 직원으로 합류하는 사람은 어떤 임무를 맡든 누구나 고객 경험 팀에 들어가 콜 센터에서 하루 동안 일해야 한다. 레이더와 공동 창업자인 앤디 카츠메이필드Andy Katz-Mayfield는 매달 몇 시간씩 고객의 불만이나 제안을 직접 듣는다.

해리스를 창업한 첫해에 두 사람은 고객 100여 명에게 낯선 질문을 받았다. 레이더는 이렇게 회상했다. "고객들이 전화를 걸더니 '면도날을 가리는 작은 플라스틱 덮개를 받을 수 있을까요?'라고 문의했습니다. 우리는 영문을 알 수 없었죠." 해리스는 첫 주문 제품을 배송할 때 면도날이 무뎌지지 않도록 보호하는 용도로 면도날 덮개(면도기 카트리지를 편안하게 덮는 작고 단단한 플라스틱 조각)을 동봉했다. 하지만 고객들은 처음에 배송받았을 때는 무심코 덮개를 버리거나 잃어버렸다가 여행할 때 쓰면 면도날을 보호할 뿐 아니라 세면도구 가방을 뒤지다가 실수로 날카로운 면도날에 손을 베지 않을 수 있겠다고 나중에 판단한 것이다. 한 고객은 이메일에 이렇게 썼다. "나는 출장을 많이 다닙니다. 이때 면도기를 세면도구 가방에 넣으니까 면도날 덮개가 하나 더 있으면 좋겠어요. 손잡이나 면도날 세트는 필요 없습니다. 면도날 덮개만 구할 수 있을까요?"

그래서 2015년 해리스는 대체 여행용 면도날 덮개를 1달러에 팔기 시작했다. 사소한 조치처럼 보일 수 있고 실제로 이렇게 창출하는 수익도 매우 작았지만 해리스가 고객의 말에 귀를 기울인다는 신호를 보낸 것이라고 레이더는 지적했다. "우리는, 뭐랄까요, 고객을 위해 더욱 나은 서비스를 제공할 기회라고 생각합니다. 고객이 지닌 니즈를 알아차린 것이니까요." 이러한 전략은 오랫동안 지속할 충성을 구축하는 데 유용하며, 성공적이고 지속적인 브랜드를 구축하는 비결의 하나다.

또 레이더는 질레트, 썰타, 빅토리아시크릿이 건재한 환경에서 대형 브랜드들을 창출하는 것이 어느 때보다 힘들 수 있다고 인정했다. 신제품을 쉽게 출시할 수 있는 환경이 조성되어 있는 점도 세분화를 유도하므로 신규 브랜드들이 20세기 대형 브랜드들을 누르기가 더욱 힘들어질 수 있다.

2010년만 해도 면도기 스타트업이 질레트에게서 상당한 매출을 빼앗을 수 있으리라고 상상하기 힘들었을 것이다. 하지만 스타트업 한 곳도 아니고 두 곳 즉 달러쉐이브클럽과 해리스가 그처럼 대단한 성과를 거뒀다. 두 스타트업은 2018년까지 미국 면도기 매출의 거의 14퍼센트를 장악했다.[1] 하지만 질레트가 한때 차지했던 시장 점유율 70퍼센트는 고사하고 각각 25퍼센트씩이라도 차지할 수 있으리라 상상하기는 힘들다. 이와 마찬가지로 질레트가 과거 수준으로 돌아 갈 수 있으리라고 추정하기도 힘들다.[2] 오히려 아마존의 솔리모 브랜드처럼 더욱 많은 면도기 브랜드들이 끊임없이 시장에 뛰어들 것이고, 이러한 새 주자들에 대항하는 것이 질레트뿐 아니라 달러쉐이브클럽과 해리스를 포함한 모든 기업이 직면한 장기적인 도전이 될 것이다.

과거에는 인기 있는 대량 판매 브랜드가 일단 생기면 시장을 장기간 장악할 수 있었다. 하지만 새로운 브랜드 세계에서는 더 이상 그럴 수 없다. 브랜드 충성도가 과거 어느 때보다 감소하고 있기 때문이다. 100대 소비재 브랜드를 대상으로 발표한 한 보고서는 최근 몇 년 동안 기업의 90퍼센트가 시장 점유율을 잃었다고 밝혔다.[3] 2015년 액센츄어Accenture의 연구에 따르면 전체 소비자의 절반 이상은 제품을 구매할 때 10년 전보다 훨씬 다양한 브랜드를 고려한다.[4] 영국 시장 조사 기업인 유고브YouGov와 《타임》이 명품 브랜드를 집중적으로 조사한 결과를 살펴보면 선호하는 브랜드를 밝힌 소비자가 감소했다. 온라인에서 선택할 수 있는 브랜드가 많기 때문이다. "사람들이 디지털 자원을 이용해 같은 시장에서 많은 브랜드를 선택하기 때문에 단일 브랜드에 충성하는 고객은 거의 멸종하고 있습니다." 수석 고문으로 연구에 참여했던 브랜드 및 마케팅 컨설턴트 짐 테일러가 말했다. "그렇다고 브랜드가 중요하지 않다는 뜻은 아닙니다. 스마트폰과 온라인 제품 리뷰를 활용해 비교 쇼핑을 함으로써 소비자가 주로 기술에 힘입어 더욱 풍부하고 더욱 현명한 선택을 할 수 있는 권한을 부여받았다는 뜻입니다."[5]

물론 브랜드 충성의 쇠퇴는 새 D2C 브랜드가 부상하는 데 유리하게 작용했다. 2013~2017년 약 170억 달러에 달하는 매출이 대형 소비자 브랜드에서 소형 브랜드로 이동했다. 최근 많은 스타트업들이 주목을 받기 전이었다.[6] 대개 아마존에서 매출이 급속하게 지속적으로 성장하고 있으므로 이러한 추세는 앞으로 더욱 뚜렷해질 가능성이 크다. 2018년 중소기업들은 아마존에서 1600억 달러 상당의 제품을 판매했다. 1999년 불과 1억 달러였던 판매량이 1600배 증가한 것이다.[7] 이 기업들의 일부는 다른 기업이 만든 제품을 재판매하고 있지만 아마존은 물론이고 모호크그룹을 포함한 많은 기업은 자체적으로 신규 브랜드를 만들고 있다.

와비파커의 공동 창업자인 닐 블루멘탈은 이러한 추세를 감지했다. "나는 사업을 발전시키기가 더욱 힘들어졌다고는 생각하지 않습니다. 하지만 사업을 시작하는 비용이 결코 더 싸진 것은 아닙니다."

와비파커는 가장 두각을 나타내는 신규 안경 브랜드지만 시장 점유율은 여전히 5퍼센트 미만이다. 그리고 와비파커가 첫 안경을 팔고 몇 년이 지난 2010년 다른 스타트업들이 온라인 안경 브랜드 십여 개 이상을 출시했다.

시장에 새로 진입한 기업들의 다수는 본질적으로 와비파커와 동일한 사업 모델을 내세우는 모방 기업이지만 렌자블Lensabl처럼 틈새시장을 겨냥한 기업들도 있다. 예를 들어 렌자블은 새 안경을 구매할 필요 없이 고객이 선호하는 안경테에 처방 렌즈를 끼워 준다("우리의 렌즈, 당신의 안경"). 픽셀Pixel은 컴퓨터 화면을 볼 때 안구 피로를 유발할 수 있는 "블루 라이트"를 걸러 내기 위해 렌즈에 색상을 넣은 안경을 판매한다. 토폴로지Topology는 아이폰의 3D 스캔 기술을 사용해 고객의 얼굴에 맞춰 안경테를 제작한다.

이러한 스타트업들 중에서 성공하는 기업은 몇이나 될까? 안경과 기타 제품을 제공하는 신규 기업들이 끊임없이 시장에 진출하는 현상을 보면 D2C 열풍에 거품이 존재한다는 것을 알 수 있다. 1990년대 닷컴 열풍이 불면서 벤처 캐피털 기업들이 같은 고객을 공략하려는 경쟁 브랜드에 자금을 조달했을 때와 상황이 매우 비슷하다. 하지만 전부는 아니더라도 많은 스타트업이 와비파커처럼 메가브랜드로 살아남거나 아니면 마이크로브랜드로 살아남을 것이다.

포러너벤처스의 커스틴 그린이 D2C 스타트업에 처음 투자한 지 10년이 지난 지금 전자 상거래 스타트업에 자금을 조달하기 위해 사상 최대 규모로 벤처 캐피털 자금을 조성하고 있는 것도 이 때문이다. 또 보노보스와 와비파커에서 초기에 고문으로 활동했던 데이비드 벨은 2018년 와튼 경영대학원의 종신 교수직을 사퇴하고 아이디어펌벤처스Idea Firm Ventures를 창업하면서 디지털 네이티브 브랜드를 출시할 예정이다. 헨리 데이비스는 글로시에의 사장직을 내려놓고 개인 관리 제품을 판매하는 D2C 기업 아르파Arfa Inc.(포러너벤처스 등에게 자금을 조달받는다)를 창업하고 "브랜드 기업House of Brands"을 만들기 위해 힘쓰고 있다.

이 사람들이 생각하듯 혁명은 막 시작했다.

기존 브랜드든 신규 브랜드든, 소비재가 단순히 연간 수백억 또는 심지어 수천억 달러 시장에 그치는 것이 아니라 미국에서만도 연간 수조 달러에 이르는 시장이라는 사실은 상당히 고무적이다. 따라서 스타트업이 진입해 성장할 여지가 많고, 이 중에서 크게 성공한 기업은 10억 달러 브랜드 클럽에 합류할 수 있다. 이러한 성공을 가능하게 만드는 것은 결국 1달러짜리 면도날과 1분 33초짜리 영상일 수도 있다.

감사의 말

편집자로 수십 년 동안 일했지만 이 책을 쓰면서 글을 쓰는 즐거움도 얼마간의 좌절도 새롭게 느꼈습니다. 보고하는 글에는 궁극적으로 진실을 발견하도록 이끌려는 의도가 담겨 있으므로 이 책은 당신이 찾아가려 계획했거나 우연히 마주칠 다양한 장소로 이어지는 여정의 문을 엽니다. 여정을 밟는 도중에 흥미로운 사람들을 만나기도 하므로 나는 자신의 여정을 걷고 있는 사업가들을 만난 이야기를 이 책에 실었습니다.

내가 하고 있는 일과 그 사업가들이 하고 있는 일 사이에 공통점이 많다는 생각을 자주 했습니다. 우리는 최종적으로 도달하고 싶은 목적지에 대한 꿈을 마음에 품으며 여정을 시작하고, 눈앞에 펼쳐진 길로 나아가면서 지도에 있는 이곳저곳을 누비고 다닙니다. 그러면서 이따금씩 자신에게 묻습니다. '나는 목적지에 언제 도착할까? 과연 그곳은 내가 가고 싶은 곳일까?'

그리고 특정한 길로 굳이 접어들지 말았어야 했다고 생각하는 바로 그때 설득력 있는 이야기를 들려줄 사람을 만나거나, 쫓아가야만

하는 잠재적으로 매혹적인 사실을 알게 됩니다. 마치 기업을 시작한 사업가처럼 서서히 자신이 올바른 길을 걷고 있고 여정 자체가 보상이라는 사실을 깨닫기 시작합니다.

이제 글을 쓰는 여정을 마치는 시점에 그동안 나를 도와준 많은 사람에게 감사합니다. 그중에는 이 책의 내용에 대해 조언해 준 사람도 있고 내가 더욱 나은 기자가 될 수 있도록 여러 해 동안 도와준 사람도 많습니다.

나는 형인 폴 인그래시아Paul Ingrassia에게 큰 감사의 빚을 졌습니다. 저명한 언론인이자 책 세 권의 저자인 형은 이 책이 완성될 무렵인 2019년 9월 세상을 떠났습니다. 형은 기자인 나를 아낌없이 격려해 주었고, 책을 쓸까 생각한다는 말을 듣기가 무섭게 도전하라고 힘을 복돋워 주었습니다. 더욱이 20년 넘게 암으로 투병하는 동안 역경과 비극에 맞서는 형의 위엄 있는 모습을 보며 감동했습니다. 폴을 형으로 둔 것은 내게 대단한 행운입니다.

나는 미국의 최고 기자들과 함께 일하는 행운을 누렸습니다. 론 서스킨트Ron Suskind, 찰스 두히그Charles Duhigg, 앤드류 로스 소킨Andrew Ross Sorkin, 헬레네 쿠퍼Helene Cooper, 제니 앤더슨Jenny Anderson, 로버트 프랭크Robert Frank, 다이애나 엔리크Diana Henriques, 닉 빌턴Nick Bilton, 케빈 헬리커Kevin Helliker, 조 노체라Joe Nocera, 데이비드 바르보자David Barboza, 밥 힐먼Bob Hillman, 주자네 크레이그Susanne Craig, 데이비드 레온하르트David Leonhardt, 닉 더군Nik Deogun, 스티브 리핀Steve Lipin, 로라

랜드로Laura Landro에게 감사합니다. 그들 중에는 책을 쓴 사람도 많습니다. 내게 영감을 주고 무엇보다 멋진 친구가 되어 준 것에 감사합니다. 그들 덕택에 책 쓰는 작업이 재밌었습니다.

여러 해에 걸쳐 정말 많은 재능 있는 신문 편집자들과 일할 수 있어서 행운이었습니다. 그들은 내게 기회를 주었을 뿐 아니라 야심차게 생각하고 안주하지 말고 최고를 추구하라고 촉구했습니다. 질 애브램슨Jill Abramson, 폴 슈타이거Paul Steiger, 빌 켈러Bill Keller, 존 게디스John Geddes, 노먼 펄스타인Norman Pearlstine에게 감사합니다. 그리고 많은 편집 조수들이 생각납니다. 마이클 시코놀피Michael Siconolfi, 애덤 브라이언트Adam Bryant, 위니 오켈리Winnie O'Kelley, 딘 머피Dean Murphy, 폴라 드위어Paula Dwyer, 빌 그루스킨Bill Grueskin, 수전 키라Susan Chira, 존 버시John Bussey, 글렌 크라몬Glenn Kramon, 팀 오브라이언Tim O'Brien, 다반 마하라지Davan Maharaj, 딕 스티븐슨Dick Stevenson, 게리 풋카Gary Putka, 톰 레드번Tom Redburn, 필 레브진Phil Revzin, 조앤 립먼Joanne Lipman, 앨리슨 미첼Alison Mitchell, 키미 요시노Kimi Yoshino에게 감사합니다.

정신없이 빠른 속도로 스타트업을 구축하기 위해 매진하고 있는 사람들에게는 시간이 가장 소중한 자원입니다. 이렇듯 귀한 시간을 너그럽게 내어 준 많은 사람들과 사업가들에게 감사합니다. 이 책을 쓰기 위해 200명 가까이 인터뷰했고 그 중에는 한 번 이상 인터뷰한 사람도 많습니다. 자신이 사업을 시작하고 추진하는 과정에서 겪은 좋은 일과 나쁜 일을 내게 털어놓는 데는 엄청난 신뢰가 필요합니다.

재능 많은 편집자인 폴 골롭Paul Golob은 내 제안을 처음 듣고 대화하는 순간에서 시작해 내 원고에서 집어낸 독립 분사구문을 다듬느라 씨름하며 보낸 마지막 순간까지 책 쓰는 과정 내내 현명한 의견을 들려주고 원고 방향을 제시했습니다. 에이전트인 에릭 루르퍼Eric Lupfer에게 감사합니다. 나는 이 책을 홍보하는 글을 쓰면서 에릭이 아이디어를 떠올리고는 주제와 이야기를 다듬는 방법에 대해 즉시 말하기 시작했다고 언급했습니다. 또 내게 격려와 숙식을 제공해 준 친구들인 팻 다우돌과 수전 다우돌 부부Pat and Susanne Dowdall, 밥 프린스키와 카를로 프린스키 부부Bob and Carlo Prinsky, 글린 매프스와 엘리자베스 매프스 부부Glynn and Elizabeth Mapes, 에이미 스틸먼Amy Stillman에게 감사합니다.

누구보다도 아내인 비키에게 감사합니다. 언제나 그래왔듯 비키는 내 편에 서서 글 쓰는 단계마다 나를 지지하고 응원해 주었습니다. 출간하기 전 마지막 원고를 읽으면서 문장을 점검해 주고 빨리 결승선을 통과하라고 응원해 주었습니다. 내가 감사의 말을 전한 사람들 중에는 비키가 얼마나 특별한 사람인지 증언해 줄 사람이 많습니다. 내 책에 대해 귀중한 통찰과 아이디어를 제공해 주고 사랑으로 우리 부부를 축복해 준 아이들 닉과 리사, 그들의 배우자인 새라와 크리스, 손자들(찰리, 메이슨, 네이트, 라일리, 조지나)에게도 감사합니다. 그들과 함께 할 때 느끼는 기쁨이 더할 나위 없이 큽니다.

* 달리 설명을 달지 않은 경우에 모든 인용은 저자가 실시한 인터뷰에서 가져왔다.

1장 ◆ 스타트업이 골리앗 기업을 굴복시키는 방법

1　2019년 5월 13일 달러쉐이브클럽의 창업자인 마이클 더빈이 이메일을 보냈다.

2　"The Brave Ones: How One Man Changed the Face of Shaving," CNBC, May 25, 2017, https:/www.cnbc.com/2017/06/21/michaedubinshavingamerica.html.

3　달러쉐이브클럽의 공동 창업자이자 고문인 사이언스 사의 피터 팸이 2012년 3월 6일 기술 기업인 툴라코TulaCo의 공동 창업자 스티브 랙큰비Steve Lackenby에게 이메일을 보냈다.

4　1901년 12월 3일 특허를 출원해서 1904년 11월 15일 승인을 받았다. 미국 특허 번호는 775,134호이다.

5　"K.C. Gillette Dead; Made Safety Razor," *New York Times* obituary, July 11, 1932.

6　저자는 2017년 3월 4일 달러쉐이브클럽 창업자인 마이클 더빈을 인터뷰했다.

7　Ibid.

8　Ibid.

9　John Patrick Pullen, "How a Dollar Shave Club's Ad Went Viral," *Entrepreneur*, September 2012, https://www.entrepreneur.com/article/224282

10　저자는 2018년 4월 18일 사이언스의 공동 창업자이자 고문인 피트 팸을 인터뷰했고, 사이언스의 최고재무책임자인 톰 데어와 이메일을 주고받으며 자세한 사항을 확인했다.

11　저자는 2018년 4월 18일 피트 팸을 인터뷰했다.

12　트위터에 게시한 글의 출처를 본문에 인용한 순서대로 나열하면 다음과 같다.

Benoit Lafontaine, @joel1di1, March 6, 2012; Gordon Fraser, @blndswmr, March 6, 2012; John Caron, @jcaron2, March 7, 2012; and Chris Barth, @ BarthDoesThings, March 6, 2012.

13 저자는 전직 질레트 임원을 인터뷰했다. 그 임원은 과거 고용주의 비위를 거스르고 싶지 않기 때문에 자신의 이름을 밝히고 싶어 하지 않았다.

14 저자는 2018년 5월 5일 도루코USA의 사장인 켄 힐을 인터뷰했다. "Capturing the World One Razor at a Time: Dorco," Korea.net, January 19, 2015, http://www. korea.net/NewsFocus/Business/view?articleId=124994.

15 저자는 2018년 5월 15일 켄 힐을 인터뷰했다.

16 "The Gillette Company Advertising Fact Sheet," Business Wire, January 26, 2004, https://www.businesswire.com/news/home/2004012600609/en/INSERTING REPLACINGFEATURETheGillette-Company-Debuts-New.

17 Ciara Linnane, "Procter & Gamble's Gillette Razor Business Dinged by Online Shave Clubs," *MarketWatch*, April 27, 2017, citing data from Euromonitor International, a market research provider, https://www.marketwatc.com/ story/procter-gamblegillette-razorbusinessdingedbyonline-shaveclubs2017-0426.

18 저자는 이름을 밝히지 않은 전직 질레트 임원들을 인터뷰했다.

19 저자는 2018년 4월 18일 피터 팸을 인터뷰했다. Crunchbas.com, https://www. crunchbase.com/organization/dollar-shave-club#sectionfunding-rounds.

20 2019년 5월 13일 마이클 더빈이 이메일을 보냈다.

21 팩맨은 이렇게 회상했다. "우리가 달러쉐이브클럽을 10억 달러에 매각하고 나서 그 들에게 전화를 받았습니다. 그러면서 '맙소사, 우리가 잘못 생각했어요'라고 말하더군 요." 저자는 2017년 4월 5일 달러쉐이브클럽의 투자자이자 이사였던 데이비드 팩맨 을 인터뷰했다.

22 질레트는 달러쉐이브클럽에 대해 의논하자는 요청을 거절했다.

23 저자는 2018년 5월 15일 켄 힐을 인터뷰했다.

24 "DollarShaveClub.com—Our Blades Are F**king Great," YouTube.com video, 1:33, posted by Dollar Shave Club, March 6, 2012, https://www.youtube.com/ watch?v=ZUG9qYTJMsI.

25 "Dollar Shave Club Makes Surprise Super Bowl Entry," *AdAge*, February 7, 2016, https://adage.com/article/aboutus/dollarshaveclubmakessurprisesuperbowl-entry/302582.

26 저자는 시장 조사 기업인 유로모니터인터내셔널Euromonitor International에게 데이터를 제공받았다.

27 Gillette Shave Club TV commercial, "Save Money," 0:30, 2015, https://www.ispot.tv/ad/73Xe/gilletteshave-clubsavemoney.

28 Procter & Gamble Company earnings call, October 23, 2015, https://www.bamse.com/companies/80424/theproctergamblecompany/transcripts.

29 "Which Shave Club Has the Best Razor?" *Consumer Reports*, April 25, 2016, https://www.consumerreports.org/razor/which-shave-hasthebestrazor/.

30 Gillette, "Gillette Files Patent Infringement Lawsuit Against Dollar Shave Club," press release, December 17, 2015, https://news.gillette.com /press-release/product-news/gillette-files-patent-infringement-lawsuit-against-dollar-shave-club.

31 라스베이거스에서 열리는 숍톡Shoptalk 소매 회의에서 마이클 더빈이 강연한 내용을 인용했다. Phil Wahba, "Dollar Shave Club Says Butt Wipes Will Help Lead It to Profit This Year," *Fortune*, May 16, 2016, http://fortune.com/2016/05/16/dollar-shaveclub2/.

32 저자는 2017년 4월 5일 데이비드 팩맨을 인터뷰했다.

33 Edgewell Personal Care, "Edgewell Personal Care to Combine with Harry's, Inc. to Create a NextGeneration Consumer Products Platform," press release, May 9, 2019, https://www.prnewswire.com/newsrelease/edgewelpersona-caretocombinewithharrysinctocreatea-next- generationconsumerproducts-platform300847130.html.

34 해리스에 따르면 지분투자액이 4억 6000천만 달러라는 다른 출처들의 정보는 정확하지 않다.

35 마이클 더빈은 달러쉐이브클럽의 재정 상황을 알고 있는 사람들에 대해 언급하기를 거절했다.

36 저자는 2018년 4월 18일 피터 팸을 인터뷰했다.

37 저자는 2018년 5월 15일 켄 힐을 인터뷰했다.

38 저자는 2018년 5월 14일 마이클 더빈을 인터뷰했다.

39 Sharon Terlep, "Gillette, Bleeding Market Share, Cuts Prices of Razors," *Wall Street Journal*, April 4, 2017, https://www.wsj.com/articles/gillettebleeding-marketsharecutspricesofrazors-1491303601.

1 "The 100 Most Influential People in the World 2017," *Time*, April 20, 2017.

2 *Vanity Fair*, "The International Best-Dressed List," https://www.vanityfair.com/internationalbest-dressedlist2017/photos.

3 Emily Note, "Career/Kirsten Green," Atelier Doré, https://www.atelierdore.com/photos/careerkirstengreen/.

4 Leena Rao, "Meet the Woman Funding the Valley's Hottest Shopping Startups," *Fortune*, June 25, 2017, http:// fortune.com/2017/06/25/kirstengreen-forerunnerventureswomenvcfund/.

5 Shopify.com website, "Basic Shopify" price, https://www.shopify.com/pricing.

6 와비파커의 공동 창업자인 데이비드 길보아와 닐 블루멘탈은 2018년 11월 2일 저자와 인터뷰하는 자리에서 창업 유래를 언급했다.

7 다른 형태의 이야기는 다음을 참조하라. Michelsonmedical.org, "Wharton BPC Semifinalists 2009," video, 3:24, https://michelsonmedical.org/initiatives/nir-diagnostics2009/.

8 Luxottica.com, http://www. luxottica.com/en/retailbrands and http://www.luxottica.com/en/eyewearbrands.

9 Wharton Lifelong Learning Tour," video presentation, November 8, 2012, https://www.youtube.com/watch?v=m9zowHS79xM.

10 2009년 결승 후보에 오른 사업 계획 8건에 대해 와튼 경영대학원은 다음과 같은 기사를 발표했다. "Rowing, Robots and Roommates: And the Best Business Plan Is …" Knowledge@Wharton, May 13, 2009, https://knowledge.wharton.upenn.edu/article/rowingrobotsandroommatesandthebestbusinessplanis/.

11 David Gelles, "Jeff Raider on Founding Warby Parker and Harry's," *New York Times*, November 2, 2018, https://www.nytimes.com/2018/11 /02/business/jeffraiderwarbyparkerharryscorneroffice.html.

12 저자는 2018년 10월 26일 레러히포Lerer Hippeau 벤처 캐피털의 경영 파트너인 벤 레러Ben Lerer를 인터뷰했다.

13 "To Boost Online Sales, Focus on CloseKnit Communities," podcast, Mack Institute for Innovation Management, https://mackinstitute.wharton.upenn.edu/2017/communitytiesdriveonlinesales/.

14 저자는 2018년 8월 14일 포러너벤처스의 커스틴 그린을 인터뷰했다. 자세한 상황은 알파 클럽 책임자인 에밀리 저드슨 곤센하임Emily Judson Gonsenheim에게 확인을 받았다.

15 저자는 2018년 4월 18일 피터 팸을 인터뷰했다.

16 저자는 2018년 6월 15일 SCP인베스트먼트의 창업자이자 투자 책임자인 샌디 콜렌을 인터뷰했다.

17 저자는 2018년 12월 7일 커스틴 그린을 인터뷰했다. 그린은 더 자세히 언급하는 것은 거절했다.

18 포러너는 포트폴리오에 있는 기업들을 자사 웹 사이트에 열거했다. https://forerunnerventures.com/portfolio/.

19 저자는 20017년 11월 커스틴 그린을 인터뷰했다. 2019년 3월 15일에는 글로시에의 전직 사장인 헨리 데이비스를 인터뷰했다.

20 Katie Roof and Yuliya Chernova, "Glossier Tops BillionDollar Valuation with Latest Funding," *Wall Street Journal*, March 19, 2019, https://www.wsj.com/articles/glossiertopsbilliondollar-valuationwithlatestfunding11552993200.

21 팩맨은 2019년 5월 16일에 보낸 이메일에서 이렇게 언급했다. "벤록이 애플을 제외하고 소비재 기업으로 가장 처음 투자한 기업은 네스트였습니다."

22 2014년 1월 13일 구글의 모기업인 알파벳Alphabet Inc.은 구글의 네스트 인수를 언론에 공식 발표했다.

23 링크트인 프로파일에 따르면 브래지어이슨 가드너Bryson Gardner, 브라이언 샌더Brian Sander, 조셉 피셔Joseph Fisher는 펄오토메이션을 공동 창업하기 직전까지 모두 애플에서 근무했다.

3장 ◆ 가장 완벽한 형태가 아니어도 좋다

1 판매, 고객, 시장 점유율에 관한 수치는 2019년 5월 22일 허블의 공동 창업자인 제시 호르비츠에게 받은 이메일에서 인용했다.

2 저자는 2018년 10월 3일 세인트샤인옵티컬의 국제 사업 책임자인 제이슨 옹을 인터뷰했다.

3 Sam Grobart, "I Used Alibaba to Make 280 Pairs of Brightly Colored Pants," *Bloomberg News*, September 17, 2014, https://www.bloomber.com/news/article/20140916/whatisalibabaonemans-path-to-custommadebrightcolored-pants.

4 GfK market research firm report, May 15, 2017, https://www.gfk.com/en-us/insights/press-release/dailycontactlensessurpass-monthlies-in-ussales-

accountfor38ofmarket/.

5   Bausch & Lomb, "Bausch & Lomb Appoints Brian Levy Corporate Vice President and Chief Medical Officer," press release, March 5, 2004, https://www.businesswire.com/news/home/20040305005216/en/Bausch-Lomb-AppointsBrianLevyCorporateVice.

6   허블의 공동 창업자인 제시 호르비츠는 2019년 7월 24일 보낸 이메일에서 허블의 시장 점유율 추정치를 언급했다.

7   허블의 공동 창업가인 벤 코건은 2015년 12월 타이완에 있는 잠재적인 콘택트렌즈 공급업체들에 이메일을 보냈다.

8   Jennie Diec, Tilia Daniel, and Thomas Varghese, "Comparison of Silicone Hydrogel and Hydrogel Daily Disposable Contact Lenses," *Eye & Contact Lens: Science and Clinical Practice* 267 (September 2018), https://journals.lww.com/claojournal/Citation/2018/09001/Comparison_of_Silicon_Hydrogel_and_Hydrogel_Daily.30.aspx.

9   저자는 2018년 5월 10일 허블의 공동 창업자인 제시 호르비츠를 인터뷰했다.

10 2017년 10월 25일 허블이 텔레비전 광고용으로 내보낸 동영상 "우리는 이래서 허블을 창업했습니다(Why We Started Hubble)"를 보려면 다음을 참조하라. https:/www.ispot.tv/ad/wlR4/hubble-dailycontactswhywestartedhubble.

11 2017년 11월 9일자 세인트사인옵티컬에 대한 HSBC 글로벌 연구 보고서에서 인용했다.

12 Alison Griswold, "Contact Lens Startup Hubble Sold Lenses with a Fake Prescription from a Madeup Doctor," *Quartz*, December 14, 2017, https://qz.com/1154306/hubblesolcontactlenseswitha-fake-prescription-fromamade-updoctor/.

13 Sapna Maheshwari, "Contact Lens Startup, Big on Social Media, May Be Bad for Eyes," *New York Times*, July 21, 2019, https://www.nytimes.com/2019/07/21/business/media/hubble-contact-lens.html

14 "Contact Lens Rule: A Proposed Rule by the Federal Trade Commission on 05/28/2019," https://www.federalregister.gov/documents/2019/05/28/201909627/contactlens-rule.

15 저자는 2018년 8월 2일 제시 호르비츠를 인터뷰했다.

4장 ◆ 전혀 다른 전략을 사용한 D2C 기업

1 2018년 12월 8일자 이코노미스트는 "빅토리아시크릿이 쇄신할 준비를 갖추다"라는 제목으로 발표한 다음 기사에서 시장 조사 기업인 유로모니터인터내셔널이 수집한 데이터를 인용했다. https://www.economist.com/busines/2018/12/08/victoria-secretgetsreadyforamakeover.

2 서드러브의 공동 창업자인 데이비드 세펙터의 링크트인 프로필은 다음을 참조하라. https://www.linkedin.com/in/dspec/.

3 서드러브의 공동 창업자인 하이디 잭이 2018년 10월 10일 CNBC와 실시한 동영상 인터뷰 "서드러브의 CEO가 브래지어 산업을 혁신하다"는 다음을 참조하라. https://www.cnbc.com/2018/10/09/thirdlovesecret-to-designingtheperfectfitting-bra.html.

4 저자는 2019년 4월 1일 서드러브의 공동 창업자인 데이비드 스펙터를 인터뷰했다.

5 2016년 11월 8일 미국 특허 9,489,743호, 2018년 8월 21일 미국 특허 10,055,851호를 받았다.

6 "'New' ThirdLove Half Cup Bra Sizes Are Nothing New," Tomima's Blog, August 29, 2018, https://www.herroom.com/blog/newthirdlovehalfcupbra-sizesarenothingnew/.

7 Victoria's Secret "Shop Bras by Size" website, https://www.victoriassecret.com/bras/shopby-size, lists about three dozen sizes.

8 Ty Alexander, "The App That Uses Boob Selfies to Find Your Perfect Bra Size," HelloBeautiful.com, March 10, 2014, https://hellobeautiful.com/2709691/third-loveiphonebrafittingapp/.

9 저자는 2018년 12월 7일 데이비드 스펙터를 인터뷰했다.

10 저자는 2019년 4월 1일 서드러브의 공동 창업자인 데이비드 스펙터와 하이디 잭을 인터뷰했다.

5장 ◆ 마케팅이 성패를 좌우한다

1 저자는 2011년 5월 19일 앰푸시의 공동 창업자인 제시 푸지를 인터뷰했다.

2 저자는 2018년 7월 13일 제시 푸지의 아버지인 샌디 푸지를 인터뷰했다.

3 저자는 2019년 6월 7일 제시 푸지를 인터뷰했다.

4 저자는 2018년 10월 2일 달러쉐이브클럽의 전직 부사장인 브라이언 존 킴Brian John

Kim을 인터뷰했고, 2018년 3월 23일 앰푸시의 마케팅 책임자인 캐머런 하우스Cameron House를 인터뷰했다.

5 2018년 10월 10일 앰푸시의 선임 성장 담당 이사인 쿠샬 카다키아Kushal Kadakia이 이 메일을 보냈다.

6 마이클 더빈을 인터뷰한 내용에서 인용했다. Adam Lashinsky, "The Cutting Edge of Care," *Fortune*, March 9, 2015, http://fortune.com/2015/03/09/dollarshave-club/.

7 "Inc. 5000 2015: The Full List," https://www.inc.com/inc5000/list/2015.

8 저자는 2018년 9월 11일 제시 푸지와 인터뷰했다.

9 Facebook.com, "About Lookalike Audiences," https://www.facebook.com/business/help/164749007013531?helpref=faq_content.

10 2018년 12월 7일 서드러브의 마케팅 임원 회의에서 검토한 "매주 유료영상 시험" 발표 자료에서 데이터를 인용했다.

11 2018년 9월 17일 샌프란시스코 숏웰 스트리트Shotwell Street 577번지에 있는 스튜디오 숏웰을 빌려서 광고를 촬영했다.

12 Facebook.com, https://www.facebook.com/iq /insightstogo/6mtherearemore-than6millionactiveadvertisersonfacebook.

13 체리슨은 서드러브에서 2년 반 동안 근무하다가 2019년 페이스북으로 직장을 옮겼다.

14 저자는 2018년 9월 7일 데이비드 스펙터를 인터뷰했다.

15 "Victoria's Secret Gets Ready for a Makeover," *Economist*.

16 공동 창업자인 데이비드 스펙터가 언급한 2018년 서드러브의 추정 매출 1억 3000만 달러, NPD 그룹 데이터 연구 기업이 2019년 2월 27일 보고한 미국 전체 브래지어 판매액 약 72억 달러에 근거해 산출했다. https://www.npd.com/wps/portal/npd/us/news/pressreleas/2019/millennialand-boomerbehindthreeareasofgrowthin-brasreportsnpd/.

17 "We're Nobody's Third Love—We're Their First Love," *Vogue*, November 8, 2018, https://www.vogue.com/article/victoriassecretedrazekmonicamitro-interview?verso=true.

18 2018년 11월 18일자 《뉴욕타임스》에 게재한 서드러브의 광고에서 인용했다.

19 Paige Gawley, "Valentina Sampaio Is Victoria's Secret's First Transgender Model," August 5, 2019, ETonline.com, https://www. etonline.com/valentina-sampaioisvictoriassecretsfirsttransgendermodel-129838.

6장 ◆ 알고리즘은 항상 옳다

1   Steve Lohr, "A $1 Million Research Bargain for Netflix, and Maybe a Model for Others," *New York Times*, September 21, 2009, https://www.nytimes. com/2009/09/22/technology/internet/22netflix.html.

2   "Algorithms Tour: How Data Science Is Woven into the Fabric of Stitch Fix," https://algorithmstour.stitchfix.com/.

3   Eric Colson, "Machine and Expert-Human Resources: A Synthesis of Art and Science for Recommendations," *MultiThreaded*, July 21, 2014, https:// multithreade.stitchfix.com/blog/2014/07/21/machineand-experthuman-resources/.

4   "Algorithms Tour," Stitchfix.com

5   저자는 2018년 9월 12일 이살롱과 프라이스그래버의 공동 창업자인 태밈 무라드를 인터뷰했다.

6   Productparamour.com, "eSalon Hair Color at Home, Salon Quality Results," May 16, 2017, http://productparamour.com/2017/05/16/esalonhaircolorat-homesalonqualityresults/#comments.

7   Trustpilot.com review, April 30, 2019, https:// www.trustpilot.com/review/ esalon.com.

8   L'Oreal, "L'Oreal Transforms the At-Home Hair Color Experience with Launch of Color&Co, a New Directto-Consumer Brand Specializing in Personalized Hair Color, Powered by Professional Colorists," press release, May 8, 2019, https://www.lorealus.com/media/pressrelease/2019/ma/colorandco와 https:// www.colorandco.com/personalizedcolor.

9   Henkel, "Henkel to Enter Into Joint Venture with Personalized Hair Coloration Provider eSalon.com," press release, July 26, 2019, https://www.businesswire. com/news/home/ 2019072600528/en/HenkelEnterJointVenturePersonalized-HairColoration. 헨켈이 어떤 조건으로 이살롱에 투자했는지는 외부에 밝혀지지 않았다.

7장 ◆ 명문대 졸업생에게 콜센터 업무를 맡기는 회사

1   저자는 2018년 11월 2일 와비파커의 공동 창업자이자 CEO인 닐 블루멘탈을 인터뷰했다.

2   와비파커는 단초점 렌즈의 최저 가격을 95달러로 책정한 반면에 도수가 상당히 높고
    두께가 가장 얇은 렌즈와 잘 맞는 고강도 교정이나 누진다초점 렌즈를 처방받은 경우
    에는 400달러를 더 청구한다. 일반 안경 소매점에서 판매하는 비슷한 품질의 안경테
    와 렌즈의 가격은 700달러 이상이다.

3   Damon Darlin, "Do It-Yourself Eyeglass Shopping on the Internet,"
    New York Times, May 5, 2007, https://www.nytimes.com/2007/05/05/
    technology/05money.html; Farhad Manjoo, "How to Get an Unbelievable,
    Amazing, Fantastic, Thrilling Deal on New Glasses," Slate.com, August 27, 2008,
    https://slate.com/technology/2008/08/howtoget-an-unbelievablethrilling-
    deal-on-new-glasses.html.

4   "Zenni vs. the Other Guys: How We Stack Up," zenni optical.com, https://
    www.zennioptical.com/c/aboutus#pricecomparison.

5   Zenni Optical, "Zenni Optical Marks 15th Anniversary by Selling 20 Millionth
    Pair of Glasses," press release, April 19, 2018; 저자는 2019년 3월 22일 와비파커
    의 임원들을 인터뷰했다.

6   2019년 6월 23일 와비파커의 커뮤니케이션 책임자인 카키 리드Kaki Read에게 받은 이
    메일에서 인용했다.

7   Alfred Lee and Serena Saitto, "Can Warby Parker Sustain Investors' High
    Expectations?" TheInformation.com, March 26, 2018, estimated Warby Parker's
    sales at $320 million to $340 million in 2017, with a revenue growth target for
    2018 of about 40 percent, https://www.theinformation.com/articles/canwarby-
    parkersustaininvestor-highexpectations.

8   Michael J. de la Merced, "Warby Parker, the Eyewear Seller, Raises $75 Million,"
    New York Times, March 14, 2019, https://www.nytimes.com/2018/03/14/
    business/dealbook/warbyparkerfundraising.html.

9   Kenny Kline, "4 Industries Currently Getting Warby Parkered," *Huffington Post*,
    August 10, 2015, https://www.huffpost.com/entry/4industries-currently-ge_
    b_7957872?guccounter=1&guce_referrer=aHR0cHM6Ly93d3cuZ29vZ2xlLmNvb
    S8&guce_referrer_sig=AQAAADD5Kla6Nj_w9vo96uzvRjCca66I0kiILlmeBrTrAVH
    PNAVkU_jb7YCh5QWROl7rq_TL3Iwqyv1xV_N5oERqSTcN2ocFKV1KpfskQLma_
    D2A7Sd64bQxr5NykwGYb_RqdwjKD6IrvCuwMSGasLz8-
    FwGfTIEvRiKP7SVhuOmOJp.

10 "How a Beauty Blog Turned Instagram Comments into a Product Line," *Wired*.
    com, November 26, 2014, https://www.wired.com/2014/11/beautstartup-
    turnedinstagramcommentsproductline/.

11 맥기는 인스타그램 계정을 시작해 인기를 끌었다. #glossierbrown on Instagram.

12 From @WarbyParker Twitter feed.

13 Away, "Away Is Valued at $1.4 Billion After a Series D Investment of $100 Million," press release, May 14, 2019, https://www.prnewswire.com/newsreleases/awayisvaluedat1-4billionafteraseriesd-investmentof100-million300850285.html.

14 2019년 4월 16일 와비파커의 커뮤니케이션 책임자인 카키 리드에게 받은 이메일에서 인용했다.

15 Ibid.

16 https://www.warbyparker.com/quiz.

8장 ◆ 물류 업계를 휩쓰는 치열한 경쟁

1 콰이어트로지스틱스에서 판매 및 마케팅 담당 부사장으로 재직하는 닉 손더스Nick Saunders가 저자에게 제공한 2018년 7월 2일자 콰이어트로직스 주문 추적 보고서에서 인용했다.

2 페덱스는 2019년 6월 7일 "페덱스와 아마존닷컴의 관계에 관한 보고서"에서 전자 상거래는 "2026년까지 미국에서 하루에 배송하는 소포가 5000만~1억 개까지 증가하리라 추측된다"라고 말했다. 배송하는 양을 따져보면 하루에 5000만개인 경우에 1년이면 182억 5000만개이다. http://investors.fedex.com/newsandevents/investor-news/news-releasedetails/2019/StatemenRegardingFedExCorporation-RelationshipwithAmazoncom-Inc-/default.aspx.

3 ThirdParty Logistics, "ThirdParty Logistics Market Results and Trends for 2018," press release, June 7, 2018, https://www.3plogistic.com/bullsleadthirdparty-logisticsmarketresultsandtrendsfor2018includingestimatesfor190countries/.

4 AllPoints Systems, "Drugstore.com Prescribes AllPoints Systems for Advanced eFulfillment Management System," press release, June 13, 2000, https://www.logisticsonlin.com/doc/drugstorecom-prescribesallpoints-systems-for-0001

5 올포인츠의 공동 창업자이면서 회장이자 CEO, 콰이어트로지스틱스와 로커스로보틱스의 공동 창업자인 브루스 웰티가 2019년 5월 23일 보낸 이메일에서 매각 금액을 확인했다.

6 Robert Malone, "Staples Fastens onto Kiva," December 19, 2005, Forbes, https://www.forbes.com/2005/12/19/stapleskivarobotscx_rm_1219robots.

html#4fc29c502584.

7   "The Big SendOff," *Internet Retailer*, May 29, 2009, https://www.
     digitalcommerce360.com/2009/05/29/the-big-sendoff/.

8   Amazon, "Amazon.com to Acquire Kiva Systems Inc.," press release, March
     19, 2012, https://press.aboutamazon.com/newsreleases/newsreleasedetails/
     amazoncomacquirekivasystemsinc/.

9   Amazon, "Amazon's Best of Prime 2017 Reveals the Year's Biggest Trends —
     More than 5 Billion Items Shipped with Prime in 2017," press release, January 2,
     2018.

10   MWPVL International, "Amazon Global Fulfillment Center Network," May 2019,
     http://www.mwpvl.com/html/amazon_com.html. 아마존은 270곳이라는 수치를
     제시하고 있지만 여기에는 아마존의 홀푸드 자회사가 운영하는 물류 센터를 포함한
     일부 시설을 제외했다.

11   Lauren Feiner, "Amazon Shows Off Its New Warehouse Robots That
     Can Automatically Sort Packages," CNBC, June 5, 2019, https://www.
     cnbc.com/2019/06/05/amazonshowofitsnew-warehouse-robots.html;
     Nick Wingfield, "As Amazon Pushes Forward with Robots, Workers Find
     New Roles," *New York Times*, September 10, 2017, https://www.nytime.
     com/2017/09/10/technology/amazon-robotsworkershtml.

12   Jeffrey Dastin, "Amazon Rolls Out Machines That Pack Orders and Replace
     Jobs," Reuters, May 13, 2019, https://www.reuters.com/article/usamazoncom-
     automationexclusive/exclusiveamazonrollsoutmachinesthatpackordersand-
     replacejobsidUSKCN1SJ0X1.

13   파슬포스트Parcel Post, 룩서원Luxer One, 패키지콘시어지Package Consierge 같은 스타트업
     을 포함해서 다른 기업들도 락커 서비스를 제공한다.

14   2019년 4월 25일 최고재무책임자인 브라이언 올사브스키가 발표한 아마존의 수익
     보고서에서 인용했다. Brian Olsavsky, chief financial officer, Amazon earnings
     call, April 25, 2019.

15   FedEx, "Statement Regarding FedEx Corporation's Relationship with Amazon.
     com, Inc.," June 7, 2019, http://investors.fedex.com/news-and-events/
     investor-news/news-release-details/2019/StatementRegardingFedEx-
     CorporationsRelationshipwithAmazoncomInc/default.aspx; Thomas Black,
     "FedEx Ends GroundDelivery Deal With Amazon," *Bloomberg News*, August 7,
     2019, https://www.bloomber.com/news/articles/20190807/fedexdeepens-

pullbackfromamazonasgrounddeliverydealends?srnd=premium.

16 Amazon.com v. Arthur Valdez, Superior Court, King County, Washington State, March 21, 2016, https://www.scribd.com/doc/305577959/Amazonvs-Valdez-Target-case. The lawsuit was subsequently settled, though the terms weren't disclosed, according to Kavita Kumar, "Target Hires Another Former Amazon Employee to Work on Supply Chain," *Star Tribune*, August 9, 2016, http://www.startribune.com/targethiresanotherformeramazon-employeeto-workon-supplychain/389626331/.

17 로커스로보스틱스가 받은 특허의 목록은 미국 특허 및 상표 사무소U.S. Patent and Trademark Office가 보유한 특허 전문과 이미지 데이터베이스Patent Full-Text and Image Database에서 찾아볼 수 있다. http://patft.uspto.gov/netahtml/PTO/searchbool.html.

18 2019년 6월 16일 콰이어트로지스틱스의 공동 창업자이자 CEO인 브루스 웰티에게 받은 이메일에서 인용했다. Quiet Logistics, "Quiet Logistics Eyes Global Expansion, Opening New RobotEnabled Fulfillment Center in Los Angeles," press release, July 17, 2019, https://www.prnewswire.com/news-release/quietlogisticseyesglobalexpansion-openingnewrobotenabledfulfillment-centerinlosangeles300886350.html.

19 Shopify, "Shopify to Acquire 6 River Systems," press release, September 9, 2019, https://www.businesswire.com/news/home/20190909005924/en/Shopify-Acquire6RiverSystems.

20 2019년 5월 30일 로커스로보틱스의 CEO인 릭 폴크Rick Faulk에게 받은 이메일에서 인용했다.

21 Related Companies, "Related Companies Announces Strategic Partnership with Greenfield Partners to Acquire Leading Omni-Channel Ecommerce Fulfillment Provider Quiet Logistics," press release, March 13, 2019, https://www.related.com/press-release/2019-0313/related-companiesannounces-strategicpartnershipgreenfieldpartners. 판매 가격은 2019년 5월 23일 콰이어트로지스틱스의 공동 창업자인 브루스 웰티에게 받은 이메일에서 확인했다.

22 iFlexe, "Announcing Flexe's $43M Series B Funding," blogpost, May 7, 2019, https://www.flexe.com/blog/announcing-flexes43mseriesbfunding; 저자는 2018년 7월 26일 플렉스의 공동 창업자이자 CEO인 칼 시브레히트를 인터뷰했다.

1 씻앤슬립은 교환 수수료로 "500달러를 초과하지 않는 선에서" 20퍼센트를 부과한다. https://www.sitnsleep.com/faqs.

2 JT Marino, appearing on "The Start-up That Launched the Horse Race of Online Mattress Companies," *Mixergy*, August 15, 2018, https://mixergy.com/interviews/tuftandneedlewithjtmarino/.

3 Marisa Kendall, "Coupa Café: Hot Spot for Silicon Valley Superstars," *San Jose Mercury News*, April 6, 2016, https://www.mercurynews.com/2016/04/06/coupacafehotspotforsiliconvalleysuperstars/.

4 템퍼-페딕 폼 매트리스에 관해서는 다음을 참조하라. Tempursealy.com, https://www.tempursealy.com/brands/#!/와 Fundinguniverse. com, http://www.fundinguniverse.com/companyhistories/tempurpedic-inchistory/.

5 2013년 5월 2일 레러 히포 벤처 캐피털 기업이 "슬리퍼 셀Sleeper Cell"이라는 제목으로 받은 매트리스 산업 관련 보고서에서 인용했다. 원래 출처는 국제 수면제품 협회가 보유한 2011년 자료이다.

6 Tempur-Pedic International Inc., "Tempur-Pedic Completes Acquisition of Sealy," press release, March 18, 2013, https://news.tempursealy.com/press-release/corporate/tempurpediccompletes-acquisitionsealy.

7 Advent International, https://www.adventinternational.com/investments/.

8 Jef Feeley, Matthew appearing on Townsend, and Laurel Brubaker Calkins, "How a Frenzied Expansion Brought Down America's No. 1 Mattress Seller," *Bloomberg News*, November 28, 2018, https://www.bloomber.com/news/articles/2018-11-28/howabreakneckbuildoutbroughtdownamericasmattress-leader.

9 Marino, appearing on "The Start-up That Launched the Horse Race of Online Mattress Companies."

10 Hacker News online conversation, December 13, 2013, https://news.ycombinator.com/item?id=6900625.

11 "We Need a Warby Parker for Mattresses," Priceonomics, September 14, 2012, https://priceonomics.com/mattresses/.

12 2013년 5월 2일 레러 히포 벤처 캐피털 기업이 "슬리퍼 셀Sleeper Cell"이라는 제목으로 받은 매트리스 산업 관련 보고서에서 인용했다.

13 Lerer Hippeau, "Lerer Ventures Leads Seed Round for Casper," press release,

February 25, 2014, https://www.pehub.com /2014/02/lererventuresleadsseed-roundforcasper/.

14 2019년 중반 캐스퍼는 다섯 가지 모델의 폼 매트리스를 제공했다. 최고가 모델인 웨이브Wave는 모두 폼으로 만들거나 폼과 스프링을 섞어 만들었다. 최초 모델은 모두 폼이거나 폼과 스프링을 섞은 하이브리드 모델이었다. 최저가 모델인 이센셜Essential은 폼만으로 만들었다. https://casper.com/mattresses/. 터프트앤니들은 모델을 한 가지에서 세 가지로 늘렸다. 최고가 모델인 민트Mint와 최초 모델은 모두 폼만으로 만들었고, 최저가 모델인 노드Nod는 아마존에서만 판매했다. https://www.tuftandneedle. com/ and https://www.amazon.com/NodTuftNeedleAmazon-Exclusive-CertiPURUS/dp/B07J31T4NC

15 "Casper Sleep Inc.: Marketing the 'One Perfect Mattress for Everyone,'" Harvard Business School case study, November 15, 2017, https://www.hbs. edu/faculty/Pages/item.aspx?num=51747.

16 Tuft & Needle, "Company Info," https://press.tn.com/companyinfo/timeline/.

17 A Hacker News post online: Miguel Helft, "Meet the Warby Parker of Mattresses," *Fortune*, January 22, 2014, http://fortune.com/2014/01/22/meet-the-warbyparkerofmattresses/.

18 저자는 2018년 6월 29일 썰타시몬스베딩의 전직 CEO인 마이클 트라웁을 인터뷰했다.

19 2018년 6월 29일 저자가 썰타 시몬스 베딩 연구소를 견학했을 때 당시 연구 개발 책임자인 크리스 청글로가 시험 도구에 대해 설명했다.

20 2017년 5월 9일 특허를 받았다. 미국 특허 번호는 9,645,063호이다. http://patft. uspto.gov/netacgi/nph-Parser?Sect1=PTO2&Sect2=HITOFF&p=1&u=%2Fneta html%2FPTO%2Fsearch-bool.html&r=7&f=G&l=50&co1=AND&d=PTXT&s1= chunglo&OS=chunglo&RS=chunglo.

21 Serta Simmons, "Tomorrow Sleep, Powered by Serta Simmons Bedding, Launches with Innovative Direct-toConsumer Sleep System," press release, June 27, 2017, https://www.prnewswire.com/newsreleases/tomorrowsleep-poweredbysertasimmonsbeddinglauncheswithinnovativedirecttoconsumer-sleepsystem300479973.html.

22 David Zax, "The War to Sell You a Mattress Is an Internet Nightmare," *Fast Company*, October 16, 2017, https://www.fastcompany.com/3065928/sleepopolis-casper-bloggerslawsuitsundersideofthemattresswars.

23 Ibid.

24 Sleepopolis, "Disclosures," https://sleepopolis.com/disclosures/.

25 Crunchbase.com, https://www.crunchbase.com/organization/casper.

26 Purple Innovation, https://purple.com/aboutus.

27 "Goldilocks and the Original Egg Drop Test," https://purple.com/videos.

28 "How This Purple Mattress 20 Years in the Making Became an Overnight Success," Shopify.com, July 15, 2016, https://www.shopif.com/enterpris/howa-purplemattress20yearsinthemakingbecameanovernightsuccesswithshopify.

29 Tuft & Needle, https://press.tn.com /companyinfo/timeline/.

30 Purple Innovation LLC financial statement, March 15, 2018, www.sec.gov/archives/edgar/data/1643953/000121390018003018/f8k020218a2ex991_purpleinn.htm.

31 Joe Megibow, Purple Innovation chief executive, earnings call transcript, November 14, 2018, Seeking Alpha, https://seekingalpha.com/article/4222345-purpleinnovationinprplceojoemegibowq32018resultsearningscall-transcript?page=2.

32 투모로우슬립의 운영 및 고객 경험 책임자인 켄 스타우퍼Ken Stauffer의 링크트인 프로필은 다음과 같다. https://www.linkedin.com/in/kenstaufferb6b05895/; 썰타시몬스는 투모로우슬립의 매출 수치를 거론하지 않겠다고 거절했다.

33 2018년 미국 온라인 매트리스 매출의 추정치는 저자가 썰타시몬스베딩에게 제공받았다. 퍼플의 2019년 매출 추정치는 회사가 증권거래위원회에 제출한 보고서 8-K에 포함되어 있다. August 13, 2019, http://www.snl.com/cache/c399169470.html.

34 저자는 2018년 9월 27일 터프트앤들의 공동 창업자인 존-토마스 마리노를 인터뷰했다.

35 Zoe Bernard, "Inside Casper's Financials," *The Information*, March 27, 2019, https://www.theinformation.com/articles/insidecaspersfinancials.

36 Jake Horowitz, "Inside Casper's Plan to Win Millennials by Tackling the Sleep Epidemic," *Mic*, May 14, 2016, https://www.mic.com/articles/137727/inside-caspermattressplantowinmillennialsbytacklingthesleepepidemic.

37 제품의 가격과 사양은 캐스퍼의 홈페이지를 참조하라. https://casper.com/glow-light/and https://casper.com/cbd/.

38 저자는 2018년 9월 27일 존-토마스 마리노를 인터뷰했다.

39 저자는 2019년 3월 19일 터프트앤들의 공동 창업자인 박대희를 인터뷰했다.

40 Casper, "Casper Raises $100 million and Adds Two New Independent Directors to Its Board," press release, March 27, 2019, https://www. prnewswire.com/news-release/casperraises100millionandaddstwo-new-independentdirectorstoitsboard300819857.html.

41 Serta Simmons, "Serta Simmons Bedding Announces CEO Transition," press release, April 10, 2019, https://www. sertasimmons.com/news/sertasimmons-beddingannouncesceotransition/.

10장 ◆ 보청기의 아이폰을 꿈꾸다

1 "Best Inventions 2018: A Hearing Aid Meant for the Masses," *Time*, http://time.com/collection/best-inventions2018/5454218/eargomax/; "Best What's New," *Popular Science*, October 9, 2015, https://www.popsci.com/bestof-whatsnew2015healthcare; James Trew, "Eargo Neo Is a Hearing Aid You Might Actually Want to Wear," Engadget.com, January 10, 2019, https://www.engadget.com/2019/01/10/eargoneohearingaidhandson/; Donovan Alexander, "15 Inventions That Will Make Your 2019 a Lot More Interesting," Interestingengineering.com, January 15, 2019, https://interestingengineering.com/15inventions-thatwillmakeyour2019alot-moreinteresting.

2 저자는 2019년 2월 13일 이어고의 주요 투자자인 매버런 벤처 캐피털 기업에서 파트너로 활동하는 데이비드 우를 인터뷰했다.

3 SmileDirectClub Inc.'s Amendment No. 1 to Form S-1 Registration Statement filing with the Securities and Exchange Commission, September 3, 2019, https://www.sec.gov/Archives/edgar /data/1775625/000104746919004925/a2239521zs-1a.htm. 기록에서 회사는 2019년 상반기 매출이 전년도보다 113퍼센트 증가한 3억 7340만 달러라고 보고했다. 그해 전체에 이 성장률을 유지한다면 2019년 매출은 2018년 매출 4억 2320만 달러에서 9억 200만 달러까지 늘어날 것이다.

4 "Getting Your Teeth Straightened at a Strip Mall? Doctors Have a Warning," *Bloomberg News*, September 20, 2018, https://www.bloomberg.com/news/features/20180920/orthodonistsarentsmilingaboutteethstraighteningstartups.

5 아이히어메디컬닷컴iHearMedical.com의 보청기 가격은 한 짝에 499달러이고https://www.ihearmedical.com/, 오디쿠스닷컴Audicus.com의 보청기 가격은 한 짝에 699달러이다https://www.audicus.com/.

6 저자는 2019년 3월 7일 이어고의 공동 창업자인 라파엘 미셸을 인터뷰했다.

7   현재 무료 체험 기간은 45일이다. https://eargo.com/misc/warranty.

8   저자는 2018년 8월 7일 이어고의 최고책임자인 크리스티안 곰센을 인터뷰했다.

9   TChristine Magee, "With $13 Million from Maveron, Eargo Is the Hearing Aid of the Future," TechCrunch, June 25, 2015, https://techcrunch.com/2015/06/25/with13millionfrommaveron-eargoisthehearingaid ofthefuture/.

10 Matthew D. Sarrel, "Eargo Hearing Aids," PCMag.com, August 4, 2015, https://www.pcmag.com/article2/ 0,2817,2488793,00,asp.

11 저자는 2018년 8월 7일 크리스ㅈ티안 곰센을 인터뷰했다.

12 Eargo, "Eargo Raises $25 Million in Series B Funding from New Enterprise Associates," press release, December 9, 2015, https://www.eargo.com/assets/news/eargob27ea73b18f3bda2 df94bf51df908fa2.pdf.

13 저자는 2018년 8월 7일 크리스티안 곰센을 인터뷰했다.

14 라파엘 미셸은 2018년 이어고의 전략본부장을 사직하고 역시 벤처 캐피털을 지원받는 스타트업인 오네라헬스Onera Health의 창업자이자 최고책임자가 되었다. 오네라헬스는 진단 기술을 사용해서 사람들의 수면을 개선시키는 것을 목표로 삼는다. 미셸은 이어고의 이사진으로 남았다.

15 저자는 2019년 3월 12일 찰스 슈왑을 인터뷰했다.

16 저자는 2019년 6월 20일 크리스티안 곰센을 인터뷰했다.

17 https://shop.eargo.com/eargoplus.

18 저자는 2019년 3월 12일 찰스 슈왑을 인터뷰했다.

11장 ◆ 라이프 스타일 브랜드로 마케팅하라

1   Instagram post, November 3, 2016, https://www.instagram.com/raden/p/BMXW2SoBq9/.

2   "Oprah's Favorite Things 2016: Flights of Fancy, Raden Carryon and Checkin Set," http://www.oprah.com/gift/oprahsfavoritethings2016fulllistcarryonand-checkinset?editors_pick_id=65969#ixzz5h3lSt1O1.

3   Zachary Kussin, "This Suitcase Has a 10,000Person Wait List," New York Post, February 7, 2017, https://nypos.com/2017/02/07/thi-suitcasehasa10000-personwaitlist/.

4   2019년 6월 12일 라덴의 창업자인 조쉬 우다슈킨이 이메일을 보냈다.

5   Kellogg, "Kellogg Adds RXBAR, Fastest Growing U.S. Nutrition Bar, to Wholesome Snacks Portfolio," press release, October 6, 2017, http://newsroom.kelloggcompany.com/20171006KelloggaddsRXBARfastestgrowing-USnutritionbarbrandtowholesomesnacksportfolio.

6   Movado, "Movado Group Announces Agreement to Acquire MVMT," press release, August 15, 2018, https://www.businesswire.com/new/home/20180815005708/en/MovadoGroupAnnouncesAgreementAcquire-MVMT.

7   "Procter & Gamble Just Bought This Venture-Backed Deodorant Startup for $100 Million Cash," TechCrunch, November 15, 2017, https://techcrunch.com/2017/11/15/proctergamblejustbought-this-venture-backeddeodorant-startupfor100million-cash/.

8   Jeffrey Dastin and Greg Roumeliotis, "Amazon Buys Startup Ring in $1 Billion Deal to Run Your Home Security," Reuters, February 27, 2018, https://www.reuters.com/article/usringm-aamazon.com/amazon-buysstartupringin1-billiondealtorunyourhomesecurityidUSKCN1GB2VG.

9   Edgewell, "Edgewell Personal Care to Combine with Harry's, Inc. to Create a Next-Generation Consumer Products Platform," press release, May 9, 2019, https://www.prnewswire.com/newsreleases/edgewellpersonalcaretocombine-withharrysinctocreatea-nextgenerationconsumerproductsplatform300847130.html.

10 저자는 2018년 11월 2일과 2019년 5월 12일에 퀍의 공동 창업자인 사이먼 에네버를 인터뷰했다.

11 Stephen Pulvirent, "Is Quip the Tesla of Toothbrushes?" Bloomberg News, August 5, 2016, https://www.bloomberg.com /news/articles/20150806/isquip-theteslaoftoothbrushes.

12 Pitchboo.com, https://pitchbook.com/profiles/company /16691419.

13 글로시에의 커뮤니케이션 부서에서 발표했다.

14 Crunchbase.com, https://www.crunchbase.com/organization/bonobos.

15 Elizabeth Segran, "Here's Why Nobody Wants to Buy Birchbox, Even After VCs Spent $90M," Fast Company, May 4, 2018, https:// www.fastcompan.com/40567670/herewhynobodywantstobuybirchboxeven-aftervcsspent90m.

16 Jason Del Ray, "Birchbox Has Sold Majority Ownership to One of Its Hedge Fund Investors After Sale Talks with QVC Fell Through," Recode.net, May 1,

2018, https://www.recode.net/2019/5/17305940/birchboxrecapvikingglobal-qvcmergersale.

17 Sean O'Kane, "This Stylish Smart Suitcase Could Solve Some Big Travel Hassles," The Verge, March 29, 2016, https://www.theverge.com/2016/3/29/11321554/raden-smartconnectedluggagegpsusbpower.

18 1972년 4월 4일 미국 특허를 받았다. 특허 번호는 3,653,474호이다.

19 Joe Sharkey, "Reinventing the Suitcase by Adding the Wheel," New York Times, October 5, 2010, https://www.nytime.com/2010/10/05/business/05road.html.

20 Travelpro, "The History of Rolling Luggage," Problog, June 17, 2010, https://travelproluggageblog.com/2010/06/luggage/thehistoryofrollingluggage/.

21 저자는 2018년 6월 6일 조쉬 우다슈킨을 인터뷰했다.

22 Ibid.

23 Matthew Schneier, "Your Suitcase Is Texting," New York Times, April 7, 2016, https://www. nytimes.com/2016/04/07/fashion/textingradentravelsuitcase.html.

24 2019년 6월 12일 조쉬 우다슈킨이 이메일을 보냈다.

25 2019년 6월 12일 이 설명에 대한 의견을 묻는 이메일을 받고 라덴의 창업자인 조쉬 우다슈킨은 이렇게 썼다. "아마도 그렇겠죠. 하지만 우리는 전적으로 생존에만 비중을 두지는 않았습니다."

26 Crunchbase.com, https://www.crunchbas.com/organization/away2.

27 Staff writer, "Delta Puts Limits on Select 'Smart Bags' Out of Safety Concerns," Delta Airlines, December 1, 2017, https://news.delta.com/deltaputs-limits-selectsmartbagsoutsafety-concerns.

28 저자는 2019년 2월 28일 티보 레꽁뜨를 인터뷰했다.

29 "Savvy Travelers Should Tote These TechPacked Suitcases," Wired, March 25, 2018, https://www.wired.com/story/smartsuitcasesrimowaraden/.

30 Leticia Miranda, "This Smart Luggage Company Is Going Out of Business," BuzzFeed News, May 17, 2018, https://www.buzzfeednews.com/article/leticiamiranda/thissmartluggagecompanyisgoingoutofbusiness.

31 Away, "Away Is Valued at $1.4 Billion After a Series D Investment of $100 Million," press release, May 14, 2019, https://www.prnewswire.com/news-releases/away-isvaluedat14billionaftera-seriesdinvestmentof100-

million300850285.html.

32 저자는 2019년 5월 12일과 2019년 5월 12일 스테이지펀드의 창업자이자 최고경영자인 다니엘 프라이던런드를 인터뷰했다.

33 2019년 6월 12일 조쉬 우다슈킨이 이메일을 보냈다.

12장 ◆ 백 투 더 퓨처, 오프라인으로 향하는 D2C 기업들

1 "Lord & Taylor Open Fifth Avenue Store," *New York Times*, February 25, 1914.

2 Hudson's Bay Company, "HBC Closes Sale of the Lord & Taylor Fifth Avenue Building," press release, February 11, 2019, https://www.businesswire.com/news/home/20190211005142/en/HBCClosesSaleLordTaylorAvenueBuilding.

3 Lydia Dishman, "Site to Be Seen: Everlan.com," *New York Times* T Magazine, June 27, 2012, https://tmagazine.blogs.nytimes.com/2012/06/27/sitetobeseen-everlanecom/.

4 New York City Landmarks Preservation Commission, October 30, 2007, http://s-media.nyc.gov/agencies/lpc/lp/2271.pdf.

5 U.S. Department of Commerce, "Quarterly Retail E-Commerce Sales, 1st Quarter 2019," U.S. Census Bureau News, May 17, 2019, https://www.census.gov/retail/mrts/www/data/pdf/ec_current.pdf.

6 글로시에는 2019년 '체험형 보이브래지어우 룸Experiential Boy Brow Room'을 폐쇄하고, '인투 더 클라우드 페인트 룸Into the Cloud Paint Room'을 새로 열었다.

7 Karin Nelson, "The Return of Bleecker Street," *New York Times*, December 4, 2018, https://www.nytimes.com/2018/12/04/style/bleeckerstreetstorefronts.html.

8 https://bonobos.com/guideshop.

9 David Bell, Santiago Gallino, and Antonio Moreno, "How to Win in an Omnichannel World," *MIT Sloan Management Review*(Fall 2014), https://sloanreview.mit.edu/article/howtowininan-omnichannelworld/.

10 Ibid.

11 2019년 4월 16일 카키 리드Kaki Read가 이메일을 보냈다.

12 Ilyse Liffreing, "Shoppable Billboards: DTC Retailers Say Physical Stores Are Driving Online Sales," Digiday.com, September 18, 2018, https://digiday.com/

marketing/shoppable-billboardsdtcretailerssayphysicalstoresdrivingonline-sales/?utm_source=Sailthru&utm_medium=email&utm_campaign=Issue:%20 20180919%20Retail%20Dive:%20Marketing%20%5Bissue:17191%5D&utm_ term=Retail%20Dive:%20Marketing.

13 Ra'el Cohen, ThirdLove chief creative officer, on ThirdLove blog, "ThirdLove's Concept Store Is Now Open!," July 23, 2019, https://www.thirdlove.com/blogs/unhooked/thirdloveconceptstore.

14 Matthew Boyle, "The iPhone of Toothbrushes to Sell Offline, Too, in Target Push," *Bloomberg News*, October 1, 2018, https://www.bloomberg.com/news/articles/2018-1001/the-iphone-of-toothbrushes-toselloofflinetoointargetpush.

15 Jason Del Ray, "Target Looked at Buying the Mattress Start-up Casper for $1 Billion but Will Invest Instead," Recode.net, May 19, 2017, https://www.recode.net/2017/5/19/15659562/target-casperinvestmentacquisitiontalksfoam-mattress.

16 2017년 2월 27일 오픈리얼티어드바이저스Open Realty Advisors의 마크 매신터가 매트 안렉산더Matt Alexander에게 이메일을 보냈다.

17 Matt Alexander, Neighborhood Goods cofounder and CEO, "Announcing Series A and Our Austin Location," September 11, 2019, https://neighborhoodgoods.com/stories/announcingseriesa-ouraustin-location.

13장 ✦ 인공지능이 알려 주는 사업 아이템

1 저자는 2019년 5월 18일 모호크그룹의 공동 창업자이자 최고경영자인 야니브 사리 그를 인터뷰했다.

2 "How to Turn Your Mom's Savings into $1 Billion? Ask This Guy," *Bloomberg News*, May 20, 2018, https://www.bloomberg.com/news/articles/2018-05-20/amazon-helpsshenzhenexgooglerturnmomsmoneyintoabillion.

3 Mohawk Group Form S-1filing with U.S. Securities and Exchange Commission, p. 18, May 10, 2019, https://www.sec.gov/archives/edgar/data/1757715/000119312519144273/d639806ds1.htm.

4 Jeff Bezos, "2018 Letter to Shareholders," April 11, 2019, https://blog.aboutamazon.com/companynews/2018lettertoshareholders.

5 저자는 2019년 4월 29일 타이탄에어로스페이스의 투자자이자 이사인 애셔 들러그를 인터뷰했다.

6   Mohawk Group Form S-1 filing with U.S. Securities and Exchange Commission, p. 66, May 10, 2019, https://www.sec.gov/archives/edgar/data/175771500011931251914273/d639806ds1.htm.

7   What Marketers Need to Know," *Search Engine Journal*, August 14, 2018, https://www.searchenginejournal.com/amazonsearch-engineranking-algorithmexplained/265173/.

8   "Selling on Amazon Fee Schedule," Amazon Seller Central, https://sellercentral.amazon.com/gp/help/external/200336920.

9   2019년 6월 19일에 검색했다. https://www.amazon.com/s?k=teeth+whitening&ref=nb_sb_noss_1.

10 Julie Creswell, "How Amazon Steers Shoppers to Its Own Products," *New York Times*, June 23, 2018, https://www.nytimes.com/2018/06/23/business/amazon-thebrandbuster.html.

11 2019년 9월 15일 아마존닷컴에 실린 제품 리뷰에 근거했다. 아마존 고객들이 새 리뷰를 올리므로 정확한 비율은 계속 바뀐다. https://www.amazon.com/FrigidaireEFIC103MachineIcemaketStainless/dp/B004VV8GOQ/ref=zg_bs_2399939011_43?encoding=UTF8&psc=1&refRID=PADTWRA91KFXB010MK5A#customerReviews.

12 2019년 4월 22일 아마존닷컴에 실린 제품 리뷰에 근거했다. 아마존 고객들이 새 리뷰를 올리므로 정확한 비율은 계속 바뀐다.

13 Amazon Best Sellers in Ice Makers, September 15, 2019, https://www.amazon.com/gp/bestseller/appliance/239993901/ref=pd_zg_hrsrappliances. 홈랩스 제빙기가 공식적으로는 5위에 올랐지만 아마존에서 이보다 상위에 오른 제품의 하나는 제빙기용 정수기였다. 아마존닷컴에서 가장 잘 팔리는 제품의 순위는 고객이 다른 브랜드와 모델을 구입하는지에 따라 오르내릴 수 있다.

14 브레미가 판매하는 기름이 흐르지 않는 17온스짜리 유리 오일병에 대해 2017년 10월 27일 실린 아마존닷컴의 제품 리뷰에서 인용했다.

15 Mohawk Group Form S1 filing with U.S. Securities and Exchange Commission, p. 24, May 10, 2019, https://www.sec.gov/archives/edgar/data/1757715/00011931251914273d639806ds1htm.

16 "Mohawk Group — Failed IPO," Seeking Alpha, June 13, 2019, https://seekingalpha.com/article/4270193mohawkgroupfailedipo.

17 Amazon.com and TJI Research, https://thisjust.in/amazonbranddatabase/.

18 2019년 4월 아마존의 구인 게시물에서 인용했다. https://www.amazon.jobs/en.

19 Energizer, https://www.energizer.com/energizer-bunny/bunnytimeline.

20 "Best Sellers in Household Batteries," Amazon.com, https://www.amazon.com/ Best-Sellers-Electronics-HouseholdBatteries/zgbs/electronics/15745581.

21 Katy Schneider, "The Unlikely Tale of a $140 Amazon Coat That's Taken Over the Upper East Side," *New York*, March 27, 2018, http://nyma.com/ strategist/201803theorolayamazoncoatthats-overtakentheuppereastside.html.

22 Pei Li and Melissa Fares, "Chinese Firm Behind the 'Amazon Coat' Hits Jackpot in U.S., Eschews China," Reuters, February 24, 2019, https://www.reuters.com/ article/uschinacoat-orolay/chinesefirmbehind-the-amazoncoathitsjackpotin- useschewschinaidUSKCN1QD0YD.

23 제프 베이조스 "2018년 주주들에게 보내는 편지"

24 "Accelerating Pace of Amazon's Private Label Launches to Broaden AMZN's Moat," SunTrust Robinson Humphrey, June 4, 2018.

25 아마존닷컴에서조차도 자사 브랜드를 모두 찾기는 쉽지 않을 수 있다. 아마존닷컴 에 "우리 브랜드 탐색Explore Our Brands" 페이지가 있기는 하지만(https://www.amazon. com/b?ie=UTF8&nod=17602470011), 쇼핑객들이 각 범주에서 아마존 자체 브랜드를 찾아보려면 다른 제품 범주 20개를 클릭해야 한다.

26 Posting on Amazon Services Seller Central forum, August 2018, https:// sellercentral.amazon.com/forums/t/notvery-niceofamazontaggingon-my- listing/416713/2.

14장 ◆ 혁명은 이제 막 시작되었다

1 시장 조사 기관인 유로모니터인터내셔널Euromonitor International은 2018년 달러 시세를 기준으로 미국 남성용 면도기와 면도날 시장에서 달러쉐이브클럽의 시장 점유율은 10.5퍼센트, 해리스는 3.2퍼센트라고 추정했다. 유로모니터가 단위수량을 추적하지 는 않았지만 면도기와 면도날의 판매량으로 측정했을 때 달러쉐이브클럽과 해리스의 제품은 저렴하기 때문에 시장 점유율을 합한 수치는 더욱 높아서 약 20퍼센트이다.

2 유로모니터인터내셔널은 2018년 달러 시세를 기준으로 미국 남성용 면도기와 면도 날 시장에서 질레트의 시장 점유율을 52.8퍼센트로 추정했다.

3 "Catalina Mid-Year Performance Report Finds Challenging Market for Many of Top 100 CPG Brands," Catalina Marketing Report, September 30, 2015, https://

www.catalina.com/news/pressreleases/catalinamidyearperformancereport-findchallengingmarketformanyoftop100cpgbrands/.

4   Accenture, "U.S. Switching Economy up 29 Percent Since 2010 as Companies Struggle to Keep Up with the Nonstop Customer, Finds Accenture," news release, January 21, 2015, https://newsroom.accenture.com/subjects/strategy/usswitchingeconomyup29percentsince2010ascompaniesstruggletokeepup-withthenonstopcustomerfindsaccenture.htm.

5   "Findings from the 10th Annual Time Inc./YouGov Survey of Affluence and Wealth," YouGov, April 27, 2015, https://today.yougov.com/topics/lifestyle/articles-reports/2015/04/27/findings-10th-annualtimeincyougovsurvey-affluen.

6   "The Next Frontier: Leveraging Artificial Intelligence and Unstructured Metrics to Identify CPG Growth Pockets and Outperforming Brands," October 2018 report by predictive analytics research firm Information Resources Inc., https://www.iriworldwide.com/IRI/media/Library/pdf/2018_IRI_Demand-Portfolio_20_POV.pdf.

7   "Small Business Means Big Opportunity: 2019 Amazon SMB Impact Report," May 7, 2019, https://d39w7f4ix9f5s9.cloudfront.net/61/3b/1f0c2cd24f37bd0e37 94c284cd2f/2019amazonsmbimpactrepor.pdf.